GOOGLE & KI MASTERPLAN

12-Wochen-System für Google & KI-Erfolg

Erste Ausgabe
2025

ISBN Paperback: 978-1-968505-19-6

Verlag:
Matrispedia LLC Buchverlag
1500 N GRANT ST, STE N, DENVER,
CO 80203, USA

Autor:
Balaei Academy

Bearbeitung und Übersetzung:
Fadwa AMMAR
Mohammad Balaei Pakdehi

Für
Unternehmer:innen, Selbstständige, Marketing-Profis, Content-Creator und Agenturen, die ihre Website strategisch optimieren, ihre Marke stärken und im neuen Suchzeitalter von Google und Künstlicher Intelligenz sichtbar werden wollen.

„KI wird alles, was wir produzieren, intelligenter machen – auch die Art, wie wir Informationen finden und nutzen.“

– Elon Musk

INHALTSVERZEICHNIS

EINLEITUNG:

Warum ich dieses Buch geschrieben habe?

Einleitung:

Warum ich dieses Buch geschrieben habe?

In den letzten Jahren hat sich die digitale Welt schneller verändert als je zuvor. Was früher mit einigen gezielten Keywords, Backlinks und etwas technischem Wissen möglich war, reicht heute längst nicht mehr aus.

Google ist intelligenter geworden – und mit der Integration von Künstlicher Intelligenz (KI) hat sich auch die Art und Weise verändert, wie Menschen suchen und wie Marken gefunden werden.

Ich habe dieses Buch geschrieben, weil ich gesehen habe, wie viele Unternehmer:innen, Selbstständige und kreative Köpfe großartige Arbeit leisten, aber online unsichtbar bleiben. Sichtbarkeit ist heute kein Zufall mehr.

Sie ist das Ergebnis aus Strategie, Struktur, Vertrauen und technischer Präzision.

Der Google & KI Masterplan ist aus dem Wunsch entstanden, dieses Wissen verständlich, praxisnah und Schritt für Schritt weiterzugeben.

Ich möchte zeigen, dass SEO keine komplizierte Wissenschaft ist, sondern ein System, das jede:r anwenden kann – wenn man versteht, wie Google denkt und wie KI Inhalte interpretiert.

Dieses Buch soll Mut machen, die Kontrolle über die eigene Online-Präsenz zu übernehmen, Struktur in die digitale Strategie zu bringen und sich langfristig so zu positionieren, dass Google und KI dich als das sehen, was du bist: relevant, vertrauenswürdig und einzigartig.

Wie die Idee zu diesem Buch entstanden ist

Nachdem ich mein erstes Buch, „Mastering SEO: A Comprehensive Guide to Digital Visibility and Performance", veröffentlicht hatte, war mir klar, dass SEO nur der Anfang einer viel größeren Entwicklung ist.

Seitdem hat sich die Welt der Suchmaschinen grundlegend verändert – nicht nur in Technik, sondern in Intelligenz: Google versteht heute Inhalte kontextuell, bewertet Vertrauen algorithmisch und kombiniert klassische Suchlogik mit KI-gestütztem Denken.

Diese Entwicklung hat mich inspiriert, SEO neu zu definieren – als Verbindung aus menschlicher Kommunikation und maschinellem Verständnis.

So entstand der „Google & KI Masterplan " – als Weiterentwicklung meiner bisherigen Arbeit und als Brücke zwischen traditionellem SEO und den neuen Prinzipien der KI-basierten Suche.

Dieses Buch vereint meine Erfahrungen, Forschungsergebnisse und praktische Strategien mit einem klaren Ziel:

Menschen und Marken zu helfen, im Zusammenspiel von Google-Algorithmen und künstlicher Intelligenz sichtbar, glaubwürdig und erfolgreich zu werden.

Du bekommst:

Wenn du dieses Buch liest und die Strategien konsequent umsetzt, wirst du verstehen, wie Google und KI wirklich denken, bewerten und entscheiden, welche Inhalte auf Seite 1 erscheinen – und warum manche Marken überall sichtbar sind, während andere im digitalen Schatten bleiben.

Nach diesem Buch wirst du:

-eine klare SEO-Strategie haben, die auf Daten, Struktur und Zielgruppenverständnis basiert.

-wissen, wie du Inhalte so erstellst, dass sie nicht nur Google gefallen, sondern auch in KI-Suchergebnissen (wie ChatGPT, Bing Copilot oder Google AI Overviews) erscheinen.

-deine Website technisch und inhaltlich so optimieren können, dass sie schneller, relevanter und vertrauenswürdiger wird.

-verstehen, wie du E-E-A-T, strukturierte Daten und Entity-SEO gezielt nutzt, um deine Marke als Autorität aufzubauen.

-Schritt für Schritt einen 12-Wochen-Plan anwenden können, um deine Website auf Seite 1 bei Google zu bringen – messbar, planbar und nachhaltig.

Dieses Buch wird dir zeigen, dass SEO und KI keine Gegensätze sind – sondern zwei Kräfte, die sich gegenseitig verstärken, wenn man sie richtig versteht und strategisch nutzt.
Am Ende wirst du nicht nur wissen, wie du sichtbarer wirst, sondern auch warum deine Marke von Suchmaschinen und KI als wertvoll erkannt wird.

TEIL 1

DAS FUNDAMENT: WIE GOOGLE UND KI DENKEN

KAPITEL 1:

Was ist SEO und warum ist es heute anders als früher?

Kapitel 1:

1.1 Vom Keyword-Stuffing zur Nutzerintention

In diesem Abschnitt lernst du Schritt für Schritt, wie du weg von bloßen Suchwörtern hin zu echten Nutzerbedürfnissen denkst. Alles wird so erklärt, dass auch ohne Vorwissen klar ist, was zu tun ist. Am Ende findest du eine kleine Aufgabe, mit der du das Gelernte sofort praktisch umsetzt.

Was früher funktioniert hat – und warum es heute nicht mehr reicht

Früher haben viele versucht, mit Keyword-Stuffing sichtbar zu werden. Keyword-Stuffing bedeutet, ein bestimmtes Suchwort unnatürlich oft in einen Text einzubauen. Beispiel: „Günstige Schuhe kaufen. Wenn Sie günstige Schuhe kaufen wollen, sind günstige Schuhe hier richtig." Das liest sich schlecht. Suchmaschinen wie Google erkennen solche Tricks inzwischen zuverlässig und bewerten sie schlechter.

Der neue Fokus: Nutzerintention

Unter Suchmaschinenoptimierung versteht man alle Maßnahmen, die eine Website in Suchmaschinen sichtbarer machen. Kurz nennt man das SEO (Search Engine Optimization). Heute prüft SEO nicht mehr nur Wörter, sondern die Nutzerintention. Nutzerintention bedeutet: Welches Ziel verfolgt jemand mit seiner Suche wirklich. Sucht die Person Informationen, will sie etwas vergleichen oder ist sie schon bereit zu kaufen.

Damit du die Begriffe gleich kennst:

SEO: Abkürzung für Search Engine Optimization, also Suchmaschinenoptimierung.

Nutzerintention: Das wahre Ziel hinter einer Suche, zum Beispiel informieren, vergleichen, kaufen.

SERP: Abkürzung für Search Engine Results Page, die Ergebnisseite von Google.
Featured Snippet: Kurzantwort oben auf der Ergebnisseite, die eine passende Textstelle hervorhebt.
CTA: Abkürzung für Call to Action, eine klare Handlungsaufforderung wie „Jetzt anfragen“.
FAQ: Abkürzung für Frequently Asked Questions, häufige Fragen mit kurzen Antworten.

Eine einfache Alltagserklärung
Stell dir einen Laden vor: Fragt jemand an der Tür nach etwas gegen Kopfschmerzen, wiederholst du nicht ständig „Kopfschmerzen“. Du fragst nach Details, bietest die passende Lösung an. Genau das ist Nutzerintention – die Suche ist die Frage, deine Website die Beratung und Lösung.

Die fünf wichtigsten Arten von Nutzerintention
Informational: Die Person will etwas verstehen. Beispiel: „Was ist SEO?“
Navigational: Die Person will eine bestimmte Website. Beispiel: „Finanzamt Login“.
Transaktional: Die Person ist bereit zu handeln. Beispiel: „Buchhaltung Software kaufen“.
Kommerzielle Recherche: Die Person vergleicht vor einer Entscheidung. Beispiel: „beste Buchhaltung Software “.
Lokal: Die Person sucht in ihrer Nähe. Beispiel: „Zahnarzt Linz“.
Eine Suche kann gemischt sein. Beispiel: „Energieberater Wien Kosten“ ist lokal und gleichzeitig nahe an einer Entscheidung, also transaktional.

Die Methode: In 5 Schritten von der Suche zur passenden Seite
Diese Methode nutzt du jedes Mal, wenn du einen neuen Inhalt planst.

Schritt 1: Schreibe das Suchziel als Satz auf
Frage dich: Was will die suchende Person am Ende wirklich tun oder wissen.
Beispiel: Suche „Steuerberater Preise“ → Ziel: Preisspanne verstehen und Angebot anfordern.
Schritt 2: Schau dir die SERP an
Die SERP ist die Google-Ergebnisseite. Achte auf die Formate:
Viele Ratgeberartikel und ein Featured Snippet deuten auf Informationsbedarf.
Preisfelder, Produktanzeigen und Shop-Ergebnisse deuten auf Transaktion.
Eine Karte mit Pins (Local Pack) deutet auf lokale Intention.
Vor allem Marken-Startseiten deuten auf Navigation.
Notiere dir, was dominiert. Das ist dein Hinweis, welche Seitentypen Google für passend hält.
Schritt 3: Bestimme die Intention
Nutze einfache Wörter als Signale in der Suche:
„wie“, „was ist“, „Anleitung“ → informativ
„beste“, „Vergleich“, „Test“, „vs“ → kommerzielle Recherche
„kaufen“, „Preis“, „Angebot“, „Termin“ → transaktional
Ortsangaben wie „Wien“, „in der Nähe“ → lokal
Lege eine Hauptintention fest. Mischintentionen sind möglich, aber entscheide dich für den Kern.
Schritt 4: Wähle das passende Seitenformat
Informational → Ratgeber, Anleitung, FAQ
Kommerzielle Recherche → Vergleichsseite, Kaufberatung, Checkliste
Transaktional → Produkt- oder Service-Landingpage mit klarem CTA
Lokal → Standortseite mit Adresse, Öffnungszeiten, Bewertungen und Karte

Wichtig: Eine Seite, ein klares Ziel. Versuche nicht, alles auf einmal zu erledigen.

Schritt 5: Baue Inhalt und nächste Schritte logisch auf
Titel und H1 (H1 ist die Hauptüberschrift einer Seite) sollen die Intention klar benennen.
Einleitung: In zwei bis vier Sätzen sagen, was die Seite leistet und für wen.
Abschnittsüberschriften im Frageformat: „Wie funktioniert...“, „Welche Kosten...“, „Worauf achten...“.
CTA entsprechend der Intention: informativ → „Checkliste herunterladen“, transaktional → „Jetzt Angebot anfordern“.
Interne Links führen in die nächste Phase. Beispiel: Vom Ratgeber zur Vergleichsseite, von der Vergleichsseite zur Angebotsseite.

Greifbare Beispiele ohne Fachsprache
Beispiel A: „Newsletter erstellen“
Intention: Informational
Seite: Anleitung mit Schritt-für-Schritt-Anweisungen, Mini-Checkliste am Ende, kleine FAQ.
Nächster Schritt: Link zu einem Vergleich von E-Mail-Tools.
Beispiel B: „CRM Anbieter Vergleich“
CRM bedeutet Customer Relationship Management, also Software für Kundenbeziehungen.
Intention: Kommerzielle Recherche
Seite: Vergleichstabelle mit Kriterien, Vor- und Nachteilen, Empfehlung nach Szenarien.
Nächster Schritt: Links zu einzelnen Detailseiten oder einer Demo-Anfrage.
Beispiel C: „Projektmanagement Software Preis“
Intention: Transaktional
Seite: Preisseite mit Paketen, Funktionen, Beispielen, Kundenstimmen, deutlich sichtbarem CTA „Kostenlose Demo“.

Nächster Schritt: Kurzes Formular oder Terminbuchung.
Beispiel D: „Webdesigner Berlin“
Intention: Lokal
Seite: Standortseite mit Leistungen, Referenzen, Karte, Öffnungszeiten, Bewertungen, schneller Kontakt.
Nächster Schritt: „Rückruf anfordern“ oder „Angebot erhalten“.

Woran du erkennst, dass du die Intention triffst
Die Klickrate auf dein Ergebnis in der SERP steigt. Die Klickrate ist der Anteil der Klicks an allen Einblendungen.
Nutzer bleiben länger, scrollen und nutzen deine Elemente wie Tabellen oder FAQs.
Es gibt mehr Übergänge zum nächsten Schritt, zum Beispiel von einem Ratgeber zur Angebotsseite.
Es kommen mehr messbare Ergebnisse, also Anfragen, Buchungen, Käufe.

Typische Fehler:
Du schreibst über ein Thema, beantwortest aber nicht die eigentliche Frage.
Du mischst zu viele Ziele auf einer Seite und verwirrst damit.
Du bietest keinen klaren nächsten Schritt an, obwohl du informativ warst.
Du ignorierst lokale Angaben, obwohl die Suche eindeutig lokal ist.

Mini-To-do: Deine erste Intent-Analyse und Seitenplanung

Ziel: Drei reale Suchanfragen aus deinem Themengebiet analysieren und je eine passende Seite skizzieren.

Schritt 1: Wähle drei Suchanfragen, die für dich wichtig sind.
Beispiele zur Orientierung:
„ was ist [dein Thema]?“ was ist SEO?
„beste [dein Produkt] “ beste SEO Agentur Wien
„[dein Service] preis [deine Stadt]“ SEO Service preis Wien

Schritt 2: Fülle diese kleine Tabelle aus.

Frage	Hauptintention	Dominierende SERP-Elemente	Passendes Seitenformat	Nächster Schritt (CTA)
z. B. „newsletter erstellen“	informativ	Ratgeber, Featured Snippet	Anleitung + FAQ	„Checkliste herunterladen“
z. B. „crm anbieter vergleich“	kommerzielle Recherche	Vergleichsartikel	Vergleichstabelle	„Demo anfragen“
z. B. „webdesigner berlin“	lokal	Karte, lokale Einträge	Standortseite	„Rückruf anfordern“

Schritt 3: Skizziere die Seite in fünf Zeilen.
Titel: Klarer Nutzen und Intention im Titel.
H1: Hauptüberschrift, deckungsgleich mit dem Ziel.
Einleitung: Zwei bis vier Sätze, die Problem und Ergebnis nennen.
3–5 Zwischenüberschriften im Frageformat.
CTA: Eine eindeutige Handlungsaufforderung.
Schritt 4: Lege einen internen Link-Pfad fest.
Beispiel: Ratgeber → Vergleich → Angebot. Notiere die drei Seiten, die du miteinander verlinkst.
Schritt 5: Zeitbox setzen.
Nimm dir 45 Minuten für eine der drei Seiten-Skizzen und schreibe die erste Rohfassung. Perfektion kommt später.(Empfehlung für Perfektionismus: Buch "Mach es jetzt!")

Ergebnis:
Du hast drei klare Inhalte geplant, die auf echten Zielen basieren. Eine Seite ist als Rohfassung startklar.

Damit hast du den wichtigsten Grundstein gelegt: Du arbeitest nicht mehr vom Wort aus, sondern von der Aufgabe. Im nächsten Abschnitt zeige ich dir, wie du aus dieser Planung eine klare Seitenstruktur mit Titeln, Zwischenüberschriften und kurzen Absätzen baust, sodass sowohl Menschen als auch Suchmaschinen deine Inhalte mühelos verstehen.

Kapitel 1:

1.2 Wie Suchmaschinen lernen (die Rolle von KI bei Google und Bing)

In diesem Abschnitt erfährst du leicht verständlich, wie Suchmaschinen wie Google und Bing heute arbeiten, warum Künstliche Intelligenz eine zentrale Rolle spielt und was das praktisch für deine Inhalte bedeutet. Neue Begriffe erkläre ich beim ersten Auftreten einmalig.

Der Grundablauf: Crawlen, Indexieren, Ranken

Crawling: So nennt man das automatische Besuchen von Webseiten durch Programme der Suchmaschine. Diese Programme heißen Crawler oder Bots. Sie folgen Links und laden Seiteninhalte herunter.
Indexierung: Der Index ist die große Wissensdatenbank der Suchmaschine. Beim Indexieren werden die geladenen Seiten analysiert, verstanden und in diese Datenbank einsortiert.
Ranking: Beim Ranking sortiert die Suchmaschine passende Seiten zu einer Suchanfrage nach Relevanz und Qualität. Die sortierte Liste siehst du auf der Ergebnisseite, der SERP (Search Engine Results Page).
Früher waren diese Schritte stärker regelbasiert. Heute nutzt man dafür intensiv KI.

Was bedeutet KI hier genau?

KI steht für Künstliche Intelligenz. Gemeint sind Verfahren, mit denen Computer aus Beispielen lernen und Muster erkennen. Zwei Bausteine sind dabei besonders wichtig:
Maschinelles Lernen (englisch Machine Learning, abgekürzt **ML**): Ein System lernt aus Daten, statt nur festen Regeln zu folgen.

Verarbeitung natürlicher Sprache (englisch Natural Language Processing, abgekürzt **NLP**): Ein System versteht menschliche Sprache, also Wörter, Sätze und Bedeutungen.
Ein moderner Spezialfall sind Große Sprachmodelle (englisch Large Language Models, abgekürzt **LLMs**). Das sind KI-Modelle, die besonders gut darin sind, Text zu verstehen und zu erzeugen.

Wie KI den Suchprozess verbessert

1.Verständnis von Sprache und Bedeutung

Früher wurde vor allem geschaut, ob das Suchwort auf der Seite vorkommt. Heute erkennt NLP, dass verschiedene Formulierungen dasselbe meinen. Beispiel: „Hauskauf Kosten“, „Was kostet ein Haus“ und „Preis Einfamilienhaus“ werden als ähnliche Absichten erkannt.

2. Erkennen von Entitäten

Entitäten sind eindeutig identifizierbare Dinge wie Personen, Orte, Marken, Produkte oder Konzepte. Suchmaschinen pflegen hierzu einen Wissensspeicher, oft Knowledge Graph genannt. Er verknüpft Entitäten wie in einem Netzwerk, zum Beispiel: „iPhone“ ist ein „Produkt“ von „Apple“, hat „Modelle“, „Preise“, „Technische Daten“.
Je klarer deine Seite solche Entitäten anspricht und korrekt benennt, desto leichter kann die Suchmaschine sie zuordnen.

3.Absichtsklassifikation

KI ordnet eine Suchanfrage einer Nutzerintention zu. Nutzerintention ist das eigentliche Ziel der Suche (informieren, vergleichen, kaufen, lokal finden). Das hilft, passende Seitentypen anzuzeigen, etwa Ratgeber statt Shopseite oder umgekehrt.

4.Qualitätsbewertung in großem Maßstab

Suchmaschinen bewerten Qualität anhand von E-E-A-T: Erfahrung, Fachwissen, Autorität und Vertrauenswürdigkeit. KI erkennt Hinweise darauf, wie z. B. klare Inhalte.

Autorenangaben, nachvollziehbare Quellen, transparente Unternehmensdaten und konsistente Markenauftritte.

5.Nutzung von Nutzungssignalen

Nutzungssignale sind messbare Reaktionen von Nutzern, etwa Klickrate, Verweildauer oder ob jemand schnell zurück zur SERP springt. Solche Muster helfen, Ergebnisse weiter zu verbessern. Wichtig: Das sind Signale im Trend, keine einzelne Zahl entscheidet über alles.

6.Passende Darstellung von Ergebnissen

Suchmaschinen zeigen nicht nur Links, sondern auch spezielle Darstellungen, die Rich Results heißen. Beispiele sind Sternebewertungen, Produktpreise, FAQ-Boxen oder Schritt-für-Schritt-Anleitungen. Diese Darstellungen werden durch strukturierte Daten ermöglicht. Strukturierte Daten sind Zusatzangaben im Seiten-Code nach dem Standard Schema.org, die Inhalte eindeutig beschreiben, zum Beispiel als Product, FAQPage oder HowTo.

Warum das für dich wichtig ist

Texte müssen inhaltlich sauber, klar und hilfreich sein, damit NLP den Sinn erkennt.

Eindeutige Benennung von Entitäten (z. B. Produktnamen, Orte, Personen) erleichtert die Zuordnung im Knowledge Graph.

Die Seite sollte erkennbar Expertise zeigen (E-E-A-T), etwa mit Autorenprofil, Qualifikationen, Quellenangaben und verständlicher Darstellung.

Strukturierte Daten machen Inhalte maschinenlesbar und erhöhen die Chance auf auffällige Darstellungen wie FAQ- oder Produkt-Ergebnisse.

Technische Qualität bleibt wichtig. Core Web Vitals sind Kennzahlen für die Nutzererfahrung, zum Beispiel Ladezeit und Stabilität des Layouts. Bessere Werte unterstützen die Sichtbarkeit.

Core Web Vitals sind aktuell vor allem:
Ladeperformance (häufig gemessen über LCP, Largest Contentful Paint, also Zeit bis zum größten sichtbaren Inhalt),
Interaktivität (zum Beispiel INP, Interaction to Next Paint, Reaktionszeit auf Eingaben),
Visuelle Stabilität (CLS, Cumulative Layout Shift, wie stark Elemente springen).
Du musst die Abkürzungen nicht behalten, es reicht: schnell laden, flüssig reagieren, nichts springt.

Was Google, Bing und KI-Assistenten zusätzlich tun
Klare, strukturierte Inhalte (Frage-Antwort-Form, Listen, Tabellen) und gute Auszeichnung mit strukturierten Daten erhöhen die Chance, als Quelle für Suchergebnisse oder KI-Antwortfelder genutzt zu werden.

Ein einfaches Bild zum Merken
Stell dir die Suche als gut sortierte Bibliothek vor. Früher fandest du Bücher nur mit exakt passendem Titel. Heute erkennt die Bibliothek Themen, Autoren und Zusammenhänge, um dir passende Empfehlungen zu geben. KI verknüpft Bedeutungen und bewertet Qualitätssignale.

Typische Irrtümer
„Viele Keywords reichen." Falsch. Ohne verständlichen, vollständigen Inhalt wird die Seite nicht als beste Antwort gesehen.
„Technik ist egal." Falsch. Langsame, instabile Seiten bremsen Nutzer und Rankings.
„Strukturierte Daten sind nur Deko." Falsch. Sie helfen der Maschine beim eindeutigen Verstehen und verbessern die Darstellung.

Praktische Konsequenzen für deine Inhalte

Schreibe klar, beantworte die Hauptfrage früh, vertiefe danach.
Nenne Fakten sauber, verlinke auf weiterführende seriöse Quellen.
Setze strukturierte Daten passend zum Seitentyp ein (FAQPage für Fragen, HowTo für Anleitungen, Product für Produktseiten, LocalBusiness für Standortseiten).
Zeige, wer verantwortlich ist:
Autor, Unternehmen, Kontakt, Impressum, Datenschutz.
Achte auf technische Basis:
schnelle Ladezeit, mobile Darstellung, sichere Verbindung (https).

Mini-To-do: Deine erste „KI-freundliche“ Seite vorbereiten

Ziel: Eine vorhandene Seite so überarbeiten, dass sie für Menschen klarer und für Suchmaschinen eindeutig strukturierter ist.

Schritt 1: Wähle eine Seite mit klarer Hauptfrage
Beispiel: „Leistungen und Preise“, „Wie funktioniert [dein Thema]“, „FAQ zu [dein Produkt]“.
Schritt 2: Formuliere die Kernfrage und die Kurzantwort
Kernfrage in einem Satz: „Worum geht es hier genau“
Kurzantwort in zwei bis vier Sätzen direkt am Anfang der Seite
Schritt 3: Gliedere den Rest in drei bis fünf Frage-Überschriften
Beispiele: „Wie läuft es Schritt für Schritt ab“, „Welche Vorteile gibt es“, „Was kostet es“, „Worauf sollte ich achten“.
Schritt 4: Füge eine FAQ-Sektion an
Drei bis fünf häufige Fragen mit je zwei bis drei Sätzen Antwort
Markiere diese FAQ im Code als strukturierte Daten vom Typ FAQPage. Wenn du ein CMS wie WordPress nutzt, kannst du dafür ein SEO-Plugin verwenden. CMS bedeutet Content Management System, ein System zum Verwalten von Inhalten.
Schritt 5: Ergänze klare Verantwortlichkeit und Vertrauenssignale
Autor mit kurzer Vorstellung, Kontaktmöglichkeiten, Unternehmensdaten, Impressum und Datenschutz verlinken
Wenn vorhanden: Zertifikate, Auszeichnungen, Kundenstimmen
Schritt 6: Technischer Kurzcheck
Prüfe Ladezeit mit einem gängigen Testwerkzeug. Achte darauf, Bilder zu verkleinern und unnötige Skripte zu reduzieren.
Stelle sicher, dass die Seite auf dem Smartphone gut lesbar ist.

MINI-TO-DO:

Ergebnis:
Du hast eine Seite erstellt, die eine klare Frage beantwortet, für Menschen leicht zu lesen ist und durch strukturierte Daten, klare Verantwortlichkeit und technische Sauberkeit für Suchmaschinen und KI-Modelle eindeutig erkennbar wird.
Im nächsten Abschnitt setzen wir diese Prinzipien in eine praktische Seitenstruktur um, damit du Inhalte von Anfang an so planst, dass sie sowohl menschliche Leser als auch Suchmaschinen systematisch überzeugen.

Kapitel 1:

1.3 Was „Relevanz“, „Autorität“ und „Vertrauen“ wirklich bedeuten

In diesem Abschnitt klären wir drei Grundbegriffe, nach denen Suchmaschinen Ergebnisse bewerten: Relevanz, Autorität und Vertrauen. Wir übersetzen sie in einfache Sprache und zeigen dir eine Methode, wie du jede Seite danach ausrichten kannst. Am Ende findest du wieder eine kleine Aufgabe zum Umsetzen.

Drei Begriffe, die alles erklären

Relevanz

Relevanz bedeutet: Passt dein Inhalt genau zur Frage der suchenden Person. Eine Seite ist relevant, wenn sie die Hauptfrage eindeutig beantwortet, typische Anschlussfragen abdeckt und zum nächsten sinnvollen Schritt führt. Relevanz hat zwei Ebenen:

Query-Relevanz: Dein Inhalt passt zur konkreten Suchanfrage.

Intent-Relevanz: Dein Inhalt erfüllt die Absicht hinter der Suche (informieren, vergleichen, kaufen, lokal finden).

Autorität

Autorität heißt hier: Wie stark wird deine Seite oder deine Website als verlässliche Quelle zu einem Thema wahrgenommen. Autorität baut sich auf durch Erwähnungen und Verlinkungen von anderen seriösen Seiten, durch thematische Tiefe und durch erkennbare Fachkompetenz. Je mehr hochwertige, thematisch passende Websites auf dich verweisen, desto eher giltst du als Autorität.

Vertrauen

Vertrauen bedeutet: Kann man dir die Angaben glauben, und ist der Anbieter dahinter klar und seriös erkennbar. Vertrauen entsteht durch Transparenz (wer schreibt, wer steht rechtlich dahinter), korrekte Angaben, Quellen, sichere Technik und positive Erfahrungen von Nutzern (zum Beispiel Bewertungen). Ein gebräuchlicher

Qualitätsrahmen dafür ist E-E-A-T (Experience, Expertise, Authoritativeness, Trustworthiness), also Erfahrung, Fachwissen, Autorität und Vertrauenswürdigkeit. Diesen Rahmen hast du in Abschnitt 1.2 kennengelernt.

Wie Suchmaschinen diese drei Dinge erkennen

Relevanz-Signale

Überschrift und Seitentitel nennen klar das Thema und treffen die Nutzerintention.

Die Einleitung beantwortet die Hauptfrage in wenigen Sätzen.

Der Text deckt typische Unterfragen ab (mit Zwischenüberschriften im Frageformat).

Format und Tiefe passen zum Zweck: Anleitung für „wie...“, Vergleichstabelle für „beste...“, Angebotsseite für „kaufen...“.

Strukturierte Daten (Schema Markup) beschreiben den Seitentyp eindeutig, etwa FAQPage (Fragen/Antworten) oder Product (Produktseite).

Autoritäts-Signale

Verlinkungen von seriösen und thematisch passenden Websites (Backlinks).

Erwähnungen deiner Marke, deines Produkts oder deines Namens auf vertrauenswürdigen Seiten (auch ohne Link).

Konsistente Präsenz in Fachverzeichnissen, Verbänden, Publikationen.

Thematische Tiefe auf deiner Website: nicht nur einzelne Seiten, sondern ein stimmiges Themen-Cluster (zueinander verlinkte Schwerpunktthemen).

Vertrauens-Signale

Klare Verantwortlichkeit: Autor mit Kurzprofil, Unternehmen mit Impressum und Kontakt.

Korrekte, überprüfbare Informationen mit Quellenangaben.

Sichere Technik: HTTPS-Verschlüsselung, gute Ladezeiten, stabile Darstellung.
Echte Bewertungen, Referenzen, Gütesiegel, nachvollziehbare Preisangaben.
Für lokale Anbieter: NAP-Konsistenz. NAP steht für Name, Address, Phone, also einheitlicher Name, Adresse und Telefonnummer auf Website und Verzeichnissen.

Ein Bild zum einfachen Merken

Relevanz ist die inhaltliche Passform, Autorität ist dein fachliches „Ansehen“, Vertrauen ist deine Glaubwürdigkeit. Stell dir eine Empfehlung im Freundeskreis vor: Jemand, der dein genaues Problem versteht (Relevanz), der als Fachmensch gilt (Autorität) und dem du glaubst (Vertrauen) – dessen Rat befolgst du.

Häufige Missverständnisse

„Wenn ich oft genug das Keyword nenne, bin ich relevant.“ Falsch. Relevanz entsteht durch das Lösen der Aufgabe, nicht durch Wiederholung eines Wortes.
„Autorität = viele beliebige Links.“ Falsch. Qualität und thematische Passung sind wichtiger als bloße Menge.
„Vertrauen betrifft nur rechtliche Seiten.“ Falsch. Vertrauen zeigt sich überall: in sauberer Sprache, nachvollziehbaren Fakten, klaren Preisen, echten Ansprechpartnern.

Die Methode: R-A-V in fünf Schritten pro Seite

Mit dieser kleinen Check-Methode richtest du jede Seite auf Relevanz (R), Autorität (A) und Vertrauen (V) aus.

Schritt 1: Relevanz klären

Formuliere die Hauptfrage der Seite in einem Satz und gib die Kurzantwort gleich am Anfang. Prüfe, ob Titel und H1 diese Frage spiegeln.

Schritt 2: Unterfragen abdecken
Liste drei bis fünf Anschlussfragen, die Leser typischerweise haben, und mache daraus Zwischenüberschriften im Frageformat. Beantworte sie kurz und klar.
Schritt 3: Nächster Schritt definieren
Lege einen passenden Call to Action (CTA) fest, der zur Absicht passt: „Checkliste laden" (informativ), „Vergleich ansehen" (kommerzielle Recherche), „Angebot anfordern" (transaktional), „Route anzeigen" (lokal).
Schritt 4: Autorität belegen
Füge eine bis drei hochwertige Quellen oder Referenzen ein und setze mindestens einen thematisch passenden, sinnvollen externen Link zu einer seriösen Quelle. Prüfe, ob es eine natürliche Möglichkeit gibt, von einer passenden Partner- oder Verbandsseite einen Link auf deine Seite zu erhalten.
Schritt 5: Vertrauen sichtbar machen
Verantworte dich kurz (Autorbox), verlinke Impressum & Datenschutz, gib klare Kontaktdaten an. Prüfe HTTPS, Ladezeit und NAP-Konsistenz (Name, Adresse, Telefon).

Konkrete Beispiele

Beispiel „Holzboden pflegen" (informational)
Relevanz: Einleitung beantwortet „Wie pflege ich Holzböden richtig" in drei Sätzen; Zwischenüberschriften: „Welche Mittel", „Wie oft", „Typische Fehler".
Autorität: Verweis auf Herstellerangaben, Link zu einer anerkannten Fachquelle.
Vertrauen: Autorprofil „Parkettlegermeister", klare Sicherheitshinweise, HTTPS.

Beispiel „CRM Anbieter Vergleich “ (kommerzielle Recherche)
CRM bedeutet Customer Relationship Management, also Software zur Pflege von Kundenbeziehungen.
Relevanz: Vergleichstabelle mit Kriterien (Preis, Funktionen, Support), klare Empfehlung nach Szenario.
Autorität: Zitat aus einem anerkannten Marktbericht, Link zu Testberichten.
Vertrauen: Offenlegung der Kriterien, Datum der letzten Aktualisierung, Impressum/Kontakt.

Beispiel „Steuerberater Wien Preis“ (transaktional/lokal)
Relevanz: Preisspannen transparent, Leistungen klar benannt, CTA „Kostenloses Erstgespräch“.
Autorität: Mitgliedschaft in Kammer/Verband genannt.
Vertrauen: Bewertungen, vollständige Kontaktdaten, Karte, NAP-Konsistenz.

Messbare Anzeichen, dass R-A-V funktioniert

Relevanz: Höhere Klickrate und längere Verweildauer, weniger schnelle Rücksprünge von der SERP.
Autorität: Mehr Verlinkungen von passenden Domains, Erwähnungen in Fachquellen.
Vertrauen: Mehr Anfragen/Käufe, mehr positive Bewertungen, weniger Abbrüche in Formularen.

Mini-To-do: Deine R-A-V-Überarbeitung in 45 Minuten

Ziel: Eine bestehende Seite so anpassen, dass Relevanz, Autorität und Vertrauen klar erkennbar sind.

1.Seite wählen
Nimm eine Seite, die wichtig ist, aber noch nicht gut performt.
2.Relevanz in 10 Minuten
Schreibe eine Kurzantwort (2–4 Sätze) direkt unter die Hauptüberschrift.
Ergänze drei Zwischenüberschriften als Fragen und beantworte sie jeweils in 4–6 Sätzen.
Prüfe, ob Titel und H1 die Hauptfrage eindeutig spiegeln.
3.Autorität in 10 Minuten
Füge zwei hochwertige Quellen hinzu und verlinke eine davon.
Prüfe, ob du intern auf ein passendes Themen-Cluster verlinken kannst (zum Beispiel von der Anleitung zu einem Vergleichsartikel).
4.Vertrauen in 10 Minuten
Ergänze eine kurze Autorbox und verlinke Impressum/Datenschutz.
Prüfe HTTPS und nenne klare Kontaktmöglichkeiten.
Falls lokal: Gleiche NAP-Angaben auf Website und wichtigem Verzeichnis ab.
5.Abschluss in 15 Minuten
Setze einen passenden CTA und platziere ihn oben und unten.
Lies den Text laut, streiche Füllwörter, mache Sätze kürzer.
Speichere die Seite mit „Zuletzt aktualisiert am [Datum]“.

Ergebnis:
Deine Seite zeigt klar Relevanz, Autorität und Vertrauen. Im nächsten Schritt übertragen wir R-A-V in die Struktur und Verlinkung.

Kapitel 1:

1.4 Der Unterschied zwischen SEO, Content-Marketing und KI-Optimierung

In diesem Abschnitt trennen wir drei Begriffe, die oft durcheinandergeraten: SEO, Content-Marketing und KI-Optimierung. Wir erklären sie in einfacher Sprache, zeigen, wo sie sich unterscheiden und wie sie zusammenarbeiten. Am Ende findest du eine kleine Aufgabe, mit der du das Gelernte sofort umsetzt.

Begriffe klar und einfach

SEO ist die Abkürzung für Search Engine Optimization, auf Deutsch Suchmaschinenoptimierung. Ziel von SEO ist, dass deine Seiten in den Suchergebnissen (SERPs) möglichst weit oben erscheinen, wenn Menschen nach passenden Themen suchen. SEO umfasst drei Bereiche: Technik (zum Beispiel Ladezeit, sichere Verbindung), On-Page (zum Beispiel Titel, Überschriften, Struktur) und Off-Page (zum Beispiel Empfehlungen und Verlinkungen von anderen Seiten, sogenannte Backlinks).

Content-Marketing bedeutet, mit nützlichen Inhalten gezielt eine Zielgruppe anzuziehen und zu binden, um am Ende ein geschäftliches Ziel zu erreichen. Inhalte können Artikel, Ratgeber, Videos, Podcasts, Infografiken, E-Books, Newsletter oder Webinare sein. Der Unterschied zu reiner Werbung: Content-Marketing liefert zuerst Mehrwert und baut Vertrauen auf, statt nur zu verkaufen.

KI-Optimierung

KI steht für Künstliche Intelligenz. KI-Optimierung heißt: Inhalte so aufbereiten, dass sie von KI-Systemen leicht verstanden, zitiert und empfohlen werden.Dazu zählen klare Frage-Antwort-Strukturen,

präzise Zusammenfassungen, Tabellen und Schritt-folgen, der Einsatz strukturierter Daten (Schema Markup, also Zusatzangaben im Code nach dem Standard Schema.org), eindeutige Benennung von Entitäten (zum Beispiel Personen, Orte, Marken) und sichtbare Qualitätsmerkmale wie E-E-A-T. E-E-A-T steht für Experience, Expertise, Authoritativeness, Trustworthiness, also Erfahrung, Fachwissen, Autorität und Vertrauenswürdigkeit.
Hinweis: In Abschnitt 1.2 hast du bereits die Begriffe NLP (Verarbeitung natürlicher Sprache), ML (maschinelles Lernen), LLM (großes Sprachmodell) und Knowledge Graph kennengelernt. Wir verwenden sie hier nicht erneut im Detail.

Worin sie sich unterscheiden

Zielrichtung

SEO optimiert dafür, in den klassischen Suchergebnissen möglichst weit oben zu stehen.
Content-Marketing optimiert dafür, eine Beziehung aufzubauen und Menschen entlang ihrer Entscheidungsreise zu führen.
KI-Optimierung optimiert dafür, in KI-Antworten und speziellen Darstellungen aufzutauchen und als Quelle genannt zu werden.

Hebel

SEO nutzt technische Sauberkeit, klare Seitenstruktur, interne Verlinkung und externe Empfehlungen.
Content-Marketing nutzt Themenplanung, Formate, Erzählweise, Markenstimme und Distribution über Kanäle wie Newsletter oder soziale Netzwerke.
KI-Optimierung nutzt maschinenlesbare Struktur (Schema Markup), Frage-Antwort-Form, präzise Zusammenfassungen, konsistente Entitäten und eindeutige Verantwortlichkeit.

Messgrößen

Messgrößen nennt man KPIs. KPI steht für Key Performance Indicator, also zentrale Leistungskennzahl.

SEO-KPIs: Sichtbarkeit in der SERP, Impressionen, Klickrate, Position, organischer Traffic.
Content-Marketing-KPIs: Verweildauer, wiederkehrende Leser, Newsletter-Anmeldungen, Downloads, Leads.
KI-Optimierungs-KPIs: Häufigkeit als Quelle in Antwortkästen, Anteil an Rich Results (zum Beispiel FAQ-Boxen), Erwähnungen durch Assistenten.

Wo sie sich überschneiden

Drei Bereiche wie Kreise im Schnittfeld:
SEO braucht Inhalte für Rankings.
Content-Marketing braucht SEO für Sichtbarkeit.
KI-Optimierung verstärkt beide, macht Inhalte für Systeme erkennbar.

Praktisch: Thema planen (Content-Marketing), klar aufbereiten, suchmaschinenfreundlich strukturieren (SEO) und mit strukturierten Daten sowie Frage-Antwort-Elementen ergänzen (KI-Optimierung).

Ein anschauliches Bild

Stell dir eine gute Stadtbibliothek vor.
SEO ist der Katalog, der deine Bücher auffindbar macht und sicherstellt, dass sie am richtigen Regal stehen.
Content-Marketing ist der Inhalt des Buches und die Art, wie es geschrieben ist, damit Menschen es gerne lesen und weiterempfehlen.
KI-Optimierung ist das Inhaltsverzeichnis, die Registerkarten und die präzisen Zusammenfassungen, durch die Bibliothekarinnen,

Suchroboter und digitale Assistenten sofort die passenden Stellen finden und zitieren können.

Typische Missverständnisse

„SEO ist nur Technik.“ Falsch. Technik ist Basis, aber ohne gute Inhalte keine Sichtbarkeit.
„Content reicht, Google findet mich schon.“ Falsch. Ohne Struktur und saubere Technik bleibt vieles unsichtbar.
„KI-Optimierung ist nur ein Trend.“ Falsch. Suchanfragen erfordern maschinenlesbare, zitierfähige Inhalte.

Eine gemeinsame Arbeitsweise: der 7-Schritte-Workflow

Mit diesem einfachen Ablauf deckst du SEO, Content-Marketing und KI-Optimierung gleichzeitig ab.

Schritt 1: Ziel festlegen

Was soll diese Seite für dein Geschäft leisten? Beispiel: Wissen aufbauen und eine Newsletter-Anmeldung erreichen.

Schritt 2: Thema und Nutzerintention bestimmen

Welche Frage beantwortest du konkret? Welche Absicht steckt dahinter (informieren, vergleichen, kaufen, lokal)?

Schritt 3: Gliederung erstellen

Kurze Einleitung mit der Kernantwort. Danach 3–5 Zwischenüberschriften im Frageformat, eine kleine FAQ und ein klarer CTA.

Schritt 4: SEO-Grundlagen umsetzen

Aussagekräftiger Titel und H1, saubere URL, interne Verlinkung zu thematisch passenden Seiten, Bilder mit Alt-Texten.

Schritt 5: KI-Bausteine ergänzen
Prägnante Zusammenfassung am Anfang, Listen und Tabellen, eindeutige Entitäten benennen, Schema Markup passend zum Seitentyp (zum Beispiel FAQPage, HowTo, Product oder LocalBusiness).

Schritt 6: Distribution planen
Überlege, wo du den Inhalt teilst: Newsletter, soziale Netzwerke, Partner und Verzeichnisse. Das ist Teil des Content-Marketings und erhöht die Chance auf Backlinks.

Schritt 7: Messen und verbessern
Lege 3 KPIs fest (zum Beispiel organische Klicks, Verweildauer, Anmeldungen). Prüfe sie nach vier Wochen und optimiere Titel, Einleitung, Zwischenüberschriften oder CTA.

Konkretes Vergleichsbeispiel
Thema: „Projektmanagement für Agenturen: Tools und Vorgehen“

Content-Marketing
Ziel: Agenturen einen praxistauglichen Leitfaden geben.
Ausführung: Umfassender Ratgeber mit echten Beispielen, Checkliste zum Download, Fallbeispiel.

SEO
Umsetzung: Titel „Projektmanagement für Agenturen: Methoden, Tools, Checkliste“, H1 identisch, interne Links zu Detailseiten (zum Beispiel „Kanban vs. Scrum“), Alt-Texte bei Grafiken, schnelle Ladezeit.

KI-Optimierung
Bausteine: Einleitung mit Kurzantwort, Vergleichstabelle zu Tools, drei häufige Fragen als FAQ, Schema Markup für FAQPage, klare Benennung von Entitäten (Tool-Namen, Methoden), Autorprofil mit Fachbezug, Datum der Aktualisierung.

Messbare Ergebnisse, die du erwarten kannst

Durch SEO: Höhere Sichtbarkeit, bessere Klickrate, mehr organischer Traffic.

Durch Content-Marketing: Längere Verweildauer, mehr wiederkehrende Besucher, mehr Anmeldungen oder Anfragen.

Durch KI-Optimierung: Häufigere Darstellung in Antwortmodulen, mehr Rich Results, mehr Erwähnungen durch Assistenten.

Mini-To-do: Deinen 7-Schritte-Plan auf ein Thema anwenden

Ziel: Ein Thema auswählen und es in 45 bis 60 Minuten so planen, dass SEO, Content-Marketing und KI-Optimierung abgedeckt sind.

1.Thema wählen
Nimm ein konkretes Thema aus deinem Umfeld, zum Beispiel „[dein Produkt] Vorteile“, „[dein Service] Kosten [deine Stadt]“ oder „[dein Thema] Anleitung“.
2.Ziel definieren
Notiere, welches Ergebnis die Seite liefern soll (zum Beispiel Lead, Terminbuchung, Newsletter-Anmeldung).
3.Nutzerintention festhalten
Schreibe in einem Satz auf, was die suchende Person wirklich will. Entscheide dich für die Hauptintention.
4.**Gliederung skizzieren**
Titel und H1
Einleitung mit der Kernantwort in zwei bis vier Sätzen
Drei bis fünf Zwischenüberschriften im Frageformat
Kleine FAQ mit drei Fragen
Passender CTA
5.SEO-Grundlagen checken
URL, interne Verlinkung, Alt-Texte für Bilder, klare Meta-Beschreibung.
6.KI-Bausteine ergänzen
Eine Tabelle oder Liste einfügen, Entitäten sauber benennen, Schema Markup passend wählen (zum Beispiel FAQPage).
7.KPIs festlegen
Wähle drei Kennzahlen, die du in vier Wochen prüfst, zum Beispiel organische Klicks, Verweildauer, Anzahl Anfragen.

Ergebnis: Du hast ein Thema so vorbereitet, dass es auffindbar (SEO), nützlich und markenbildend (Content-Marketing) und zugleich maschinenlesbar sowie zitierfähig (KI-Optimierung) ist. Im nächsten

MINI-TO-DO:

Kapitel übertragen wir diesen Plan in eine wiederholbare Redaktionsroutine, damit du Woche für Woche messbar sichtbarer wirst.

IIn diesem Kapitel hast du gelernt, wie sich SEO von Wortwiederholung hin zur Erfüllung echter Nutzerbedürfnisse entwickelt hat. Suchanfragen lassen sich über Nutzerintentionen wie informieren, vergleichen, kaufen oder lokal finden verstehen. Du weißt, wie KI Sprache, Entitäten und Qualitätssignale verarbeitet und warum Struktur, Fakten und maschinenlesbare Angaben wichtig sind.

Mit dem R-A-V-Denken (Relevanz, Autorität, Vertrauen) verbesserst du Seiten pragmatisch: Hauptfrage beantworten, fachliche Stärke zeigen, Vertrauen aufbauen. Du unterscheidest klar zwischen SEO, Content-Marketing und KI-Optimierung. Außerdem hast du einen 7-Schritte-Workflow, der alle drei Bereiche vereint.

Abkürzungen und Begriffe aus Kapitel 1

SEO: Search Engine Optimization. Maßnahmen, um Seiten in Suchmaschinen sichtbarer zu machen (Technik, On-Page, Off-Page).
SERP: Search Engine Results Page. Ergebnisseite einer Suchmaschine.
CTA: Call to Action. Klare Handlungsaufforderung, zum Beispiel „Angebot anfordern".
FAQ: Frequently Asked Questions. Häufige Fragen mit kurzen Antworten.
CMS: Content Management System. System zur Verwaltung von Inhalten, zum Beispiel WordPress.
Nutzerintention (Search Intent): Das eigentliche Ziel hinter einer Suche, zum Beispiel informieren, vergleichen, kaufen, lokal finden.
NLP: Natural Language Processing. Verarbeitung natürlicher Sprache durch Computer.

ML: Machine Learning. Maschinelles Lernen; Systeme lernen aus Daten statt festen Regeln zu folgen.
LLM: Large Language Model. Großes Sprachmodell; KI-Modelle, die Text verstehen und erzeugen.
Knowledge Graph: Wissensnetz der Suchmaschine, das Entitäten (Personen, Orte, Marken, Produkte, Konzepte) und ihre Beziehungen abbildet.
Entitäten: Eindeutig identifizierbare Dinge oder Konzepte, zum Beispiel „Wien“, „Apple“, „iPhone 15“.
Schema Markup / Schema.org: Strukturierte Daten im Code einer Seite, die Inhalte eindeutig beschreiben (zum Beispiel FAQPage, HowTo, Product, LocalBusiness).
E-E-A-T: Experience, Expertise, Authoritativeness, Trustworthiness. Erfahrung, Fachwissen, Autorität, Vertrauenswürdigkeit; Qualitätsrahmen für Inhalte.
Core Web Vitals (CWV): Kennzahlen zur Nutzererfahrung. LCP (Largest Contentful Paint): Ladezeit bis zum größten sichtbaren Inhalt. INP **(Interaction to Next Paint):** Reaktionszeit auf Nutzereingaben. CLS **(Cumulative Layout Shift):** Visuelle Stabilität, wie stark Elemente „springen“.
GBP: Google Business Profile. Das Unternehmensprofil in Google für lokale Sichtbarkeit.
NAP: Name, Address, Phone. Einheitliche Schreibweise von Name, Adresse und Telefonnummer eines Unternehmens.
KPI: Key Performance Indicator. Zentrale Leistungskennzahl, zum Beispiel Klickrate oder Leads.
CRM: Customer Relationship Management. Systeme zur Pflege von Kundenbeziehungen.
R-A-V: Kurzform für Relevanz, Autorität, Vertrauen. Dreiklang zur Bewertung und Verbesserung von Seiten.
Featured Snippet: Kurzantwort oben in der SERP, die eine passende Textstelle hervorhebt.
Local Pack: Kartenblock in der SERP mit lokalen Treffern.

How-to: Anleitung in Schritt-für-Schritt-Form.
Weiterlesen: Kapitel 2 – Ausblick und Handlungsaufforderung
CTA: Lies jetzt Kapitel 2, um zu verstehen, wie KI die Suchergebnisse konkret verändert und wie du deine Inhalte so strukturierst, dass sie in klassischen Treffern und in KI-Antwortkästen erscheinen.

Inhalt von Kapitel 2 in Kürze:

Du lernst die neuen Suchoberflächen und Antwortmodule Schritt für Schritt kennen, siehst typische Ausgabeformate und bekommst konkrete Maßnahmen: welche Textbausteine, Tabellen, FAQs und strukturierten Daten du einsetzen solltest, damit deine Inhalte als beste Antwort erkannt und bevorzugt dargestellt werden.

KAPITEL 2:

Wie KI die Suchergebnisse verändert

Kapitel 2:

2.1 Was sind KI-Antwortsysteme (Google AI Overviews, Bing Copilot, ChatGPT Search)

Ziel dieses Abschnitts: Du verstehst, was KI-Antwortsysteme sind, wie sie funktionieren und was du konkret tun kannst, damit deine Inhalte dort erscheinen. Neue Begriffe werden bei der ersten Nennung erklärt

Begriffsklärung

Künstliche Intelligenz (KI): Oberbegriff für Verfahren, mit denen Computer aus Daten lernen und Aufgaben wie Sprachverstehen oder Bilderkennung lösen.

KI-Antwortsystem: Ein System, das eine natürliche Frage entgegennimmt und eine direkte, zusammengefasste Antwort liefert, oft mit Quellenangaben und Folgefragen. Beispiele sind Google AI Overviews, Bing Copilot und ChatGPT Search.

Großes Sprachmodell (Large Language Model, LLM): Ein KI-Modell, das Sprache versteht und Texte erzeugt. Es bildet den Kern vieler KI-Antwortsysteme.

Abruf-gestützte Textgenerierung (Retrieval-Augmented Generation, RAG): Vorgehen, bei dem das System zuerst passende Quellen aus dem Web abruft (Retrieval) und daraus eine Antwort formuliert (Generation). RAG verringert Fehler und ermöglicht Quellenangaben.

So arbeiten KI-Antwortsysteme Schritt für Schritt

1. Frage verstehen

Das System analysiert deine Formulierung und erkennt die Aufgabe dahinter, zum Beispiel Definition, Vergleich, Anleitung oder Entscheidungshilfe. Hier hilft das Sprachverständnis des LLM.

2. Wissen beschaffen

Per Retrieval werden aktuelle, passende Quellen gesucht. Das können Webseiten, Produktseiten, Studien oder Hilfedokumente sein.

3. Antwort entwerfen
Mit RAG werden die wichtigsten Punkte aus den Quellen zusammengefasst. Ziel sind eine klare Kurzantwort und, wenn sinnvoll, strukturierte Elemente wie Listen, Tabellen oder Schritte.

4. Quellen nennen
Gute Systeme zeigen Links zu den verwendeten Seiten. Das erhöht Nachprüfbarkeit und Vertrauen.

5.Nachfragen ermöglichen
Nutzer können nachhaken, verfeinern oder verwandte Fragen stellen. Das System nutzt Kontext, um den Dialog fortzusetzen.

Was die großen Systeme auszeichnet

Google AI Overviews
Kurze, strukturierte Überblicke direkt in der Google-Ergebnisseite. Tritt vor allem bei komplexen oder mehrschrittigen Fragen auf. Liefert häufig stichpunktartige Zusammenfassungen mit Quelllinks und kann lokale oder produktspezifische Elemente einbinden.

Bing Copilot
Assistent in der Suche von Bing und im Microsoft-Ökosystem. Kombiniert klassische Ergebnisse mit einem Chat-Bereich. Nutzt RAG intensiv, zeigt Quellen neben der Antwort und ist stark auf Folgefragen und Aufgabenlisten ausgelegt.

ChatGPT Search
Eine Suche mit dialogorientierter Oberfläche. Das System beantwortet Fragen direkt, bindet bei aktiviertem Retrieval Webquellen ein und eignet sich besonders für erklärende, zusammenfassende und vergleichende Aufgaben.

Worin sich KI-Antwortsysteme von klassischen Ergebnissen unterscheiden

Direktantwort statt nur Linkliste
Die Systeme liefern eine fertige, kurze Antwort. Die Links sind Belege und Vertiefung, nicht der alleinige Ausgangspunkt.

Format statt nur Vorkommen von Wörtern
Sie bevorzugen klar strukturierte Informationen: knappe Kernaussagen, Listen, Schrittfolgen, Tabellen, klare Definitionen.
Kontext und Folgefragen
Die Antwort kann sich anpassen, wenn Nutzer nachhaken. Inhalte, die sich modular und präzise zitieren lassen, haben hier Vorteile.
Was das praktisch für deine Inhalte bedeutet
Kernaussage zuerst
Beginne jede Seite mit einer Zwei- bis Vier-Satz-Zusammenfassung, die die wichtigste Frage direkt beantwortet.
Fragen- und Antwortstruktur
Arbeite mit Zwischenüberschriften im Frageformat und kurzen, präzisen Antworten darunter. Ergänze eine kleine FAQ-Sektion.
Listen, Schritte, Tabellen
Formatiere Entscheidungslogik sichtbar: Vorteile/Nachteile, Kriterienlisten, Schritt-für-Schritt-Abläufe, Vergleichstabellen.
Eindeutige Entitäten
Benenne Personen, Orte, Marken, Produkte und Modelle präzise. So lassen sich Aussagen eindeutig zuordnen.
Strukturierte Daten
Nutze Schema Markup passend zum Inhalt, zum Beispiel FAQPage für FAQ, HowTo für Anleitungen, Product für Produktseiten, LocalBusiness für Standortseiten. Strukturierte Daten sind Zusatzangaben im Code, die Maschinen das Interpretieren erleichtern.
E-E-A-T sichtbar machen
Zeige Erfahrung, Fachwissen, Autorität und Vertrauenswürdigkeit: Autorprofil, Qualifikationen, Quellenangaben, Impressum, Datenschutz, klare Kontakte, Bewertungen.
Aktualität und Konsistenz
Kennzeichne Aktualisierungen („zuletzt aktualisiert am …“). Halte Daten (Preise, Maße, Spezifikationen) konsistent über alle Seiten und Profile hinweg.

Typische Irrtümer

Nur viele Wörter reichen
Ohne klare Kernaussage, Struktur und belegbare Fakten sinkt die Chance auf Aufnahme in eine KI-Antwort.
Nur Technik reicht
Gute Ladezeiten und sauberes HTML sind Pflicht, aber die Antwortqualität entscheidet.
Keine Quellen nötig
Ohne verlässliche, zitierfähige Informationen fehlt die Grundlage für RAG und Quellenangaben.

Checkliste: Bin ich KI-antworttauglich
Kurzantwort vorhanden
Ist die Kernfrage in zwei bis vier Sätzen am Anfang beantwortet.
Frage-Überschriften
Gibt es drei bis fünf präzise Q&A-Blöcke.
Strukturierte Elemente
Sind Listen, Schritte oder Tabellen vorhanden.
Schema Markup
Ist passendes Schema eingebunden (FAQPage, HowTo, Product, LocalBusiness).
E-E-A-T sichtbar
Autor, Quellen, Kontakt, Aktualisierungsdatum, Bewertungen vorhanden.
Konsistente Entitäten
Sind Namen, Modelle, Orte einheitlich geschrieben.

Mini-To-do: Deine erste KI-Antwortseite in 30 bis 45 Minuten

Seite auswählen
Nimm eine Seite mit klarer Hauptfrage, zum Beispiel „[dein Thema] einfach erklärt“ oder „[dein Produkt] Vorteile und Anwendung“.
Kurzantwort schreiben
Formuliere die Kernantwort in zwei bis vier Sätzen ganz oben auf der Seite.
Q&A-Blöcke anlegen
Erstelle drei bis fünf Zwischenüberschriften im Frageformat und beantworte sie mit je drei bis fünf Sätzen.
Struktur ergänzen
Baue eine Liste, eine Schrittfolge oder eine kleine Tabelle ein, die eine Entscheidung oder einen Ablauf greifbar macht.
FAQ und Schema
Füge drei kurze FAQ-Fragen an und markiere sie mit Schema vom Typ FAQPage.
E-E-A-T sichtbar machen
Autorbox, Quellen, Kontakt, Impressum/Datenschutz verlinken; Aktualisierungsdatum ergänzen.
Entitäten prüfen
Stimmen Schreibweisen von Produktnamen, Orten, Marken und Modellen überall überein.

Ergebnis:
Deine Seite liefert eine klare Direktantwort, ist modular zitierbar, maschinenlesbar ausgezeichnet und belegt durch Quellen und Verantwortlichkeit ihre Vertrauenswürdigkeit. Damit erhöhst du die Chance, in Google AI Overviews, Bing Copilot oder ChatGPT Search als Quelle zu erscheinen.

Kapitel 2:

2.2 Wie KI Quellen auswählt und zitiert

Ziel dieses Abschnitts: Du verstehst, nach welchen Kriterien KI-Antwortsysteme Quellen auswählen und wie sie diese als Belege in der Antwort anzeigen. Du erhältst konkrete Schritte, um deine Seiten „zitierfähig“ zu machen. Neue Begriffe erkläre ich bei der ersten Nennung.

Grundprinzip: Von der Frage zur belegten Kurzantwort
KI-Antwortsysteme arbeiten häufig mit einem Verfahren namens Abruf-gestützte Textgenerierung. Der englische Begriff ist Retrieval-Augmented Generation, abgekürzt RAG. Dabei sucht das System zuerst passende Belege im Web (Retrieval) und formuliert daraus eine Antwort (Generation). Damit die Antwort verlässlich ist, braucht das System Inhalte, die es eindeutig verstehen, korrekt zuordnen und verlinken kann.

Wie die Auswahl typischerweise abläuft

1.Erreichbarkeit und Lesbarkeit

Die Seite muss technisch gut zugänglich sein: schnelle Ladezeit, keine Blockaden für Crawler (Crawler sind Programme, die Seiten automatisch besuchen), sauberer HTML-Text ohne wichtige Inhalte, die nur als Bild oder in schwer lesbaren Skripten vorliegen.
Tipp: Prüfe, ob deine Kerninhalte als echter Text vorliegen und auch ohne Skripte sichtbar sind.

2. Themenpassung und Klarheit

Die Seite muss exakt zum Suchthema passen. KI bevorzugt Inhalte mit klarer Struktur: prägnante Einleitung, Zwischenüberschriften im Frageformat, Listen, Tabellen, FAQ-Blöcke. FAQ steht für Frequently Asked Questions, also häufige Fragen mit Antworten. So kann das System passende Textstücke gezielt entnehmen.

3. Qualität und Vertrauenswürdigkeit
Hier spielt der Qualitätsrahmen E-E-A-T eine Rolle. Das steht für Experience, Expertise, Authoritativeness, Trustworthiness, auf Deutsch Erfahrung, Fachwissen, Autorität, Vertrauenswürdigkeit. Sichtbar werden diese Qualitäten durch Autorprofile, Quellenangaben, Impressum, Kontakt, konsistente Unternehmensdaten, echte Bewertungen sowie nachvollziehbare Belege im Text.

4. Originalität und Belegbarkeit
Systeme bevorzugen originäre, eigenständig formulierte Inhalte mit überprüfbaren Fakten. Dünne Kopien, oberflächliche Zusammenfassungen oder reine Produktwerbung ohne Substanz werden seltener gewählt.
Tipp: Liefere Zahlen, Definitionen, Abgrenzungen und Beispiele, die sich klar zitieren lassen.

5. Aktualität und Konsistenz
Aktuelle Inhalte mit „Zuletzt aktualisiert am ..." und konsistenten Daten (Preise, Maße, Modelle, Jahreszahlen) steigern die Chance, ausgewählt zu werden. Widersprüche zwischen Seite, Produktdatenblatt und Profilen verringern die Vertrauenswürdigkeit.

6. Eindeutige Entitäten
Entitäten sind klar identifizierbare Dinge wie Personen, Orte, Marken oder Produkte. Wenn du sie präzise benennst (korrekte Namen, Modelle, Versionen), kann die KI Aussagen sicher zuordnen und zitieren.

7. Strukturierte Daten
Strukturierte Daten nach Schema.org beschreiben Inhalte wie FAQPage, HowTo, Product oder LocalBusiness und erleichtern die Auswahl sowie oft zusätzliche Darstellungen mit Quellenlinks.

Wie die Zitierung in der Antwort aussieht

Verlinkte Belege

Viele Systeme zeigen am Rand oder unter der Antwort klickbare Quellenkacheln oder Links. Diese verweisen auf die Seiten, die zur Antwort beigetragen haben. Der Linktext ist meist der Seitentitel oder die Domain, nicht der genaue Absatz. Deshalb ist ein präziser, beschreibender Titel wichtig.

Abschnitts-Zitate

Bei längeren Antworten können mehrere Quellen referenziert werden, oft mit kleinen Ziffern, Klammern oder Quellenlisten. Inhalte, die sich in 2–4 Sätzen sauber zusammenfassen lassen, werden besonders häufig als Kernzitat genutzt.

Kontext-Fortsetzung

Klare Unterüberschriften und Ankerpunkte erleichtern die gezielte Navigation bei Nachfragen.

So machst du deine Seiten „zitierfähig“

Kernaussage ganz oben

Beginne jede Seite mit einer Kurzantwort von zwei bis vier Sätzen, die die zentrale Frage präzise beantwortet.

Belegbare Aussagen einbauen

Nutze klare, überprüfbare Fakten: Definitionen, Kriterienlisten, Schrittfolgen, Vergleichstabellen, einfache Rechenbeispiele. Verweise bei Bedarf auf Primärquellen.

Q&A-Struktur nutzen

Formuliere drei bis fünf Zwischenüberschriften als Fragen und beantworte sie kurz darunter. Ergänze eine kleine FAQ mit drei kompakten Fragen und Antworten.

Eindeutige Titel und Überschriften

Wähle einen Titel, der das Thema klar benennt, und Überschriften, die den Abschnittsinhalt in einfachen Worten zusammenfassen.

Entitäten konsistent schreiben

Marken-, Produkt-, Orts- und Personennamen immer gleich schreiben (Modellbezeichnungen, Jahrgänge, Versionen).

Strukturierte Daten einbinden
Verwende Schema-Typen passend zum Inhalt: FAQPage, HowTo, Product, LocalBusiness. So versteht die Maschine den Seitentyp sicher.
Autoren- und Unternehmensangaben
Zeige Verantwortliche und verlinke Impressum sowie Datenschutz für mehr Vertrauen.

Typische Gründe, warum eine Seite nicht zitiert wird

Unklare Hauptaussage
Ohne prägnante Kurzantwort fehlt der „Zitat-Anker".
Formatchaos
Lange Textblöcke ohne Struktur erschweren das Entnehmen passender Passagen.
Dünner oder kopierter Inhalt
Wenig Substanz oder offensichtliche Kopie anderer Seiten reduziert die Auswahlchancen.
Technische Hürden
Wichtige Inhalte sind nur als Bild eingebunden, erfordern Skripte oder laden sehr langsam.
Widersprüchliche Angaben
Unterschiedliche Zahlen oder Bezeichnungen auf verschiedenen Seiten mindern das Vertrauen.

Checkliste „Zitierfähigkeit"

Kurzantwort vorhanden
Ist die zentrale Frage in 2–4 Sätzen am Seitenanfang beantwortet.
Frage-Überschriften
Gibt es drei bis fünf Q&A-Blöcke mit klaren, kurzen Antworten.
Belege im Text
Enthält die Seite überprüfbare Fakten, Zahlen, Definitionen oder Kriterien.

Strukturierte Elemente
Listen, Schrittfolgen oder Tabellen sind vorhanden.
Strukturierte Daten
Passende Schema-Typen sind eingebunden (FAQPage, HowTo, Product, LocalBusiness).
E-E-A-T sichtbar
Autorprofil, Quellen, Impressum/Datenschutz, Aktualisierungsdatum vorhanden.
Entitäten konsistent
Namen, Modelle, Orte und Jahreszahlen sind einheitlich geschrieben.

Mini-To-do: In 30 Minuten zur zitierfähigen Seite

Seite auswählen
Wähle eine Seite mit klarem Thema, zum Beispiel „[dein Thema] einfach erklärt“ oder „[dein Produkt] Vorteile“.
Kurzantwort ergänzen
Schreibe oben eine prägnante Zusammenfassung in zwei bis vier Sätzen, die die Kernfrage beantwortet.
Q&A-Blöcke erstellen
Füge drei bis fünf Frage-Überschriften mit je drei bis fünf Sätzen Antwort hinzu.
Belegbare Struktur einbauen
Ergänze eine Liste, eine Schrittfolge oder eine kleine Tabelle mit klaren Kriterien.
Vertrauensangaben ergänzen
Füge ein Autorprofil, Quellen und das Aktualisierungsdatum hinzu; verlinke Impressum und Datenschutz.
Strukturierte Daten setzen
Markiere die FAQ mit dem Schema-Typ FAQPage und, falls passend, die Seite zusätzlich als HowTo oder Product.

Ergebnis:
Deine Seite ist klar, strukturiert, belegbar und technisch leicht auszulesen. Damit steigt die Wahrscheinlichkeit, als Quelle in KI-Antworten ausgewählt und sichtbar zitiert zu werden.

Kapitel 2:

2.3 Warum strukturierte Informationen entscheidend sind

Ziel dieses Abschnitts: Du verstehst, was strukturierte Informationen sind, warum sie für Suchmaschinen und KI-Antwortsysteme so wichtig sind und wie du sie praktisch einsetzt. Neue Begriffe werden bei der ersten Nennung erklärt.

Begriffsklärung

Strukturierte Informationen

Das sind Inhalte, die zusätzlich zum normalen Fließtext in einer klaren, maschinenlesbaren Form ausgezeichnet werden. Dadurch erkennen Suchmaschinen und KI-Systeme eindeutig, was auf einer Seite steht, zum Beispiel dass es um ein Produkt mit Preis geht, um eine Anleitung mit Schritten oder um eine lokale Firma mit Adresse.

Strukturierte Daten

So nennt man die technische Umsetzung strukturierter Informationen im Code deiner Seite. Der heute gängige Standard dafür heißt Schema.org. Schema.org ist ein öffentliches Vokabular, also ein Wörterbuch mit festgelegten „Begriffen" für Seitentypen und Felder, etwa Product (Produkt), FAQPage (Fragen/Antworten), HowTo (Anleitung), Article (Artikel), LocalBusiness (lokales Unternehmen), Event (Veranstaltung) oder Review (Bewertung).

JSON-LD

Das ist die empfohlene Einbindungsform für strukturierte Daten. JSON-LD bedeutet JavaScript Object Notation for Linked Data. In einfacher Sprache: ein kleiner Datenblock im Head- oder Body-Bereich deiner Seite, der die wichtigsten Fakten sauber benennt, ohne das Design zu verändern. Alternativen sind Microdata oder RDFa, aber JSON-LD ist heute meist am einfachsten.

Rich Results
Das sind erweiterte Darstellungen in den Suchergebnissen, zum Beispiel Sternebewertungen, Preise, FAQ-Einblendungen, Sitelinks oder Schritt-für-Schritt-How-tos. Rich Results entstehen oft erst, wenn strukturierte Daten vorhanden und korrekt sind.

Warum strukturierte Informationen so wichtig sind

Eindeutigkeit statt Rätselraten
Ohne Struktur muss die Maschine Bedeutungen erraten. Mit Schema.org sagst du explizit: „Das hier ist ein Product mit Preis, Verfügbarkeit, Marke, Modell." Das verringert Missverständnisse und steigert die Chance, korrekt zitiert und dargestellt zu werden.

Bessere Sichtbarkeit durch Rich Results
Strukturierte Daten erschließen zusätzliche Flächen in der SERP, der Ergebnisseite der Suchmaschine. Eine FAQ-Box kann mehr Platz einnehmen, ein Product-Snippet zeigt Preis und Bewertung, ein LocalBusiness-Snippet zeigt Adresse und Öffnungszeiten. Das erhöht Aufmerksamkeit und Klickrate.

Grundlage für KI-Antworten
KI-Antwortsysteme arbeiten oft mit Abruf-gestützter Textgenerierung (Retrieval-Augmented Generation, kurz RAG). Sie bevorzugen Inhalte, die sich klar entnehmen und belegen lassen. Strukturierte Daten helfen, die passenden Bausteine sicher zu finden und korrekt zuzuordnen.

Konsistenz über Kanäle
Wenn zentrale Fakten (Name, Adresse, Preise, Modelle, Daten) in strukturierter Form vorliegen, kannst du sie leichter aktuell halten und konsistent über Website, Profile und Datenfeeds hinweg ausspielen. Konsistenz stärkt Vertrauen.

Typische Seitentypen und ihre wichtigsten Felder

Article

Für Ratgeber, News, Blogartikel. Wichtige Felder: headline (Titel), description (Kurzbeschreibung), author (Autor), datePublished (Veröffentlichung), dateModified (Aktualisierung), image (Bild).

FAQPage

Für häufige Fragen und Antworten. Wichtige Felder: mainEntity → question (Frage) und acceptedAnswer (Antwort) je FAQ-Eintrag.

HowTo

Für Anleitungen. Wichtige Felder: name (Titel), step (Schritte), supply (Material), tool (Werkzeug), totalTime (Gesamtzeit), image (Bilder der Schritte).

Product

Für Produkte. Wichtige Felder: name, brand, model, description, offers (Preis, Währung, Verfügbarkeit), aggregateRating (falls vorhanden), review (falls vorhanden).

LocalBusiness

Für lokale Unternehmen. Wichtige Felder: name, address (Anschrift), telephone, openingHours (Öffnungszeiten), geo (Koordinaten), sameAs (Profile/Verzeichnisse), image, areaServed (Einzugsgebiet).

Event

Für Veranstaltungen. Wichtige Felder: name, startDate, endDate, location (Ort), offers (Tickets), organizer.

So setzt du strukturierte Daten sicher um

Schritt 1: Seitentyp bestimmen

Lege fest, welcher Schema-Typ zu deiner Seite passt. Eine Seite = ein klarer Haupttyp. Mischseiten verwirren. Beispiel: Ein Ratgeber mit eingebettetem Produktvergleich bleibt meist Article, und du ergänzt eine FAQSection, statt die ganze Seite als Product auszuzeichnen.

Schritt 2: Pflichtfelder füllen

Jeder Typ hat Pflichtfelder. Trage sie vollständig und korrekt ein. Ungenaue oder fehlende Pflichtfelder verhindern häufig Rich Results.

Schritt 3: JSON-LD verwenden
Binde die Struktur als JSON-LD ein. Viele Content-Management-Systeme (kurz CMS, zum Beispiel WordPress) bieten Plugins, die dir die Pflege abnehmen. CMS bedeutet System zur Verwaltung von Inhalten.

Schritt 4: Eindeutige Entitäten benennen
Schreibe Marken-, Produkt-, Orts- und Personennamen immer gleich. Entitäten sind eindeutig identifizierbare Dinge wie Personen, Orte, Marken oder Produkte. Einheitliche Schreibweisen erleichtern die Zuordnung.

Schritt 5: Validieren
Prüfe deinen Code mit einem Rich-Results-Test oder strukturierten Daten-Validator. So siehst du Fehler und Warnungen sofort.

Schritt 6: Aktualität pflegen
Pflege Felder wie dateModified und halte Fakten wie Preise, Öffnungszeiten und Verfügbarkeiten aktuell. Veraltete Daten verringern Vertrauen.

Praxisbeispiele

Anleitung „Rauchmelder installieren"
Seitentyp: HowTo. Zeige die Schritte mit kurzer Beschreibung und Bild; ergänze totalTime (zum Beispiel „15 Minuten").
Ergebnis: höhere Chance auf ein HowTo-Rich-Result mit Schrittfolgen.

Produkt „Kabellose Bohrmaschine X200"
Seitentyp: Product. Ergänze name, brand, model, description, offers (Preis, currency „EUR", availability „InStock") und, wenn vorhanden, aggregateRating.
Ergebnis: Preis- und Bewertungsanzeige in der SERP.

Lokales Unternehmen „Musterbäckerei Wien“
Seitentyp: LocalBusiness. Ergänze name, address (Straße, PLZ, Stadt, Land), telephone, openingHours, geo. Ergebnis: bessere Chancen auf korrekte Karten- und Infobox-Darstellung, höhere Konsistenz mit Profilen.

Häufige Fehler

Falscher Seitentyp
Eine Verkaufsseite als Article auszeichnen oder eine reine FAQ ohne FAQPage-Struktur. Lösung: Hauptzweck der Seite wählen und passenden Typ nutzen.
Unvollständige Pflichtfelder
Zum Beispiel ein Product ohne offers oder ohne Preis/Währung. Lösung: Pflichtfelder vollständig pflegen.
Widersprüchliche Daten
Preis in der Auszeichnung anders als im sichtbaren Text. Lösung: Werte synchron halten.
Technische Blockaden
Wichtige Inhalte nur als Bild, hinter Tabs ohne HTML-Text oder erst nach Skriptausführung sichtbar. Lösung: Kerndaten auch als sichtbaren Text ausgeben.
Keine Validierung
Fehler bleiben unbemerkt. Lösung: Nach jeder Änderung testen.

Checkliste: Bin ich strukturiert und maschinenlesbar

Seitentyp festgelegt
Haupttyp gewählt (Article, FAQPage, HowTo, Product, LocalBusiness, Event).
Pflichtfelder vollständig
Alle erforderlichen Felder sind vorhanden und korrekt.
JSON-LD eingesetzt
Strukturierte Daten als JSON-LD eingebunden.

Entitäten konsistent
Namen, Modelle, Orte einheitlich geschrieben.
Sichtbarer Text vorhanden
Kerninformationen stehen auch im lesbaren Seiteninhalt.
Validierung bestanden
Rich-Results-Test ohne kritische Fehler.
Aktualität gesichert
dateModified gepflegt, Preise/Zeiten aktuell.

Mini-To-do: In 40 Minuten zu deinem ersten Rich-Result

Seite auswählen
Nimm eine Seite, die nahe an einem klaren Typ ist: Anleitung, FAQ, Produkt oder Standort.
Typ bestimmen und Felder sammeln
Lege den Schema-Typ fest und notiere die Pflichtfelder, die du brauchst.
JSON-LD einfügen
Erstelle einen JSON-LD-Block mit den wichtigsten Feldern und füge ihn in die Seite ein. Falls du ein CMS nutzt, verwende ein SEO- oder Schema-Plugin.
Sichtbarkeit prüfen
Achte darauf, dass die wichtigsten Fakten auch im sichtbaren Text stehen.
Validieren
Teste die Seite mit einem Rich-Results-Validator und korrigiere Fehler.
Aktualisierung dokumentieren
Setze dateModified auf das heutige Datum und speichere.

Ergebnis:
Deine Seite ist für Maschinen eindeutig lesbar, konsistent beschrieben und bereit für Rich Results. Das verbessert deine Chancen auf auffällige Darstellungen in der Suche und auf Aufnahme als Quelle in KI-Antworten.

Kapitel 2:

2.4 Was heißt „Entity-SEO“ – wenn deine Marke selbst eine Suchentität wird

Ziel dieses Abschnitts: Du verstehst, was eine Entität ist, warum Suchmaschinen mit Entitäten arbeiten und wie du deine Marke so aufbereitest, dass sie als eigene Suchentität stabil erkannt und bevorzugt dargestellt wird. Neue Begriffe werden bei der ersten Nennung erklärt.

Begriffsklärung

Entität

Eine Entität ist ein eindeutig identifizierbares „Ding“ in der Welt: eine Person, ein Unternehmen, eine Marke, ein Produkt, ein Ort oder ein Konzept. Entscheidend ist die Eindeutigkeit. „Apple“ kann Obst oder ein Unternehmen meinen. Eine Entität löst diese Mehrdeutigkeit auf, zum Beispiel „Apple Inc., Technologieunternehmen“.

Knowledge Graph

Das ist der Wissensspeicher einer Suchmaschine, eine Art Netzwerk aus Entitäten und deren Beziehungen. Beispiel: „Marke A“ ist Typ „Organization“, hat „Produkte“, hat „Website“, ist „ansässig in“ „Stadt X“.

Entity-SEO

Entity-SEO bedeutet, deine Marke so zu präsentieren, dass Suchmaschinen sie als Entität im Knowledge Graph eindeutig erkennen, korrekt verknüpfen und ihr Vertrauen schenken. Dazu gehören konsistente Namen, klare Identifikatoren, strukturierte Daten und verlässliche Belege außerhalb der eigenen Website.

sameAs

sameAs ist ein Feld in strukturierten Daten (Schema.org), in dem du offizielle Profile verlinkst, zum Beispiel dein LinkedIn-, X-, Facebook-, YouTube- oder Branchenprofil. Damit sagst du der Maschine: „Diese Profile gehören eindeutig zu derselben Entität.“

@id

@id ist ein technischer Identifikator in JSON-LD (strukturierten Daten). Er definiert eine eindeutige, stabile Referenz-URL für deine Entität, oft als Kanon-URL wie „https://deinedomain.tld/#organization". So kann die Maschine alle Hinweise zuverlässig derselben Entität zuordnen.

Warum Entity-SEO wichtig ist

Eindeutigkeit

Wenn dein Markenname ähnlich zu anderen Namen ist, hilft Entity-SEO, Verwechslungen zu vermeiden. So landen Nutzer bei „dir", nicht bei einem Namensvetter.

Vertrauen

Eine sauber definierte Entität mit verknüpften, konsistenten Profilen, Presseberichten und Branchenverzeichnissen signalisiert Zuverlässigkeit. Das unterstützt Bewertungen nach E-E-A-T (Experience, Expertise, Authoritativeness, Trustworthiness).

Sichtbarkeit

Erkannte Entitäten bekommen häufig Knowledge Panels (Info-Kästen), Sitelinks, logische Autovervollständigungen und werden in KI-Antworten stabiler zitiert.

Beziehungen

Wenn deine Entität klar ist, können auch deine Produkte, Personen (zum Beispiel Gründer), Standorte und Themen korrekt verknüpft werden. Das stärkt Themenautorität.

Der Kern: Die „Entity-Home"-Seite

Entity-Home

So nennt man die zentrale Seite, auf der deine Marke offiziell beschrieben ist, meist die „Über uns"- oder Startseite. Diese Seite ist die primäre Referenz, an die alle anderen Signale (Profile, Verzeichnisse, Presse) andocken.

Was gehört auf die Entity-Home
Einheitliche Namensschreibweise, Rechtsform, Beschreibung, Logo, Adresse, Kontakt, Gründungsjahr, Verantwortlicher, Leistungen/Produkte, Links zu Profilen.

Schema.org für die Entity-Home
Nutze den Typ Organization (oder LocalBusiness, wenn lokaler Betrieb) mit strukturierten Daten als JSON-LD. Setze:
@id: eine feste, kanonische Identifikations-URL, zum Beispiel „https://deinedomain.tld/#organization"
name, legalName, url, logo, foundingDate
address, telephone, contactPoint (falls relevant Support/Vertrieb)
sameAs: Liste offizieller Profile und Branchenverzeichnisse
hasOfferCatalog oder makesOffer für Produktübersichten (optional)
Für persönliche Marken zusätzlich Person-Schema auf einer Autorenseite:
@id für die Person, name, jobTitle, affiliation (Verbindung zur Organization), sameAs, image.

Konsistenz über alle Profile

NAP-Konsistenz
NAP bedeutet Name, Adresse, Telefon und muss überall einheitlich sein.
Gleiche Schreibweise
Markenname, Produktnamen, Modelle, URLs und Handles (zum Beispiel @deinname) sollten überall gleich erscheinen. Abweichungen erzeugen Zweifel.
Verifizierte Profile
Verifiziere offizielle Auftritte, wo möglich, und verlinke wechselseitig: von der Website zu den Profilen (sameAs) und von den Profilen zurück zur Website.

Belege außerhalb der eigenen Seite

Zitierungen

Zitierungen sind Erwähnungen deiner Marke mit Nennung von Name, Adresse, Telefonnummer oder Domain in Verzeichnissen, Branchenportalen, Kammern, Verbänden, Messen und Medien. Sie stärken die Entität auch ohne Link.

Presse und Fachartikel

Interviews, Gastbeiträge, Studien und Fallbeispiele auf etablierten Seiten sind starke Entity-Signale. Sie zeigen Autorität und Relevanz im Themenfeld.

Wissensdatenbanken

Falls die öffentliche Relevanz deiner Marke ausreichend ist, können Einträge in Wissensdatenbanken wie Wikidata oder Wikipedia eine Entität zusätzlich festigen. Das ist nicht für jede Marke nötig und unterliegt strengen Relevanzkriterien.

Disambiguierung bei Namensdopplungen

Zusatzattribute

Wenn dein Name doppeldeutig ist, nutze klare Beschreibungen: Branche, Ort, Gründungsjahr, Alleinstellungsmerkmal. Beispiel: „ACME Consulting GmbH, IT-Beratung, Wien, seit 2017".

Meta und Titel

Seitentitel und Meta-Beschreibungen sollen den Markennamen mit Branche/Ort kombinieren. Auch auf Social-Profilen die Bio entsprechend ergänzen.

Interne Verknüpfungen

Verknüpfe Entitäten sauber: Auf der Teamseite die Person mit Person-Schema, auf Produktseiten die Marke als Organization verlinken. So entsteht ein verständliches Netz.

Schritt-für-Schritt: Entity-SEO in 7 Schritten

Schritt 1: Inventur

Sammle alle offiziellen Profile, Verzeichnisse, Presseberichte, PDF-Prospekte, Eventseiten, Shop-Listings. Prüfe Schreibweisen und Daten.

Schritt 2: Entity-Home definieren

Wähle eine Seite als offizielle Referenz. Ergänze dort alle Kerndaten, füge ein klares Markenprofil und Links zu offiziellen Profilen hinzu.

Schritt 3: Structured Data setzen

Erstelle JSON-LD für Organization oder LocalBusiness mit @id, name, url, logo, address, contactPoint, sameAs. Für die Gründerseite Person-Schema mit eigener @id und sameAs.

Schritt 4: NAP und Profile angleichen

Passe Schreibweisen auf allen Plattformen an. Achte auf identisches Format von Name, Adresse, Telefonnummer, Öffnungszeiten, URL.

Schritt 5: Rückverlinkungen

Sorge dafür, dass Profile und Verzeichnisse zurück auf deine Entity-Home oder Startseite verlinken. Wo möglich, füge in Bios die Haupt-URL hinzu.

Schritt 6: Zitierungen aufbauen

Ergänze relevante Branchenverzeichnisse, Fachverbände, Messe- und Eventseiten. Streue dort eine kurze, einheitliche Markenbeschreibung.

Schritt 7: Autoritätsbelege

Plane zwei bis drei externe Belege: ein Gastbeitrag, ein Fachinterview, eine Fallstudie mit einem bekannten Partner. Verlinke diese Belege von deiner Entity-Home unter „Presse“ oder „Publikationen“.

Typische Fehler

Keine zentrale Referenz

Ohne Entity-Home fehlt der feste Anker. Suchmaschinen finden widersprüchliche Signale.

Uneinheitliche Daten

Abweichende Namen, alte Telefonnummern, wechselnde Schreibweisen. Das schwächt das Vertrauen.

Fehlende sameAs-Links

Ohne sameAs fehlen maschinenlesbare Brücken zu offiziellen Profilen.

Nur Eigenaussagen

Keine externen Belege, keine Erwähnungen. Das wirkt wie eine Insel ohne Bestätigung.

Kein @id

Ohne stabilen Identifikator können Maschinen Hinweise schlechter zusammenführen.

Checkliste: Bin ich als Entität klar erkennbar

Entity-Home vorhanden

Eine offizielle Seite mit vollständigen Kerndaten und Profil-Links.

Schema.org gesetzt

Organization oder LocalBusiness (und Person, falls relevant) als JSON-LD, mit @id und sameAs.

NAP konsistent

Name, Adresse, Telefon identisch über Website, Profile und Verzeichnisse.

Profile verifiziert

Wichtige Social- und Branchenprofile verifiziert und wechselseitig verlinkt.

Externe Belege

Mindestens zwei seriöse Erwähnungen oder Artikel außerhalb der eigenen Website.

Disambiguierung

Bei Namensdopplung klare Zusatzattribute (Branche, Ort, Jahr) in Titel, Meta und Bio.

Mini-To-do: Deine Marke zur Entität machen in 60 Minuten

Entity-Home auswählen
Nimm die Startseite oder „Über uns“ als zentrale Referenz. Ergänze eine kompakte, sachliche Markenbeschreibung mit Name, Ort, Gründungsjahr, Leistungen.
JSON-LD einbauen
Füge auf dieser Seite Organization- oder LocalBusiness-Schema ein. Setze @id auf „https://deinedomain.tld/#organization“, trage name, url, logo, address, contactPoint und sameAs ein.
sameAs-Liste pflegen
Erstelle oder aktualisiere Profile auf zwei bis vier wichtigen Plattformen (zum Beispiel LinkedIn, X, Facebook, YouTube, zentrales Branchenverzeichnis) und verlinke überall zurück zur Entity-Home.
NAP prüfen
Vergleiche Name, Adresse, Telefon auf Website, Google Business Profile, Verzeichnissen. Korrigiere Abweichungen.
Externe Belege sichern
Plane eine schnelle Maßnahme: eine Kurzmeldung in einem relevanten Branchenverzeichnis oder ein kurzes Gastinterview. Verlinke den Beleg von deiner Entity-Home unter „Presse“.

Ergebnis:
Deine Marke hat jetzt einen klaren „Personalausweis“ im Web, konsistente Profile und maschinenlesbare Verknüpfungen. Damit erhöhst du die Chance auf stabile Erkennung als Entität, bessere Darstellung in der Suche und verlässliche Zitierung in KI-Antworten.

IIn diesem Kapitel hast du gelernt, wie KI-Systeme Inhalte bevorzugen, die klar, präzise und strukturiert sind. Durch Frage-Antwort-Strukturen, Listen, Tabellen und Schema.org-Daten kannst du die Sichtbarkeit deiner Seiten erhöhen. JSON-LD hilft bei der Auszeichnung von Seitentypen wie Artikel oder FAQs, wodurch Rich Results und zuverlässige KI-Zitate entstehen. Entity-SEO stärkt deine Marke als Suchentität durch eine klare Entity-Home-Seite, konsistente NAP-Daten und Verknüpfungen, was die Sichtbarkeit in Suche und KI-Antworten verbessert.

Abkürzungen und Begriffe aus Kapitel 2

KI: Künstliche Intelligenz. Verfahren, mit denen Computer aus Daten lernen.

LLM (Large Language Model): Großes Sprachmodell; versteht und erzeugt Text.

RAG (Retrieval-Augmented Generation): Abruf-gestützte Textgenerierung; erst Quellen finden, dann Antwort formulieren.

NLP (Natural Language Processing): Verarbeitung natürlicher Sprache.

Knowledge Graph: Wissensnetz der Suchmaschine mit Entitäten und ihren Beziehungen.

Entität: Eindeutig identifizierbares „Ding“ (Person, Marke, Produkt, Ort, Konzept).

Entity-SEO: Maßnahmen, damit eine Marke als eigene Entität eindeutig erkannt und verknüpft wird.

Schema.org: Standardvokabular für strukturierte Daten (zum Beispiel Article, FAQPage, HowTo, Product, LocalBusiness).

Strukturierte Daten: Maschinenlesbare Zusatzangaben im Seiten-Code, meist als JSON-LD.

JSON-LD: JavaScript Object Notation for Linked Data; empfohlene Einbindungsform für strukturierte Daten.
Rich Results: Erweiterte Darstellungen in der SERP (zum Beispiel Sterne, Preise, FAQ-Boxen, How-to-Schritte).
E-E-A-T: Experience, Expertise, Authoritativeness, Trustworthiness; Qualitätsrahmen für Inhalte.
sameAs: Feld in strukturierten Daten, das offizielle Profile einer Entität verknüpft.
@id: Stabiler Identifikator einer Entität in JSON-LD (zum Beispiel https://deinedomain.tld/#organization).
Entity-Home: Zentrale Referenzseite der Marke (meist Startseite oder „Über uns“), an die Signale andocken.
NAP: Name, Address, Phone; Konsistenzanforderung für lokale Angaben.
Google AI Overviews, Bing Copilot, ChatGPT Search: Beispiele für KI-Antwortsysteme mit Direktausgaben und Quellenverweisen.

Lies jetzt Kapitel 3. Dort baust du auf diesen Grundlagen auf und entwickelst eine wiederholbare Produktionsroutine: von der Themenwahl über die Intent-Analyse bis zur skalierbaren Content-Erstellung mit Checklisten, Templates und Prioritäten, damit du Woche für Woche Inhalte veröffentlichst, die in klassischen SERPs und in KI-Antworten bevorzugt dargestellt werden.

Worum es in Kapitel 3 geht: Du erhältst eine praxisnahe Redaktionsmethodik mit klaren Rollen, einem schlanken Briefing-Template, einer Priorisierung nach Potenzial und Aufwand sowie messbaren Etappen. Zusätzlich lernst du, wie interne Verlinkung und Inhaltscluster geplant werden, damit deine Autorität im Themenfeld zügig wächst.

KAPITEL 3:

Die Grundprinzipien des SEO-Erfolgs

Kapitel 3:

3.1 On-Page SEO – Optimieren was du kontrollierst

Ziel dieses Abschnitts: Du lernst alle Stellschrauben kennen, die du auf deiner eigenen Seite direkt beeinflussen kannst. Wir gehen Schritt für Schritt vor, erklären alle neuen Begriffe bei der ersten Nennung und schließen mit einer kompakten Aufgabe, damit du das Gelernte sofort umsetzt.

Grundbegriff

On-Page SEO

On-Page SEO bezeichnet alle Maßnahmen zur Suchmaschinenoptimierung auf der eigenen Website. Du optimierst Inhalte, Struktur, Technik und Darstellung deiner Seiten, damit Suchmaschinen und Menschen sie besser verstehen und nutzen.

Die vier Säulen des On-Page SEO

1.Suchintention abdecken

Die Seite muss die Nutzerintention erfüllen. Nutzerintention ist das wahre Ziel hinter einer Suche, zum Beispiel informieren, vergleichen, kaufen oder lokal finden. Das hast du in Kapitel 1 gelernt und wendest es hier systematisch an.

2. Inhalt klar strukturieren

Du bereitest den Text so auf, dass Menschen ihn schnell erfassen können und Suchmaschinen ihn eindeutig interpretieren. Dazu gehören Titel, Überschriften, sinnvolle Absätze, Listen, Tabellen und visuelle Elemente.

3. Technische Lesbarkeit sichern

Die Seite soll schnell laden, stabil sein und auf allen Geräten gut funktionieren. Kerndaten müssen als echter Text vorhanden sein, nicht nur als Bild.

4. Maschinenlesbarkeit herstellen

Strukturierte Daten nach Schema.org helfen Suchmaschinen, die Seitentypen zu erkennen (zum Beispiel Artikel, Produkt, Anleitung). Du hast das in Kapitel 2 kennengelernt und ergänzt es hier an der richtigen Stelle.

Die wichtigsten On-Page Elemente

Title Tag

Der Title Tag ist der Seitentitel, der in der Ergebnisliste der Suchmaschine angezeigt wird. Er soll das Hauptthema und den Nutzen in höchstens etwa 55–60 Zeichen klar benennen.

Meta Description

Kurzer Beschreibungstext unter dem Titel in der Ergebnisliste, etwa 150–160 Zeichen. Er erhöht die Klickrate, wenn er das Versprechen der Seite prägnant formuliert. Die Meta Description ist kein direkter Rankingfaktor, beeinflusst aber, wie oft Menschen klicken.

H1

Die H1 ist die Hauptüberschrift auf der Seite. Sie sollte dem Title Tag entsprechen oder ihn sinnvoll ergänzen. H1 kommt pro Seite einmal vor.

URL

Die URL ist die Internetadresse einer Seite. Sie sollte kurz, sprechend und konsistent sein. Beispiele: /projektmanagement-tools/ **statt /p=123**.

Alt-Text

Der Alt-Text beschreibt den Inhalt eines Bildes in Worten. Er hilft Menschen mit Screenreadern und Suchmaschinen, Bilder zu verstehen. Alt-Text sollte beschreibend, aber knapp sein.

Interne Verlinkung

Interne Verlinkung sind Links zwischen deinen eigenen Seiten.

Sie führen Leser und Suchmaschinen zu weiterführenden Inhalten und zeigen, welche Seiten besonders wichtig sind.

Canonicals (Canonical Tag)

Ein Canonical Tag zeigt Suchmaschinen die bevorzugte Original-URL, wenn ähnliche oder doppelte Inhalte existieren. Beispiel: /produkt?farbe=blau verweist per Canonical auf /produkt/.

robots.txt

Eine robots.txt ist eine Datei im Stammverzeichnis deiner Website. Sie teilt Crawling-Programmen (Bots) mit, welche Bereiche ignoriert werden sollen. Sie sollte niemals wichtige Seiten blockieren.

XML-Sitemap

Eine XML-Sitemap ist eine maschinenlesbare Liste deiner Seiten. Sie hilft Suchmaschinen, neue oder aktualisierte Inhalte schneller zu entdecken.

Core Web Vitals

Core Web Vitals sind Kennzahlen zur Nutzererfahrung:

LCP (Largest Contentful Paint) misst die Ladezeit bis zum größten sichtbaren Inhalt.

INP (Interaction to Next Paint) misst die Reaktionszeit auf Eingaben.

CLS (Cumulative Layout Shift) misst die visuelle Stabilität, also ob Elemente springen.

Merksatz: schnell laden, flüssig reagieren, nichts springt.

HTTPS

HTTPS ist die verschlüsselte, sichere Übertragung von Daten zwischen Browser und Website. Ein gültiges SSL/TLS-Zertifikat ist Pflicht.

301-Weiterleitung

Eine 301-Weiterleitung leitet dauerhaft von einer alten URL auf eine neue um. Damit gehen Nutzer und Suchmaschinen automatisch an die richtige Adresse und Ranking-Signale bleiben erhalten.

404-Fehler

Ein 404-Fehler bedeutet: Seite nicht gefunden. Viele 404-Fehler frustrieren Nutzer und verschwenden Crawling-Ressourcen.

Lazy Loading

Lazy Loading bedeutet, dass Bilder oder Videos erst geladen werden, wenn sie im sichtbaren Bereich erscheinen. Das verbessert die Ladezeit.

CDN (Content Delivery Network)

Ein CDN verteilt Kopien deiner statischen Dateien (Bilder, Skripte) auf Server weltweit, damit sie schneller ausgeliefert werden.

Die Methode: On-Page in 10 Schritten pro Seite

Schritt 1: Ziel und Suchintention festlegen

Notiere in einem Satz, welche Frage die Seite beantwortet und welche Intention dahinter steckt (informieren, vergleichen, kaufen, lokal).

Schritt 2: Title Tag formulieren

Baue das Hauptthema und den Nutzen ein. Beispiel: „Projektmanagement-Tools im Vergleich: Funktionen, Preise, Empfehlungen".

Schritt 3: H1 und Einleitung setzen

H1 gleich oder sehr nah am Title. Darunter eine Kurzantwort in zwei bis vier Sätzen: Worum geht es, für wen, was ist das Ergebnis.

Schritt 4: Struktur bauen

Drei bis fünf Zwischenüberschriften im Frageformat, kurze Absätze, Listen oder Tabellen. Eine kleine FAQ (drei kurze Fragen) am Ende.

Schritt 5: Interne Links platzieren

Von informativen Abschnitten zu Vergleichsseiten, von dort zu Produkt- oder Angebotsseiten. Ein Link zurück zur Themenübersicht.

Schritt 6: Bilder optimieren
Dateinamen sprechend, Alt-Text sinnvoll, moderne Formate (zum Beispiel WebP), angemessene Größe, Lazy Loading aktiv.

Schritt 7: URL, Canonical, Meta prüfen
Kurz und sprechend, Canonical korrekt, Meta Description mit klarem Nutzenversprechen.

Schritt 8: Strukturierte Daten ergänzen
Passend zum Seitentyp: Article, FAQPage, HowTo, Product oder LocalBusiness als JSON-LD hinzufügen.

Schritt 9: Performance sichern
Große Bilder komprimieren, unnötige Skripte entfernen, Caching aktivieren, wenn möglich ein CDN nutzen. Zielwerte: LCP unter etwa 2,5 s, keine layoutbedingten Sprünge (niedriger CLS), gute Reaktionszeit (INP).

Schritt 10: Fehlerfreiheit
Keine 404-Links, 301-Weiterleitungen aufräumen, HTTPS aktiv, robots.txt und XML-Sitemap korrekt, Seite mobilfreundlich.

Vorlagen und Beispiele

Beispiel für einen Title Tag
„CRM-Software : Vergleich, Preise, Empfehlung nach Teamgröße“

Beispiel für eine Meta Description
„Welche CRM-Software passt zu dir. Vergleich nach Funktionen, Preisen und Teamgröße. Mit Checkliste und Empfehlungen.“

Beispiel-H1 und Einleitung
H1: „CRM-Software im Vergleich: Funktionen und Preise “
Einleitung: „Dieser Leitfaden zeigt dir, welche CRM-Software sich für kleine, wachsende und große Teams eignet. Du erhältst einen schnellen Überblick über Funktionen, Preise und typische Einsatzszenarien, damit du in wenigen Minuten die passende Vorauswahl triffst.“

Beispiel für drei Frage-Überschriften
„Welche Funktionen sind wirklich entscheidend."
„Wie unterscheiden sich die Preismodelle."
„Welche Software passt zu welchem Team."

Häufige Fehler

Keyword-Überladung

Viele Wiederholungen statt klare Antworten. Lösung: Hauptfrage präzise beantworten, dann vertiefen.

Unklare Struktur

Lange Textblöcke ohne Überschriften. Lösung: Frage-Überschriften, Listen, Tabellen.

Fehlende interne Links

Gute Inhalte ohne Wegweiser. Lösung: Vom Ratgeber zum Vergleich zur Angebotsseite verlinken.

Technische Altlasten

Langsame Bilder, keine Komprimierung, fehlendes Caching.
Lösung: Bilder optimieren, Caching aktivieren, unnötige Skripte entfernen.

Falsche oder fehlende Canonicals

Doppelte Inhalte ohne bevorzugte URL. Lösung: Pro Inhalt eine Hauptadresse mit Canonical.

Checkliste:

On-Page in 5 Minuten prüfen
Titel und H1: Thema und Nutzen klar, H1 einmalig.
Einleitung: Kurzantwort in zwei bis vier Sätzen vorhanden.
Struktur: Frage-Überschriften, Listen/Tabellen, kleine FAQ.
Interne Links: Nächster Schritt logisch verlinkt.
Technik: Schnelle Ladezeit, mobilfreundlich, HTTPS, keine 404, sinnvolle Canonicals.
Schema: Passender Schema-Typ als JSON-LD gesetzt.

Mini-To-do: Eine wichtige Seite in 60 Minuten aufwerten

Seite wählen
Wähle eine Seite mit Potenzial, zum Beispiel eine Ratgeber- oder Angebotsseite.
Titel, H1, Einleitung
Formuliere Title Tag, H1 und eine Kurzantwort, die die Hauptfrage klar beantwortet.
Struktur ergänzen
Füge drei Frage-Überschriften, eine Liste oder Tabelle und eine kleine FAQ hinzu.
Interne Links setzen
Verlinke zu einem Vergleichsartikel und zu einer Angebots- oder Kontaktseite. Füge einen Link zurück zur Themenübersicht hinzu.
Technik kurz optimieren
Komprimiere Bilder, aktiviere Lazy Loading, prüfe HTTPS, setze Canonical, korrigiere 404-Links.
Schema hinzufügen
Ergänze den passenden Schema-Typ (Article, FAQPage, HowTo, Product oder LocalBusiness) als JSON-LD.

Ergebnis:
Deine Seite erfüllt die Nutzerintention, ist klar strukturiert, technisch sauber und maschinenlesbar ausgezeichnet. Damit steigt die Chance auf bessere Rankings, höhere Klickrate und mehr Aktionen deiner Besucher

Kapitel 3:

3.2 Off-Page SEO – Vertrauen aufbauen durch Backlinks und Erwähnungen

Ziel dieses Abschnitts: Du lernst, wie externe Signale deine Sichtbarkeit stärken, welche Arten von Verlinkungen und Erwähnungen sinnvoll sind, wie du sie sicher aufbaust und welche Risiken du vermeidest. Neue Begriffe erkläre ich beim ersten Auftreten.

Grundbegriff

Off-Page SEO

Off-Page SEO umfasst alle Signale außerhalb deiner eigenen Website, die Suchmaschinen helfen einzuschätzen, wie wichtig und vertrauenswürdig du bist. Wichtigste Signale sind Verlinkungen (Backlinks), Marken-Erwähnungen und Bewertungen.

Zentrale Konzepte

Backlink

Ein Backlink ist ein Link von einer fremden Website zu deiner. Er zählt wie eine Empfehlung. Qualität ist wichtiger als Quantität.

Anchor-Text

Der Anchor-Text ist der klickbare Text eines Links. Er sollte natürlich sein und das Ziel sinnvoll beschreiben, zum Beispiel „Leitfaden Projektmanagement“ statt „hier klicken“.

Nofollow, Sponsored, UGC

Das sind Link-Attribute, die die Beziehung kennzeichnen. „nofollow“ signalisiert: kein redaktionelles Votum. „sponsored“ kennzeichnet bezahlte oder gesponserte Links. „ugc“ steht für User Generated Content. Redaktionelle, freiwillige Links ohne diese Attribute haben das stärkste Gewicht.

Autoritätsmetrik
Kennzahlen wie „Domain Authority“ oder „Domain Rating“ sind von Tool-Anbietern geschätzte Indikatoren für die Linkstärke einer Domain. Sie sind keine Google-Werte, aber nützlich zum Vergleichen.
Digital PR
Digitale Öffentlichkeitsarbeit: Inhalte oder Nachrichten so platzieren, dass Medien, Blogs und Verbände freiwillig auf dich verlinken.
Zitierung (Citation)
Eine Nennung deines Unternehmensnamens mit Adresse und Telefon, auch ohne Link. Besonders wichtig im lokalen SEO. Konsistenz von Name, Adresse, Telefon nennt man NAP-Konsistenz.

Was einen hochwertigen Backlink ausmacht

Themenrelevanz
Die verlinkende Seite passt inhaltlich zu deinem Thema. Ein Fachblog über Bauwesen, der auf deinen Leitfaden zu Baukosten verlinkt, ist sinnvoller als ein allgemeines Verzeichnis.
Redaktionelle Platzierung
Der Link steht im Fließtext eines Artikels, der echten Nutzen hat. „Footer-Listen“ oder wahllose Linklisten sind schwach.
Traffic-Potenzial
Die verlinkende Seite hat echte Leser. Ein Link, der Besucher bringt, ist fast immer ein guter Link.
Saubere Umgebung
Die Seite verlinkt nicht massenhaft auf irrelevante Projekte, hat keine Spam-Muster und ist technisch solide.

Sichere Wege zu Empfehlungen und Links

Referenzinhalte erstellen

Erzeuge Inhalte, auf die man gern verweist: Daten- und Statistiksammlungen, klare How-to-Guides, Vergleiche, Checklisten, Branchen-Glossare, Originalstudien, Fallbeispiele.

Themen-Cluster nutzen

Wenn du mehrere starke, miteinander verlinkte Inhalte zu einem Schwerpunkt hast, steigt die Chance, dass jemand auf die zentrale Übersichtsseite verlinkt.

Digital-PR-Hooks

Anlässe schaffen: Jahresrückblick, Branchen-Trendbericht, kleine Datenerhebung, ein nützlicher Rechner, eine öffentliche Checkliste. Biete Redaktionen kurze, klare Pitches mit der Kernaussage und einer Zahl.

Partnerschaften und Verbände

Mitgliedschaften, Fachverbände, Kammern, Hochschulen, Events. Häufig gibt es Mitglieder- oder Projektseiten mit Profil und Link.

Gastbeiträge mit Mehrwert

Ein Gastbeitrag ist ein Artikel von dir auf einer fremden Seite. Er sollte ein echtes Problem lösen, nicht werblich sein, und sinnvoll auf weiterführende Ressourcen bei dir verlinken.

Interviews und Zitate

Biete dich als Quelle an: kurze Expertenstatements, kommentierte Zahlen, Trend-Einordnungen. Viele Redaktionen verlinken auf dein Profil oder die Quelle.

Verzeichnisse und Profile (lokal)

Wichtige Branchenverzeichnisse und dein Google Business Profile konsistent pflegen. Das stärkt lokale Sichtbarkeit und Markenvertrauen.

Was du vermeiden solltest

Gekaufte Massenlinks

Bezahlte Links in minderwertigen Netzwerken sind riskant. Wenn Sponsoring stattfindet, kennzeichne mit „sponsored“.

Automatisierte Linktausch-Ringe

Unnatürliche Muster (A verlinkt B, B verlinkt A in Serie) sind auffällig.

Irrelevante Foren- und Kommentarlinks

In großen Mengen ohne Kontext wertlos und potenziell schädlich.

Überoptimierte Anchor-Texte

Immer exakt dasselbe Keyword wirkt unnatürlich. Variiere natürlich: Markenname, Titel des Artikels, neutrale Anker.

Outreach in einfacher Form

Zielseiten-Liste

Erstelle eine Liste von 20 thematisch passenden Seiten: Fachblogs, Verbände, Medien, Hochschulen, Tool-Anbieter mit Ressourcenseiten.

Kurzer Pitch

Drei Sätze: Wer du bist, was dein Inhalt leistet, warum er ihren Lesern hilft. Ein präziser Betreff und ein klarer Link zum Ressourceneinstieg.

Redaktionelle Ergänzung anbieten

Biete eine Zahl, eine Grafik oder einen Abschnitt an, den die Redaktion übernehmen darf, mit Quellenangabe zu dir.

Follow-up

Nach 5–7 Tagen freundlich nachhaken, ohne Druck aufzubauen.

Messung und Qualitätssicherung

Linkprofil beobachten

Achte auf Wachstum in thematisch passenden Domains, natürliche Ankertexte, steigende Marken-Erwähnungen.

Verweis-Traffic

Miss, wie viele Besucher über wichtige Links kommen. Das ist ein gutes Qualitätszeichen.

SERP-Entwicklung

Steigen Rankings und Sichtbarkeit für dein Themen-Cluster, senden die Links die richtigen Signale.

Mini-To-do: Erste drei sicheren Empfehlungen aufbauen

Referenzseite auswählen
Wähle einen starken Leitfaden oder Vergleich auf deiner Website als Ziel für Empfehlungen.
10 passende Ziele recherchieren
Finde 5 Fachblogs, 3 Verbände/Verbandsseiten, 2 Hochschul- oder Projektseiten, die thematisch passen.
Nutzen in einem Satz formulieren
Schreibe für jedes Ziel einen individuellen Satz, warum genau deren Leserschaft von deinem Inhalt profitiert.
Pitch senden
Sende pro Ziel eine kurze, persönliche Nachricht mit Betreff „Ressource zu [Thema]: kompakte Daten/Checkliste für Ihre Leser“.
Ein Beleg schaffen
Erstelle eine kleine Grafik oder Zahlentabelle, die die Seite übernehmen darf, mit Quellenhinweis auf dich.
Follow-up planen
Setze dir in sieben Tagen eine Erinnerung für ein kurzes, höfliches Nachfassen.

Ergebnis:
Du hast einen strukturierten, risikoarmen Start ins Off-Page SEO, drei bis fünf realistische Chancen auf hochwertige Empfehlungen und ein Vorgehen, das du monatlich wiederholen kannst.

Kapitel 3:

3.3 Technisches SEO – Performance, Struktur und Sicherheit

Ziel dieses Abschnitts: Du lernst die technischen Grundlagen, die Suchmaschinen und Menschen gleichermaßen brauchen: schnelle Ladezeiten, klare Seitenstruktur und hohe Sicherheit. Neue Begriffe werden bei der ersten Nennung erklärt.

Warum Technik ein Rankingfaktor ist

Technisches SEO sorgt dafür, dass Inhalte schnell, stabil und eindeutig auslieferbar sind. Wenn Seiten langsam laden, springen Nutzer ab. Wenn Suchmaschinen Inhalte nicht zuverlässig erfassen, sinkt die Sichtbarkeit. Technik ist kein Selbstzweck: Sie schafft die Voraussetzungen, damit dein guter Inhalt gefunden, verstanden und genutzt wird.

Die drei Säulen des technischen SEO

1. Performance: schnell und stabil
2. Struktur: eindeutig und crawlbar
3. Sicherheit: vertrauenswürdig und geschützt

1.Performance: schnell und stabil

Leitprinzip: so wenig Daten wie nötig, so früh wie möglich, so effizient wie verfügbar.

Wichtige Messgrößen

Core Web Vitals sind Kennzahlen zur Nutzererfahrung. Sie wurden bereits erklärt, hier die Kurzzuordnung für die Optimierung:

LCP (Largest Contentful Paint) misst, wie schnell der größte sichtbare Inhalt lädt. Ziel: möglichst unter etwa 2,5 Sekunden.

INP (Interaction to Next Paint) misst die Reaktionszeit auf Eingaben. Ziel: schnelle, flüssige Reaktionen.

CLS (Cumulative Layout Shift) misst, wie stark sich Elemente verschieben. Ziel: nichts „springt".

Messgrundlage

Nutze ein gängiges Testwerkzeug und prüfe mobil und Desktop. Wichtig ist der reale Eindruck: Startzeit, Reaktionsfähigkeit, Stabilität.

Wesentliche Hebel

Bilder und Medien: In passende Abmessungen skalieren, moderne Formate (zum Beispiel WebP), verlustarme Kompression, Lazy Loading für Bilder unterhalb des sichtbaren Bereichs. Lazy Loading bedeutet, dass Inhalte erst geladen werden, wenn sie in Sicht kommen.

CSS und JavaScript: Zusammenfassen und verkleinern (Minify), nur laden, was gebraucht wird, kritische CSS-Anteile früh bereitstellen. Kritisches CSS ist der kleine Teil der Gestaltung, der für den sichtbaren Anfangsbereich nötig ist.

Render-Blocker reduzieren: Dateien, die das erste Anzeigen verzögern, nach hinten schieben oder asynchron laden.

Caching: Zwischenspeichern von Ergebnissen im Browser oder auf dem Server, damit wiederholte Aufrufe schneller sind.

CDN: Ein Content Delivery Network wurde bereits erklärt. Es verteilt statische Dateien weltweit für kurze Ladewege.

Serverzeit verbessern: Schnelle Antwort des Servers senkt die Wartezeit. Diese Wartezeit heißt TTFB (Time to First Byte), also Zeit bis zum ersten Byte. Ursache sind oft langsam gestartete Anwendungen, überlastete Datenbanken oder zu schwache Hosting-Pakete.

Schriften: Webfonts lokal hosten, nur benötigte Schnitte laden, Font-Anzeige mit Fallback erlauben.

2. Struktur: eindeutig und crawlbar

Leitprinzip: Suchmaschinen sollen jede Seite finden, verstehen und der richtigen Version zuordnen.

Crawling und Indexierung

Crawling ist der automatische Besuch durch Suchmaschinen-Programme (Bots). Indexierung bedeutet, dass Inhalte in der Suchdatenbank abgelegt werden.

robots.txt: Datei im Stammverzeichnis, die Bots Hinweise gibt. Blockiere niemals wichtige Inhalte.

XML-Sitemap: Maschinenlesbare Liste wichtiger Seiten. Hilft bei der Entdeckung und Aktualisierung.

Interne Verlinkung: Zeigt Wichtigkeit und Zusammenhang. Wichtige Seiten erhalten mehr und eindeutig benannte interne Links.

Eindeutige Versionen

Canonical Tag: Zeigt die bevorzugte Adresse bei doppelten oder ähnlichen Inhalten.

Parameter-URLs: Filter und Sortierungen erzeugen oft lange Adressen. Verhindere Indexierungschaos über Canonicals oder Noindex. Noindex ist eine Anweisung, eine Seite nicht in den Suchindex aufzunehmen.

Pagination: Bei Listen über mehrere Seiten setze klare Navigation und, wenn sinnvoll, Hinweise auf die Hauptseite.

Mehrsprachigkeit und Regionen

hreflang: Kennzeichnung, welche Sprach- oder Regionsversion zu welcher Seite gehört. hreflang ist ein HTML-Attribut, das Suchmaschinen die passende Sprachvariante zeigt. Beispiel: de-AT für Deutsch in Österreich. Wichtig: wechselseitige Verweise zwischen den Versionen, identische Inhalte je Sprache, eigene URLs.

Datenkonsistenz

Strukturierte Daten: Schema.org-Auszeichnung (bereits erklärt) für Seitentypen wie Article, Product, FAQPage.

Entitäten: Eindeutige Namen für Marken, Produkte, Orte (bereits erklärt). Konsistente Schreibweise über alle Seiten und Profile.

3. Sicherheit: vertrauenswürdig und geschützt

Leitprinzip: Nutzer- und Maschinensignale verbessern sich, wenn die Seite sicher und gepflegt ist.

HTTPS

Verschlüsselte Verbindung über ein gültiges Zertifikat ist Pflicht. Achte auf vollständige Umleitungen von http auf https.

HSTS

HTTP Strict Transport Security. Eine Sicherheitseinstellung, die Browser anweist, die Seite nur verschlüsselt aufzurufen. Erhöht Schutz gegen Umleitungsangriffe.

CSP

Content Security Policy. Eine Sicherheitsrichtlinie, die erlaubt, nur bestimmte Quellen für Skripte, Stile und Medien zu laden. CSP reduziert das Risiko durch eingebettete Fremdinhalte.

Aktualität

Halte CMS, Themes, Plugins und Serverkomponenten aktuell. Veraltete Software ist ein Sicherheitsrisiko und kann Leistung mindern.

WAF

Eine Web Application Firewall filtert typische Angriffe, bevor sie deine Anwendung erreichen.

Backups

Regelmäßige, getestete Sicherungen mit schneller Wiederherstellung.

Malware-Scan

Automatisierte Prüfungen auf Schadcode oder verdächtige Dateien.

Rechtliches und Transparenz

Impressum, Datenschutz, Cookie-Hinweise korrekt und zugänglich. Transparenz stärkt Vertrauen und reduziert Abbrüche.

Typische Fehler und ihre Folgen

Zu große Bilder, blockierende Skripte, fehlendes Caching: langsame Seite, schlechter LCP und INP.

Doppelte Inhalte ohne Canonical: Ranking-Signale splitten sich, Instabilität in der Sichtbarkeit.

Verwaiste Seiten: Inhalte sind nicht intern verlinkt und werden schlecht gefunden.

Fehlkonfigurierte robots.txt: wichtige Bereiche versehentlich blockiert, Indexierungsverlust.

Mixed Content: Teile der Seite laden unsicher (http) auf einer https-Seite, Browserwarnungen, Vertrauensverlust.

Fehlende Updates: Sicherheitslücken, Ausfälle, mögliche Abstrafungen bei Malware.

Technik-Check von oben nach unten

Messe zuerst, optimiere die größten Bremsen, prüfe erneut. Typischer Ablauf:

1. **Messen:** Ladezeit mobil prüfen, Core Web Vitals ansehen, Serverzeit (TTFB) sichten.
2. **Medien:** Bilder skalieren, komprimieren, Lazy Loading setzen.
3. **Code:** CSS/JS minimieren, unnötige Skripte entfernen, Render-Blocker entschärfen.
4. **Caching/CDN:** Browser-Caching konfigurieren, CDN aktivieren.
5. **Struktur:** Interne Verlinkung nachschärfen, XML-Sitemap prüfen, robots.txt absichern, Canonicals setzen.
6. **Sicherheit:** HTTPS-Weiterleitung, HSTS, CSP, Updates, Backups, Malware-Scan.
7. **Re-Test:** Werte erneut messen, Änderungen dokumentieren.

Mini-To-do: Technisches Quick-Audit in 60 Minuten

Ziel: Die wichtigsten Bremsen lösen und Suchmaschinen die Arbeit erleichtern.

Messen
Prüfe mobil und Desktop die Ladezeit und notiere LCP, INP, CLS sowie TTFB.

Medien fixen
Skaliere und komprimiere die drei größten Bilder der Startseite. Stelle Lazy Loading für Bilder außerhalb des sichtbaren Bereichs ein.

Code aufräumen
Minimiere CSS und JavaScript. Entferne ein nicht benötigtes Skript oder lade es erst nach.

Caching und CDN
Aktiviere Browser-Caching und, falls möglich, ein CDN für Bilder und Skripte.

Struktur prüfen
Kontrolliere robots.txt und XML-Sitemap. Setze Canonical auf einer Seite mit doppeltem Inhalt. Füge zwei sinnvolle interne Links zu wichtigen Seiten hinzu.

Sicherheit härten
Leite alles auf https um, aktiviere HSTS, kontrolliere Mixed Content. Prüfe Updates von CMS und Plugins. Sichere ein aktuelles Backup.

Ergebnis:
Deine Seite lädt schneller, ist klarer strukturiert, sicherer und besser crawlbar. Damit verbesserst du die Grundlage für stabile Rankings und eine höhere Chance, in Suchergebnissen und KI-Antworten prominent zu erscheinen.

Kapitel 3:

3.4 Content & UX – Warum User-Signale das neue Ranking-Gold sind

Ziel dieses Abschnitts: Du lernst, wie Inhalte und Nutzererlebnis zusammenspielen, welche Nutzersignale Suchmaschinen deuten und wie du Seiten so gestaltest, dass Menschen schneller zum Ziel kommen. Neue Begriffe werden bei der ersten Nennung erklärt. Am Ende findest du ein kompaktes Mini-To-do.

Grundbegriffe

Content

Mit Content sind alle Inhalte gemeint: Texte, Bilder, Tabellen, Videos, Downloads. Guter Content beantwortet die wichtigste Frage der Seite schnell, vollständig und verständlich.

UX

UX steht für User Experience, das Nutzererlebnis. UX beschreibt, wie leicht und angenehm eine Seite zu verstehen und zu bedienen ist: Lesbarkeit, Orientierung, Tempo, Vertrauen, Barrierefreiheit.

Nutzersignale

Damit sind messbare Verhaltensdaten gemeint, die zeigen, wie Menschen mit einer Seite umgehen. Beispiele: Klickrate, Verweildauer, Scrolltiefe, Interaktionen, Conversion. Conversion ist der Abschluss einer gewünschten Aktion, etwa eine Anfrage oder ein Kauf.

Warum Nutzersignale wichtig sind

Suchmaschinen wollen Ergebnisse zeigen, die Menschen wirklich helfen. Daher werten sie aus, welche Ergebnisse angeklickt werden und wie Nutzer danach agieren. Kein einzelnes Signal entscheidet allein, aber Muster sind aussagekräftig: Seiten, die verständlich, schnell, vertrauenswürdig und zielführend sind, entwickeln sich in der Regel besser.

Wichtige Nutzersignale einfach erklärt

Klickrate (Click-through-Rate, CTR)

Anteil der Klicks auf dein Ergebnis bezogen auf die Einblendungen in der Suchergebnisliste. Eine klare Überschrift (Title Tag) und eine prägnante Beschreibung (Meta Description) erhöhen die CTR.

Verweildauer

Zeit, die Nutzer auf einer Seite verbringen. Sie steigt, wenn Einleitung und Struktur klar sind und wenn Inhalte echten Mehrwert bieten.

Scrolltiefe

Wie weit Nutzer nach unten scrollen. Klare Abschnitte, Zwischenüberschriften im Frageformat und Zusammenfassungen fördern die Scrolltiefe.

Interaktionen

Klicks auf Navigation, Tabellen, Akkordeons, Medien, Downloads, FAQs. Solche Interaktionen zeigen, dass Inhalte verarbeitet werden.

Pogosticking

Wenn Nutzer nach einem Klick schnell zur Suchergebnisliste zurückspringen und ein anderes Ergebnis wählen. Häuft sich Pogosticking, passt deine Seite vermutlich nicht zur Suchintention.

Micro-Conversions

Kleine, wertvolle Zwischenschritte, etwa das Öffnen einer FAQ, das Kopieren einer Checkliste oder das Starten eines Videos. Micro-Conversions bereiten die große Conversion vor.

Die Formel: Content klärt, UX führt

Klarheit am Anfang

Beginne mit einer Kurzantwort in zwei bis vier Sätzen, die die Hauptfrage der Seite beantwortet. Das reduziert Absprünge und schafft Vertrauen.

Struktur als Wegweiser

Nutze Zwischenüberschriften im Frageformat, Listen, Tabellen und kurze Absätze. So finden Nutzer schnell den Abschnitt, der ihre Frage löst.

Sichtbare nächste Schritte

Platziere Call-to-Actions (CTA) dort, wo sie gebraucht werden. CTA ist die Handlungsaufforderung, zum Beispiel „Checkliste herunterladen“, „Vergleich ansehen“, „Angebot anfordern“.

Lesbarkeit und kognitive Leichtigkeit

Kognitive Last ist die mentale Anstrengung beim Lesen. Reduziere sie durch einfache Sätze, Erklärungen neuer Begriffe an der ersten Stelle, ausreichenden Zeilenabstand, gute Kontraste und angemessene Schriftgrößen. Eine typische gut lesbare Zeilenlänge liegt bei etwa 45–75 Zeichen.

Visuelle Ordnung

Arbeite oberhalb des sichtbaren Bereichs, dem Above-the-Fold, mit einer klaren Hierarchie: Aussagekräftige H1 (Hauptüberschrift), Kurzantwort, primärer CTA. Nutze ausreichend Weißraum, damit Elemente atmen können.

Orientierung und Navigation

Interne Verlinkung führt logisch zur nächsten Phase. Eine Breadcrumb-Navigation hilft beim Einordnen. Breadcrumbs sind Pfad-Navigationen wie Startseite > Thema > Unterseite.

Mobile First und Daumen-Zonen

Mobile First heißt: Gestalte zuerst für Smartphones. Wichtige Elemente sollten im Daumenbereich liegen, also da, wo der Daumen leicht hinkommt. Große, gut klickbare Flächen und ausreichende Abstände vermeiden Fehlklicks.

Vertrauenssignale sichtbar machen

Autor, Datum der Aktualisierung, kurze Quellenangaben, verlässliche Kontaktdaten, Impressum und Datenschutz schaffen Sicherheit. Bewertungen und Fallbeispiele erhöhen Glaubwürdigkeit.

Geschwindigkeit spürbar machen

Schnell ladende Seiten senken die Absprungrate. Halte Bilder klein, lade Skripte nur bei Bedarf und ermögliche zügige Interaktionen. Die Core Web Vitals (LCP, INP, CLS) wurden bereits erklärt; Ziel ist spürbare Schnelligkeit und Stabilität.

Barrierefreiheit berücksichtigen

Alt-Texte für Bilder, ausreichender Farbkontrast, semantische Überschriftenstruktur (H1, H2, H3) und Tastaturbedienbarkeit helfen allen Nutzern und Maschinen.

Seitenmuster nach Suchabsicht

Informationsseite

Ziel: Verständnis.

Muster: H1, Kurzantwort, Inhaltsverzeichnis, erklärende Abschnitte, Beispiele, FAQ, weiterführende Links. CTA: „Checkliste herunterladen", „Vergleich ansehen".

Vergleichsseite

Ziel: Entscheidung vorbereiten.

Muster: Kriterien definieren, Tabelle, Pro/Contra, Empfehlungsszenarien, FAQ. CTA: „Produktdetails ansehen", „Demo anfragen".

Transaktionsseite

Ziel: Abschluss.

Muster: Nutzenversprechen, Kernfakten, klarer Preisaufbau, soziale Belege (Bewertungen), kurze Formulare, verschiedene Kontaktwege. CTA: „Jetzt kaufen", „Angebot anfordern".

Lokale Seite

Ziel: Kontakt/Besuch.

Muster: Leistungen, Öffnungszeiten, Karte, Telefonnummer, Bewertungen, Route. CTA: „Anrufen", „Termin buchen".

Messung und Verbesserung als Routine

Messpunkte wählen

Lege pro Seite drei Kennzahlen fest, zum Beispiel CTR, Verweildauer, Conversion-Rate. Conversion-Rate ist der Anteil der Besucher, die eine gewünschte Aktion ausführen.

Hypothese bilden

Formuliere, warum eine Änderung helfen sollte. Beispiel: „Eine klarere Kurzantwort senkt Absprünge in den ersten 10 Sekunden."

A/B-Varianten testen

Teste alternative Title Tags, Einleitungen, Zwischenüberschriften oder CTA-Positionen. A/B-Test bedeutet, zwei Varianten gegeneinander zu vergleichen.

Iterativ verbessern

Alle zwei bis vier Wochen prüfen, lernen, anpassen. Kleine Schritte summieren sich.

Typische Stolpersteine

Zu viel auf einmal

Überfrachtete Seiten überfordern. Priorisiere Fragen, kürze Nebensächliches.

Versteckte Informationen

Wichtige Antworten nicht hinter Tabs oder Downloads verstecken. Kernaussagen gehören in den sichtbaren Text.

Aufdringliche Elemente

Aggressive Pop-ups oder Interstitials (Ganzseiten-Überlagerungen) stören und erhöhen Absprünge. Nutze dezente, zeitlich versetzte Einblendungen.

Unklare CTAs

Vage Formulierungen wie „Senden" wirken schwach. Sage, was passiert: „Kostenloses Erstgespräch sichern".

Mini-To-do: UX-Feinschliff in 45 Minuten

Seite wählen
Nimm eine Seite mit relevantem Thema und ordentlichem Grundgerüst.
Kurzantwort ergänzen oder schärfen
Schreibe am Anfang zwei bis vier Sätze, die die Hauptfrage eindeutig beantworten.
Struktur überprüfen
Formuliere drei bis fünf Zwischenüberschriften im Frageformat. Baue eine Liste oder Tabelle ein, die eine Entscheidung oder einen Ablauf klärt.
CTA platzieren
Setze einen klaren, intent-gerechten CTA oberhalb und unterhalb des Hauptinhalts.
Lesbarkeit erhöhen
Verkürze Sätze, vergrößere Zeilenabstand und Absatzabstände, prüfe Kontraste. Ziel: müheloses Scannen.
Vertrauen sichtbar machen
Autor, Aktualisierungsdatum, kurze Quellen, Kontakt/Impressum/Datenschutz verlinken. Wenn vorhanden: Bewertungen einfügen.
Mobile prüfen
Teste die Seite auf dem Smartphone. Sind Navigation und CTAs im Daumenbereich, sind Abstände ausreichend, lädt alles flüssig.

Ergebnis:
Deine Seite ist verständlicher, schneller zu erfassen und führt besser zum nächsten Schritt. Das verbessert Nutzersignale und erhöht die Wahrscheinlichkeit auf bessere Rankings und stabile Sichtbarkeit – auch in KI-Antworten.

In Kapitel 3 hast du alle Stellschrauben kennengelernt, die du direkt beeinflussen kannst, sowie die externen Signale und die technischen Grundlagen, die zusammen deine Sichtbarkeit bestimmen. On-Page SEO sorgt dafür, dass jede Seite die Suchintention präzise erfüllt, klar strukturiert ist und maschinenlesbar ausgezeichnet wird. Off-Page SEO baut Vertrauen von außen auf: qualitative Verlinkungen, seriöse Erwähnungen und konsistente Profile signalisieren Relevanz und Autorität. Technisches SEO stellt die Basis: schnelle, stabile, sicher ausgelieferte Seiten mit eindeutiger Struktur und sauberer Indexierung. Content und UX verbinden alles: Eine klare Kurzantwort am Anfang, verständliche Abschnitte, sichtbare nächste Schritte und vertrauensbildende Elemente verbessern Nutzersignale wie Klickrate, Verweildauer und Conversion – das „neue Ranking-Gold". Das Ergebnis ist ein System: Inhalt klärt, Technik trägt, UX führt, Links belegen. So erhöhst du nachhaltig die Chancen auf bessere Rankings, Rich Results und Sichtbarkeit in KI-Antworten.

Abkürzungen und Begriffe aus Kapitel 3

On-Page SEO: Maßnahmen auf der eigenen Website (Inhalt, Struktur, Technik, Auszeichnung).

Off-Page SEO: Signale außerhalb der eigenen Website (Backlinks, Erwähnungen, Bewertungen).

Backlink: Link von einer fremden Website zu deiner, wirkt wie eine Empfehlung.

Anchor-Text: Klickbarer Linktext, sollte das Ziel natürlich beschreiben.

nofollow/sponsored/ugc: Link-Attribute ohne redaktionelles Votum (nofollow), für bezahlte Links (sponsored) bzw. nutzergenerierte Inhalte (ugc).

Digital PR: Digitale Öffentlichkeitsarbeit, um freiwillige Erwähnungen und Verlinkungen zu erzielen.

Citation/Zitierung: Nennung von Name, Adresse, Telefon oder Domain, auch ohne Link (wichtig im lokalen SEO).
Title Tag: Seitentitel in der Suchergebnisliste.
Meta Description: Kurzbeschreibung unter dem Titel in der Ergebnisliste.
H1: Hauptüberschrift einer Seite, pro Seite einmal.
URL: Internetadresse der Seite; kurz, sprechend, konsistent.
Interne Verlinkung: Links zwischen eigenen Seiten; steuern Wichtigkeit und nächste Schritte.
Alt-Text: Textalternative für Bilder; hilft Menschen und Maschinen, Bilder zu verstehen.
Canonical Tag: Bevorzugte Original-URL bei ähnlichen oder doppelten Inhalten.
robots.txt: Datei mit Anweisungen für Crawler (Programme der Suchmaschine).
XML-Sitemap: Maschinenlesbare Liste wichtiger Seiten für Suchmaschinen.
Core Web Vitals (CWV): Kennzahlen zur Nutzererfahrung.
LCP (Largest Contentful Paint): Zeit bis zum größten sichtbaren Inhalt.
INP (Interaction to Next Paint): Reaktionszeit auf Eingaben.
CLS (Cumulative Layout Shift): visuelle Stabilität, ob Elemente „springen".
HTTPS: Verschlüsselte, sichere Verbindung zwischen Browser und Website.
HSTS (HTTP Strict Transport Security): Browser sollen die Seite nur verschlüsselt aufrufen.
CSP (Content Security Policy): Sicherheitsrichtlinie für erlaubte Quellen von Skripten, Stilen, Medien.
TTFB (Time to First Byte): Zeit bis zum ersten Byte der Serverantwort.
Lazy Loading: Nachladen von Bildern/Medien erst, wenn sie in Sicht kommen.

CDN (Content Delivery Network): Verteiltes Netz zur schnellen Auslieferung statischer Dateien.
hreflang: Kennzeichnung von Sprach-/Regionsversionen, zum Beispiel de-AT.
Noindex: Anweisung, eine Seite nicht in den Suchindex aufzunehmen.
301-Weiterleitung: Dauerhafte Umleitung einer alten auf eine neue URL.
404-Fehler: Seite nicht gefunden.
UX (User Experience): Nutzererlebnis; Verständlichkeit, Tempo, Orientierung, Vertrauen.
CTR (Click-through-Rate): Klickrate; Anteil der Klicks an den Einblendungen.
Conversion/Conversion-Rate: Abschluss einer gewünschten Aktion und deren Anteil an allen Besuchen.
Breadcrumbs: Pfadnavigation wie Startseite > Thema > Unterseite.
Rich Results: Erweiterte Darstellungen in der Suche (zum Beispiel FAQ-Boxen, Sterne, Preise).
Schema.org/JSON-LD: Standard und Einbindungsform für strukturierte Daten (maschinenlesbare Zusatzangaben).
Weiterlesen: Kapitel 4 – Domain, Hosting und CMS richtig wählen
CTA: Lies jetzt Kapitel 4. Dort triffst du die Grundsatzentscheidungen, die deine Performance, Sicherheit und Skalierbarkeit auf Jahre prägen: passende Domainstrategie, hochwertiges Hosting, sinnvolles CMS-Setup.

Worum es in Kapitel 4 geht: Du lernst, wie du Domainendungen und Namen strategisch auswählst, welche Hosting-Kennzahlen wirklich zählen (Serverzeit, Verfügbarkeit, Skalierung), wie sich Serverstandort und SSL/TLS auf Vertrauen und Geschwindigkeit auswirken und wie du ein CMS schlank, sicher und Core-Web-Vitals-freundlich konfigurierst.

TEIL 2

DIE BASIS BAUEN: DEINE GOOGLE-FREUNDLICHE WEBSITE

KAPITEL 4:

Domain, Hosting und CMS richtig wählen

Kapitel 4:

4.1 Domainstrategie (.com vs. .ccTLDs) nach Sharma (The Google Checklist)

Ziel dieses Abschnitts: Du triffst eine fundierte Entscheidung für deine Domainstrategie. Du lernst die Unterschiede zwischen .com und Länderdomains (ccTLDs), verstehst Branding- und SEO-Folgen und bekommst eine klare Schritt-für-Schritt-Vorgehensweise. Neue Begriffe werden bei der ersten Nennung erklärt.

Begriffsklärung

Domain

Der eindeutige Name deiner Website, zum Beispiel beispiel.com. Er besteht aus dem Namensteil und der Endung.

TLD

Top-Level-Domain. Das ist die Endung einer Domain, zum Beispiel .com, .net, .org oder .at.

ccTLD

Country-Code-Top-Level-Domain. Das sind länderspezifische Endungen wie .at (Österreich), .de (Deutschland), .ch (Schweiz). cc steht für Country Code.

gTLD

Generic Top-Level-Domain. Das sind allgemeine Endungen wie .com, .net, .org sowie neuere wie .shop, .agency, .app.

Subdomain

Ein Namenszusatz vor der Hauptdomain, zum Beispiel blog.beispiel.com.

Subfolder

Ein Unterordner hinter der Domain, zum Beispiel beispiel.com/blog/.

DNS
Domain Name System. Das „Adressbuch“ des Internets, das Domainnamen in IP-Adressen übersetzt.
WHOIS
Ein Auskunftsdienst, über den man grundlegende Informationen zum Domaininhaber und zur Registrierung abfragen kann.
SSL/TLS
Verschlüsselung für Websites. Sorgt für HTTPS, also eine sichere Verbindung zwischen Browser und Server.
301-Weiterleitung
Dauerhafte Umleitung von einer alten auf eine neue URL. Wichtig, wenn du Domains oder Strukturen umstellst.
hreflang
Ein HTML-Hinweis, der Suchmaschinen sagt, welche Sprach- oder Regionsversion einer Seite zu welchem Land gehört, zum Beispiel de-AT für Deutsch in Österreich.

Grundprinzipien nach Sharma
Sharma betont eine pragmatische, nutzerorientierte Domainstrategie: Vertraut wirkende Endungen, kurze und sprechende Namen, klare Geozuordnung, robuste Technik. Die Domain ist ein Vertrauenselement. Sie soll Menschen und Maschinen auf den ersten Blick sagen: Worum geht es und für wen ist es gedacht.

Wann .com sinnvoll ist

Internationale Reichweite
Wenn du mehrere Länder bedienen willst, ist .com oft die flexibelste Basis. Du kannst später pro Land mit Subfoldern arbeiten, zum Beispiel beispiel.com/de-at/ oder beispiel.com/en-uk/, und die Regionen mit hreflang auszeichnen.
Markenaufbau
.com ist weltweit gewohnt und wirkt etabliert. Für globales

Branding ist es häufig die erste Wahl.

Skalierbarkeit

Eine .com mit Subfoldern ist einfacher zentral zu pflegen: ein technisches Setup, ein CMS, konsistente Metriken. Linkkraft (externe Empfehlungen) bündelt sich auf einer Domain.

Wann ccTLDs sinnvoll sind

Lokaler Fokus und Vertrauen

In vielen Märkten wirkt eine lokale Endung wie .at oder .de vertrauensstiftend. Sie signalisiert: „Wir sind für dieses Land da." Nutzer klicken eher auf eine bekannte Landesendung, vor allem bei lokalen Services.

Rechtliches und Compliance

Manche Branchen mit starkem Länderbezug (zum Beispiel öffentliche Dienstleistungen, regulierte Angebote) profitieren von einer klaren Landeszuordnung.

Wettbewerbsvorteil in lokalen SERPs

ccTLDs sind ein starkes, eindeutiges Ländersignal. Für rein nationale Projekte kann das die Sichtbarkeit im Zielland stabilisieren.

Subfolder vs. Subdomain vs. separate ccTLD

Eine .com mit Subfoldern (beispiel.com/de-at/)

Vorteile: einfache Verwaltung, gemeinsame Autorität, konsistentes Linkprofil, zentrale Technik.

Nachteile: Weniger „lokales" Gefühl als eine ccTLD.

Subdomains (de-at.beispiel.com)

Vorteile: organisatorische Trennung möglich (Teams, Tools).

Nachteile: Suchmaschinen behandeln Subdomains oft wie eigene Einheiten. Autorität verteilt sich, Pflegeaufwand steigt.

Separate ccTLDs (beispiel.at, beispiel.de)

Vorteile: starkes Ländersignal, hohes lokales Vertrauen.
Nachteile: Mehrfacher Pflegeaufwand, verteilte Autorität, separate Linkaufbau-Strategien pro Land.

Entscheidungsmatrix

Wenn dein Geschäft global ist oder in mehreren Ländern wachsen soll, Wähle .com und arbeite mit Subfoldern pro Land/Region und Sprache, zum Beispiel /de-at/, /de-de/, /en-gb/. Setze hreflang wechselseitig.Wenn dein Geschäft klar lokal ist und auch künftig lokal bleibt, Wähle die ccTLD deines Landes (zum Beispiel .at) und konzentriere dich vollständig auf diesen Markt.
Wenn du heute lokal bist, aber mittelfristig internationalisieren willst, Sichere dir .com (und idealerweise die wichtigsten ccTLDs) jetzt. Starte lokal mit ccTLD oder mit .com und einem lokalen Subfolder. Plane von Anfang an hreflang und eine saubere Struktur.

Branding- und Namensregeln

Kurz, eindeutig, leicht auszusprechen
Je kürzer und einprägsamer, desto besser. Vermeide komplizierte Schreibweisen.
Keine oder höchstens ein Bindestrich
Bindestriche erschweren das Merken. Wenn nötig, nur einen.
Zahlen und Umlaute mit Vorsicht
Zahlen sind missverständlich („2" vs. „to"), Umlaute führen zu Varianten (ä → ae). Wenn du Umlaute nutzt, registriere zusätzlich die „ae/oe/ue"-Varianten und leite um.
Recht prüfen
Markenrecherche durchführen, um Konflikte zu vermeiden. Achte auf bestehende Marken in deinen Zielmärkten.
Varianten sichern
Sichere dir wichtige Tippfehler und naheliegende Alternativen,

mindestens .com plus deine Kern-ccTLD, und leite sie sauber per 301 auf die Hauptdomain um.

SEO-Implikationen

Ländersignal

ccTLDs sind ein starkes Signal für ein bestimmtes Land. .com ist neutral und braucht Ländersignale über hreflang, Sprache, Inhalt, Kontakt- und Adressdaten.

Linkkraft

Bei .com mit Subfoldern bündeln sich Links; bei ccTLDs baut jede Domain separat Autorität auf.

Pflegeaufwand

Eine .com-Struktur mit Subfoldern ist am effizientesten. ccTLD-Netzwerke brauchen mehr Ressourcen (Content, Technik, Links, Pflege).

Klickverhalten

In vielen Ländern genießen ccTLDs höheres Vertrauen; in globalen SERPs ist .com häufig die erwartete Endung.

Technische Must-haves unabhängig von der Wahl

HTTPS erzwingen

Alle Varianten auf HTTPS umlenken und nur eine kanonische Version nutzen (www oder non-www festlegen).

Kanonische URLs

Canonical Tags setzen, damit Suchmaschinen die Hauptadresse erkennen.

Konsistente Kontakt- und Adressdaten

Für lokale Signale identische NAP-Daten (Name, Address, Phone) in Website, Profilen und Verzeichnissen.

hreflang korrekt

Bei mehrsprachigen oder mehrregionalen Inhalten hreflang wechselseitig setzen, gleiche Inhalte je Sprachversion bereitstellen und eindeutige URLs nutzen.

Saubere Weiterleitungen

Wenn du migrierst (zum Beispiel von beispiel.at nach beispiel.com/de-at/), setze 301-Weiterleitungen eins zu eins und halte sie dauerhaft.

Typische Irrtümer

Domainalter als Rankingwunder

Alter hilft nicht automatisch. Qualität, Struktur, Vertrauen und Links zählen.

Keyword im Domainnamen als Pflicht

Ein Keyword im Namen ist kein Muss. Eine starke Marke ist langfristig wertvoller.

Zu viele Subdomains

Jede Subdomain verhält sich quasi wie eine eigene Seite. Das streut Signale und verkompliziert Pflege.

Alles auf einmal internationalisieren

Wachse kontrolliert. Eine Region sauber aufsetzen ist besser als fünf halbherzige Setups.

Schritt-für-Schritt-Entscheidung

Schritt 1: Zielmärkte festlegen

Nur ein Land oder mehrere Länder in den nächsten 24 Monaten.

Schritt 2: Markenpositionierung klären

Braucht es globale Wahrnehmung (.com) oder lokales Vertrauen (ccTLD).

Schritt 3: Struktur wählen

a) .com + Subfolder je Land, b) ccTLD je Land, c) Hybrid (heute ccTLD, später .com/Subfolder).

Schritt 4: Namen prüfen

Kurzliste mit drei bis fünf Namen bilden, auf Aussprache, Tippfehleranfälligkeit und Markenrechte prüfen.

Schritt 5: Verfügbarkeit und Sicherungen

Domains prüfen, .com und Kern-ccTLD sichern, naheliegende Tippfehler sichern, 301-Umleitungen planen.

Schritt 6: Technik festlegen
HTTPS, kanonische Version, DNS-Anbieter, CDN bei Bedarf, einheitliche E-Mail-Absenderdomain.
Schritt 7: hreflang und NAP
Bei mehr Ländern hreflang sauber aufsetzen. Lokale NAP-Daten pro Land konsistent pflegen.

Mini-To-do: Deine Domainentscheidung in 45 Minuten

Ziele aufschreiben
Notiere, in welchen Ländern du in den nächsten 24 Monaten präsent sein willst.
Entscheidung mit Matrix
Wenn ein Land: ccTLD dieses Landes oder .com mit lokalem Subfolder, abhängig von deiner Markenstrategie.
Wenn mehrere Länder: .com mit Subfoldern und hreflang.
Namenscheck
Erstelle drei Namensvarianten, prüfe Aussprache, Schreibfehler, Markenrechte. Streiche die schlechteste.
https://namechk.com
Verfügbarkeit prüfen
Checke .com und deine Kern-ccTLD. Sichere dir beide und mindestens eine Tippfehler-Variante.
https://namechk.com
Umleitungsplan skizzieren
Lege fest, welche Domains „nur" auf die Hauptdomain per 301-Weiterleitung zeigen.
Technische Basis notieren
HTTPS erzwingen, kanonische Version wählen (www oder non-www), DNS-Anbieter festlegen, CDN optional.

Ergebnis:
Du hast eine klare Domainstrategie, die zu deinen Märkten passt, Vertrauen aufbaut und langfristig skalierbar ist. In den nächsten Abschnitten kümmern wir uns um Hosting-Qualität und CMS-Setup, damit die Basis auch technisch überzeugt.

Kapitel 4:

4.2 Hosting-Qualität & Ladezeiten nach Williams (WordPress SEO)

Ziel dieses Abschnitts: Du verstehst, warum das Hosting den größten technischen Hebel für WordPress-Geschwindigkeit liefert, wie du gute Hoster erkennst und welche Einstellungen und Caching-Ebenen wirklich zählen. Neue Begriffe erkläre ich bei der ersten Nennung.

Grundbegriffe

Hosting
Der Server und der Dienst, auf dem deine Website läuft. Er bestimmt, wie schnell der erste Kontakt zustande kommt und wie stabil die Seite ausgeliefert wird.

Shared Hosting
Viele Websites teilen sich einen Server. Das ist günstig, aber Leistung und Stabilität schwanken, wenn Nachbarn viel Last erzeugen.

VPS (Virtual Private Server)
Ein virtueller Server mit reservierten Ressourcen. Er ist planbarer und schneller als Shared Hosting, ohne die Kosten eines eigenen Servers.

Dedicated Server
Ein kompletter physischer Server nur für dich. Maximale Kontrolle, aber mehr Wartungsaufwand.

TTFB (Time to First Byte)
Zeit bis zum ersten Byte der Antwort. Dieser Wert zeigt, wie schnell der Server auf eine Anfrage reagiert. Je niedriger, desto besser.

Caching

Zwischenspeichern von Ergebnissen, damit sie schneller bereitstehen. Es gibt mehrere Ebenen:

- **Page Cache:** fertige HTML-Seiten, statt sie bei jedem Aufruf neu zu erzeugen.
- **Object Cache:** wiederverwendbare Daten aus der Datenbank, zum Beispiel mit Redis. Redis ist ein schneller Speicher für häufig benötigte Objekte.
- **Opcode/OPcache:** PHP-Code wird kompiliert im Speicher gehalten, damit er nicht bei jedem Aufruf neu übersetzt werden muss. PHP ist die Programmiersprache von WordPress.

CDN (Content Delivery Network)
Ein Netzwerk von Servern weltweit, das statische Dateien wie Bilder, Skripte und Styles aus dem nächstgelegenen Standort ausliefert.
HTTP/2 und HTTP/3
Moderne Übertragungsprotokolle. Sie erlauben parallele Übertragungen und verringern Wartezeiten gegenüber HTTP/1.1.
GZIP/Brotli
Verfahren, um Textdateien wie HTML, CSS und JavaScript zu komprimieren. Brotli komprimiert meist stärker als GZIP.

Warum das Hosting so viel ausmacht

WordPress erzeugt Seiten dynamisch. Jeder Seitenaufruf löst PHP-Berechnungen und Datenbankabfragen aus. Ein schneller Server mit aktuellem PHP, aktivem OPcache und sinnvoll konfiguriertem Page- und Object-Cache senkt die TTFB deutlich. Zusätzlich beschleunigen ein CDN für statische Dateien und kurze Wege zum Rechenzentrum deiner Zielgruppe.

Kennzahlen und Zielwerte

- **TTFB Startseite:** grobe Zielgröße unter 200–400 Millisekunden.

- LCP (Largest Contentful Paint, größter sichtbarer Inhalt): unter etwa 2,5 Sekunden auf Mobilgeräten.
- INP (Interaction to Next Paint, Reaktionszeit): spürbar flüssig, keine langen Blockaden.
- Uptime (Verfügbarkeit): mindestens 99,9 Prozent mit belegbarem Monitoring.
- Antwortzeiten Support: im Ernstfall unter 15 Minuten.

Was ein guter WordPress-Hoster bieten sollte

Aktuelle Software

- PHP aktuell und unterstützt OPcache.
- MariaDB/MySQL aktuell und performant.
- HTTP/2, idealerweise HTTP/3.
- Kostenlose SSL/TLS-Zertifikate und automatische Verlängerung.

Caching auf Serverebene

- Integrierter Page Cache (zum Beispiel Nginx FastCGI, LiteSpeed Cache oder Varnish).
- Option für Persistent Object Cache (Redis).
- Steuerung des Caches per Plugin oder Header, damit du gezielt leeren kannst.

Sinnvolle Infrastruktur

- Rechenzentrum nahe der Zielgruppe oder weltweites CDN inklusive.
- Genügend CPU-Kerne und RAM je Tarif, keine zu harte Drosselung von Prozessen.
- Dedizierte Ressourcen bei VPS/Cloud-Instanzen.

Betriebssicherheit

- Tägliche automatische Backups mit schneller Wiederherstellung.
- Staging-Umgebung (Kopie der Seite für Tests).
- Malware-Scanner, Web Application Firewall (WAF) und Rate-Limiting gegen Bots. Eine WAF filtert typische Angriffe, bevor sie die Anwendung erreichen.

Transparenz und Support
- Messbare SLAs (Service Level Agreements) für Uptime.
- Schneller, kompetenter Support mit WordPress-Erfahrung.
- Log-Zugriff und Monitoring (zum Beispiel Zugriff auf Fehlerprotokolle).

WordPress-spezifische Schnellhebel nach Williams

Page Cache zuerst
Aktiviere serverseitigen Page Cache oder ein etabliertes Cache-Plugin. Für LiteSpeed-Server nutze das LiteSpeed Cache-Plugin, bei Nginx den FastCGI-Cache mit passendem Plugin, bei Apache ein stabiles Cache-Plugin. Ziel: dynamische Aufrufe auf ein Minimum reduzieren.

Object Cache für datenintensive Seiten
Bei Shops, Memberships oder großen Blogs aktiviere Redis als Persistent Object Cache. Das entlastet die Datenbank spürbar.

PHP aktuell halten
Wechsle auf eine aktuelle, stabile PHP-Version. Das bringt oft zweistellige Prozent-Leistungsgewinne.

Bilder und Formate
Liefere Bilder in WebP (oder AVIF, wenn verfügbar) aus, skaliere sie auf benötigte Größe und setze Lazy Loading für Bilder unterhalb des sichtbaren Bereichs.

HTTP/2/3, Kompression und TLS
Aktiviere GZIP oder Brotli, nutze HTTP/2 oder HTTP/3, halte TLS aktuell. Das verbessert Übertragungszeiten deutlich.

CDN für statische Assets
Lagere Bilder, CSS und JavaScript auf ein CDN aus, besonders bei internationalem Publikum.

Blockierende Skripte reduzieren
Lade nur Skripte, die du wirklich brauchst, und verschiebe nichtkritische Skripte ans Ende oder lade sie asynchron.

Fragen, die du einem Hoster stellen solltest

-Welche Caching-Ebenen sind inklusive (Page, Object mit Redis, OPcache).
- Unterstützen Sie HTTP/3 und Brotli.
-Welche PHP-Versionen stehen bereit und wie oft werden sie aktualisiert.
-Wie sehen Backups aus (Häufigkeit, Aufbewahrung, Wiederherstellung in Minuten).
- Gibt es Staging auf Knopfdruck.
- Wie ist die Rechenzentrums- und Netzwerkarchitektur (Standorte, Peering, CDN).
-Welche Limits gelten für Prozesse, Speicher, Datenbankverbindungen.
-Wie wird Sicherheit umgesetzt (WAF, Malware-Scan, automatische Patches).
-Wie schnell antwortet der Support erfahrungsgemäß.

Häufige Bremsen und ihre Abhilfe

-Langsamer TTFB durch überlastetes Shared Hosting: Tarif oder Anbieter wechseln, VPS/Managed-WordPress in Erwägung ziehen.
-Kein oder schwaches Caching: Serverseitigen Page Cache aktivieren, Redis hinzufügen, Cache-Ausnahmen für eingeloggte Nutzer definieren.
-Schwere Bilder und Skripte: Bilder komprimieren und skalieren, Fonts lokal hosten, unnötige Plugins entfernen.
-Rechenzentrum weit weg von den Nutzern: Standort wechseln oder CDN aktivieren.
-Alte PHP-Version: auf aktuelle Version wechseln, OPcache aktivieren.
-Häufige Cache-Invalidierungen durch dynamische Inhalte: Cache gezielt steuern, Teilbereiche ausnehmen, Edge-Cache mit Regeln nutzen.

Plugin-Hinweise für WordPress

–Nutze nur ein Cache-Plugin gleichzeitig. Mehrere Plugins verursachen Konflikte.

–Prüfe Kompatibilität mit deinem Server (LiteSpeed Cache bei LiteSpeed, passende Einstellungen bei Nginx/Apache).

–Ergänze ein Bild-Optimierungsplugin, das WebP ausliefert und Bilder skaliert.

–Setze ein Sicherheitsplugin sparsam ein, wenn der Hoster bereits WAF bietet, um Doppelbelastungen zu vermeiden.

Mini-To-do: 60-Minuten-Hosting- und Speed-Quick-Win

Ist-Stand messen
Notiere TTFB, LCP und INP für Startseite und eine wichtige Unterseite.
Cache aktivieren
Aktiviere oder prüfe den serverseitigen Page Cache. Falls nicht verfügbar, setze ein bewährtes Cache-Plugin auf. Leere Cache nach Änderungen.
Object Cache prüfen
Wenn verfügbar, aktiviere Redis als Persistent Object Cache. Teste, ob dynamische Seiten schneller reagieren.
PHP und Kompression
Stelle auf die neueste stabile PHP-Version, aktiviere OPcache. Prüfe, ob Brotli oder GZIP aktiv ist, und schalte HTTP/2/3 ein.
Bilder optimieren
Konvertiere die größten fünf Bilder der Startseite in WebP, skaliere sie passend und aktiviere Lazy Loading.
CDN einschalten
Wenn du überregionale Besucher hast, aktiviere ein CDN für Bilder, CSS und JavaScript.
Nachmessen
Miss erneut TTFB, LCP und INP. Dokumentiere die Verbesserung und notiere weitere Bremsen für die nächste Runde.

Ergebnis:
Mit wenigen, klaren Schritten senkst du TTFB und Ladezeiten spürbar, stabilisierst die Auslieferung und legst die technische Basis für bessere Rankings und stärkere Nutzersignale.

Kapitel 4:

4.3 WordPress vs. Baukasten – Vorteile eines eigenen CMS

Ziel dieses Abschnitts: Du verstehst die Unterschiede zwischen einem Baukasten-System und einem eigenen Content-Management-System (kurz CMS) wie WordPress. Du erfährst, warum ein eigenes CMS langfristig mehr Kontrolle, bessere SEO-Möglichkeiten und Skalierbarkeit bietet. Neue Begriffe werden bei der ersten Nennung erklärt.

Begriffsklärung

CMS

CMS steht für Content Management System, also eine Software, mit der du Inhalte wie Texte, Bilder und Seiten ohne Programmierkenntnisse verwalten kannst. Beispiele sind WordPress, TYPO3, Drupal.

Baukasten

Mit Baukasten ist ein gehosteter Website-Builder gemeint, bei dem du mit vorgefertigten Bausteinen Seiten zusammenklickst. Hosting, Design, Funktionen und Updates liefert der Anbieter als Paket. Beispiele sind Wix, Squarespace, Jimdo. Vorteil: schnell startklar. Nachteil: weniger Tiefe und Kontrolle.

Self-Hosted

Self-Hosted bedeutet, dass du die Software (zum Beispiel WordPress) auf deinem eigenen Hosting betreibst. Du wählst Hoster, Serverleistung, Erweiterungen und hast volle technische Kontrolle.

WordPress

WordPress ist ein verbreitetes CMS. Es gibt eine gehostete

Variante (wordpress.com, Baukasten-ähnlich) und die selbst gehostete, frei installierbare Software (wordpress.org). In diesem Abschnitt geht es um die selbst gehostete Variante, weil sie die volle Kontrolle bietet.

Die wichtigsten Unterschiede aus SEO-Sicht

Technische Kontrolle

Baukasten: Der Anbieter bestimmt Caching, Servertechnik, HTTP/2/3, Kompression, Core Web Vitals-Optimierung. Du bist abhängig von dessen Vorgaben.

Eigenes CMS: Du wählst Hoster, Caching-Ebenen (Page-, Object-, OPcache), CDN, Bildformate und kannst Performance gezielt optimieren.

Struktur und URL-Gestaltung

Baukasten: URL-Struktur, Weiterleitungen (301), Canonical Tags und hreflang sind oft eingeschränkt oder nur über Umwege verfügbar.

Eigenes CMS: Volle Kontrolle über URLs, Weiterleitungen, Canonicals, hreflang, robots.txt und XML-Sitemaps.

Strukturierte Daten

Baukasten: Häufig nur Basis-Schema (zum Beispiel Article). Komplexe Typen wie HowTo, Product, FAQPage, LocalBusiness sind teilweise nicht oder nur eingeschränkt implementierbar.

Eigenes CMS: Du kannst Schema.org flexibel per Plugin oder Template als JSON-LD einbinden und exakt an den Inhalt anpassen.

Inhaltsarchitektur und interne Verlinkung

Baukasten: Themen-Cluster, individuelle Navigationen und interne Linklogiken sind limitiert.

Eigenes CMS: Du baust Cluster, Silos, individuelle Menüs, kontextuelle Linkblöcke und automatisierte Related-Links.

Datenportabilität und Eigentum

Baukasten: Inhalte und Design hängen an der Plattform. Ein späterer Umzug ist aufwendig, teils unvollständig.

Eigenes CMS: Du besitzt Dateien und Datenbank. Ein Umzug zu anderem Hosting ist planbar und reversibel.

Erweiterbarkeit

Baukasten: App-Stores bieten Zusatzfunktionen, doch tiefe Eingriffe sind begrenzt.

Eigenes CMS: Tausende Erweiterungen (Plugins) und vollständiger Codezugriff. Du kannst Funktionen maßschneidern oder entwickeln lassen.

Sicherheit und Compliance

Baukasten: Updates und Basis-Sicherheit übernimmt der Anbieter. Weniger Verantwortung, aber auch weniger Steuerbarkeit.

Eigenes CMS: Du steuerst Updates, Backups, Web Application Firewall (WAF), Content Security Policy (CSP) und Datenschutz-Anforderungen präzise.

Mehrsprachigkeit und Regionen

Baukasten: Mehrsprachigkeit ist oft rudimentär; komplexe hreflang-Setups über mehrere Länder sind selten optimal gelöst.

Eigenes CMS: Feingranulare Sprach- und Regionsstrukturen mit sauberem hreflang, getrennten Sitemaps und dedizierten Navigationsmustern.

E-Commerce und Spezialfälle

Baukasten: Für kleine Shops okay, bei komplexen Katalogen, Varianten, Performance oder speziellen Integrationen begrenzt.

Eigenes CMS: Volle Shop-Systeme (zum Beispiel WooCommerce) mit feiner Kontrolle über SEO-Felder, Produkt-Schema, Feed-Export und Page-Speed-Tuning.

Kosten und Zeit

Baukasten: Fixe Monatsgebühr, schnelle Einrichtung, wenig Technikaufwand. Später können Transaktionsgebühren, App-Add-ons und funktionale Grenzen die Gesamtkosten erhöhen, besonders wenn du Spezialanforderungen hast.
Eigenes CMS: Hosting, ggf. Premium-Themes und Plugins, Einrichtung und Wartung verursachen initial etwas mehr Aufwand. Langfristig oft wirtschaftlicher, weil du nicht an Plattformgrenzen stößt und Funktionen gezielt baust statt „Workarounds“ zu bezahlen.

Entscheidungsmatrix

Wähle einen Baukasten, wenn
–du eine sehr einfache Visitenkarte brauchst,
–du in wenigen Stunden online sein musst,
–du keinerlei Sonderfunktionen planst,
–du mit eingeschränkter SEO-Kontrolle leben kannst.
Wähle ein eigenes CMS (zum Beispiel WordPress), wenn
– SEO ein zentraler Wachstumskanal ist,
– du Inhalte skalieren und Themen-Cluster aufbauen willst,
–du strukturierte Daten, interne Verlinkung und Performance gezielt steuern möchtest,
–Mehrsprachigkeit, Shop-Funktionen oder Integrationen wichtig sind,
–du Eigentum und Portabilität deiner Daten behalten willst.

Typische Missverständnisse

„Baukasten ist immer billiger.“
Kurzfristig ja, langfristig können Grenzen, Add-ons und Migrationen teurer werden als ein schlankes, gut konfiguriertes WordPress.
„Ein eigenes CMS ist nur etwas für Programmierer.“

Mit einer sauberen Grundkonfiguration, einem guten Theme und wenigen, geprüften Plugins lässt sich WordPress sehr gut redaktionell bedienen.

„SEO-Plugins ersetzen technisches SEO.“
Plugins sind Werkzeuge. Die Wirkung entsteht aus sauberer Struktur, guter Information, Performance und korrekter Konfiguration.

Minimal-Setup für ein selbst gehostetes WordPress

–Leistungsfähiges Hosting mit Page-Cache, aktuellem PHP und OPcache.
–Schlankes, Core-Web-Vitals-freundliches Theme.
–Wenige, notwendige Plugins: SEO-Plugin (Titel, Meta, Sitemaps, Schema-Grundlagen), Cache-/Performance-Plugin, Bild-Optimierung, Sicherheits- und Backup-Lösung.
–Strukturierte Daten als JSON-LD passend zum Seitentyp.
–Saubere URL-Struktur, Canonicals, sinnvolle interne Verlinkung, hreflang bei Mehrsprachigkeit.
–Regelmäßige Updates, Backups und Monitoring.

Mini-To-do: Systemwahl in 30 Minuten festzurren

Ziele klären
Notiere, wie wichtig SEO, Skalierbarkeit, Mehrsprachigkeit und E-Commerce in den nächsten 24 Monaten sind.
Entscheidung nach Matrix
Wenn zwei oder mehr Punkte „wichtig“ sind, wähle ein eigenes CMS. Wenn alles „einfach“ bleibt, ist ein Baukasten ausreichend.
WordPress-Proof erstellen
Lege bei einem geeigneten Hoster eine Testinstanz an. Installiere ein schlankes Theme und nur drei Plugins: SEO, Cache/Performance, Bild-Optimierung.
Prototyp bauen
Erstelle eine Beispielseite nach deinem 7-Schritte-Workflow aus Kapitel 1.4: Titel, H1, Kurzantwort, drei Frage-Zwischenüberschriften, kleine FAQ, CTA. Miss die Ladezeit.
Vergleich ziehen
Baue dieselbe Seite einmal im Baukasten. Vergleiche Ladezeit, URL-Gestaltung, Meta-Felder, Schema-Optionen und interne Links. Dokumentiere Einschränkungen.

Ergebnis:
Du hast eine evidenzbasierte Entscheidung. Wenn SEO, Performance und Kontrolle wichtig sind, zeigt der Test in der Regel klare Vorteile für ein eigenes CMS wie WordPress.

Kapitel 4:

4.4 SSL, Serverstandort und Core Web Vitals

Ziel dieses Abschnitts: Du verstehst, warum Verschlüsselung, Standortwahl und Nutzererlebnis-Kennzahlen zusammen deine Sichtbarkeit und Conversion maßgeblich beeinflussen. Neue Begriffe werden bei der ersten Nennung erklärt. Am Ende findest du ein Mini-To-do zum direkten Umsetzen.

Begriffsklärung

SSL/TLS

SSL und TLS sind Protokolle für die verschlüsselte Übertragung zwischen Browser und Server. Heute verwendet man technisch TLS, der Begriff SSL wird umgangssprachlich noch genutzt. Eine verschlüsselte Website ist über HTTPS erreichbar. HTTPS zeigt in der Adresszeile ein Schloss-Symbol.

Zertifikatstypen

DV, OV, EV bezeichnen die Validierungsstufen eines Zertifikats.

DV (Domain Validation): nur die Domain wird geprüft, schnell und kostenlos möglich, zum Beispiel über Let's Encrypt.

OV (Organization Validation): zusätzlich Firmenangaben geprüft.

EV (Extended Validation): erweiterte Prüfung, früher mit spezieller Anzeige im Browser, heute kaum sichtbar. Für SEO genügt in der Regel DV.

HSTS

HTTP Strict Transport Security. Eine Sicherheitseinstellung, die Browser anweist, deine Domain nur verschlüsselt aufzurufen. Das verhindert Downgrade-Angriffe und beschleunigt Folgebesuche.

OCSP Stapling

Ein Verfahren, mit dem dein Server Gültigkeitsinformationen des

Zertifikats „mitliefert“. Das spart Anfragen und beschleunigt den Verbindungsaufbau.

Serverstandort

Das physische Rechenzentrum, in dem dein Server steht. Kürzere Entfernung zur Zielgruppe verkürzt Netzwerklatenz. Latenz ist die Verzögerung, bis Daten den ersten Weg zurückgelegt haben.

CDN

Ein Content Delivery Network verteilt Kopien deiner statischen Dateien (Bilder, Skripte, Styles) auf viele Standorte weltweit. Nutzer erhalten Inhalte aus dem nächstgelegenen Knoten, das senkt Latenz und Serverlast.

Core Web Vitals

Kennzahlen zur erlebten Seitengeschwindigkeit und Stabilität:

LCP (Largest Contentful Paint): Zeit, bis der größte sichtbare Inhalt erscheint. Zielwert grob unter etwa 2,5 Sekunden mobil.

INP (Interaction to Next Paint): Reaktionszeit auf Eingaben. Ziel: spürbar flüssig, kurze Blockaden.

CLS (Cumulative Layout Shift): visuelle Stabilität. Ziel: Elemente springen nicht unerwartet.

Warum das alles zusammenhängt

Vertrauen und Sicherheit

HTTPS ist Vertrauensbasis. Ohne HTTPS zeigen Browser Warnungen, Tracking ist eingeschränkt, und manche Webfunktionen arbeiten nicht korrekt. HSTS und aktuelles TLS verringern Angriffsflächen.

Geschwindigkeit

TLS kostet heute kaum mehr Geschwindigkeit, wenn moderne Verfahren aktiv sind: HTTP/2 oder HTTP/3, Kompression (Brotli oder GZIP), OCSP Stapling und 0-RTT bei HTTP/3. Zusammen mit einem nahen Serverstandort oder CDN sinken Latenzen und der erste Seitenaufbau beschleunigt sich. Ein schneller erster Aufbau verbessert LCP und erleichtert gute INP-Werte.

Stabilität

Saubere Auslieferung, konsistente Dateigrößen und ein optimierter kritischer Rendering-Pfad senken Layoutsprünge (CLS). Kritischer Rendering-Pfad ist der minimale Code, der für das erste sichtbare Layout nötig ist.

Praxisleitfaden in drei Blöcken

A) SSL/TLS richtig einrichten
B) Serverstandort und CDN sinnvoll wählen
C) Core Web Vitals gezielt verbessern

A) SSL/TLS richtig einrichten

Zertifikat wählen: DV reicht in den meisten Fällen. Nutze Let's Encrypt für kostenlose, automatische Erneuerungen.
Vollständige HTTPS-Umleitung: Leite alle http- und www-Varianten per 301 dauerhaft auf eine kanonische https-URL.
HSTS aktivieren: Setze eine konservative max-age und IncludeSubDomains, wenn vorbereitet. Optional Preload beantragen, wenn alles strikt auf HTTPS läuft.
Moderne Protokolle: Aktiviere mindestens TLS 1.2 und 1.3, deaktiviere alte Versionen (1.0/1.1).
OCSP Stapling: Aktivieren, damit der Browser weniger externe Abfragen benötigt.
Mixed Content vermeiden: Keine http-Ressourcen auf https-Seiten einbinden. Mixed Content erzeugt Warnungen und blockierte Inhalte.
CSP schrittweise: Eine Content Security Policy reduziert Risiko durch fremde Skripte. Starte im Report-Only-Modus und verschärfe nach Tests.

B) Serverstandort und CDN sinnvoll wählen

Nähe zur Zielgruppe: Steht deine Zielgruppe vor allem in Österreich, wähle ein Rechenzentrum im DACH-Raum. Internationales Publikum profitiert stark von einem CDN.

DNS und Netz: Setze auf einen schnellen DNS-Anbieter mit Anycast. Anycast sorgt dafür, dass Anfragen an den nächstgelegenen Knoten gehen.

CDN aktivieren: Leite Bilder, CSS, JavaScript über das CDN. Nutze Bildtransformationen wie WebP-Auslieferung und Größenanpassung am Edge, wenn verfügbar.

Edge-Caching: Für statische Seiten Teile der HTML-Ausgabe am CDN cachen, wenn deine Anwendung das zulässt.

Monitoring: Überwache Latenzen nach Regionen, um Engpässe zu erkennen.

C) Core Web Vitals gezielt verbessern

LCP:

–Größtes Element identifizieren (Heldengrafik, Überschrift, Hero-Video).

–Medien komprimieren, in passender Größe ausliefern, mit Preload versehen, wenn entscheidend.

–Kritisches CSS inline bereitstellen, nicht benötigte CSS/JS verzögern.

INP:

–Lange JavaScript-Aufgaben aufteilen, nicht benötigte Skripte entfernen, Interaktionen entkoppeln.

–Third-Party-Skripte prüfen, nur notwendige laden, asynchron nachladen.

CLS:

- Höhe und Breite für Bilder und Videos im Markup festlegen.
- Webfonts mit Font-Display und Fallbacks einbinden, um Sprünge zu vermeiden.
- Keine späten Werbeeinblendungen ohne reservierten Platz.

Technische Zielmarken

- TTFB Startseite: unter 200–400 ms an deinem Hauptstandort.
- LCP mobil: unter etwa 2,5 s, besser darunter.
- INP: kurze Reaktionszeiten ohne sichtbare Blockaden.
- CLS: nahe 0, keine unerwarteten Layoutverschiebungen.
- TLS: 1.3 aktiv, 1.2 erlaubt; 1.0/1.1 aus.
- HTTP/2 überall, HTTP/3 wo möglich aktiv.

Häufige Fehler und schnelle Abhilfe

Nur Teilumleitung auf HTTPS

Symptom: Manchmal http erreichbar, Cookies doppelt, SEO-Signale geteilt.

Abhilfe: Einheitliche, serverweite 301-Umleitung und kanonische URL festlegen.

Selbstsignierte Zertifikate in Produktion

Symptom: Browserwarnungen, Vertrauensverlust.

Abhilfe: Offizielles DV-Zertifikat einsetzen, automatische Erneuerung konfigurieren.

Mixed Content

Symptom: Fehlende Bilder, Blockierungen, Warnungen.

Abhilfe: Alle Ressourcen-URLs auf https umstellen, Skripte und Bilder prüfen.

CDN ohne Cache-Regeln

Symptom: Kaum Effekt, hohe Kosten.

Abhilfe: Korrekte Cache-Control-Header setzen, statische Assets lang cachen, HTML selektiv am Edge cachen.

Große Heldenbilder

Symptom: Schwacher LCP.

Abhilfe: Bild skalieren, modern komprimieren, Preload für das LCP-Asset.

Schwere Skripte von Drittanbietern

Symptom: Träge Interaktionen, schwacher INP.

Abhilfe: Entfernen, ersetzen oder asynchron laden, nur wenn zwingend nötig.

Mini-To-do: Sicherheit und Geschwindigkeit in 50 Minuten

HTTPS prüfen
Rufe deine Domain als http und https, mit und ohne www auf. Prüfe, ob alles auf exakt eine https-Variante umgeleitet wird. Wenn nein, serverweite 301-Regel setzen.
TLS-Stand testen
Aktiviere TLS 1.2 und 1.3, deaktiviere ältere Versionen. Schalte OCSP Stapling ein. Setze HSTS mit einer moderaten max-age und teste.
Mixed Content fixen
Durchsuche deine Startseite nach http-Quellen. Stelle alle Ressourcen-Links auf https um.
CDN aktivieren
Leite Bilder, CSS und JS über ein CDN. Aktiviere Bildtransformationen (WebP, Größenanpassung). Setze lange Cache-Header für statische Dateien.
LCP-Element optimieren
Identifiziere das größte sichtbare Element der Startseite. Skaliere, komprimiere, setze Preload, stelle kritisches CSS bereit.
Skripte entrümpeln
Entferne ein nicht essentielles Drittanbieter-Skript. Lade verbleibende Skripte asynchron oder verzögert.
Re-Check
Miss TTFB, LCP, INP und CLS erneut. Notiere Verbesserungen und plane die nächsten Optimierungen.

Ergebnis:
Deine Seite überträgt sicher, baut schneller auf und reagiert flüssig. Das verbessert Nutzersignale, stärkt Vertrauen und schafft die technischen Voraussetzungen für stabile Rankings und bessere Chancen auf prominente Darstellungen in Suchergebnissen und KI-Antworten.

In Kapitel 4 hast du die Fundament-Entscheidungen für eine schnelle, stabile und skalierbare Website getroffen. Zuerst ging es um die Domainstrategie: .com für internationale Skalierung mit Subfoldern und hreflang, ccTLDs für stark lokales Vertrauen. Danach hast du gelernt, warum gutes Hosting der größte Hebel für Geschwindigkeit ist: niedrige TTFB, serverseitiges Caching (Page, Object/Redis, OPcache), moderne Protokolle (HTTP/2, HTTP/3), Bildoptimierung und bei Bedarf ein CDN. Du kennst jetzt die Vor- und Nachteile eines Baukastens im Vergleich zu einem eigenen CMS wie WordPress: Ein Baukasten ist schnell startklar, bietet aber weniger SEO- und Technik-Kontrolle; ein selbst gehostetes WordPress gibt dir volle Kontrolle über Struktur, Schema, Performance, Mehrsprachigkeit und Datenhoheit. Abschließend hast du gesehen, wie SSL/TLS, der Serverstandort und die Core Web Vitals zusammenspielen: vollständiges HTTPS mit HSTS und OCSP Stapling, kurzer Netzweg oder CDN und gezielte Optimierung von LCP, INP und CLS sorgen für Vertrauen, Tempo und stabile Nutzererlebnisse. Ergebnis: Eine klare, skalierbare Basis, die sowohl klassische SEO-Ziele als auch Sichtbarkeit in KI-Antworten unterstützt.

Abkürzungen und Begriffe aus Kapitel 4

TLD: Top-Level-Domain; Domain-Endung wie .com, .net, .org, .at.
ccTLD: Country-Code-Top-Level-Domain; länderspezifische Endung wie .at, .de, .ch.
gTLD: Generic Top-Level-Domain; allgemeine Endung wie .com, .shop, .app.
Subdomain: Namenszusatz vor der Hauptdomain, z. B. blog.beispiel.com.
Subfolder: Unterordner hinter der Domain, z. B. beispiel.com/de-at/.
DNS: Domain Name System; übersetzt Domainnamen in IP-Adressen.

WHOIS: Auskunft über Domaininhaber und Registrierungsdaten.
CMS: Content Management System; verwaltet Inhalte (z. B. WordPress).
TTFB: Time to First Byte; Zeit bis zum ersten Antwortbyte des Servers. Caching: Zwischenspeichern von Ergebnissen (Page Cache, Object Cache/Redis, OPcache).
Redis: In-Memory-Speicher für schnellen Object Cache. OPcache: Zwischenspeicher für kompilierten PHP-Code.
CDN: Content Delivery Network; verteilt statische Dateien weltweit für kurze Ladewege. HTTP/2,
HTTP/3: Moderne Übertragungsprotokolle für schnellere Verbindungen.
GZIP/Brotli: Kompression für Textdateien wie HTML, CSS, JS.
SSL/TLS: Verschlüsselung; Grundlage für HTTPS.
HTTPS: Verschlüsselte, vertrauenswürdige Auslieferung der Website.
HSTS: HTTP Strict Transport Security; erzwingt verschlüsselte Aufrufe.
OCSP Stapling: Beschleunigt Zertifikatsprüfung beim TLS-Handshake.
Core Web Vitals (CWV): Kennzahlen für Nutzererlebnis.
LCP: Largest Contentful Paint; Zeit bis zum größten sichtbaren Inhalt.
INP: Interaction to Next Paint; Reaktionszeit auf Eingaben.
CLS: Cumulative Layout Shift; visuelle Stabilität, keine Layoutsprünge.
hreflang: Kennzeichnung von Sprach-/Regionsversionen einer Seite.
Canonical: Bevorzugte Original-URL bei doppelten/ähnlichen Inhalten.
301-Weiterleitung: Dauerhafte Umleitung alter auf neue URLs. 404: Seite nicht gefunden.

CSP: Content Security Policy; Sicherheitsrichtlinie für erlaubte Ressourcen.
WAF: Web Application Firewall; filtert typische Webangriffe.

Lies jetzt Kapitel 5. Dort setzt du die Basis in konkrete Arbeitsabläufe um: Keyword- und Themenrecherche für Einsteiger, eine einfache Priorisierungsmatrix nach Potenzial und Aufwand, ein Redaktionsplan mit wöchentlichem Rhythmus sowie Templates für Seitentypen (Ratgeber, Vergleich, Produkt, Lokal), damit du Inhalte regelmäßig veröffentlichst, die schnell laden, strukturiert sind und sowohl in SERPs als auch in KI-Antwortsystemen überzeugen.

KAPITEL 5:

WordPress-SEO Setup von Grund auf

Kapitel 5:

5.1 Die richtige Theme-Struktur & mobile Responsivität

Ziel dieses Abschnitts: Du lernst, wie ein sauberes Theme aufgebaut ist und wie du mobile Responsivität von Anfang an planst. Wir arbeiten plattformneutral, geben aber dort, wo es sinnvoll ist, konkrete Hinweise für WordPress. Neue Begriffe werden bei der ersten Nennung erklärt.

Begriffsklärung

Theme

Ein Theme ist das Gestaltungspaket einer Website: Layout, Farben, Schriften, Vorlagen für Seiten und Beiträge. In WordPress bestimmt das Theme, wie Inhalte visuell erscheinen.

Responsives Design

Responsives Design bedeutet, dass sich Layout und Elemente automatisch an Bildschirmgrößen anpassen, damit die Seite auf Smartphone, Tablet und Desktop gut bedienbar ist.

Breakpoints

Breakpoints sind Schwellenwerte für Bildschirmbreiten, bei denen sich das Layout anpasst, zum Beispiel 576 px, 768 px, 992 px, 1200 px. px ist die Einheit Pixel.

Mobile First

Mobile First heißt, dass du Gestaltung und Funktion zuerst für das Smartphone planst und dann für größere Bildschirme erweiterst. Das reduziert Ballast und verbessert die Kernwerte der Nutzererfahrung.

Critical CSS

Critical CSS ist der kleine Teil der Gestaltung, der zum Anzeigen des sichtbaren Seitenbereichs notwendig ist. Wenn dieser CSS-Anteil früh geladen wird, erscheint die Seite schneller.

Fluid Typography
Fluid Typography bedeutet, dass Schriftgrößen sich flexibel zur Bildschirmbreite verhalten. Moderne CSS-Funktion dafür ist clamp(). clamp() begrenzt eine fließende Größe auf einen Minimal- und Maximalwert.

Design Tokens
Design Tokens sind zentrale Variablen für Farben, Abstände, Schriftgrößen und Effekte. Eine einheitliche Definition sorgt für konsistente Gestaltung und leichteres Optimieren.

Grid-System
Ein Grid ist ein unsichtbares Spalten- und Zeilenraster, das die Anordnung von Elementen ordnet. Es erleichtert Lesbarkeit und Gleichmäßigkeit.

Viewport-Meta-Tag
Ein technischer Hinweis im Kopfbereich der Seite, der Browsern sagt, wie sie die Seite auf mobilen Geräten skalieren sollen. Ohne diesen Tag sind viele Seiten auf Smartphones zu klein oder falsch skaliert.

Block-Themes und theme.json (WordPress)

Block-Themes nutzen die moderne WordPress-Struktur: Layouts werden mit Blöcken gebaut, zentrale Gestaltungswerte in einer Datei theme.json definiert. theme.json bündelt Farben, Schriftgrößen, Abstände und Containerbreiten an einem Ort.

Child Theme (WordPress)
Ein Child Theme ist eine „Tochterversion" eines Themes. Eigene Anpassungen liegen im Child Theme, damit Updates des Haupt-Themes (Parent Theme) erhalten bleiben, ohne deine Änderungen zu überschreiben.

Kernprinzipien für eine solide Theme-Struktur

Klare Informationshierarchie
Eine Seite braucht eine erkennbare Ordnung: H1 als

Hauptüberschrift, darunter Einleitung, dann Abschnitte mit H2/H3. H1 gibt es pro Seite einmal. Einheitliche Abstände und typografische Größen helfen beim schnellen Scannen.

Konsistentes Raster

Definiere ein Grid-System (zum Beispiel 12 Spalten auf Desktop, 4–6 auf Tablet, 1–2 auf Mobil). Nutze feste Innenabstände (Padding) und Außenabstände (Margin) als Design Tokens, etwa 4, 8, 12, 16, 24, 32 px.

Wiederverwendbare Komponenten

Baue aus wiederkehrenden Elementen stabile Bausteine: Hero-Bereich, Abschnitt mit Bild und Text, Feature-Liste, Preisbox, FAQ-Block, Testimonial. In WordPress als Block-Vorlagen oder Muster speichern.

Schlanke Kopf- und Fußbereiche

Header und Navigation mobil zuerst planen: wenige Haupteinträge, klare Hierarchie, gut klickbare Flächen. Footer mit Kontakt, Impressum, Datenschutz, Hauptlinks, aber ohne überflüssige Widgets.

Trennung von Inhalt und Darstellung

Inhalte gehören in Beiträge/Seiten, Gestaltung ins Theme. Vermeide Inline-Stile und hart codierte Farben im Content. Das macht spätere Änderungen schneller.

Mobile Responsivität methodisch umsetzen

Viewport setzen

Der Viewport-Meta-Tag gehört in jede Seite. Er sorgt dafür, dass die Seite auf Mobilgeräten korrekt skaliert wird.

Mobile First gestalten

Beginne mit dem schmalsten Layout: eine Spalte, große klickbare Flächen, kurze Zeilen, ausreichend Weißraum. Wichtige Interaktionen müssen im Daumenbereich liegen, also leicht erreichbar.

Sinnvolle Breakpoints

Setze wenige, gut gewählte Breakpoints. Typische Startwerte: 576 px (kleine Geräte), 768 px (Tablets), 992 px (kleine Laptops), 1200 px (Desktops). Passe sie an deine realen Layoutsprünge an, nicht an starre Zahlen.

Fluid Typografie und Abstände

Definiere Grundschriftgröße und Zeilenhöhe, nutze eine typografische Skala (zum Beispiel 1.125er oder 1.2er Faktor). Mit clamp() kannst du Größen zwischen Minimal- und Maximalwert fließen lassen, damit Überschriften nicht zu groß oder zu klein werden.

Bilder und Medien responsiv

Setze Bilder mit korrekten Abmessungen und Seitenverhältnissen. Verwende responsive Bildauslieferung mit srcset und sizes. srcset und sizes sind HTML-Attribute, mit denen der Browser je nach Bildschirmbreite die passende Bildgröße lädt. Definiere Höhen/Breiten im Markup oder nutze ein festes Seitenverhältnis, um Layoutsprünge (CLS) zu verhindern. Aktiviere Lazy Loading für Bilder unterhalb des sichtbaren Bereichs.

Navigation und Interaktion

Eine mobile Navigation sollte klar, kurz und gut erreichbar sein. Nutze sichtbare aktive Zustände, ausreichend Zeilenhöhe in Menüs und große Touch-Ziele. Formulare brauchen wenige Felder und passende Eingabetypen (zum Beispiel E-Mail-Feld als „email", Telefonnummer als „tel").

Schrift- und Font-Loading

Lade nur die benötigten Schriftschnitte. Nutze systemnahe Schriften oder weboptimierte Fonts. Aktiviere „font-display: swap", damit Texte sofort sichtbar werden. Hinterlege Fallback-Schriften, um Layoutsprünge zu minimieren.

Kritische Pfade verkürzen

Lade Critical CSS früh und verschiebe nicht benötigte Skripte. Vermeide große Frameworks, wenn du nur wenige Funktionen brauchst. Reduziere Third-Party-Skripte, da sie Interaktionen ausbremsen können (INP).

Barrierefreiheit

Alt-Text für Bilder, ausreichende Farbkontraste, Tastaturfokus sichtbar machen, semantische Überschriftenstruktur, sinnvolle Linktexte. Das verbessert UX, Rechtssicherheit und maschinelles Verstehen.

Testen auf echten Geräten

Prüfe auf einem kleinen iPhone/Android, einem mittelgroßen Android, einem Tablet und einem Laptop. Teste horizontale und vertikale Ausrichtung, Zoom, Tastaturbedienung und „schlechte Verbindung".

WordPress-spezifische Hinweise

Block-Theme und theme.json

Lege Farben, Schriften, Abstände, Containerbreiten zentral in theme.json fest. So änderst du global und konsistent, ohne den Code jeder Seite anzufassen.

Vorlagen, Template Parts und Muster

Speichere Header, Footer, Hero, FAQ-Blöcke, Preisblöcke als wiederverwendbare Teile. Nutze Muster (Patterns), um Redakteuren einheitliche Bausteine zu geben.

Child Theme

Wenn du ein gekauftes Theme nutzt, lege ein Child Theme an. Eigene CSS/JS-Anpassungen, Vorlagen und functions.php kommen ins Child Theme. Parent-Updates bleiben so konfliktfrei.

Responsives Bild-Set-up

WordPress generiert mehrere Bildgrößen und setzt srcset automatisch, wenn du das richtige Bildformat im Editor nutzt. Lade Originalbilder nicht größer hoch als nötig und verwende moderne Formate wie WebP.

Schema und Meta im Theme

Plane Positionen, an denen FAQ, HowTo oder Product-Snippets sinnvoll sind. Binde strukturierte Daten als JSON-LD ein, ohne sie im Content-Text zu vermischen.

Typische Fehler und Gegenmaßnahmen

Zu viele Breakpoints

Jeder Breakpoint erhöht Komplexität. Nutze wenige, sinnvolle Schwellen und arbeite ansonsten mit fluiden Werten.

Desktop zuerst

Ein Desktop-Layout nachträglich „klein zu drücken“ produziert Engpässe. Plane von Beginn an Mobile First.

Unklare Typografie

Zu kleine Grundschrift, zu enge Zeilen, zu starke Kontrastschwankungen. Richtwert: Grundschrift 16 px oder größer, Zeilenhöhe 1.4–1.6.

Unsaubere Abstände

Unregelmäßige Margins lassen Seiten unruhig wirken. Nutze eine einheitliche Abstands-Skala (Tokens).

Schwere Heldenbilder

Ein 2–4 MB großes Titelbild ruiniert LCP. Skaliere, komprimiere, nutze moderne Formate, setze Preload bei kritischen Assets.

Navigations-Flut

Zu viele Menüeinträge erschweren die mobile Bedienung. Maximiere Klarheit, minimiere Auswahl, nutze kontextuelle Links im Inhalt.

Checkliste: Theme und Mobil-Setup in 5 Minuten prüfen

Viewport vorhanden

Der Viewport-Meta-Tag ist gesetzt.

H1 und Hierarchie

Eine H1 pro Seite, klare H2/H3-Struktur.

Raster und Abstands-Skala

Ein definiertes Grid und konsistente Abstände.

Schrift-Setup

Lesbare Grundschrift, fluid skalierende Überschriften, „font-display: swap“.

Bilder

Korrekte Abmessungen, srcset/sizes aktiv, Lazy Loading, moderne Formate.

Navigation

Kurz, gut erreichbar, klare aktive Zustände, ausreichende Touch-Ziele.

Critical CSS

Schneller sichtbarer Bereich; nicht benötigte Skripte verzögert.

Barrierefreiheit

Kontraste, Alt-Texte, Tastaturfokus, verständliche Linktexte.

WordPress

theme.json gepflegt, wiederverwendbare Muster, Child Theme aktiv.

Mini-To-do: In 60 Minuten zu einem mobil soliden Layout

Startseite auswählen
Öffne die Startseite und eine wichtige Unterseite auf dem Smartphone.
Kurzantwort sichtbar machen
Stelle sicher, dass H1 und die Kurzantwort (2–4 Sätze) direkt Above-the-Fold sichtbar sind. Above-the-Fold ist der Bereich, den man ohne Scrollen sieht.
Navigation kürzen
Reduziere Hauptmenüeinträge auf die wichtigsten drei bis fünf. Prüfe Touch-Zielgrößen und Abstände.
Bilder optimieren
Ersetze das größte Hero-Bild durch eine skalierte WebP-Version. Aktiviere Lazy Loading bei Bildern weiter unten.
Typografie justieren
Setze Grundschrift auf mindestens 16 px, erhöhe Zeilenhöhe auf 1.5, definiere Überschriften mit einer konsistenten Skala.
Critical CSS und Skripte
Sorge dafür, dass der sichtbare Bereich ohne blockierende Ressourcen lädt. Verschiebe ein nicht essentielles Skript ans Ende oder lade es asynchron.
WordPress-Muster speichern
Speichere einen FAQ-Block, einen Zwei-Spalten-Abschnitt und eine Preisbox als wiederverwendbare Muster. So bleibt zukünftiger Content konsistent.

Ergebnis:
Deine Seiten sind auf Mobilgeräten klar, schnell und gut bedienbar. Das verbessert erlebte Qualität, Nutzersignale und die Core Web Vitals und legt den Grundstein für skalierbare, konsistente Content-Produktion in den nächsten Kapiteln.

Kapitel 5:

5.2 Essentielle Plugins für SEO (Yoast SEO, Rank Math, W3 Total Cache)

Ziel dieses Abschnitts: Du lernst, welche WordPress-Plugins dir die wichtigsten SEO-Aufgaben abnehmen, wie du sie sinnvoll konfigurierst und welche Begriffe du dafür kennen musst. Neue Begriffe erkläre ich bei der ersten Nennung. Am Ende gibt es ein kompaktes Mini-To-do.

Begriffsklärung

SEO-Plugin

Ein SEO-Plugin ergänzt WordPress um Funktionen wie Titel- und Meta-Felder, Sitemaps, Schema-Markup, Brotkrumen-Navigation und Weiterleitungen. Es erleichtert die tägliche Arbeit, ersetzt aber nicht saubere Inhalte und Struktur.

Meta Title und Meta Description

Meta Title ist der Seitentitel für die Suchergebnisliste. Meta Description ist der kurze Beschreibungstext darunter. Beide beeinflussen, wie viele Menschen dein Ergebnis anklicken.

Sitemap

Eine XML-Sitemap ist eine maschinenlesbare Liste deiner wichtigen Seiten. Sie hilft Suchmaschinen, Inhalte schneller zu entdecken.

Schema-Markup

Maschinenlesbare Zusatzangaben im Code nach dem Standard Schema.org, zum Beispiel Article, FAQPage, HowTo, Product, LocalBusiness. Sie erhöhen die Chance auf Rich Results.

Brotkrumen (Breadcrumbs)

Pfadnavigation wie Startseite > Thema > Unterseite. Hilft Nutzern bei der Orientierung und Suchmaschinen beim Verständnis der Seitenstruktur.

robots-Meta und robots.txt
robots-Meta ist eine Anweisung innerhalb einer Seite, ob sie indexiert werden darf (zum Beispiel index oder noindex). robots.txt ist eine Datei im Stammverzeichnis, die Crawlern sagt, welche Bereiche sie ignorieren sollen.

Canonical
Ein Hinweis auf die bevorzugte Original-URL, wenn ähnliche Inhalte existieren. Verhindert doppelte Indexierung.

Weiterleitungen (Redirects)
Automatisches Umleiten alter URLs auf neue, zum Beispiel per 301-Weiterleitung. 301 bedeutet dauerhaft.

Cache-Plugin
Ein Cache-Plugin erstellt zwischengespeicherte Versionen von Seiten, damit sie schneller ausgeliefert werden. W3 Total Cache ist ein verbreitetes Beispiel.

Überblick: Wann welches Plugin passt

Yoast SEO
Stärken: Sehr ausgereift, gute Standardeinstellungen, klare Felder für Titel/Meta, solide XML-Sitemaps, einfache Brotkrumen, Grundfunktionen für Schema, Lesbarkeits- und SEO-Hinweise beim Schreiben.
Für wen: Einsteiger und Teams, die mit Standards sicher fahren wollen.

Rank Math
Stärken: Breites Funktionspaket in der Basisversion, flexible Schema-Vorlagen, integrierte Redirects, erweiterte Kontrolle über Metadaten, modulare Aktivierung.
Für wen: Nutzer, die mehr Feineinstellungen möchten und Schema variabler einsetzen wollen.

W3 Total Cache
Stärken: Umfangreiche Caching-Optionen (Page Cache, Browser Cache, Datenbank-Cache, Objekt-Cache), Feinsteuerung für Performance.

robots-Meta und robots.txt
robots-Meta ist eine Anweisung innerhalb einer Seite, ob sie indexiert werden darf (zum Beispiel index oder noindex). robots.txt ist eine Datei im Stammverzeichnis, die Crawlern sagt, welche Bereiche sie ignorieren sollen.

Canonical
Ein Hinweis auf die bevorzugte Original-URL, wenn ähnliche Inhalte existieren. Verhindert doppelte Indexierung.

Weiterleitungen (Redirects)
Automatisches Umleiten alter URLs auf neue, zum Beispiel per 301-Weiterleitung. 301 bedeutet dauerhaft.

Cache-Plugin
Ein Cache-Plugin erstellt zwischengespeicherte Versionen von Seiten, damit sie schneller ausgeliefert werden. W3 Total Cache ist ein verbreitetes Beispiel.

Überblick: Wann welches Plugin passt

Yoast SEO
Stärken: Sehr ausgereift, gute Standardeinstellungen, klare Felder für Titel/Meta, solide XML-Sitemaps, einfache Brotkrumen, Grundfunktionen für Schema, Lesbarkeits- und SEO-Hinweise beim Schreiben.

Für wen: Einsteiger und Teams, die mit Standards sicher fahren wollen.

Rank Math
Stärken: Breites Funktionspaket in der Basisversion, flexible Schema-Vorlagen, integrierte Redirects, erweiterte Kontrolle über Metadaten, modulare Aktivierung.

Für wen: Nutzer, die mehr Feineinstellungen möchten und Schema variabler einsetzen wollen.

W3 Total Cache
Stärken: Umfangreiche Caching-Optionen (Page Cache, Browser Cache, Datenbank-Cache, Objekt-Cache), Feinsteuerung für Performance.

Für wen: Projekte, die Performance gezielt ausreizen wollen und bereit sind, Caching sauber zu konfigurieren. Hinweis: Ein Caching-Plugin pro Seite reicht, um Konflikte zu vermeiden.

Grundkonfiguration Yoast SEO in 10 Minuten

Assistent ausführen

Starte den Einrichtungsassistenten. Wähle Website-Typ (zum Beispiel Organisation) und gib Basisdaten an.

Titel-Format

Lege ein Muster für Titel fest, zum Beispiel Seitentitel | Markenname. Kurz halten.

Meta-Description

Aktiviere ein Feld für manuelle Beschreibungen pro Seite. Schreibe Nutzenversprechen statt Stichwortkette.

Sitemaps

Stelle sicher, dass XML-Sitemaps aktiv sind. Überprüfe, dass unwichtige Post-Typen (zum Beispiel bestimmte Systemseiten) ausgeschlossen sind.

Breadcrumbs

Aktiviere Brotkrumen und binde sie im Theme an geeigneter Stelle ein (über einen Shortcode oder Template-Funktion).

Schema-Grundeinstellung

Wähle Standard-Schema für Beiträge als Article, für Seiten als WebPage. Spezielle Seiten später gezielt anpassen (FAQPage, HowTo).

Sichtbarkeit

Stelle sicher, dass wichtige Seiten indexierbar sind (robots-Meta „index“) und Entwicklungsseiten auf „noindex“ stehen.

Social-Vorschau

Pflege Markenname, Logo und Standard-Bild für geteilte Links.

Grundkonfiguration Rank Math in 10 Minuten

Setup Wizard

Wähle „Advanced", wenn du Feineinstellungen möchtest. Trage Organisation/Person, Logo, Social-Profile ein.

Modulwahl

Aktiviere nur, was du brauchst: Sitemap, Redirections, Schema, Breadcrumbs.

Sitemaps

Konfiguriere Sitemaps und schließe Unwichtiges aus. Halte die Zahl der indexierten Seiten schlank.

Titel/Meta

Setze Formatvorlagen. Achte auf kurze, klare Titel. Erlaube manuelle Overrides pro Seite.

Redirects

Aktiviere das Redirect-Modul. Lege bei Bedarf erste 301-Weiterleitungen an (alte → neue URL).

Schema-Vorlagen

Lege Vorlagen an, etwa für HowTo, FAQPage, Product. So kannst du beim Schreiben mit einem Klick korrektes Schema setzen.

Breadcrumbs

Aktiviere und binde sie im Theme ein.

Robots/Advanced

Sorge dafür, dass wichtige Seiten indexierbar sind. Noindex auf Filter-, Such- oder Archivseiten, die du nicht im Index willst.

Grundkonfiguration W3 Total Cache in 10 Minuten

Wichtiger Hinweis: Nutze nur ein Cache-Plugin gleichzeitig. Wenn dein Hoster serverseitigen Page Cache bietet, prüfe, ob ein zusätzliches Plugin nötig ist.

Page Cache

Aktiviere Page Cache. Wähle als Methode passend zur Serverumgebung (häufig Disk: Enhanced oder die vom Hoster empfohlene).

Browser Cache

Aktiviere Browser-Caching. Setze lange Ablaufzeiten für statische

Assets (Bilder, CSS, JS).

Minify

Aktiviere Minify vorsichtig. Starte mit nur CSS, dann JavaScript. Teste Seitenfunktion nach jeder Änderung. Wenn es Konflikte gibt, deaktiviere Minify im Plugin und minifiziere serverseitig.

Object Cache

Aktiviere Object Cache, wenn Redis verfügbar ist. Ohne Redis kann Object Cache wenig Nutzen bringen oder sogar ausbremsen.

CDN

Trage dein CDN ein, falls vorhanden. Lasse das Plugin statische Assets dorthin ausliefern.

Ausschlüsse

Schließe sensible Seiten aus dem Cache aus, zum Beispiel Warenkorb, Checkout, Login.

Testen

Leere Cache, rufe die Seite als abgemeldeter Nutzer auf, prüfe TTFB, LCP und Interaktionen.

Arbeitsregeln für den Alltag

Eine Wahrheit, ein Ort

Pflege Titel, Meta Description und Schema pro Seite an genau einer Stelle, dem SEO-Plugin. Vermeide doppelte Ausgaben durch mehrere Plugins.

Ein Cache-Plugin

Zwei Cache-Plugins konkurrieren und bremsen. Entscheide dich für eines und konfiguriere es sauber.

Schema bewusst einsetzen

Article für redaktionelle Beiträge, FAQPage nur bei echten Fragen-Antworten, HowTo nur bei wirklichen Schrittfolgen. Kein Schema „einfach so“.

Keine Keyword-Stopfen

Die Analysehilfen im Editor sind nützlich, aber kein Ziel an sich. Schreibe für Nutzer, nicht für Ampelfarben.

Typische Fehler und Abhilfe

Doppelte Titel/Meta

Symptom: Suchergebnisse zeigen doppelte oder komische Titel. Ursache: Theme erzeugt eigene Titel, SEO-Plugin auch. Lösung: Titel-Ausgabe im Theme deaktivieren oder im SEO-Plugin.

Sitemap bläht auf

Symptom: Tausende unwichtige Seiten in der Sitemap. Lösung: Post-Typen/Taxonomien ausschließen, Archivseiten prüfen, nur wichtige Seiten in die Sitemap.

Falsche Noindex-Flags

Symptom: Wichtige Seiten fehlen im Index.
Lösung: robots-Meta prüfen, Noindex entfernen.

Aggressives Minify bricht Layout

Symptom: Design kaputt, Funktionen fallen aus.
Lösung: Minify für problematische Dateien ausschließen oder Minify deaktivieren und serverseitige Optimierung nutzen.

Kein Canonical bei Dubletten

Symptom: Ähnliche Seiten konkurrieren.
Lösung: Canonical korrekt setzen, redundante Seiten zusammenführen, Weiterleitungen einrichten.

Redirect-Ketten

Symptom: Mehrere Umleitungen hintereinander verlangsamen. Lösung: 301-Ziel direkt final setzen, Ketten auflösen.

Checkliste: Habe ich die Essentials sauber gesetzt

Titel/Meta

Formatvorlagen definiert, manuelle Bearbeitung pro Seite möglich, kurze klare Titel.

Sitemaps

Aktiv, schlank, nur wichtige Inhalte, erreichbar.

Schema

Standardtypen gesetzt, Spezialtypen vorbereitet (FAQPage, HowTo, Product, LocalBusiness).

Breadcrumbs
Aktiviert und sichtbar eingebunden.
Indexierung
Wichtige Seiten auf index, irrelevante Archiv-/Filterseiten auf noindex.
Canonical
Aktiv und korrekt bei ähnlichen Inhalten.
Caching
Ein Plugin oder serverseitig, korrekt konfiguriert, Ausnahmen definiert.

Mini-To-do: SEO-Setup in 45 Minuten festziehen

SEO-Plugin wählen
Entscheide dich für Yoast SEO oder Rank Math. Installiere nur eines.

Titel- und Meta-Standards
Lege kurze Titel-Templates und eine Default-Meta-Beschreibung fest. Prüfe auf zwei Seiten, ob du sie manuell überschreiben kannst.

Sitemap prüfen
Aktiviere die XML-Sitemap. Öffne sie im Browser und kontrolliere, welche Post-Typen enthalten sind. Schlanke sie, falls nötig.

Breadcrumbs einbinden
Aktiviere Brotkrumen und füge sie in dein Theme ein. Prüfe Anzeige auf einer Beispielseite.

Schema aktivieren
Setze Standardtypen für Beiträge/Seiten. Lege eine Vorlage für FAQPage und HowTo an.

Caching konfigurieren
Installiere W3 Total Cache oder nutze serverseitigen Cache. Aktiviere Page- und Browser-Cache. Minify vorsichtig testen.

Redirects anlegen
Lege zwei 301-Weiterleitungen an: eine alte URL auf die neue Zielseite, eine fehlerhafte Variante (zum Beispiel ohne Slash) auf die korrekte.

Kurztest
Leere Cache. Prüfe als abgemeldeter Nutzer die Startseite: Titel/Meta sichtbar korrekt, Brotkrumen vorhanden, Seite lädt schnell.

Ergebnis:
Dein WordPress hat ein solides SEO-Fundament: Titel, Meta, Sitemap, Schema, Brotkrumen, Indexierung und Caching sind optimiert – bereit für erfolgreiche Inhalte!

Kapitel 5:

5.3 Sitemap & robots.txt optimieren

Ziel dieses Abschnitts: Du lernst, wie du Suchmaschinen gezielt zu den wichtigen Seiten führst und unnötige Wege sperrst. Wir klären alle Begriffe einfach und setzen anschließend eine sichere Standardkonfiguration um. Am Ende gibt es ein Mini-To-do.

Begriffsklärung

XML-Sitemap

Eine XML-Sitemap ist eine maschinenlesbare Liste wichtiger Seiten deiner Website. XML ist ein Datenformat. Suchmaschinen lesen Sitemaps, um Seiten schneller zu finden und Änderungen zu erkennen.

Indexierung

Indexierung bedeutet, dass eine Seite in den Suchindex aufgenommen wird, also in die große Ergebnissammlung der Suchmaschine.

Crawling

Crawling ist der automatische Besuch deiner Seiten durch Programme der Suchmaschine (Crawler oder Bots), um Inhalte zu entdecken und zu aktualisieren.

robots.txt

Eine robots.txt ist eine Textdatei im Stammverzeichnis deiner Domain (beispiel.com/robots.txt). Sie enthält einfache Regeln, welche Bereiche Crawler besuchen dürfen oder meiden sollen. Wichtig: robots.txt verhindert nicht die Indexierung bereits bekannter URLs, sie steuert vorrangig das Crawling.

robots-Meta

Eine Anweisung innerhalb einer einzelnen Seite, z. B. „index“ (indizieren) oder „noindex“ (nicht indizieren). robots-Meta wirkt auf Indexierung. robots.txt wirkt auf das Crawling.

Canonicals (Canonical Tag)

Ein Hinweis in einer Seite, welche URL als Hauptversion gilt, wenn es ähnliche oder doppelte Inhalte gibt. Canonicals helfen, Signale zu bündeln.

Warum Sitemap und robots.txt zusammengehören

Die Sitemap zeigt Suchmaschinen, was wichtig ist, und liefert Änderungsdaten. Die robots.txt verhindert, dass Crawler Zeit in Bereichen verschwenden, die keine Rankings bringen (z. B. Admin, interne Suchergebnisse). Zusammen lenken beide die knappe Crawl-Aufmerksamkeit auf deine „Money Pages“ (wichtige Seiten, die Rankings und Conversions bringen).

Best Practices für die XML-Sitemap

Nur wichtige, indexierbare Seiten aufnehmen

In die Sitemap gehören Seiten, die „index“ sind und einen echten Suchnutzen haben: Ratgeber, Vergleich, Produkt/Service, Standort, Kategorie-Übersichten. Nicht hinein gehören: Admin-Seiten, Login, interne Suche, Filter/Sortier-Varianten, Tag-Archive ohne Mehrwert, Duplikate.

Saubere Kanonisierung

Die URLs in der Sitemap müssen der kanonischen Version entsprechen (kein http, keine Tracking-Parameter, korrekte Groß-/Kleinschreibung).

Aktualisierungen pflegen

Moderne SEO-Plugins erzeugen „lastmod“ (letzte Änderung). lastmod hilft Crawlern, zuerst geänderte Inhalte zu besuchen. Pflege „Zuletzt aktualisiert am ...“ auch im sichtbaren Text.

Aufteilung bei großen Websites

Über 10–50 Tsd. URLs sind Sitemaps in Segmente aufzuteilen (z. B. /sitemap-posts.xml, /sitemap-pages.xml, /sitemap-products.xml). Eine Index-Sitemap verweist auf die Teil-Sitemaps.

Bilder und News (optional)
Für Shops oder Galerien sind Bild-Sitemaps sinnvoll. Für sehr aktuelle Veröffentlichungen gibt es News-Sitemaps mit speziellen Anforderungen.
Fehler vermeiden
Keine 404-/410-URLs, keine „noindex“-Seiten, keine Weiterleitungen, keine gesperrten Bereiche in der Sitemap aufführen.

Best Practices für robots.txt

Ziel: Standardzugang erlauben, offensichtliche Sackgassen sperren, Medien und CSS/JS nicht blockieren (Suchmaschinen müssen Layout und Scripts sehen, um Seiten zu verstehen).
Sichere Standardvorlage (erklärender Pseudocode)
User-agent: *
Disallow: /wp-admin/
Allow: /wp-admin/admin-ajax.php
Disallow: /?s=
Disallow: /search
Disallow: /?orderby= Disallow: /?filter= Disallow: /*?sort= Sitemap: https://deinedomain.tld/sitemap_index.xml
Erläuterung:
User-agent: * bedeutet, die Regeln gelten für alle Crawler.
/wp-admin/ sperrt den Admin-Bereich (Beispiel WordPress). admin-ajax.php bleibt erlaubt, damit notwendige Funktionen laufen.
Interne Suche und Filter-/Sortierparameter werden gesperrt, damit Crawler sich nicht in endlosen Varianten verlieren.
Die Sitemap-Zeile zeigt direkt auf deine Index-Sitemap.

Wichtige Hinweise

robots.txt ist grob, robots-Meta ist fein
Wenn eine Seite nicht in den Index soll, setze auf der Seite

„noindex“ (robots-Meta). Nutze robots.txt nicht, um Indexierung zu verhindern, weil bereits bekannte URLs sonst weiter im Index bleiben können.

Blockiere niemals CSS/JS

Früher blockte man Ordner wie /wp-includes/ oder /assets/. Heute braucht die Suchmaschine diese Dateien, um Layout und Funktionen zu verstehen. Keine pauschalen Sperren für /css/ oder /js/.

Parametrisierte URLs sauber behandeln

Viele Shops und Filter erzeugen URL-Varianten mit ?filter=, ?sort=, ?page=. Sperre breite Parameter-Muster in robots.txt, setze Canonicals auf die Hauptvariante und nimm nur die Hauptvariante in die Sitemap auf.

Mehrsprachigkeit

Bei Sprach-/Regionsversionen (hreflang) gehören alle Sprachseiten in die Sitemap, jeweils in ihrer kanonischen Version. hreflang-Verweise müssen wechselseitig sein.

Kontrolle und Monitoring

Sitemap im SEO-Tool einreichen

Reiche die Sitemap-URL in den Webmaster-Tools der Suchmaschinen ein (z. B. Google Search Console). So siehst du, wie viele URLs über die Sitemap entdeckt wurden und ob Fehler vorliegen.

Abgleich Sitemap vs. Index

Vergleiche regelmäßig: Wie viele indexierte Seiten meldet die Suchmaschine, wie viele listet deine Sitemap. Große Abweichungen deuten auf „noindex“ in der Sitemap, 404-URLs oder gesperrte Bereiche hin.

Crawl-Statistiken prüfen
In der Search Console siehst du, wie intensiv gecrawlt wird und wo Fehler auftreten (z. B. 404, Soft-404, Weiterleitungsschleifen). Behebe Ursachen und halte die Sitemap sauber.

Typische Fehler und schnelle Korrekturen

Noindex-URLs in der Sitemap
Symptom: „Eingereicht, aber noindex."
Lösung: Seite auf „index" setzen oder aus Sitemap ausschließen.
Weiterleitungen in der Sitemap
Symptom: „Eingereicht-URL führt eine Weiterleitung aus."
Lösung: Nur endgültige Ziel-URL in die Sitemap.
robots.txt blockiert wichtige Inhalte
Symptom: „Ressourcen sind blockiert."
Lösung: CSS/JS-Ordner erlauben, nur echte Sackgassen sperren.
Sitemap fehlt oder falscher Pfad
Symptom: Suchmaschine findet keine Sitemap.
Lösung: Korrekte URL in robots.txt und in den Webmaster-Tools hinterlegen.
Parameter-Chaos
Symptom: Hunderte Varianten im Index.
Lösung: Canonical auf die Hauptversion, Parameter in robots.txt begrenzen, nur Hauptseiten in die Sitemap.

Checkliste: Sitemap und robots.txt in 5 Minuten prüfen

Sitemap vorhanden
Erreichbar unter /sitemap.xml oder /sitemap_index.xml, in robots.txt verlinkt.
Nur indexierbare Seiten
Keine noindex-, 404- oder Weiterleitungs-URLs in der Sitemap.
Kanonische URLs
Sitemap-Links entsprechen der finalen, kanonischen https-Variante.

Segmentierung sinnvoll
Bei größeren Sites Aufteilung nach Inhaltstypen (Posts, Pages, Produkte).
robots.txt minimal, aber wirksam
Admin/Suche/Filter gesperrt, CSS/JS erlaubt, Sitemap eingetragen.
Mehrsprachigkeit korrekt
Alle Sprach-URLs in der Sitemap, hreflang wechselseitig in den Seiten.
Monitoring aktiv
Sitemap in Webmaster-Tools eingereicht, Fehlerberichte werden regelmäßig geprüft.

Mini-To-do: In 40 Minuten zur sauberen Steuerung

Sitemap prüfen
Öffne deine Sitemap im Browser. Entferne aus der Sitemap alle „noindex"-Seiten, Weiterleitungen und Fehler-URLs. Stelle sicher, dass nur https, nur eine Domainvariante und nur kanonische URLs enthalten sind.

robots.txt anlegen oder überarbeiten
Erstelle eine schlanke robots.txt wie oben. Erlaube CSS/JS, sperre Admin, interne Suche und breite Parameter. Trage die Sitemap-URL ein.

Canonicals kontrollieren
Wähle drei wichtige Seiten und prüfe: Zeigt das Canonical-Tag auf exakt die URL, die auch in der Sitemap steht.

Parameter-Strategie
Identifiziere zwei bis drei typische Parameter (z. B. ?sort=, ?filter=). Sperre breite Muster in robots.txt und nimm nur Hauptseiten in die Sitemap.

Einreichen und testen
Reiche die Sitemap in der Search Console ein. Prüfe nach dem Crawling-Bericht: Gibt es „Eingereicht, aber …"-Hinweise. Korrigiere sie.

Ergebnis:
Deine Sitemap führt Suchmaschinen gezielt zu relevanten, indexierbaren Seiten. Deine robots.txt verhindert Crawling in Sackgassen. Zusammen verbessert das die Crawl-Effizienz, stabilisiert Indexierung und schafft die Basis für bessere Rankings und zuverlässige Darstellung in KI-Antworten.

Kapitel 5:

5.4 Vermeidung von Duplicate Content (Kategorien, Tags, Archivseiten)

Ziel dieses Abschnitts: Du lernst, was Duplicate Content ist, warum er Rankings verwässert und wie du Kategorien, Tags und Archivseiten so konfigurierst, dass Suchmaschinen stets die „richtige" Seite indexieren. Neue Begriffe erkläre ich bei der ersten Nennung. Am Ende gibt es ein Mini-To-do.

Begriffsklärung

Duplicate Content

Duplicate Content bedeutet doppelte oder sehr ähnliche Inhalte unter verschiedenen URLs. Suchmaschinen wissen dann nicht, welche Version sie zeigen sollen. Das kann Sichtbarkeit und Linkkraft aufspalten.

Kanonische URL (Canonical)

Ein Canonical ist ein Hinweis im Seitencode, welche URL als Hauptversion gilt. Er hilft, Signale zu bündeln, wenn ähnliche Seiten existieren.

Thin Content

Sehr dünner Inhalt ohne eigenen Mehrwert, zum Beispiel leere Tag-Seiten mit nur einem Eintrag ohne Beschreibung.

Facettierte Navigation

Filter und Sortierungen (zum Beispiel Farbe, Größe, Preis) erzeugen URL-Varianten mit Parametern wie ?filter=blau. Diese Varianten können massenhaft ähnliche Seiten erzeugen.

Archivseiten

Listenansichten, zum Beispiel nach Datum, Kategorie oder Autor. In Blogs und CMS sind Archivseiten oft automatisch vorhanden.

Warum doppelte Inhalte entstehen

Mehrere Wege zur gleichen Seite
Beispiel: /blog/beitrag/ und /blog/beitrag/?utm=abc. Beide zeigen denselben Inhalt, aber haben unterschiedliche URLs.

Listen vs. Detail
Kategorie- und Tag-Listen zeigen Auszüge von Beiträgen; die Beitragsseite selbst zeigt den Volltext. Wenn Auszüge sehr lang sind, wirken Listen fast identisch zur Detailseite.
Automatische Archive
Datum-, Autor- und Tag-Archive entstehen automatisch und indexieren sich gegenseitig, obwohl sie nur Listen sind.
Sortier- und Filter-Parameter
Shop- oder Blog-Listen mit ?sort=neu, ?page=2, ?filter=rot erzeugen viele ähnliche Seiten.
Druck-/AMP-/Staging-Versionen
„Druckversion“, alte AMP-Seiten, versehentlich zugängliche Staging-URLs oder http und https parallel.

Grundprinzip: Eine Absicht, eine indexierte URL

Definiere die Hauptversion
Pro Thema gibt es genau eine indexierte Detailseite (zum Beispiel der Blogbeitrag) und, wenn sinnvoll, genau eine indexierte Übersicht (zum Beispiel die Kategorie-Hauptseite).
Bündle Varianten
Alle Varianten (Parameter, groß/klein, Slash/kein Slash, http/https, www/naked) zeigen per 301-Weiterleitung oder Canonical auf die Hauptversion.
Reduziere Rauschen
Leere oder extrem dünne Listen (Thin Content) auf „noindex“ stellen oder löschen. Noindex ist eine Anweisung, eine Seite nicht in den Suchindex aufzunehmen.

Kategorien, Tags und Archivseiten richtig einsetzen

Kategorien
Kategorien sind thematische Obergruppen. Gut gepflegte Kategorie-Seiten können wertvoll sein, wenn sie mehr sind als bloße Listen. Baue eine kurze Einleitung (100–200 Wörter) mit Nutzen und internen Links zu den wichtigsten Unterseiten ein. Kategorie-Seiten lässt du indexieren, wenn sie Substanz haben und dauerhaft gepflegt werden.

Tags
Tags sind feingliedrige Stichworte. Sie erzeugen viele Archive mit sehr ähnlichem Inhalt. Empfehlung: Tags sparsam einsetzen oder komplett deaktivieren. Wenn du Tags nutzt, gib nur wenigen zentralen Tags Substanz (Beschreibung, interne Links) und setze alle anderen auf noindex.

Datum-Archive
Monats- und Tagesarchive bieten selten eigenständigen Nutzen. Empfehlung: noindex oder ganz deaktivieren.

Autor-Archive
Sinnvoll, wenn mehrere Autoren auftreten und jede Autorenseite eine aussagekräftige Bio, Expertise, Bild und eine kuratierte Auswahl wichtiger Beiträge hat. Sonst: noindex.

Pagination oder Seitennummerierung (Seite 2, 3, ...)
Paginierte Listen sind eigene URLs. Jede Seite sollte ein eigenes Canonical auf sich selbst tragen (nicht alle auf Seite 1 kanonisieren). Verlinke deutlich „Zurück zur Seite 1“ und zeige die Gesamtanzahl. Vermeide sehr lange Auszüge, damit paginierte Seiten nicht wie Volltexte wirken.

Auszugslängen

Nutze kurze Auszüge auf Listen (zum Beispiel 40–80 Wörter) und bilde Titel, Bild, Datum, Kategorien ab – so unterscheiden sich Listen klar von Detailseiten.

Parameter-URLs

Sortieren/Filtern/Tracking erzeugen Varianten: ?sort=, ?filter=, ?utm=. Tracking-Parameter sollten per 301 entfernt oder via Canonical auf die saubere URL zeigen. Filter/Sortierung gehören nicht in die Sitemap und sollten in robots.txt breit begrenzt werden, damit Crawler nicht tausende Varianten besuchen.

WordPress-spezifische Einstellungen (mit SEO-Plugin)

Indexierungsregeln

In Yoast SEO oder Rank Math kannst du für Kategorien, Tags, Datum- und Autor-Archive „index/noindex" setzen. Empfehlung:
- Kategorien: index, wenn mit Einleitung und klarer Struktur gepflegt; sonst noindex.
- Tags: grundsätzlich noindex, außer wenige, kuratierte Tag-Seiten.
- Datum-Archive: noindex.
- Autor-Archive: noindex, außer relevanten Autoren mit Bio.
- Suchergebnisseiten: noindex.
- Paginierte Seiten: index, eigenes Canonical.

Kategoriebeschreibung

Pflege eine kurze, hilfreiche Kategorie-Beschreibung über der Liste. Verlinke auf Eckpfeiler-Inhalte (Pillar Pages) im Themen-Cluster.

Tag-Beschreibung

Wenn du wenige Tags indexierst, bekommen sie ebenfalls eine Einleitung mit Abgrenzung: „Dieses Tag bündelt X, unterscheidet sich von Y durch Z."

Permalink-Konsistenz

Lege ein Format fest (mit Slash am Ende oder ohne, Kleinbuchstaben) und bleibe konsistent. Stelle 301-Weiterleitungen für Varianten ein.

Canonical sauber setzen

Das SEO-Plugin setzt Canonicals automatisch. Prüfe Stichproben: Jede Detailseite zeigt auf sich selbst; Kategorie-Seite auf sich selbst; Parameter-Varianten per Canonical auf die saubere Basis-URL.

Häufige Fehler und schnelle Abhilfe

Viel zu viele Tags

Symptom: Hunderte Tag-Seiten mit 1–2 Beiträgen.
Lösung: Tags entschlacken, zusammenführen, leere auf noindex oder löschen, interne Links auf verbleibende zentrale Tags anpassen.

Lange Volltexte in Listen

Symptom: Kategorie-Listen wirken wie Duplikate der Beiträge. Lösung: Auszüge stark kürzen, „Weiterlesen“-Link nutzen.

Datum-/Autor-Archive indexiert ohne Mehrwert

Symptom: Viele sehr ähnliche Archive im Index.
Lösung: In SEO-Plugin auf noindex setzen oder deaktivieren.

Parameter-Chaos

Symptom: ?sort=, ?filter= und Tracking-Parameter im Index. Lösung: Canonical auf Basis-URL, Parameter in robots.txt begrenzen, nur Basis-URL in Sitemap.

Doppelte Startseite

Symptom: /, /index.php, /home zeigen denselben Inhalt.
Lösung: 301 auf die gewählte Haupt-URL, nur diese verlinken.

HTTP/HTTPS, www/non-www parallel

Symptom: Zwei Versionen im Index.
Lösung: Serverweite 301 auf die bevorzugte Variante und konsistente Canonicals.

Sonderfall Mehrsprachigkeit

hreflang

Bei Sprach-/Regionsvarianten müssen alle Versionen jeweils ihre eigenen Canonicals tragen und sich wechselseitig per hreflang verknüpfen. Jede Sprach-URL gehört in die Sitemap ihrer Sprache.

Duplicate durch Übersetzungs-Stub

Leere Übersetzungen („Coming soon“) sollten noindex sein, bis der Inhalt steht.

Checkliste: Habe ich Duplicate Content im Griff

Eine Haupt-URL

http vs. https, www vs. non-www, Slash vs. ohne Slash – alles führt per 301 auf genau eine Version.

Kategorien mit Substanz

Kategorie-Hauptseiten haben Einleitung und interne Links; nur dann index.

Tags reduziert

Nur wenige, kuratierte Tag-Seiten index; der Rest noindex oder deaktiviert.

Archive geordnet

Datum noindex, Autor nur bei Mehrwert index; Suchseiten noindex.

Listen sind Listen

Kurz-Auszüge, „Weiterlesen“-Links; Detailseiten enthalten den Volltext.

Canonical korrekt

Detail-, Kategorie- und paginierte Seiten setzen Canonical auf sich selbst; Parameter-Varianten kanonisieren auf Basis.

Parameter begrenzt

Filter/Sortier-Parameter nicht in der Sitemap, per robots.txt eingeschränkt.

Mini-To-do: Duplicate Content in 45 Minuten entschärfen

Inventur
Liste in deinem SEO-Plugin alle Archivtypen auf: Kategorien, Tags, Datum, Autor. Notiere, welche indexiert sind.
Regeln setzen
- Kategorien mit Einleitung: index.
- Kategorien ohne Substanz: noindex oder kurz überarbeiten.
- Tags: global noindex, 3–5 zentrale Tags mit Einleitung auf index.
- Datum-Archive: noindex.
- Autor-Archive: nur Autoren mit Bio und Expertise auf index, sonst noindex.

Listen verschlanken
Stelle Auszugslängen auf 40–80 Wörter, aktiviere „Weiterlesen“. Entferne Volltexte aus Listen.

Canonical prüfen
Öffne fünf Detailseiten, zwei Kategorie-Seiten und eine paginierte Seite. Prüfe, ob Canonical jeweils auf die eigene URL zeigt.

Parameter begrenzen
Trage in robots.txt breite Muster ein (zum Beispiel Disallow: /?sort=, Disallow: /?filter=). Nimm nur Basis-URLs in die Sitemap.

Weiterleitungen
Richte 301-Weiterleitungen ein für offensichtliche Duplikate wie /index.php oder /home auf /.

Nachkontrolle
In den Webmaster-Tools „Gecrawlte, aber nicht indexierte Seiten“ und „Duplicate ohne ausgewählte kanonische URL“ prüfen. Auffällige Beispiele korrigieren.

Ergebnis:
Deine Seitenstruktur vermeidet doppelte Inhalte. Kategorien bieten Mehrwert, Tags sind schlank, Archive gut gesteuert. Canonicals, Noindex und Weiterleitungen sichern eine klare URL mit stabiler Sichtbarkeit.

In Kapitel 5 hast du die operative Basis für such- und KI-taugliche Seiten gelegt. Du weißt nun, wie ein sauberes Theme aufgebaut ist, warum Mobile First, klare Hierarchien und wiederverwendbare Komponenten die UX und Core Web Vitals verbessern, und wie responsive Bilder, fluid skalierende Typografie und Critical CSS echte Ladezeitgewinne bringen. Mit einem schlanken SEO-Setup (Yoast SEO oder Rank Math) steuerst du Titel, Meta, Sitemaps, Breadcrumbs und Schema-Markup zentral; mit einem einzigen, sauber konfigurierten Cache (zum Beispiel W3 Total Cache oder serverseitig) verkürzt du TTFB und beschleunigst die Auslieferung. Du hast gelernt, wie Sitemaps und robots.txt zusammenspielen, um Crawler zielgerichtet zu führen, und wie du Duplicate Content vermeidest, indem du Kategorien mit Substanz indexierst, Tags stark reduzierst, Datum-/Autor-Archive meist auf noindex setzt, saubere Canonicals verwendest und Parameter-Varianten begrenzt. Ergebnis: eine klare, performante und crawl-effiziente Website, deren Inhalte konsistent strukturiert, maschinenlesbar ausgezeichnet und für Nutzer leicht zu konsumieren sind.

Abkürzungen und Begriffe aus Kapitel 5

Theme: Gestaltungspaket der Website mit Layout und Vorlagen.
Responsives Design: Layout passt sich automatisch an **Gerätegrößen an. Breakpoints:** Bildschirmbreiten, bei denen das Layout umschaltet.
Mobile First: Gestaltung zuerst für Smartphone, dann für größere Geräte.
Critical CSS: minimaler CSS-Teil für den ersten sichtbaren Bereich.
Fluid Typography: flexibel skalierende Schriftgrößen, z. B. mit clamp().
Design Tokens: zentrale Variablen für Farben, Abstände, Typografie.
Grid-System: Spalten-/Zeilenraster für geordnete Layouts. Viewport-Meta-Tag: steuert die mobile Skalierung im Browser.

Block-Theme (WordPress): moderne Block-basierte Theme-Struktur. **theme.json (WordPress):** zentrale Datei für Farben, Schriften, Abstände. **Child Theme:** abgeleitetes Theme für updatesichere Anpassungen. **srcset/sizes:** responsive Bildauslieferung je Gerät. **SEO-Plugin:** Erweiterung für Titel/Meta, Sitemaps, Schema, Breadcrumbs.
Meta Title/Meta Description: Titel und Kurzbeschreibung für die SERP.
Sitemap (XML): maschinenlesbare Liste wichtiger Seiten.
Schema-Markup: strukturierte Daten nach Schema.org (z. B. Article, FAQPage, HowTo, Product, LocalBusiness).
Breadcrumbs: Pfadnavigation wie Startseite > Thema > Unterseite. **robots-Meta:** Indexierungsanweisung pro Seite (index/noindex). **robots.txt:** Crawling-Regeln im Domainstamm.
Canonical: bevorzugte Original-URL bei ähnlichen Inhalten. **Weiterleitung 301:** dauerhafte Umleitung alter auf neue URLs. **Cache-Plugin:** erzeugt Zwischenergebnisse für schnelle Auslieferung. **W3 Total Cache:** umfangreiches WordPress-Cache-Plugin.
Yoast SEO, Rank Math: verbreitete SEO-Plugins für WordPress. **TTFB:** Time to First Byte, Zeit bis zum ersten Serverbyte.
Redis: schneller Object-Cache-Speicher.
OPcache: im Speicher vorübersetzter PHP-Code.
CDN: verteiltes Netz zur schnellen Auslieferung statischer Dateien.
Minify: Verkleinern von CSS/JS/HTML zur Beschleunigung. **Duplicate Content:** doppelte/nahezu gleiche Inhalte auf mehreren URLs.
Thin Content: sehr dünner, wenig hilfreicher Inhalt.
Facettierte Navigation: Filter/Sortierungen, die viele URL-Varianten erzeugen.
Archivseiten: Listen nach Datum/Autor/Kategorie/Tag.

Pagination: Aufteilung langer Listen auf mehrere Seiten.

Lies jetzt Kapitel 6. Dort baust du auf der Technik- und Strukturgrundlage deinen wiederholbaren Themen- und Produktionsprozess auf: einfache Keyword- und Themenrecherche, eine Priorisierungsmatrix nach Potenzial und Aufwand, ein Redaktionsplan mit wöchentlichem Takt sowie Seitentemplates für Ratgeber, Vergleich, Produkt und Lokal. Ziel ist, Inhalte planbar zu veröffentlichen, die schnell laden, klar strukturiert sind und in SERPs wie in KI-Antwortsystemen überzeugen.

KAPITEL 6:

On-Page Optimierung im Detail

Kapitel 6:

6.1 Keyword-Recherche und Suchintention (Short- vs. Long-Tail)

Ziel dieses Abschnitts: Du lernst, wie du Suchbegriffe systematisch findest, die Absicht dahinter richtig erkennst und daraus konkrete Seitenthemen ableitest. Neue Begriffe erkläre ich bei der ersten Nennung. Am Ende gibt es ein Mini-To-do.

Begriffsklärung

Keyword

Ein Keyword ist eine Suchanfrage, also die Wortfolge, die Menschen in die Suche eingeben. Beispiel: „crm software vergleich“.

Short-Tail

Short-Tail-Keywords sind kurze, allgemeine Anfragen mit hohem Suchvolumen, aber unscharfer Absicht. Beispiel: „crm“.

Long-Tail

Long-Tail-Keywords sind längere, spezifische Anfragen mit geringerem Volumen, aber klarer Absicht. Beispiel: „crm software für kleine agenturen preise“.

Suchintention (Search Intent)

Das eigentliche Ziel der suchenden Person. Vier Grundtypen:
–Informational: etwas verstehen („wie funktioniert...“, „was ist...“).
–Commercial Investigation: vergleichen und bewerten („beste...“, „vergleich“, „erfahrungen“).
–Transactional: kaufen, buchen, anfragen („preis“, „kaufen“, „angebot“).
–Local: etwas in der Nähe finden („in wien“, „in der nähe“, „öffnungszeiten“).

Head, Body, Long Tail
Verteilung von Keywords: sehr wenige „Head"-Begriffe (extrem hohes Volumen), mehr „Body"-Begriffe (mittleres Volumen), sehr viele Long-Tail-Varianten (kleines Volumen, höchste Umsetzungswahrscheinlichkeit).
Modifier
Wörter, die eine Absicht präzisieren, z. B. „beste", „günstig", „ ", „für agenturen", „ohne kreditkarte", „vergleich", „checkliste".
SERP-Merkmale
Die Ergebnisseite (SERP) zeigt Hinweise zur Intention: „People also ask"-Fragen, „Top Stories", Karten (Local Pack), Produktkacheln, Vergleichstabellen, How-to- oder FAQ-Boxen.

Warum Long-Tail wichtig ist
Long-Tail-Keywords sind konkreter, leichter zu bedienen, näher an Conversions und lassen sich schneller gewinnen. Viele Long-Tails zusammen liefern stabilen Traffic und Anfragen.

Der 6-Schritte-Workflow für Einsteiger (tool-agnostisch, kostenlos umsetzbar)

Schritt 1: Themenkerne definieren
Liste 5–8 Hauptthemen, die direkt mit deinem Angebot zu tun haben. Beispiel: „crm", „projektmanagement", „zeiterfassung", „angebote schreiben".
Schritt 2: Long-Tail-Varianten sammeln
Nutze kostenlose Quellen:
– Autovervollständigung der Suche: tippe dein Thema + Buchstaben (a–z).
– „Ähnliche Suchanfragen" am SERP-Ende.
– „People also ask"-Fragen.
– Eigene Mails/Chat-Anfragen von Kunden, Verkaufs- und Supportfragen.

– Google Search Console (sofern vorhanden): echte Suchanfragen, für die deine Seite bereits erscheint.

Schritt 3: Intention zuordnen

Kennzeichne jede Anfrage mit der vermuteten Intention (Informational, Commercial, Transactional, Local). Nutze SERP-Hinweise:

– Vergleichstabellen/„die besten…" ⇒ Commercial Investigation
– Preise/Shop-Kacheln ⇒ Transactional
– Karten/„in der nähe" ⇒ Local
– Definitionen/„was ist…"/How-to ⇒ Informational

Schritt 4: Seitentyp festlegen

Mappe jede Suchintention auf einen passenden Seitentyp:

– Informational ⇒ Ratgeber/How-to + FAQ
– Commercial ⇒ Vergleich/„Beste X für Y" + Tabelle
– Transactional ⇒ Angebots-/Produktseite mit klaren CTAs
– Local ⇒ Standort-/Leistungsseite mit NAP-Daten und Karte

NAP steht für Name, Address, Phone – einheitliche Kontaktdaten.

Schritt 5: Clustern und Kannibalisierung vermeiden

Fasse sehr ähnliche Anfragen zu einem Thema zusammen (Cluster) und plane genau eine Hauptseite pro Cluster. Vermeide, dass zwei Seiten dasselbe Keyword-Ziel haben (Keyword-Kannibalisierung). Unterfragen kommen als Zwischenüberschriften/FAQ auf die Hauptseite.

Schritt 6: Priorisieren nach Potenzial vs. Aufwand

Bewerte grob auf einer 2×2-Matrix:

– Potenzial: Nähe zur Conversion, Klarheit der Intention, beobachtbare SERP-„Lücken" (z. B. veraltete Inhalte, fehlende Tabellen).

– Aufwand: erforderliche Tiefe, Daten/Beispiele, Design-Elemente (Tabelle, Rechner).

Beginne mit „hohes Potenzial, niedriger Aufwand" (typisch Long-Tail mit klarer Intent).

Beispiele

Informational

„was ist crm einfach erklärt“

Seitentyp: Ratgeber mit Kurzantwort, Grafik, FAQ „Vorteile“, „Kostenrahmen“, „CRM vs. Excel“.

Commercial Investigation

„beste crm software für agenturen “

Seitentyp: Vergleichstabelle nach Kriterien, Szenario-Empfehlungen, klare Auswahlhilfe, aktualisiert-datum.

Transactional

„crm software preis monatlich“

Seitentyp: Angebots-/Preisseite mit Paketen, Leistungsübersicht, kurzer FAQ zu Laufzeiten, CTA „Demo anfragen“.

Local

„crm beratung wien“

Seitentyp: Leistungs-/Standortseite mit NAP, Karte, Bewertungen, CTA „Erstgespräch buchen“.

Seitengerüst pro Keyword-Cluster

- Titel (Meta Title): präzise, mit Intent-Modifier, knapp gehalten.
- H1: sehr nah am Titel.
- Kurzantwort: 2–4 Sätze, beantwortet die Hauptfrage sofort.
- Abschnittsfragen (H2/H3): decken Unterfragen ab.
- Strukturierte Elemente: Liste, Tabelle, How-to-Schritte.
- FAQ: 3 kurze Fragen, Schema-Typ FAQPage.
- CTA: intentgerecht („Checkliste laden“, „Vergleich öffnen“, „Angebot anfordern“).

Eindeutigkeit

Eine Absicht, eine indexierte Seite. Keine Doppel-Themen.

Aktualität

Datumsangaben, Versionen, Preise mit „Zuletzt aktualisiert“.

E-E-A-T sichtbar

Autorprofil, Quellen, Kontakt/Impressum, transparente Kriterien bei Vergleichen. E-E-A-T steht für Experience, Expertise, Authoritativeness, Trustworthiness.

Entitäten konsistent

Produkt-, Marken- und Ortsnamen immer gleich schreiben (hilft beim Entity-SEO).

Typische Fehler

Nur Short-Tail jagen

Hoher Aufwand, zähe Erfolge. Starte mit Long-Tail-Clustern.

Seiten verdoppeln

Zwei Beiträge zur gleichen Frage konkurrieren. Zusammenführen und eine Seite stärken.

Keine Intent-Passung

Vergleichs-Intent mit Ratgeber-Format bedienen oder umgekehrt. Immer zum SERP-Muster passen.

Unstrukturierter Text

Ohne Kurzantwort, Fragen, Tabellen – schwer für Nutzer und KI zu zitieren.

Checkliste: Habe ich die richtige Keyword-Map

Themenkerne definiert (5–8).

Long-Tails gesammelt (Autovervollständigung, Ähnliche Suchen, People also ask, Kundenfragen).

Intention je Keyword markiert.

Seitentyp pro Keyword/Cluster festgelegt.

Cluster gebildet, keine Kannibalisierung.

Priorisierung nach Potenzial vs. Aufwand.

Mini-To-do: In 60 Minuten zu deiner ersten Keyword-Map

Themenkerne: Schreibe 5–8 Hauptthemen auf.
Sammeln: Für zwei Kerne je 10 Long-Tails über Autovervollständigung und „Ähnliche Suchanfragen“ sammeln.
Intent: Markiere für jede Anfrage die Intention (Informational/Commercial/Transactional/Local).
Clustern: Fasse pro Kern 8–12 Anfragen zu 2–3 Clustern zusammen.
Seitentyp: Ordne je Cluster einen Seitentyp zu (Ratgeber, Vergleich, Angebot, Lokal).
Priorisieren: Wähle zwei Cluster „hohes Potenzial, niedriger Aufwand“.
Briefing: Schreibe für den ersten Cluster ein Mini-Briefing mit Titel, H1, Kurzantwort, 3 Frage-Überschriften, einer Tabelle und 3 FAQ-Fragen.

Ergebnis:
Du hast eine klare, umsetzbare Keyword-Map mit Long-Tail-Fokus, sauberer Intent-Zuordnung und konkreten Seitentypen. Damit legst du die Basis für Inhalte, die in SERPs wie in KI-Antwortsystemen schnell wirken.

Kapitel 6:

6.2 SEO-Titel und Meta-Description mit Beispielen aus Odunayo

Ziel dieses Abschnitts: Du lernst, wie du starke SEO-Titel (Title Tags) und Meta-Descriptions schreibst, die sowohl Suchintention treffen als auch Klicks holen. Wir orientieren uns an den praxisnahen Empfehlungen aus Odunayo und ergänzen sie um klare Längen- und Strukturregeln. Am Ende findest du ein Mini-To-do.

Begriffsklärung

Title Tag

Der sichtbare Seitentitel im Suchergebnis. Er ist einer der wichtigsten Relevanz- und Klickfaktoren. Solide Richtwerte: zirka 50–60 Zeichen; bei längeren Titeln kürzen Suchmaschinen ab. The Google Checklist Marketing ...

Meta-Description

Der kurze Beschreibungstext unter dem Titel. Er beeinflusst vor allem die Klickrate. Gute Praxis: einzigartig pro Seite, klarer Nutzen, etwa 150–160 Zeichen. SEO Made Simple 2020 Insider Se...

Snippet

Die Kombination aus Title, URL und Description in der Ergebnisliste (SERP). In WordPress zeigen SEO-Plugins eine Snippet-Vorschau direkt beim Schreiben, damit du Titel und Beschreibung gezielt optimieren kannst. WordPress SEO Secrets How to Ra...

SERP

„Search Engine Results Page“ – die Ergebnisseite der Suchmaschine.

Kernprinzipien nach Odunayo (auf den Punkt gebracht)

1.Schreibe für Suchintention und Klick – nicht für Keyword-Stopfen. Formuliere Titel und Description so, dass sie den Suchzweck treffen und einen klaren Vorteil versprechen. Die Snippet-Vorschau im SEO-Plugin hilft dir beim Feinschliff. WordPress SEO Secrets How to Ra...
2.Nutze Keywords natürlich in Titel, Zwischenüberschriften und URL – möglichst nah am Anfang des Titels, ohne unnatürliche Wiederholungen. WordPress SEO Secrets How to Ra...
3.Pflege jeden Titel und jede Description individuell – Duplikate verwässern Sichtbarkeit und Klickrate. SEO Step-by-Step The Complete B...
4.Halte sinnvolle Längen ein – Titel ca. 50–60 Zeichen; Description ca. 150–160 Zeichen, damit sie im Snippet vollständig wirkt.
5.Schreibe wie eine Mini-Anzeige – klare Nutzenaussage, relevante Begriffe, konkrete Versprechen. Gute Descriptions steigern die Klickrate messbar. 500 SEO Tips Essential Strategi...

Schnellformeln für starke Titel und Descriptions

Titel-Formeln

[Intent-Modifier] + [Kernbegriff] + [Abgrenzung/Beweis]

Beispiele für Modifier: „Guide“, „Vergleich“, „Checkliste“, „ “, „für [Zielgruppe]“.

Description-Formeln

[Was bekomme ich?] + [Für wen?] + [Konkreter Nutzen/Beweis] + [Nächster Schritt]

Richtwert 150–160 Zeichen, Keyword natürlich 1× integrieren. SEO Made Simple 2020 Insider Se...

Beispiele (im Stil der Odunayo-Empfehlung „Snippet gezielt optimieren“)

Informational

Titel: CRM einfach erklärt: Bedeutung, Vorteile, Beispiele

Description: Was ist CRM in 3 Minuten erklärt – klare Vorteile, Beispiele und nächste Schritte für kleine Teams. Jetzt Überblick sichern. WordPress SEO Secrets How to Ra...

Commercial Investigation
Titel: Beste CRM-Software für Agenturen: Vergleich & Empfehlungen
Description: Top-Tools im direkten Vergleich mit Preisen, Stärken/Schwächen und Szenario-Tipps. Finde heute dein passendes CRM. WordPress SEO Secrets How to Ra...
Transactional
Titel: CRM-Preise im Vergleich: Kostenmodelle, Pakete, Fallbeispiele
Description: Monatliche Kosten transparent erklärt – Funktionen je Paket, typische Fallen, Checkliste zur Auswahl. Angebot anfordern. SEO Made Simple 2020 Insider Se...
Local
Titel: CRM-Beratung in Wien: Analyse, Auswahl, Implementierung
Description: Beratung vor Ort: Bedarf klären, Tool auswählen, Einführung begleiten. Kostenlose Erstbesprechung buchen. WordPress SEO Secrets How to Ra...
Produkt/Feature
Titel: Zeiterfassung im CRM: 5 Workflows, die sofort Zeit sparen
Description: So integrierst du Zeiten, Projekte und Abrechnung im CRM. Mit Beispiel-Workflows und Template zum Start. WordPress SEO Secrets How to Ra...

Checkliste/How-to

Titel: Onboarding-Checkliste: CRM in 7 Schritten startklar machen
Description: Von Datenimport bis Rollenrechten – die 7 Schritte mit Vorlage und Kontrollliste. Jetzt strukturierter einführen. WordPress SEO Secrets How to Ra...
Praxis in WordPress (Yoast/Rank Math)
– Nutze die Snippet-Vorschau und überschreibe Standardtitel pro Seite gezielt. Halte die Titel-Templates schlank, z. B. „%%title%% – %%sitename%%“. Wordpress SEO On-Page SEO for y...

- Setze einzigartige Descriptions; bei Beiträgen kannst du dafür den Auszug/Excerpt verwenden.
- Indexiere nur Seiten mit echtem Suchnutzen; rechtliche Seiten, Suche, dünne Archive eher noindex. So verschwendest du keine einzigartigen Titel/Descriptions.

Häufige Fehler und schnelle Korrekturen

Zu lange oder abgeschnittene Titel

Kürzen und Wichtiges nach vorn. Richtwert: 50–60 Zeichen. The Google Checklist Marketing ...

Allgemeine, austauschbare Texte

Vermeide „Willkommen"/„Startseite" im Titel und nichtsagende Descriptions. Fokussiere auf Keyword und Nutzen.

Keyword-Stopfen in der Description

Natürlich schreiben, Keyword 1× sinnvoll nutzen; Übertreibung mindert Wirkung. SEO Made Simple 2020 Insider Se...

Duplikate auf vielen Seiten

Jede Seite bekommt ihren eigenen Titel und ihre eigene Description. SEO Step-by-Step The Complete B...

Nur Short-Tail bedienen

Füge Intent-Modifier und Zielgruppe ein („für Start-ups", „ "), damit du Long-Tail-Klicks gewinnst. 500 SEO Tips Essential Strategi...

Checkliste: Habe ich klickstarke Snippets

Titel trifft Intent, Kernbegriff vorn, 50–60 Zeichen. The Google Checklist Marketing ...

Description einzigartig, klarer Nutzen, ca. 150–160 Zeichen. SEO Made Simple 2020 Insider Se...

Snippet-Vorschau geprüft, keine Duplikate. WordPress SEO Secrets How to Ra...

Kein Keyword-Stopfen, versprochener Nutzen wird auf der Seite eingelöst. SEO Made Simple 2020 Insider Se...

Mini-To-do: Zwei Snippets in 30 Minuten verbessern

1.Wähle zwei Seiten mit Potenzial (eine Informations-, eine Vergleichsseite).
2.Titel neu schreiben: Intent-Modifier + Kernbegriff + Abgrenzung, 50–60 Zeichen. The Google Checklist Marketing ...
3.Description neu schreiben: Was bekomme ich, für wen, konkreter Nutzen, nächster Schritt; 150–160 Zeichen. SEO Made Simple 2020 Insider Se...
4.In WordPress Snippet-Vorschau prüfen, live speichern. WordPress SEO Secrets How to Ra...
5.Nach 7–14 Tagen CTR vergleichen und ggf. weiter optimieren. 500 SEO Tips Essential Strategi...

Ergebnis:
Deine Snippets treffen die Suchintention präzise, sind vollständig sichtbar und erzeugen mehr Klicks – genau die Wirkung, die Odunayo als Ziel der Snippet-Optimierung hervorhebt. WordPress SEO Secrets How to Ra...

Kapitel 6:

6.3 Headings, Alt-Texte und interne Verlinkung

Ziel dieses Abschnitts: Du lernst, wie Überschriften (Headings), Bildbeschreibungen (Alt-Texte) und interne Verlinkung zusammenarbeiten, damit Menschen und Maschinen Inhalte schneller verstehen. Neue Begriffe werden beim ersten Auftreten erklärt. Am Ende findest du ein Mini-To-do.

Begriffsklärung

Headings (H1–H6)

Überschriften in HTML mit Hierarchieebenen H1 bis H6. Die H1 ist die Hauptüberschrift einer Seite (einmal pro Seite). H2–H3 gliedern Abschnitte und Unterabschnitte. Einheitliche, selbsterklärende Headings verbessern Lesbarkeit und helfen Suchmaschinen, Themenblöcke zu erkennen.

Semantische Struktur

„Semantisch" heißt: Die Überschriftsebene spiegelt die inhaltliche Bedeutung wider, nicht nur die Optik. Beispiel: Nach einer H2 folgt in der Regel eine H3, wenn es ein Unterthema gibt.

Alt-Text (alternativer Text)

Kurze Textbeschreibung eines Bildes im HTML-Attribut alt. Screenreader lesen Alt-Texte vor. Suchmaschinen nutzen sie, um Bilder einzuordnen. Dekorative Bilder bekommen leere Alt-Texte (alt=""), damit sie übersprungen werden.

Ankertext (Anchor-Text)

Der sichtbare, klickbare Text eines Links. Er sollte das Ziel natürlich und präzise benennen („CRM-Vergleich " statt „hier").

Interne Verlinkung

Links zwischen deinen eigenen Seiten. Sie leiten Nutzer zu passenden Inhalten weiter und zeigen Suchmaschinen, welche Seiten in einem Thema besonders wichtig sind.

Orphan Pages
Seiten ohne eingehende interne Links. Sie sind schwer zu finden und schwach in der Bewertung.
Themen-Cluster
Gruppe zusammengehöriger Inhalte: eine zentrale Übersichtsseite (Pillar) mit mehreren Detailseiten, die wechselseitig verlinkt sind.
Breadcrumbs
Pfadnavigation wie Startseite > Thema > Unterseite. Hilft bei Orientierung und vererbt thematische Signale.

Warum diese drei Elemente zusammengehören

Headings strukturieren Inhalte, Alt-Texte machen visuelle Informationen zugänglich und maschinenlesbar, interne Links bauen Wege zwischen verwandten Antworten. Zusammen erhöhen sie Verständlichkeit, Nutzersignale (Scrolltiefe, Interaktionen) und die Chance auf Rich Results sowie Zitation in KI-Antworten.

Headings richtig einsetzen
Eine H1 pro Seite
Die H1 benennt das Seitenziel klar und nah am Title Tag. Beispiel: „CRM-Software im Vergleich: Funktionen und Preise “.
Frage-Headings für Unterabschnitte
H2/H3 im Frageformat („Welche Funktionen sind entscheidend.“) passen zur Suchintention und sind leicht zitierbar.
Keine Level-Sprünge ohne Grund
Von H2 auf H3, dann zurück auf H2 – ja. Von H2 direkt auf H4 ohne H3 – vermeiden, außer es ist gestalterisch notwendig und semantisch begründet.
Kompakt und selbsterklärend
„Preise und Pakete“ ist besser als „Weitere Infos“. Bonus: klare Headings werden eher in Sprungmarken (Table of Contents) oder Snippets übernommen.
Tabellen/Listen ankündigen
Wenn ein Abschnitt eine Tabelle oder Checkliste enthält, kündigt

die H2 das an („Preistabelle im Überblick“). Das erleichtert Skimming und Zitation.

Alt-Texte, die wirklich helfen

Zweck statt „Bild von ...“

Beschreibe, was das Bild im Kontext vermittelt: „Preisstaffel CRM-Pakete Basic/Pro/Enterprise“ statt „Tabelle“.

Kurz und präzise

Richtwert 80–125 Zeichen. Keine Keyword-Stopferei. Namen/Modelle korrekt schreiben (Entitäten konsistent).

Dekorative Bilder leeren

Reine Zierelemente erhalten alt="". So verlieren Nutzer mit Screenreader keine Zeit.

Funktionale Bilder

Bei Icons mit Funktion (z. B. „Suchen“) den Zweck als Alt-Text angeben („Suche öffnen“).

Diagramme/Grafiken

Wenn das Bild komplexe Daten trägt, gehört eine knappe Zusammenfassung in den Bildumfluss oder eine Bildunterschrift. Alt-Text bleibt kurz.

Interne Verlinkung mit System

Pillar → Detail, Detail ↔ Detail

Die zentrale Übersichtsseite verlinkt prominent auf die wichtigsten Unterseiten. Jede Unterseite verlinkt zurück auf den Pillar und auf 1–3 themennahe Geschwisterseiten.

Kontext statt Link-Listen

Verlinke im Fließtext an passender Stelle mit beschreibendem Ankertext. „CRM-Vergleich für Agenturen“ ist besser als „hier klicken“.

Wichtige Seiten häufiger verlinken

Seiten mit Geschäftsziel (Produkt, Kontakt, Leadmagnet) sollten aus relevanten Ratgebern und Vergleichen natürlich angesteuert werden.

Breadcrumbs aktiv nutzen
Sie zeigen Hierarchie, verbessern Orientierung und liefern zusätzliche interne Links.
Footer sparsam
Footer-Links sind sekundär. Zentrale Navigationswege entstehen im Header, in Inhaltsbereichen und über Breadcrumbs.
Keine internen nofollow
Eigene Seiten nicht mit „nofollow“ entwerten. Erlaube Suchmaschinen, den Verweisen zu folgen.
Kannibalisierung verhindern
Wenn zwei Seiten dasselbe Keyword-Ziel haben, entscheide dich für eine Hauptseite. Setze 301 auf diese oder verlinke klar als „Weiterführend: [Thema]“.

Praktisches Muster für einen Ratgeber-Cluster

Pillar-Seite
H1, Kurzantwort, Inhaltsverzeichnis mit Sprungmarken, Abschnitte H2 (Definition, Vorteile, Auswahlkriterien, Preise), am Ende FAQ. Interne Links zu drei Detailseiten.
Detailseite 1 (Funktionen)
H1 eindeutig, H2-Fragen, Tabelle; Links: zurück zum Pillar, weiter zu Detailseite 2 (Preise) und 3 (Implementierung).
Detailseite 2 (Preise)
H2 „Preistabelle“, H3 „Szenarien“. Interne Links: Pillar, Funktionen, Implementierung.
Detailseite 3 (Implementierung)
How-to mit H2-Schritten; Links: Pillar, Preise.

Häufige Fehler und schnelle Abhilfe

Mehrere H1
Symptom: Unklare Hauptbotschaft. Abhilfe: Nur eine H1, übrige auf H2/H3 korrigieren.
Vage Headings

„Sonstiges“, „Mehr“ – niemand weiß, was folgt. Abhilfe: Klar benennen, ggf. Frageform.

Alt-Text vergessen oder Keyword-gestopft

Symptom: Leere alt-Attribute oder unnatürliche Keyword-Ketten. Abhilfe: kurz-kontextuell beschreiben bzw. dekorative Bilder leeren.

Orphan Pages

Symptom: Seite hat keine eingehenden Links. Abhilfe: Von Pillar/ Übersichtsseiten und passenden Artikeln kontextuell verlinken.

Link-Flut ohne Relevanz

Symptom: 30 „Weiterlesen“-Links am Ende. Abhilfe: 2–4 hochrelevante, kontextnahe Links im Text.

Ankertexte austauschbar

„hier“, „mehr“ dominieren. Abhilfe: Deskriptive Anker mit Zielbegriff und Nutzen.

Checkliste: Habe ich Struktur, Bilder und Verlinkungen im Griff

Eine H1, klare H2/H3-Fragen.
Headings selbsterklärend, ohne Level-Sprünge.
Alt-Texte sinnvoll: kontextbezogen, kurz; dekorative Bilder alt="".
Komplexe Grafiken mit kurzer Zusammenfassung im Text.
Pillar ↔ Detail-Verlinkung steht, Breadcrumbs aktiv.
Keine Orphan Pages; wichtige Seiten erhalten mehrere sinnvolle interne Links.
Deskriptive Ankertexte; keine internen nofollow.

Mini-To-do: In 50 Minuten Struktur und Verlinkung schärfen

Seite wählen
Nimm eine wichtige Ratgeber- oder Vergleichsseite.
Headings prüfen
Eine H1, dann H2/H3 im Frageformat. Wo nötig, umformulieren. Inhaltsverzeichnis ergänzen.
Bilder sichten
Für jedes Bild: Alt-Text kurz-kontextuell. Dekorative auf alt="". Komplexe Grafiken mit 1–2 Sätzen im Fließtext erklären.
Interne Links ergänzen
Im Text 2–4 kontextnahe Links setzen: zu Pillar, relevanten Details, Angebotsseite. Deskriptive Anker verwenden.
Breadcrumbs aktivieren
Falls noch nicht aktiv, Breadcrumbs einbinden und Hierarchie prüfen.
Orphan-Check
Finde zwei thematisch verwandte ältere Beiträge und verlinke von dort auf die Zielseite.

Ergebnis:
Deine Seite ist logisch gegliedert, barriereärmer, bild- und maschinenfreundlich ausgezeichnet und sinnvoll ins interne Netz eingebettet. Das verbessert Verständnis, Nutzersignale und die Chance, als zitierfähige Quelle in SERPs und KI-Antworten aufzutauchen.

Kapitel 6:

6.4 Content-Struktur für Leser und Suchmaschinen

Ziel dieses Abschnitts: Du lernst ein wiederholbares Gerüst, mit dem Inhalte für Menschen schnell erfassbar und für Maschinen eindeutig interpretierbar sind. Neue Begriffe erkläre ich bei der ersten Nennung. Am Ende gibt es ein Mini-To-do.

Begriffsklärung

Inverted Pyramid

„Umgekehrte Pyramide“: Die wichtigste Antwort steht am Anfang, Details folgen danach. Das senkt Absprünge und hilft Suchmaschinen, Kernaussagen zu erkennen.

Information Gain

Zusätzlicher Erkenntnisgewinn gegenüber existierenden Treffern. Inhalte, die neue Fakten, klare Abgrenzungen, Beispiele oder Daten liefern, heben sich ab.

Semantisches HTML

HTML-Elemente, die ihre Bedeutung ausdrücken (zum Beispiel <header>, <main>, <article>, <section>, <aside>, <footer>, <table>, <ol>/<ul>). Maschinen verstehen so Struktur und Beziehungen besser.

Module

Wiederverwendbare Inhaltsbausteine wie Kurzantwort, Pro/Contra-Liste, Schrittfolge, Vergleichstabelle, FAQ, Checkliste, Case-Box.

Grundprinzipien der Content-Struktur

Kurzantwort zuerst

Beginne jede Seite mit 2–4 Sätzen, die die Hauptfrage beantworten (Inverted Pyramid). Ergänze, falls passend, 3–5 Stichpunkte mit den wichtigsten Ergebnissen. Das erhöht die Chance auf Direktzitate in SERPs und KI-Antworten.

Inhaltsverzeichnis mit Sprungmarken

Ein anklickbares Inhaltsverzeichnis oberhalb des Haupttexts reduziert Reibung. Nutze klare H2/H3 im Frageformat. Sprungmarken erleichtern das Zitieren einzelner Abschnitte.

Ein Abschnitt, eine Aufgabe

Baue die Seite in Module: Definition, Kriterienliste, Schritt-für-Schritt, Tabelle, Beispiele, FAQ. Jeder Block löst eine klar umrissene Nutzeraufgabe.

Frage-Headings statt vager Titel

Formuliere H2/H3 als Fragen („Welche Kriterien sind entscheidend.“ „Wie vergleiche ich Anbieter sinnvoll.“). Das passt zur Suchintention und macht Abschnitte zitierfähig.

Daten und Abgrenzungen sichtbar

Belege Kernaussagen durch Zahlen, Beispiele, Grenzwerte, Mini-Rechenwege oder Entscheidungstabellen. Information Gain entsteht selten durch Länge, sondern durch Klarheit und Beweise.

Konsistente Muster pro Seitentyp

Nutze feste Baustein-Reihenfolgen je Intent:

- Ratgeber/How-to: Kurzantwort → Definition → Schrittfolge → Beispiel → FAQ → CTA.
- Vergleich: Kurzantwort → Kriterienliste → Vergleichstabelle → Szenario-Empfehlungen → FAQ → CTA.
- Angebots/Produktseite: Nutzenversprechen → Kernfakten/Specs → Social Proof (Bewertungen, Case) → Preis/Optionen → FAQ → CTA.
- Lokal: Leistungen → Öffnungszeiten/Kontakt → Karte/Anfahrt → Bewertungen → FAQ → CTA.

Semantisches HTML und Schema passend einsetzen
Verwende Listen für Listen, Tabellen für Vergleiche, <figure>/<figcaption> für Bilder mit Aussage. Ergänze Schema.org (FAQPage, HowTo, Product, LocalBusiness, Article) als JSON-LD passend zum Modul.
Lesbarkeit und Mikrostruktur
Absätze 2–5 Sätze, Satzlängen variieren, Schlüsselbegriffe am Satzanfang. Nutze Zwischenfazits am Ende längerer Abschnitte („Das bedeutet für dich:“).
E-E-A-T sichtbar platzieren
Autor mit Kurz-Bio, Quellenliste, Aktualisierungsdatum, Kontakt/Impressum. Bei Vergleichen Kriterien transparent machen („So haben wir bewertet:“).
Interne Verlinkung als Wegführung
Jeder Abschnitt bietet „Was ist der nächste sinnvolle Schritt.“ Verlinke kontextuell auf Pillar, Detail oder Angebotsseite.

Blueprints zum direkten Einsatz

Ratgeber-Seite (Beispiel-Struktur)
- H1: Thema klar benennen
- Kurzantwort: 2–4 Sätze, Ergebnis vorweg
- Inhaltsverzeichnis (Sprungmarken)
- H2: Was ist [Thema]. Kurze Definition, Abgrenzung, Beispiel
- H2: Warum ist [Thema] wichtig. 3–5 Gründe als Liste
- H2: Schritt-für-Schritt-Anleitung. Nummerierte Schritte, je Schritt 2–4 Sätze
- H2: Häufige Fehler. 3–5 Bulletpoints mit kurzer Korrektur
- H2: Mini-Case oder Beispielrechnung
- H2: FAQ (3 Fragen mit je 2–4 Sätzen)
- CTA: „Checkliste herunterladen“ oder „Weiter zum Vergleich“

Vergleichsseite (Beispiel-Struktur)
- H1 und Kurzantwort mit Ergebnis („Für kleine Teams empfehlen wir … wegen …“)

- Kriterienliste mit Gewichtung („Sicherheit 30 %, Bedienung 25 %, Preis 20 %, Integrationen 15 %, Support 10 %“)
- Vergleichstabelle (Zeilen = Anbieter, Spalten = Kriterien, knappe Werte)
- Szenario-Empfehlungen („Für Einsteiger ..., für wachsende Teams ...“)
- FAQ zu Preismodellen/Laufzeiten
- CTA: „Angebot anfordern“ oder „Demo buchen“

Produkt/Angebotsseite (Beispiel-Struktur)

- H1 Nutzenversprechen
- Key Facts in 5 Bulletpoints (Preisbereich, Zielgruppe, zentrale Vorteile)
- Feature-Abschnitte mit Mini-Beweisen (Screenshot, Zahl, Zitat)
- Social Proof (Bewertung/Case)
- Preise/Optionen als kompakte Tabelle
- FAQ mit Einwänden (Laufzeit, Kündigung, Migration)
- CTA prominent

Typische Fehler und schnelle Korrektur

Wortwände ohne Struktur

Abhilfe: Inhaltsverzeichnis, Frage-Headings, Listen/Tabelle einziehen, Kurzantwort ergänzen.

Kein Ergebnis am Anfang

Abhilfe: 2–4 Sätze Kurzantwort voranstellen; bei Vergleichen sofort die Top-Auswahl nennen.

Module ohne semantisches Markup

Abhilfe: Tabellen als <table>, Schrittfolgen als <ol>, Listen als <ul>, Bilder mit <figure>/<figcaption>; Schema ergänzen.

Keine Belege

Abhilfe: Zahl, Beispiel, Screenshot, kurzer Test, verlinkte Primärquelle – pro Kernthese mindestens ein Beleg.

Unklare nächste Schritte

Abhilfe: Jeder Abschnitt endet mit einem Mini-CTA oder internem Link.

Checkliste: Habe ich eine maschinen- und leserfreundliche Struktur

Kurzantwort am Anfang vorhanden.
Inhaltsverzeichnis mit Sprungmarken.
Headings im Frageformat, eine H1, klare H2/H3.
Module: Kriterienliste, Schritte, Tabelle, Beispiele, FAQ, CTA.
Semantisches HTML genutzt, Schema passend gesetzt.
E-E-A-T sichtbar: Autor, Quellen, Datum, Kontakt.
Interne Links führen logisch zum nächsten Schritt.
Information Gain erkennbar (neue Daten / Abgrenzungen / Beispiele).

Mini-To-do: In 60 Minuten eine Seite strukturell aufwerten

Zielseite wählen
Ratgeber, Vergleich oder Angebotsseite mit Potenzial.
Kurzantwort schreiben
Formuliere 2–4 Sätze Ergebnis vorweg. Platziere sie direkt nach H1.
Inhaltsverzeichnis einfügen
Erzeuge Sprungmarken zu deinen H2/H3.
Module ergänzen
Baue mindestens zwei dieser Bausteine ein: Kriterienliste, nummerierte Schrittfolge, Vergleichstabelle, Mini-Case.
Semantik und Schema
Markiere Listen/Tabellen sauber in HTML und ergänze ein passendes Schema (FAQPage oder HowTo, falls vorhanden).
E-E-A-T und Aktualität
Füge Autorbox, Quellenliste, „Zuletzt aktualisiert“-Datum ein.
Interne Links setzen
Verlinke aus zwei Abschnitten kontextuell auf Pillar und Angebotsseite.

Ergebnis:
Deine Seite liefert die Antwort sofort, ist modular und semantisch sauber aufgebaut, belegt Kernaussagen und führt Nutzer wie Suchmaschinen klar durch das Thema. Das erhöht Verständlichkeit, Klick- und Abschlussraten sowie die Chance auf prominente Darstellungen in SERPs und KI-Antworten.

Kapitel 6:

6.5 Rich Snippets und Schema.org Markup

Ziel dieses Abschnitts: Du lernst, was Rich Snippets sind, wie du sie mit Schema.org sauber umsetzt und wie du Inhalte „maschinenverständlich" machst, damit Suchmaschinen und KI-Antwortsysteme deine Seiten zuverlässiger erkennen, darstellen und zitieren. Neue Begriffe werden bei der ersten Nennung erklärt. Am Ende findest du ein Mini-To-do.

Begriffsklärung

Rich Snippets

Erweiterte Darstellungen in der Suchergebnisliste. Beispiele: Sternebewertungen, Preise, FAQ-Ausklapper, Schritt-für-Schritt-Anleitungen, Brotkrumen-Navigation. Sie erhöhen Aufmerksamkeit und Klickrate, sind aber nie garantiert.

Schema.org

Ein gemeinsames „Vokabular" großer Suchmaschinen, mit dem Seiteninhalte eindeutig beschrieben werden. Du ordnest deiner Seite einen Typ zu (zum Beispiel Article, Product, FAQPage) und füllst Felder mit Fakten.

JSON-LD

Empfohlene Einbindungsform für strukturierte Daten. Ein kleiner Datenblock (JavaScript Object Notation for Linked Data), der Maschinen Zusatzinformationen liefert, ohne das Layout zu verändern.

Eligibility vs. Guarantee

Selbst korrektes Markup garantiert kein Rich Snippet. Es macht die Seite „berechtigt" (eligible). Die Ausgabe steuert die Suchmaschine nach Qualität, Relevanz und Richtlinien.

Warum Rich Snippets wichtig sind

Eindeutigkeit

Markup nimmt Maschinen Ratespiel ab: „Das ist ein Produkt mit Preis, Verfügbarkeit und Bewertung“, „Das ist eine Anleitung mit Schritten“. KI-Antwortsysteme finden so schneller die richtige Passage.

Mehr Sichtbarkeit

FAQ-Ausklapper, Sterne oder Preisangaben vergrößern die Darstellung und steigern oft die Klickrate.

Konsistenz

Preis, Verfügbarkeit, Öffnungszeiten, Autor, Datum werden über alle Seiten konsistent lesbar. Das stärkt Vertrauen und reduziert Fehler.

Grundregeln für Schema.org in der Praxis

Ein klarer Haupttyp pro Seite

Wähle den Typ, der dem Zweck der Seite entspricht, z. B. Article für Ratgeber, Product für Produktseite, LocalBusiness für Standortseite, FAQPage für echte Fragen-Antworten.

Pflichtfelder vollständig und korrekt

Jeder Typ hat Pflicht- und empfohlene Felder. Fehlende Pflichtfelder verhindern oft die Ausgabe.

Sichtbarer Text bleibt führend

Alles, was du im Markup behauptest, muss im sichtbaren Inhalt stehen. Keine „phantomhaften“ Bewertungen, Preise oder Versprechen.

JSON-LD bevorzugen

Nutze JSON-LD im Head oder Body. Microdata/RDFa sind möglich, aber aufwendiger zu pflegen.

Keine Duplikate und keine Widersprüche

Nicht zwei verschiedene Product-Blöcke für dieselbe Seite. Keine abweichenden Preise im Text vs. Markup.

Validieren
Teste regelmäßig mit einem Rich-Results-Validator. Korrigiere Fehler und Warnungen.

Häufig genutzte Typen und Minimalfelder

Article (Ratgeber/Blog)
Pflicht/empfohlen: headline, description, author, datePublished, dateModified, image, mainEntityOfPage.
Nutzen: Klare Autor- und Datumsangaben, Chance auf bessere Darstellung.

FAQPage (echte FAQ)
Struktur: mainEntity → listet Question-Objekte; jede Question hat acceptedAnswer.
Nutzen: Ausklappbare Fragen in der SERP (wenn zugelassen).

HowTo (Anleitung)
Felder: name, step (mit Anweisungen), totalTime, tool/supply (optional), image (optional).
Nutzen: Schrittfolge kann als Rich Result erscheinen.

Product (Produkt/Angebot)
Felder: name, brand, model, description, sku (falls vorhanden), offers (price, priceCurrency, availability), aggregateRating/review (nur wenn real vorhanden).
Nutzen: Preis, Verfügbarkeit, Sterne.

LocalBusiness (Standort)
Felder: name, address, telephone, openingHours, geo, url, sameAs, image.
Nutzen: Konsistente lokale Signale für Karten und Infoboxen.

BreadcrumbList (Brotkrumen)
Felder: itemListElement mit Positionen und URLs.
Nutzen: Saubere Pfad-Anzeige in der SERP.

Organization/Person (Entität)
Felder: name, url, logo/image, sameAs, @id.
Nutzen: Eindeutige Marken- oder Autoren-Identität, wichtig für Entity-SEO.

Kompakte Beispiel-Blöcke (JSON-LD)

Article (Ratgeber)

```
{
"@context": "https://schema.org",
"@type": "Article",
"mainEntityOfPage": {"@type": "WebPage","@id":
"https://beispiel.tld/ratgeber-crm"},
"headline": "CRM einfach erklärt: Bedeutung, Vorteile, Beispiele",
"description": "In 3 Minuten verstehen Sie, was CRM ist und wie Sie
starten.",
"image": "https://beispiel.tld/media/crm-guide.jpg",
"author": {"@type": "Person","name": "Max Beispiel"},
"datePublished": " -02-01",
"dateModified": " -10-01"
}
```

FAQPage (3 echte Fragen)

```
{
"@context": "https://schema.org",
"@type": "FAQPage",
"mainEntity": [
{
"@type": "Question",
"name": "Was ist CRM.",
"acceptedAnswer": {"@type": "Answer","text": "CRM ist ..."}
},
{
"@type": "Question",
"name": "Welche Vorteile hat CRM.",
"acceptedAnswer": {"@type": "Answer","text": "Vorteile sind ..."}
```

```
},
{
"@type": "Question",
"name": "Was kostet CRM ungefähr.",
"acceptedAnswer": {"@type": "Answer","text": "Typische Pakete
kosten ..."}
}
]
}
```

HowTo (Schrittfolge)

```
{
"@context": "https://schema.org",
"@type": "HowTo",
"name": "CRM in 7 Schritten einführen",
"totalTime": "PT2H",
"step": [
{"@type": "HowToStep","name": "Ziele festlegen","text": "Definiere
..."},
{"@type": "HowToStep","name": "Daten vorbereiten","text":
"Bereinige ..."}
]
}
```

Product (Preis/Verfügbarkeit, nur wenn sichtbar)

```
{
"@context": "https://schema.org",
"@type": "Product",
"name": "CRM-Paket Pro",
"brand": {"@type": "Brand","name": "BeispielCRM"},
"description": "Funktionsumfang für wachsende Teams.",
```

```
"sku": "BCRM-PRO",
"offers":
{
"@type": "Offer",
"price": "49.00",
"priceCurrency": "EUR",
"availability": "https://schema.org/InStock",
"url": "https://beispiel.tld/produkte/crm-pro"
}
}
```

BreadcrumbList

```
{
"@context": "https://schema.org",
"@type": "BreadcrumbList",
"itemListElement":
[
{"@type": "ListItem","position": 1,"name": "Startseite","item":
"https://beispiel.tld/"},
{"@type": "ListItem","position": 2,"name": "Ratgeber","item":
"https://beispiel.tld/ratgeber/"},
{"@type": "ListItem","position": 3,"name": "CRM einfach
erklärt","item": "https://beispiel.tld/ratgeber-crm"
}
]
}
```

Richtlinien und Qualitätssicherung

Echte Inhalte

Nur Markup setzen, das im sichtbaren Text vorhanden ist. Eigenbewertungen ohne Quelle nicht auszeichnen.

Aktualität

dateModified pflegen. Preise, Öffnungszeiten, Verfügbarkeiten regelmäßig aktualisieren.

Eindeutige Entitäten

Namen, Modelle, Orte, Personen konsistent schreiben. Verknüpfe deine Entität mit sameAs (offizielle Profile).

„Ein Seitentyp, ein Ziel"

Mische keine kompletten HowTo- und Product-Blöcke, wenn die Seite primär ein Ratgeber ist. Kleine Module (FAQ-Block innerhalb eines Artikels) sind okay, wenn sie real im Inhalt stehen.

Validierung

Nach jeder Änderung mit einem Rich-Results-Tool prüfen. Fehler beheben, Warnungen priorisieren.

Häufige Fehler und schnelle Korrekturen

FAQ-Markup ohne echte FAQ

Nur Fragen-Antworten auszeichnen, nicht gesamte Textblöcke. Sonst Wegfall der Darstellung möglich.

Produkt-Preis im Markup, aber nicht im Text

Preis gehört auch sichtbar auf die Seite. Sonst Ablehnung.

Falscher Seitentyp

Verkaufsseite als Article, Anleitung als Article ohne HowTo. Korrigiere auf passenden Typ.

Doppelte Markup-Blöcke

Zwei Product-Blöcke mit unterschiedlichen Preisen. Einen entfernen, Werte konsolidieren.

Veraltete Daten

Altes Datum in dateModified, abweichender Preis. Einpflegen und synchronisieren.

Zusammenspiel mit KI-Antwortsystemen
Klar strukturierte Module wie FAQ, HowTo-Schritte, Tabellen und saubere Entitäten erhöhen die Chance, dass KI-Antworten deine Seite als verlässliche Quelle erkennen. Kurzantwort am Seitenanfang, eindeutige Überschriften, konsistente Fakten und JSON-LD-Markup erleichtern das korrekte Zitieren.

Checkliste: Bin ich „Rich-Result-ready“

Seitentyp klar (Article, FAQPage, HowTo, Product, LocalBusiness).
Pflichtfelder vollständig, Werte stimmen mit sichtbarem Inhalt überein.
JSON-LD eingebunden, keine widersprüchlichen Duplikate.
datePublished/dateModified gepflegt; Autor bzw. Organisation genannt.
FAQ/HowTo nur, wenn wirklich vorhanden.
BreadcrumbList korrekt; URLs kanonisch (https, ohne Parameter).
Validierung ohne kritische Fehler; Warnungen dokumentiert.

Mini-To-do: In 45 Minuten zum ersten stabilen Rich Result

Seite wählen
Nimm einen Ratgeber mit echter FAQ oder eine Produktseite mit sichtbaren Preisen.
Typ festlegen
Entscheide dich für einen Haupttyp (Article oder Product) und ggf. ein ergänzendes Modul (FAQPage oder HowTo).
JSON-LD einfügen
Setze einen schlanken, korrekten JSON-LD-Block mit Pflichtfeldern. Stimmen Werte mit dem sichtbaren Text überein.
Sichtbarkeit prüfen
Füge fehlende sichtbare Angaben hinzu: Autor, Datum, Preis, Öffnungszeiten.
Breadcrumbs ergänzen
Binde eine BreadcrumbList ein und zeige Breadcrumbs im Layout.
Validieren
Nutze einen Rich-Results-Validator. Behebe Fehler, dokumentiere Warnungen.
Nachpflegen
Setze ein „Zuletzt aktualisiert"-Datum und notiere dir eine monatliche Kontrolle für Preise/Zeiten.

Ergebnis:
Deine Seite ist maschinenverständlich beschrieben, erfüllt die Richtlinien und liefert die nötigen Fakten im sichtbaren Inhalt. Damit steigt die Chance auf Rich Snippets in der Suche und auf stabile, korrekte Zitierung in KI-Antworten.

In Kapitel 6 hast du deinen kompletten Redaktions- und Veröffentlichungs-Workflow aufgebaut – von der Themenwahl bis zum Rich-Result-fähigen, intern vernetzten Artikel.

Du startest mit einer Long-Tail-fokussierten Keyword-Recherche: Statt allgemeiner Short-Tail-Begriffe wählst du konkrete Suchanfragen mit klarer Intention (informational, commercial, transactional, local). Jede Suchintention bekommt einen passenden Seitentyp (Ratgeber, Vergleich, Angebots-/Produkt- oder Lokalseite). Du clusterst ähnliche Anfragen zu einem Thema, vermeidest Kannibalisierung (eine Absicht, eine indexierte URL) und priorisierst nach Potenzial vs. Aufwand.

Für klickstarke Snippets formulierst du präzise Title Tags (ca. 50–60 Zeichen) und Meta-Descriptions (ca. 150–160 Zeichen), die Suchzweck und Nutzen klar benennen. Du nutzt Intent-Modifier („Vergleich“, „Checkliste“, „ “, „für [Zielgruppe]“) und schreibst wie eine Mini-Anzeige, ohne Keyword-Stopfen.

Auf der Seite selbst sorgt eine saubere Struktur für Verständnis und Zitationsfähigkeit: genau eine H1, klare H2/H3 im Frageformat, kurze, kontextbezogene Alt-Texte für Bilder, konsequente interne Verlinkung im Themen-Cluster (Pillar ↔ Detail, kontextuelle Ankertexte) und aktive Breadcrumbs. Orphan Pages vermeidest du, wichtige Seiten verlinkst du häufiger.

Inhalte baust du nach einem modularen Muster: Kurzantwort am Anfang (Inverted Pyramid), Inhaltsverzeichnis mit Sprungmarken, definierte Module (Definition, Kriterienliste, Schrittfolge, Tabelle, Beispiele, FAQ) und eindeutige nächste Schritte. Semantisches HTML (Listen, Tabellen, figure/figcaption) plus sichtbare Belege (Zahlen, Beispiele, Quellen, Aktualisierungsdatum, Autorprofil) erhöhen Information Gain und E-E-A-T.

Für Rich Results zeichnest du Seiten mit Schema.org als JSON-LD aus: pro Seite ein klarer Haupttyp (z. B. Article, Product, FAQPage, HowTo, LocalBusiness), Pflichtfelder vollständig, Werte identisch zum sichtbaren Text, keine widersprüchlichen Duplikate, und regelmäßige Validierung. Klare Entitäten (konsistente Namen, sameAs-Profile) stärken zudem die Chancen auf stabile Darstellung und Zitate in KI-Antworten.

Ergebnis: Du veröffentlichst planbar Inhalte, die Suchintention präzise bedienen, in der SERP attraktiv erscheinen, intern logisch vernetzt sind und durch saubere Auszeichnung bessere Chancen auf Rich Results und KI-Zitierung haben.

Abkürzungen und Begriffe aus Kapitel 6

Keyword: Suchanfrage, die Nutzer eingeben.
Short-Tail: kurze, allgemeine Keywords mit hohem Volumen, unscharfer Absicht.
Long-Tail: längere, spezifische Anfragen mit klarer Absicht, höherer Conversion-Nähe.
Suchintention (Intent): Ziel hinter der Suche (informational, commercial, transactional, local).
Modifier: Zusätze wie „Vergleich“, „beste“, „ “, „für [Zielgruppe]“.
SERP: Ergebnisseite der Suchmaschine.
Title Tag: Seitentitel im Suchergebnis (ca. 50–60 Zeichen).
Meta-Description: Kurzbeschreibung im Snippet (ca. 150–160 Zeichen).
Headings H1–H6: Überschriftenhierarchie; eine H1 pro Seite.
Alt-Text: alternative Bildbeschreibung im HTML-Attribut alt. **Interne Verlinkung:** Links zwischen eigenen Seiten zur Navigation und Priorisierung.
Orphan Page: Seite ohne eingehende interne Links.
Pillar/Cluster: Übersichtsseite mit verknüpften Detailseiten zu einem Thema.

Inverted Pyramid: wichtigste Antwort zuerst.
Information Gain: zusätzlicher Erkenntnisgewinn gegenüber bestehenden Treffern.
Semantisches HTML: aussagekräftige Elemente (section, table, ol/ul, figure).
E-E-A-T: Experience, Expertise, Authoritativeness, Trustworthiness.
Schema.org: Standard für strukturierte Daten (z. B. Article, FAQPage, HowTo, Product, LocalBusiness).
JSON-LD: empfohlene Einbindungsform für strukturierte Daten. **Breadcrumbs:** Pfadnavigation (Startseite > Thema > Unterseite). **Rich Snippets:** erweiterte Darstellungen in der SERP (Sterne, Preise, FAQ, How-to-Schritte).
Canonical: bevorzugte Original-URL bei ähnlichen Inhalten. **Kannibalisierung:** mehrere Seiten zielen auf dasselbe Keyword und konkurrieren.

Lies jetzt Kapitel 7. Dort setzt du die Bausteine in einen wöchentlichen Produktionsprozess um:
klare Briefings pro Cluster, ein einfaches Qualitäts-QA vor Veröffentlichung, interne-Link-Pflege als fester Schritt und eine schlanke Messroutine für CTR, Verweildauer und Conversions. Ziel ist ein 12-Wochen-Rhythmus, der messbar Reichweite und Sichtbarkeit in SERPs und KI-Antworten aufbaut.

KAPITEL 7:

User Experience und Conversion Design

Kapitel 7:

7.1 Above-the-Fold-Optimierung (The Google Checklist)

Ziel dieses Abschnitts: Du sorgst dafür, dass der oberste, ohne Scrollen sichtbare Bereich einer Seite sofort klärt, worum es geht, für wen es ist und was der nächste Schritt ist – inhaltlich wie technisch. Neue Begriffe erkläre ich bei der ersten Nennung. Am Ende findest du ein Mini-To-do.

Begriffsklärung

Above the Fold

Als Above the Fold bezeichnet man den Bereich einer Seite, der beim Laden ohne Scrollen sichtbar ist. Dort entscheidet sich in Sekunden, ob Nutzer bleiben. Dieser Bereich enthält idealerweise die Kernbotschaft, den Hauptnutzen und einen klaren nächsten Schritt.

Hero-Sektion

Der visuelle Startabschnitt einer Seite: starke Überschrift, kurzer Nutzen-Absatz, optional Bild oder Illustration und ein primärer Call-to-Action.

Call-to-Action (CTA)

Die Handlungsaufforderung, zum Beispiel „Demo anfragen“, „Preisübersicht ansehen“, „Checkliste laden“. Ein CTA ist präzise, sichtbar und erklärt, was als Nächstes passiert.

Value Proposition

Das komprimierte Nutzenversprechen: Für wen ist das Angebot, welches Problem wird gelöst, welcher konkrete Vorteil entsteht.

LCP-Element

Das größte sichtbare Element beim Laden (Largest Contentful Paint). Häufig ist das Hero-Bild oder eine große Überschrift. Wenn dieses Element optimiert wird, verbessert sich die wahrgenommene Geschwindigkeit.

Sharmas Grundidee in „The Google Checklist“ (praxisnah verdichtet)
Oben muss Klarheit, Relevanz und Tempo zusammenkommen: eine eindeutige Aussage, sichtbare Vertrauenssignale, minimalistische Navigation, ein fokussierter CTA und ein technisch leichtes Hero, das schnell rendert. Keine Karussells, keine Ablenkungen, kein Textnebel.

Die fünf Pfeiler eines starken Above-the-Fold

Inhaltliche Klarheit in einem Blick

H1: eine klare, konkrete Aussage, nah am Suchzweck.
Subheadline: zwei bis drei Sätze, die Zielgruppe, Problem und Lösung konkretisieren.
Stichpunkt-Nutzen: drei kurze Punkte, die Ergebnisse benennen (Zeit sparen, Fehler reduzieren, Kosten senken).
Primärer CTA: sichtbar, aktiv formuliert, intent-gerecht.

Visuelle Hierarchie ohne Ballast

Ein Hauptfokus-Element (Überschrift oder kompaktes Bild), ausreichend Weißraum, keine rotierenden Slider. Kontraste so wählen, dass Überschrift und CTA sofort auffallen. Navigation schlank: wenige Haupteinträge, sekundäre Links in ein Menü legen.

Vertrauenssignale sofort sichtbar

Kurze Belege direkt im Startbereich: Logos bekannter Kunden, Bewertungsdurchschnitt mit Quelle, Sicherheits- oder Datenschutzhinweis, kurze Zahl („über 1.200 Implementierungen“). Keine langen Testimonial-Blöcke oben, dafür ein klarer Verweis „Erfahrungen ansehen“.

Technische Schlankheit und Priorisierung

Das LCP-Element klein halten:
- Bildgrößen exakt und in modernen Formaten (WebP/AVIF).
- Kritisches CSS früh laden, nicht benötigte Skripte verzögern.
- Schriftladeverhalten mit font-display so konfigurieren, dass Text sofort erscheint.

- Kein Autoplay-Video als Hero.
- Keine großen, unsichtbaren Bilder über CSS-Hintergründe.

Navigation und Kopfbereich nur mit wirklich benötigten Skripten ausstatten.

Mobil zuerst getestet

Hero auf Mobil ist oft nur ein halber Bildschirm hoch ideal. Vermeide „Riesen-Header“, die CTAs nach unten schieben. Wichtige Elemente in der Daumen-Zone platzieren, Buttons groß genug, Abstände großzügig, Formularfelder minimal.

Gestaltungsmuster nach Seitentyp

Ratgeber/How-to

H1 mit Ergebnis-Versprechen („In 7 Schritten zu ...“), Kurzantwort in 2–4 Sätzen, Sprungmarken-Button („Zum Leitfaden“), sekundär „PDF-Checkliste laden“. Optional kleines, leichtes Icon-Bild statt großem Hero-Foto.

Vergleich

H1 plus ein Satz zur Empfehlung („Die beste Option für kleine Teams ist ..., geprüft nach Kriterien A–D“). Sofort sichtbarer Button „Vergleichstabelle öffnen“. Kleines Badge „Aktualisiert: Monat Jahr“.

Produkt/Angebot

H1 Nutzenversprechen („Projektplanung 50 Prozent schneller“), 3 Nutzen-Bullets, Primär-CTA „Demo anfragen“, Sekundär „Preise ansehen“. Mini-Social-Proof-Zeile: Sternwert mit Quelle oder Kundenlogos.

Lokal/Service

H1 „[Leistung] in [Stadt]“, kurze Spezialisierung, Öffnungszeiten/Telefon sichtbar, CTA „Termin buchen“ oder „Jetzt anrufen“, kleiner Kartenausschnitt oder Standorthinweis, nicht die ganze Karte.

Inhaltliche Do’s und Don’ts

Do

Konkret formulieren („Zeiterfassung integriert in 15 Minuten – ohne Kreditkarte testen“).

Ein CTA, ein Ziel.

Aktualisierungsdatum bei Inhalten mit Jahresbezug.

Klarer Pfad zum nächsten Abschnitt („So funktioniert es“, „Vergleich öffnen“).

Don’t

Allgemeinplätze („Wir sind Ihr kompetenter Partner“).

Karussells/Slider im Hero.

CTAs, die erst nach Scrollen erscheinen.

Große Stockfotos ohne Aussage.

Technische Do’s und Don’ts

Do

Hero-Bild skalieren, responsive ausliefern (srcset/sizes), Preload für das LCP-Asset, wenn nötig.

Kritisches CSS inline, restliches CSS nachladen.

Nur benötigte Schrift-Schnitte laden, lokale Fonts bevorzugen.

Third-Party-Skripte im Hero-Bereich vermeiden oder verzögern.

Don’t

Autoplay-Video oben.

Unsichtbare, große Hintergrundbilder.

Blocking-JS im Head, das nichts mit dem Above-the-Fold zu tun hat.

Riesige Icon-Sammlungen und komplette UI-Bibliotheken nur für den Header.

Navigation nach Sharma: minimal führen, nicht ablenken

Maximal fünf Haupteinträge, klare Benennung, sekundäre Links in einem Menü. Ein CTA in der Navigation ist erlaubt, aber nicht zwei bis drei konkurrierende. Auf Mobil als kompaktes Menü mit hohen Touch-Zielen.

Mikrotexte, die zählen
CTA-Label erklärt den Nutzen („Demo anfragen“ statt „Absenden“).
Formular-Teaser mit Sicherheitshinweis („Kein Spam. 1 Klick zum Abmelden.“).
Kleines Vertrauenselement („DSGVO-konform“, „Server in der EU“), wenn relevant.

Messung und Iteration
Definiere drei Messpunkte: Klickrate auf den Primär-CTA im Hero, Scrolltiefe bis zum ersten Inhaltsblock, Absprungrate innerhalb der ersten 10 Sekunden. Teste Varianten: andere H1-Formulierung, kürzere Subheadline, CTA-Position, Bild ja/nein, kleiner Badge „Aktualisiert“.

Häufige Fehler und schnelle Korrekturen

Hero dominiert, Inhalt verschwindet
Symptom: Erstes inhaltliches Signal erst nach viel Scrollen. Lösung: Hero-Höhe reduzieren, Kurzantwort und „Zum Inhalt“-Sprung direkt oben.
CTA unter dem Falz
Symptom: Kein sichtbarer nächster Schritt.
Lösung: Primär-CTA in der Hero-Sektion platzieren.
Langsam durch schweres Bild
Symptom: Schwacher LCP.
Lösung: Bild skalieren, WebP/AVIF verwenden, Preload gezielt, unnötige Effekte entfernen.
Zu viele Navigationselemente
Symptom: Entscheidungslähmung.
Lösung: Hauptmenü ausdünnen, klare Priorität.
Ablenkende Slider/Animationen
Symptom: Fokusverlust, schlechter INP.
Lösung: Statische, klare Hero-Struktur, Interaktionen minimieren.

Checkliste: Above-the-Fold in 3 Minuten prüfen

Klarheit

H1 sagt eindeutig, worum es geht; Subheadline konkretisiert für wen und welchen Nutzen.

Nächster Schritt

Sichtbarer, intent-gerechter CTA im Hero.

Vertrauen

Mindestens ein kompaktes Vertrauenssignal (Kundenlogos, Bewertung, Sicherheits-/Datenschutzhinweis).

Tempo

LCP-Element klein, Bild responsive, kritisches CSS inline, keine blockierenden Skripte.

Navigation

Max. fünf Haupteinträge, keine konkurrierenden CTAs, mobil bedienbar.

Mobil

Hero-Höhe moderat, CTA in Daumen-Zone, Schrift gut lesbar, Abstände großzügig.

Mini-To-do: In 45 Minuten zu einem fokussierten Fold

Ausgangslage sichern
Öffne die Seite auf dem Smartphone und Desktop. Notiere, was Above the Fold sichtbar ist und wie schnell es erscheint.
Aussage schärfen
Formuliere H1 neu, konkret und intent-nah. Schreibe eine Subheadline mit Zielgruppe, Problem, Lösung in zwei bis drei Sätzen. Ergänze drei Nutzen-Bullets.
CTA platzieren
Setze einen primären CTA in die Hero-Sektion. Benenne ihn aktiv und konkret. Entferne konkurrierende CTAs.
Ballast entfernen
Nimm Slider/Autoplay-Video heraus. Reduziere Navigation auf die wichtigsten Punkte.
LCP optimieren
Skaliere das Hero-Bild, exportiere als WebP/AVIF, setze responsive Attribute (srcset/sizes). Lade kritisches CSS inline, verschiebe nicht benötigte Skripte.
Vertrauen sichtbar machen
Füge eine kompakte Trust-Zeile hinzu: Logos, Bewertungsdurchschnitt mit Quelle oder kurzer Sicherheits-/Datenschutzhinweis.
Kontrolle mobil
Prüfe auf dem Smartphone: Ist alles sichtbar und bedienbar, ohne zu scrollen. CTA testklicken, keine Layoutsprünge.

Ergebnis:
Dein Above-the-Fold kommuniziert glasklaren Nutzen, führt mit einem einzigen nächsten Schritt weiter, wirkt vertrauenswürdig und lädt spürbar schneller. Damit sinken Absprünge in den ersten Sekunden, die Klickrate steigt und sowohl Suchmaschinen als auch KI-Antwortsysteme finden Inhalt und Zweck deiner Seite schneller.

Kapitel 7:

7.2 CTAs, Kontaktmöglichkeiten und Trust-Elemente

Ziel dieses Abschnitts: Du gestaltest klare Handlungswege, senkst Hürden für Anfragen und machst Vertrauen sichtbar. Neue Begriffe werden beim ersten Auftreten erklärt. Am Ende gibt es ein Mini-To-do.

Begriffsklärung

CTA

Call-to-Action, die Handlungsaufforderung. Beispiele: „Demo anfragen", „Preisübersicht ansehen", „Checkliste herunterladen". Ein CTA sagt konkret, was als Nächstes passiert.

Primärer und sekundärer CTA

Der primäre CTA ist der wichtigste nächste Schritt auf einer Seite. Ein sekundärer CTA bietet eine alternative, niedrigschwellige Option, wenn jemand noch nicht so weit ist. Beispiel: Primär „Angebot anfordern", sekundär „Infos per E-Mail erhalten".

Kontaktwege

Alle Möglichkeiten, mit dir in Verbindung zu treten: Formular, E-Mail, Telefon, Live-Chat, Terminbuchung, Messenger. Niedrigschwellige Kontaktwege erhöhen Konversionschancen.

Trust-Elemente

Sichtbare Vertrauensbeweise: Kundenlogos, Bewertungen, Auszeichnungen, Zertifikate, Fallbeispiele, Sicherheits- und Datenschutzangaben, klare Identität (Impressum, Anschrift).

Grundprinzipien

Eine Seite, ein Hauptziel

Definiere pro Seite genau einen primären CTA passend zur Suchintention. Alles andere ordnest du unter.

Klarheit vor Kreativität
CTA-Labels sagen präzise, was geschieht. Besser „Preisübersicht ansehen“ als „Jetzt loslegen“.
Reibung verringern
Kurze Formulare, wenige Pflichtfelder, alternative Wege (E-Mail, Telefon, Terminlink). Zeige Aufwand und nächsten Schritt transparent.
Vertrauen in der Nähe des CTAs
Setze Trust-Elemente dort, wo Entscheidungen fallen: direkt beim CTA, in der Nähe von Formularen, Preisen und Kontaktangaben.
Barrierefreiheit und Erreichbarkeit
Gut lesbare Buttons, ausreichende Kontraste, große Touch-Ziele. Telefonnummern und E-Mail-Adressen klickbar. Öffnungszeiten, Reaktionszeiten, Standort sichtbar.

CTA-Muster nach Seitentyp

Ratgeber
Primär: „Checkliste herunterladen“ oder „Vergleich öffnen“.
Sekundär: „Newsletter mit Praxis-Tipps“.
Trust nahe CTA: Hinweis auf Datenschutz, kein Spam, Abmeldemöglichkeit, kurze Vorschau des Inhalts.
Vergleich
Primär: „Vergleichstabelle öffnen“ oder „Individuelle Empfehlung erhalten“.
Sekundär: „Demo-Termin vereinbaren“.
Trust: Kurz „So bewerten wir“ mit Kriterien und Datum der letzten Aktualisierung.
Produkt/Angebot
Primär: „Demo anfragen“ oder „Preisangebot erhalten“.
Sekundär: „Funktionsübersicht als PDF“.
Trust: Kundenlogos, kurze Bewertung mit Quelle, Datenschutz- und Sicherheitsbadge, ggf. Referenzzitat.

Lokal/Service
Primär: „Termin buchen“ oder „Jetzt anrufen“.
Sekundär: „Rückruf vereinbaren“.
Trust: Adresse, Karte, Öffnungszeiten, echte Bewertungen, Foto des Teams oder der Räumlichkeiten.

Kontaktwege sinnvoll kombinieren
Formular
So kurz wie möglich. Pflichtfelder mit Stern kennzeichnen. Fortschritt in mehrstufigen Formularen anzeigen. Bestätigungsmeldung mit nächstem Schritt.
E-Mail
Zeige eine einfache, merkbare Adresse. Verlinke sie klickbar. Erkläre, wann mit Antwort zu rechnen ist.
Telefon
Klickbarer Link, Öffnungszeiten und Hinweis auf Rückrufmöglichkeit. Für internationale Nutzer Vorwahl sichtbar.
Live-Chat oder Messenger
Nur, wenn du Reaktionszeiten einhalten kannst. Sonst lieber ein klarer Rückruf-CTA.
Terminbuchung
Kalenderlink mit verfügbaren Slots, Zeitzonen-Hinweis, kurze Agenda. Automatische Bestätigung und Erinnerungen.

Trust-Elemente gezielt platzieren
Näher am Entscheidungspunkt
Direkt beim CTA ein kurzes Vertrauenselement: „Über 1.200 Kunden“, „4,8 von 5 basierend auf 320 Bewertungen“, „Antwort in 24 Stunden“.
Beleg statt Behauptung
Kurz, prüfbar, mit Quelle. Logos bekannter Kunden, Link zur Bewertungsplattform, Zertifikatsname, Presseerwähnung.

Fallbeispiel kompakt
Mini-Case in zwei bis vier Zeilen: Ausgangslage, Maßnahme, Ergebnis mit Zahl. Link zum ausführlichen Case.
Sicherheit und Datenschutz
Im Formularbereich Hinweise zu DSGVO, Verschlüsselung (HTTPS), Datenspeicherung. Keine übertriebenen Siegel ohne Relevanz.

Mikrotexte, die Konversion erhöhen

CTA-Label
Aktiv, konkret, nutzenorientiert: „Demo anfragen", „PDF-Checkliste laden", „Preise ansehen".
Hilfstexte unter Feldern
„Wir verwenden deine E-Mail nur für die angeforderte Information. Kein Spam."
Fehlermeldungen
Klar und hilfreich: „Bitte gib eine gültige E-Mail-Adresse ein."
Bestätigung
„Danke. Wir melden uns innerhalb von 24 Stunden. Du erhältst gleich eine Bestätigung per E-Mail."

Häufige Fehler und schnelle Korrekturen

Zuviele CTAs
Symptom: Nutzer wissen nicht, was sie tun sollen.
Lösung: Einen primären CTA definieren, sekundären klar abgrenzen und seltener platzieren.
Vage Labels
Symptom: „Absenden", „Los".
Lösung: Nutzen nennen. Teste „Angebot anfordern" statt „Absenden".
Lange Formulare
Symptom: Abbruchrate hoch.
Lösung: Felder reduzieren, optional machen, progressiv nachfragen.

Vertrauen versteckt
Symptom: Siegel und Bewertungen stehen weit unten.
Lösung: Trust direkt neben CTA/Formular, kurz und prüfbar.
Nicht klickbare Kontaktdaten
Symptom: Mobil schlechte Erreichbarkeit.
Lösung: tel:- und mailto:-Links, große Touch-Ziele.
Intransparenter nächster Schritt
Symptom: Unsicherheit.
Lösung: Beschreibe, was nach dem Klick passiert und wann eine Antwort kommt.

Messung und Iteration

Messgrößen
CTA-Klickrate, Formular-Abbruchrate, Zeit bis zum ersten CTA-Klick, Anteil der Nutzer, die einen alternativen Kontaktweg nutzen.
A/B-Tests
Variiere CTA-Text, Position, Farbe, Größe, Trust-Zeile, Formularfelder. Beginne mit einer Änderung pro Test.
Segmentierung
Unterscheide neue vs. wiederkehrende Nutzer, Mobil vs. Desktop. Passe CTAs an: mobil „Anrufen“ stärker gewichten.

Checkliste: Habe ich CTAs, Kontakt und Vertrauen im Griff

Pro Seite ein klarer primärer CTA, ein sinnvoller sekundärer.
CTA-Labels konkret und nutzenorientiert.
Formular kurz, Bestätigung mit nächstem Schritt.
Tel. und E-Mail klickbar, Öffnungszeiten/Antwortzeiten sichtbar.
Trust-Elemente direkt am CTA/Formular, prüfbar mit Quelle.
Mini-Case oder Bewertungs-Score in der Nähe.
Datenschutz- und Sicherheitshinweis am Formular.
Messung eingerichtet, A/B-Test geplant.

Mini-To-do: In 45 Minuten zu klaren CTAs und sichtbarem Vertrauen

Seite wählen
Nimm eine Produkt-, Vergleichs- oder Kontaktseite.

Hauptziel festlegen
Definiere den primären CTA. Streiche konkurrierende CTAs, setze einen dezenten sekundären.

Labels schärfen
Formuliere CTA-Text nutzenorientiert. Ergänze eine Zeile, was nach dem Klick passiert.

Formular kürzen
Reduziere auf die nötigsten Felder. Füge Datenschutz-Hinweis und Bestätigungstext hinzu.

Kontaktwege aktivieren
Mache Telefon und E-Mail klickbar. Wenn möglich, Terminlink ergänzen.

Trust platzieren
Setze neben den CTA eine kurze Trust-Zeile mit Quelle. Füge einen Mini-Case ein.

Test und Messung
Prüfe mobil die Bedienbarkeit. Lege ein einfaches A/B-Testing-Ziel an: CTA-Text oder Position. Starte den Test und notiere Hypothese und Messgrößen.

Ergebnis:
Deine Seiten führen klar zum nächsten Schritt, senken Kontakt-Hürden und zeigen Vertrauen dort, wo Entscheidungen fallen. Das erhöht die Konversionsrate, verbessert Nutzersignale und unterstützt bessere Rankings sowie die Auswahl in KI-Antworten.

Kapitel 7:

7.3 Design Fehler, die Rankings kosten

Ziel dieses Abschnitts: Du erkennst typische Designentscheidungen, die Nutzersignale verschlechtern, Core Web Vitals ruinieren und Indexierung erschweren – und du lernst, wie du sie vermeidest. Neue Begriffe werden beim ersten Auftreten erklärt. Am Ende folgt ein Mini-To-do.

Begriffsklärung

Interstitial
Ganzseitige Überlagerung (z. B. Pop-up) über dem Inhalt. Aggressive Interstitials kurz nach dem Laden führen häufig zu Absprüngen.

Parallax-Scrolling
Hintergründe bewegen sich anders als der Vordergrund. Das ist rechenintensiv und kann ruckeln.

Sticky Header
Oben angeheftete Navigation, die beim Scrollen sichtbar bleibt. Zu hohe Sticky Header verdecken Inhalt und kosten Platz Above the Fold.

Tap Targets
Klick-/Touch-Ziele (Buttons, Links) auf Mobil. Zu kleine Ziele führen zu Fehlklicks.

FOIT/FOUT
FOIT: „Flash of Invisible Text" (Text bleibt unsichtbar, bis der Webfont geladen ist).
FOUT: „Flash of Unstyled Text" (Text erscheint kurz in der Ersatzschrift). FOIT ist schlechter fürs Erlebnis.

Infinite Scroll
Endlos-Scrollen ohne sichtbare Seitenstruktur oder Paginierung. Ohne saubere Umsetzung verlieren Suchmaschinen Inhalte.

Dark Patterns
Täuschende Gestaltung (z. B. „x“ kaum sichtbar, irreführende Buttontexte). Schadet Vertrauen und Conversion.

Typische Designfehler und die schnelle Abhilfe

Karussells/Slider im Hero
Problem: Zerstreuen Aufmerksamkeit, verschieben das größte sichtbare Element (LCP), sind oft schwer.
Abhilfe: Statische Hero-Sektion mit klarer H1, Subheadline, einem CTA. Wenn zwingend nötig: nur ein Slide, kein Autoplay.

Riesige, unkomprimierte Hero-Bilder/-Videos
Problem: Schwacher LCP, hohe Absprünge.
Abhilfe: WebP/AVIF, maßgenau skalieren, responsive ausliefern (srcset/sizes), keine Autoplay-Videos im Header.

Kleinteilige, dichte Navigation
Problem: Entscheidungslähmung, schlechte Mobilbedienung.
Abhilfe: Max. fünf Haupteinträge, klare Beschriftung, mobil große Tap Targets und ausreichende Abstände.

Zu hohe Sticky Header und fette Cookie-Banner
Problem: Verdrängen den Inhalt, verschlechtern Wahrnehmung und INP (Reaktionszeit).
Abhilfe: Sticky Header < 64–80 px auf Mobil, Cookie-Hinweis kompakt, dezent und nicht blockierend.

Aggressive Interstitials/Pop-ups beim Laden
Problem: Sofortige Störung, Pogosticking.
Abhilfe: Dezent und zeitverzögert, erst nach Interaktion oder Scroll; leicht schließbar, sinnvolle Frequenzbegrenzung.

Schlecht lesbare Typografie
Problem: Zu kleine Grundschrift, geringe Kontraste, lange Zeilen.
Abhilfe: Mindestschrift 16 px, Zeilenhöhe 1.4–1.6, Zeilenlänge ca. 45–75 Zeichen, WCAG-konforme Kontraste.

Text als Bild
Problem: Nicht durchsuchbar, nicht skalierbar, Barrieren für Screenreader.
Abhilfe: Text als echten HTML-Text; Bilder nur für Illustration.
Fehlende oder falsche Headings
Problem: Maschinen verstehen Struktur nicht; Nutzer verlieren Orientierung.
Abhilfe: Eine H1 pro Seite, klare H2/H3 im Frageformat, keine Level-Sprünge.
JavaScript-only-Navigation
Problem: Links ohne echte hrefs sind für Bots unzuverlässig; Crawling leidet.
Abhilfe: Normale Links mit href, Progressive Enhancement, Inhalte nicht vollständig erst nach Klick laden.
Unvorhersehbare Layoutsprünge (CLS)
Problem: Nachladende Bilder/Ads ohne reservierten Platz.
Abhilfe: Breite/Höhe im Markup definieren, Platzhalter nutzen, späte Einblendungen vermeiden oder reservieren.
Webfonts blockieren Text (FOIT)
Problem: Weißer Bildschirmtext, bis die Schrift da ist.
Abhilfe: font-display: swap; nur benötigte Schnitte laden; lokale oder variable Fonts bevorzugen.
Zu viele Animationen und Parallax
Problem: Ruckler, schlechter INP; motion-sensitive Nutzer springen ab.
Abhilfe: Dezente Effekte, prefers-reduced-motion respektieren, keine Heavy-Scroll-Effekte.
Endlos-Scroll ohne SEO-konforme Paginierung
Problem: Bots sehen nur den ersten Chunk; tieferer Inhalt wird nicht indiziert.
Abhilfe: Paginierte Seiten mit eigenen URLs, interne Verlinkung, klare „Weiter“-Links.

Formulare mit Reibung
Problem: Viele Pflichtfelder, unklare Fehlermeldungen, kleine Ziele.
Abhilfe: Felder reduzieren, hilfreiche Fehlermeldungen, Eingabetypen korrekt (email, tel), große Buttons.
Farbliche Unterscheidung ohne Text-Hinweis
Problem: Links/Status nur per Farbe erkennbar; Barrierefreiheit mangelhaft.
Abhilfe: Zusätzlich Unterstreichung, Icons oder Text („Aktiv“).
Dunkle Muster
Problem: Irreführende Labels, versteckte Kosten, schwer schließbare Pop-ups.
Abhilfe: Klare, ehrliche Kommunikation; Vertrauen steigert Conversion und Wiederkehr.
Lange, bildlastige Startseiten ohne Kurzantwort
Problem: Nutzer finden Antwort nicht schnell; schlechte Nutzersignale.
Abhilfe: Kurzantwort oben, Inhaltsverzeichnis, modulare Struktur mit klaren nächsten Schritten.
Icon-Fonts mit großer Payload
Problem: Viel Daten für wenige Symbole.
Abhilfe: Kleine SVGs inline, nur die genutzten Icons.
Externe Skripte im Fold (Chat, A/B, Ads)
Problem: Blockieren Rendern, erhöhen INP.
Abhilfe: Spät laden, nach Interaktion, oder serverseitig vorab entscheiden.
Unklare Rückmeldungen bei Interaktionen
Problem: Nutzer klicken mehrfach, Frust.
Abhilfe: Deutliche Ladezustände, Disable-States, Erfolgsmeldungen.

Qualitätsregeln für designgetriebenes SEO

Klarheit vor Effekten

Jede Designentscheidung muss die Kernaufgaben stützen: Verstehen, Vertrauen, Weiterklicken.

Sichtbare Antworten

Wesentliche Informationen Above the Fold oder mit klarer Sprungmarke.

Reservierte Plätze

Für Bilder, Ads, Embeds immer feste Größen – keine späten Sprünge.

Fonts pragmatisch

Wenige Schriftschnitte, font-display: swap, Preload nur für die wichtigste Überschrift.

Progressive Enhancement

Navigation und Kerninhalte funktionieren auch ohne JavaScript; JS reichert an, statt zu ersetzen.

Barrierefreiheit als Standard

Kontrast, Fokus-Ringe sichtbar, Tastaturbedienung, Alternativtexte – das nützt allen Nutzern und Maschinen.

Checkliste: Habe ich „Design-Fallen" entschärft

Kein Slider/Video im Hero; klares H1, Subheadline, CTA.
Hero-Bild optimiert (WebP/AVIF, srcset/sizes), LCP stabil.
Navigation schlank, Tap Targets groß genug, Sticky Header moderat.
Pop-ups dezent, schließbar, nicht beim Laden.
Typografie lesbar, Kontraste ausreichend, echte HTML-Texte.
Headings logisch (eine H1, klare H2/H3).
Links mit echtem href; Inhalte ohne JS zugänglich.
Platz für Bilder/Ads reserviert; keine CLS-Sprünge.
Fonts mit font-display: swap; nur benötigte Schnitte.
Paginierung statt reines Infinite Scroll.
Formulare kurz, Fehlermeldungen hilfreich, Buttons groß.
Keine Dark Patterns; klare, ehrliche Labels.

Mini-To-do: In 60 Minuten die größten Designbremsen lösen

Startbereich prüfen
Entferne Slider/Autoplay-Video. Formuliere H1 und Subheadline neu, setze einen sichtbaren CTA.
LCP-Asset fixen
Skaliere das größte Hero-Bild, exportiere als WebP, setze responsive Attribute, prüfe, dass es nicht per CSS unsichtbar geladen wird.
Sticky Header und Cookie-Leiste schrumpfen
Reduziere Höhe, mache Cookie-Hinweis dezent und nicht blockierend.
Fonts auf „swap"
Aktiviere font-display: swap, lade nur die wirklich verwendeten Schriftschnitte.
CLS-Quellen eliminieren
Füge Breite/Höhe bei Bildern/Embeds hinzu, reserviere Platz für spätes Laden.
Navigation vereinfachen
Max. fünf Haupteinträge, große Tap Targets, eindeutige Beschriftungen.
Pop-ups und Interaktionen prüfen
Verschiebe Newsletter-Pop-up hinter Scroll/Interaktion, sorge für klare Schließen-Option.

Ergebnis:
Dein Design unterstützt jetzt klare Antworten, schnelle Wahrnehmung und stabile Interaktionen. Nutzersignale verbessern sich, Core Web Vitals stabilisieren sich – und damit steigen die Chancen auf bessere Rankings und mehr Conversions.

Kapitel 7:

7.4 Wie UX-Signale (z. B. Verweildauer, CTR) das Ranking beeinflussen

Ziel dieses Abschnitts: Du verstehst, welche Nutzersignale es gibt, wie Suchmaschinen sie (indirekt) nutzen, wie du sie korrekt misst und praktikabel verbesserst. Neue Begriffe erkläre ich beim ersten Auftreten. Am Ende findest du ein Mini-To-do.

Begriffsklärung

CTR (Click-through-Rate)
Anteil der Klicks auf dein Ergebnis bezogen auf die Einblendungen in der Suchergebnisliste. Eine präzise Übereinstimmung von Titel/Description mit der Suchintention erhöht die CTR.

Verweildauer / Dwell Time
Zeitspanne zwischen Klick auf ein Suchergebnis und Rückkehr zur Suchergebnisliste. Längere Dwell Time deutet oft darauf hin, dass die Seite geholfen hat – aber: Je nach Suchaufgabe kann auch eine kurze Dwell Time „gut“ sein (z. B. bei einer schnellen Antwort).

Absprungrate / Bounce
Ein Besuch mit nur einer gemessenen Interaktion. Aussagekraft hängt von der Messmethode ab. In GA4 ist der Gegenspieler die Engagement-Rate.

Engagement-Rate (GA4: Google Analytics 4)
Prozent der Besuche mit „engagierten Sitzungen“ (u. a. länger als 10 s, mindestens 1 Conversion-Ereignis oder 2 Seitenaufrufe/Bildschirme). Praxisnäher als die klassische Absprungrate.

Scrolltiefe
Wie weit Nutzer auf einer Seite nach unten scrollen. Hilft, Strukturprobleme zu erkennen.

Pogosticking
Schnelles Zurück zur SERP und Klick auf ein anderes Ergebnis. Häuft sich Pogosticking, passt dein Inhalt vermutlich nicht zur Suchintention.
Core Web Vitals
Messwerte für erlebte Geschwindigkeit und Stabilität (LCP, INP, CLS). Schlechte Werte verschlechtern Nutzererlebnis und oft auch Nutzersignale.

Wie Suchmaschinen Nutzersignale einordnen

Kein einzelnes Signal entscheidet isoliert. Suchmaschinen betrachten Muster: Wird ein Ergebnis für eine Suchintention überdurchschnittlich oft geklickt (CTR) und lösen sich danach Suchen erkennbar auf (weniger Pogosticking), ist das ein positives Muster. Umgekehrt deuten systematisch schwache Nutzersignale oft auf Intent-Mismatch (die Seite beantwortet nicht, was gesucht wurde), schlechte Darstellung (Snippet) oder schlechtes Erlebnis (langsam, unklar, störend) hin. **Wichtig:** Nicht „Dwell-Time um jeden Preis“ maximieren, sondern die Aufgabe der Suchenden schneller, klarer und vollständiger lösen.

Die drei Hebel für bessere UX-Signale

Intent-Fit: die richtige Antwort, sofort
- Kurzantwort direkt unter der H1, 2–4 Sätze.
- Frage-Headings (H2/H3) passend zu „People also ask“-Logik.
- Module statt Wortwand: Liste, Tabelle, Schrittfolge, Mini-FAQ.
- Interne Links als „nächster sinnvoller Schritt“ (z. B. von Ratgeber → Vergleich → Angebot).

SERP-Fit: höherer Anteil der richtigen Klicks
- Titel präzise, 50–60 Zeichen, Kernbegriff vorn, klarer Nutzen.
- Description 150–160 Zeichen, verspricht genau das, was die Seite einlöst.

- Jahresangaben/Aktualisierungen, wenn relevant.
- Rich-Snippet-Chancen nutzen (FAQPage/HowTo/Product), damit Nutzer sehen, was sie erwartet.

Experience-Fit: friktionsarmes Erleben

- Core Web Vitals stabil: schnelles LCP-Asset, reaktionsfähige Interaktionen (INP), keine Layoutsprünge (CLS).
- Above-the-Fold ohne Ballast: keine Slider/Autoplay-Videos, ein klarer CTA.
- Lesbarkeit: 16 px Grundschrift, 1.5 Zeilenhöhe, 45–75 Zeichen Zeilenlänge, ausreichend Kontrast.
- Barrierearme Umsetzung: Alt-Texte, Tastaturfokus, sinnvolle Linktexte.
- Keine aggressiven Interstitials, dezent platzierte Overlays erst nach Interaktion.

Messung: so interpretierst du Zahlen richtig

In der Search Console

- CTR je Query/Seite vs. durchschnittliche Position betrachten. Niedrige CTR bei guter Position ⇒ Snippet schärfen.
- Hohe Impressionen, niedrige Klicks ⇒ Titel/Description testen, Rich-Result-Eignung prüfen.
- Query-Cluster analysieren: Passen Titel/Headings zur realen Sprache der Suchenden.

In GA4

- Engagement-Rate und durchschnittliche Engagement-Zeit je Seite.
- Scrolltiefe/Events (z. B. „50 % gescrollt“, „Tabellen-Interaktion“, „FAQ geöffnet“).
- Einstiegsseiten mit hoher Abbruchquote identifizieren und mit Intent/Struktur gegenprüfen.

Qualitative Hinweise

- Session-Replays/Heatmaps für die Top-Einstiegsseiten.
- Nutzerfragen aus Support/Vertrieb als Indikator für Lücken im Inhalt.

Taktiken, die schnell wirken

- Snippet-Refresh: Zwei Top-Seiten pro Woche mit präziserem Titel/Description neu fassen.
- Kurzantwort ergänzen und Inhaltsverzeichnis mit Sprungmarken einfügen.
- Größtes Bild komprimieren und responsive ausliefern; kritisches CSS inline.
- FAQ-Block mit 3 echten Fragen ergänzen (sichtbar + Schema).
- CTA klären, Trust direkt daneben.
- Interne Links kontextuell nachrüsten: von drei passenden Bestandsartikeln auf die Zielseite verlinken.

Was du vermeiden solltest

- Dwell-Time künstlich „strecken" (versteckte Infos, endlose Wortwände). Ziel ist Lösung, nicht Verweildauer.
- Clickbait-Titel, die die Seite nicht einlöst. Kurzfristig höhere CTR, langfristig schlechte Nutzersignale.
- Messwerte isoliert bewerten. Immer Seite, Query, Gerät, Trafficquelle zusammen sehen.
- An mehreren Stellschrauben gleichzeitig drehen, ohne zu messen. Kleine, überprüfbare Schritte sind wirksamer.

Arbeitsroutine: Hypothese → Änderung → Messung

Hypothese formulieren

Beispiel: „Eine klarere Kurzantwort und ein intent-gerechter Titel erhöhen CTR und senken frühe Absprünge auf Seite X."

Minimaländerung umsetzen

Nur Titel/Description oder nur Kurzantwort/Headings anpassen – nicht alles gleichzeitig.

Beobachten

In der Search Console nach 7–14 Tagen CTR/Position; in GA4 Engagement-Rate/Scroll-Events.

Entscheiden
Verbesserung beibehalten, sonst Variante B testen.

Checkliste: Habe ich die wichtigsten UX-Signale adressiert

Intent-Fit
Kurzantwort vorhanden, Frage-Headings, Module statt Textwand, logische interne Links.

SERP-Fit
Titel/Description eindeutig, Länge im Rahmen, Versprechen wird eingelöst, Rich-Result-Eignung gegeben.

Experience-Fit
Core Web Vitals stabil, Above-the-Fold klar, gute Lesbarkeit/Barrierefreiheit, keine störenden Overlays.

Messung
CTR und Queries je Seite geprüft, Engagement-Rate/Scrolltiefe erfasst, Hypothesen und Tests dokumentiert.

Mini-To-do: In 60 Minuten spürbar bessere UX-Signale

Zielseite wählen
Eine Einstiegsseite mit vielen Impressionen und schwacher CTR oder kurzer Engagement-Zeit.
Snippet schärfen
Titel neu: Intent-Modifier + Kernbegriff + Nutzen. Description neu: Was, für wen, konkreter Vorteil, nächster Schritt.
Kurzantwort ergänzen
Direkt unter der H1 in 2–4 Sätzen die Hauptfrage lösen. Inhaltsverzeichnis mit Sprungmarken einfügen.
Erleben beschleunigen
Größtes Bild skalieren und als WebP ausliefern; kritisches CSS inline; unnötiges Skript verzögern.
Vertrauen und Wegführung
Primärer CTA klar benennen, Trust-Zeile daneben (z. B. Bewertungs-Score oder „Antwort in 24 Stunden“). Zwei kontextuelle interne Links ergänzen.
Messen
Nach 7–14 Tagen CTR (Search Console) und Engagement-Rate/Scroll-Events (GA4) vergleichen. Nächste Hypothese notieren.

Ergebnis:
Du richtest Inhalte, Darstellung und Technik konsequent an Suchabsicht, Erwartung und Erlebnis aus. Dadurch verbessern sich CTR, Engagement und Auflösungsrate der Suche – Signale, die Suchmaschinen als Qualitätshinweise werten und die mittelbar zu stabileren Rankings führen.

In Kapitel 7 hast du gelernt, wie Design, Inhalte und Technik im sichtbaren Startbereich und darüber hinaus zu messbar besseren Nutzersignalen führen. Above-the-Fold geht es um klare Botschaft, schlanke Navigation, einen einzigen primären CTA und schnelle Auslieferung des größten Elements (LCP). Du weißt, wie du CTAs, Kontaktwege und Trust-Elemente so platzierst, dass Hürden sinken und Entscheidungen dort fallen, wo Nutzer sie treffen. Du erkennst typische Designfehler (Slider, schwere Hero-Bilder, aggressive Interstitials, unlesbare Typografie, JavaScript-only-Navigation, CLS-Sprünge) und vermeidest sie systematisch. Schließlich hast du verstanden, wie UX-Signale wie CTR, Verweildauer, Engagement-Rate, Scrolltiefe und Pogosticking als Muster interpretiert werden – und wie du mit Intent-Fit, SERP-Fit und Experience-Fit gezielt verbesserst. Ergebnis: schnell erfassbare Seiten, klare Handlungswege, stabilere Core Web Vitals und bessere Signale an Suchmaschinen und KI-Antwortsysteme.

Abkürzungen und Begriffe aus Kapitel 7

Above the Fold: Bereich einer Seite, der ohne Scrollen sichtbar ist.
Hero-Sektion: visuell dominanter Einstieg mit H1, Subheadline, CTA.
CTA (Call-to-Action): Handlungsaufforderung, z. B. „Demo anfragen“.
Value Proposition: komprimiertes Nutzenversprechen für Zielgruppe und Problem.
Trust-Elemente: Belege wie Kundenlogos, Bewertungen, Zertifikate, Mini-Cases.
LCP (Largest Contentful Paint): Zeit bis zum größten sichtbaren Element.
INP (Interaction to Next Paint): Reaktionsfähigkeit bei Interaktionen.
CLS (Cumulative Layout Shift): visuelle Stabilität, Vermeidung von Layoutsprüngen.
Interstitial: ganzseitige Überlagerung (Pop-up) über dem Inhalt.

Sticky Header: angeheftete Navigation; darf Inhalte nicht verdecken.
Tap Targets: klick-/touchbare Flächen auf Mobilgeräten. **FOIT/FOUT:** unsichtbarer bzw. ungestylter Text beim Font-Laden; „swap" beugt vor.
Infinite Scroll: endloses Nachladen; ohne Paginierung problematisch für Indexierung.
CTR (Click-through-Rate): Klicks im Verhältnis zu Einblendungen in der SERP.
Dwell Time/Verweildauer: Zeit zwischen Klick und Rückkehr zur SERP.
Engagement-Rate (GA4:Google Analytics 4): Anteil engagierter Sitzungen (zeit- oder ereignisbezogen).
Pogosticking: schnelles Zurück zur SERP und Klick auf ein anderes Ergebnis.
SERP-Fit: Snippet passt präzise zur Suchintention.
Intent-Fit: Inhalt löst die Suchaufgabe schnell und vollständig. **Experience-Fit:** friktionsarmes Erleben (Tempo, Lesbarkeit, Barrierefreiheit).

Lies jetzt Kapitel 8. Dort richtest du deine Messroutine ein: Search Console-Analysen für CTR und Queries, GA4-Events für Engagement und Scrolltiefe, Core-Web-Vitals-Überwachung sowie einfache A/B-Tests. Ziel ist ein wiederholbarer Zyklus aus Hypothese, Änderung und Bewertung, der deine Rankings und Conversions Woche für Woche stabil verbessert.

TEIL 3

CONTENT & AUTORITÄT: WAS GOOGLE LIEBT

KAPITEL 8:

Content-Strategie (Topical Authority)

Kapitel 8:

8.1 Themencluster und Silo-Strukturen

Ziel dieses Abschnitts: Du lernst, wie du Inhalte so ordnest, dass Suchmaschinen klare Themenautorität erkennen und Nutzer schnell von der Übersicht zur passenden Detailantwort geführt werden. Neue Begriffe erkläre ich beim ersten Auftreten. Am Ende findest du ein Mini-To-do.

Begriffsklärung

Themencluster

Ein Themencluster ist eine Gruppe eng verwandter Seiten zu einem Schwerpunkt. Eine zentrale Übersichtsseite (Pillar Page) führt in das Thema ein und verlinkt auf mehrere Detailseiten (Cluster-Content). Umgekehrt verlinken die Detailseiten zurück zur Pillar Page und untereinander, wenn sinnvoll.

Pillar Page

Die „Einstiegs- und Überblicksseite“ eines Clusters. Sie beantwortet die Kernfragen kurz, zeigt die Struktur des Themas, enthält ein Inhaltsverzeichnis mit Sprungmarken und verlinkt auf alle relevanten Detailseiten. Sie zielt meist auf ein breiteres, Short- oder Mid-Tail-Keyword.

Silo-Struktur

Eine Silo-Struktur ordnet Inhalte hierarchisch und thematisch zusammenhängend, meist über die URL, Navigation und interne Links. Ziel ist, dass Signale innerhalb eines Themas gebündelt bleiben, statt sich über die ganze Website zu verteilen.

Keyword-Kannibalisierung

Wenn zwei oder mehr Seiten auf dasselbe Keyword-Ziel ausgerichtet sind und sich gegenseitig die Sichtbarkeit nehmen. In Clustern wird das durch klare Rollenverteilung verhindert.

Warum Cluster und Silos wirken

Eindeutigkeit

Suchmaschinen verstehen schneller, wofür du stehst, wenn viele eng verwandte, gut verlinkte Inhalte existieren. Die Pillar Page liefert den Kontext, die Detailseiten liefern Tiefe.

Signalbündelung

Interne Verlinkung innerhalb des Clusters sammelt und verteilt Autoritäts- und Relevanzsignale. Externe Links, die auf eine Cluster-Seite zeigen, stärken indirekt den gesamten Themenbereich.

Nutzerführung

Leser finden schneller das Passende: von der Übersicht zur präzisen Antwort. Das verbessert Nutzersignale wie Scrolltiefe, Interaktionen und Conversion.

Der Aufbau: von Thema zu Struktur

Schritt 1: Kern-Thema wählen

Wähle ein geschäftsrelevantes Hauptthema mit ausreichender Breite. Beispiel: „CRM-Software".

Schritt 2: Unterthemen definieren

Leite aus deiner Keyword-Recherche Unterthemen ab, die jeweils eine eigene Seite verdienen. Beispiel: „CRM-Funktionen", „CRM-Preise", „CRM-Einführung", „CRM für Agenturen", „CRM vs. ERP".

Schritt 3: Rollen festlegen

Pillar Page deckt das große Bild ab und beantwortet die wichtigsten Fragen kurz. Detailseiten gehen tief in einzelne Unterthemen. Jede Seite hat eine eindeutige Suchintention und ein primäres Keyword-Ziel.

Schritt 4: URL- und Navigationslogik

Nutze sprechende, konsistente URLs. Zwei gängige Varianten:

- Flach, aber logisch verlinkt: /crm/, /crm-preise/, /crm-funktionen/
- Hierarchisch (Silo im URL-Pfad): /crm/, /crm/funktionen/, /crm/preise/

Beide funktionieren; wichtiger ist Konsistenz. In der Navigation sollte die Pillar Page als Einstieg erkennbar sein.

Schritt 5: Interne Verlinkung planen

Pillar verlinkt prominent auf alle Detailseiten mit beschreibendem Ankertext. Jede Detailseite verlinkt zurück auf die Pillar und auf 1–3 passende Geschwisterseiten. Breadcrumbs spiegeln die Hierarchie wider.

Schritt 6: Module und Schema konsistent

Alle Cluster-Seiten folgen ähnlichen Mustern (Kurzantwort, Frage-Headings, FAQ). Ergänze Schema.org passend (Article, FAQPage, HowTo). Einheitliche Mikrostruktur stärkt maschinelles Verständnis.

Inhaltliche Tiefe: was auf die Pillar und was in die Details gehört

Auf die Pillar Page

Definition, Nutzen, Zielgruppen, kurze Antworten auf die fünf häufigsten Fragen, verlinkte Inhaltsboxen zu Unterthemen, kleine Vergleichstabelle, Mini-FAQ. Ziel ist Überblick und Wegführung, nicht Vollständigkeit.

Auf die Detailseiten

Tiefe, Beispiele, Entscheidungshilfen, Tabellen, Schritt-für-Schritt-Anleitungen, Preise, Szenarien, Fallstudien. Jede Detailseite löst eine klar umrissene Aufgabe.

Spezialfälle

Lokale Silos

Für Standorte oder Regionen:

– Pillar: „[Leistung] in [Region] – Überblick"

– Detail: Stadt-/Filialseiten, Spezialleistungen, Preis-/Termin-Informationen

– Konsistente NAP-Daten (Name, Address, Phone) und LocalBusiness-Markup.

E-Commerce-Silos
- Pillar: Kategorie-Übersicht mit Kaufberatung und Filtererklärung
- Detail: Unterkategorien, Kaufberater, Vergleichstabellen, Produktdetailseiten mit Product-Markup
- Interne Verlinkung zwischen Kaufberatung und Produktlisten.

Blog-/Wissens-Silos
- Pillar: „Leitfaden [Thema]" mit Inhaltsverzeichnis
- Detail: Einzelbeiträge, die jeweils auf die Pillar und verwandte Beiträge verlinken
- Serienstruktur kenntlich machen („Teil 1/5").

Qualitätsregeln für starke Cluster

Eindeutige Rollen
Eine Absicht, eine Seite. Keine zwei Seiten mit identischem Keyword-Ziel.

Durchgängige Sprache und Begriffe
Entitäten (Produkt-/Markennamen, Fachbegriffe) konsistent schreiben. Das hilft beim Entity-SEO.

Konsequente Verlinkung
Kontextuelle Ankertexte, nicht „hier klicken". Wichtige Seiten häufiger und prominenter verlinken.

Aktualität
Pillar Page zeigt „Zuletzt aktualisiert" und verweist auf neue Detailinhalte. Detailseiten verlinken zurück mit Text wie „Grundlagen findest du im Leitfaden".

Messung und Pflege

Messpunkte
- Rankings der Pillar und Top-Detailseiten
- Seitenzugriffe und Verweiswege (von Pillar zu Detail und zurück)
- CTR in der SERP je Cluster-Thema
- Interaktionen auf Modulen (Tabelle, FAQ, Download)

Wartungsrhythmus

- Quartalsweise Pillar-Update: neue Links auf frische Detailseiten, aktualisierte Zahlen, veraltete Abschnitte kürzen
- Monatlich zwei Detailseiten prüfen: Daten, Screenshots, interne Links auffrischen

Typische Fehler und Gegenmaßnahmen

Zerstreute Inhalte ohne Zentrum

Abhilfe: Pillar Page schreiben, bestehende Artikel einklinken, interne Links nachrüsten.

Zu breites Thema auf einer Seite

Abhilfe: Thema aufteilen, klare Detailseiten anlegen, Pillar verschlanken.

Kannibalisierung

Abhilfe: Seiten konsolidieren (zusammenführen), 301-Weiterleitungen auf die stärkere Seite, interne Links anpassen.

Leere Silos

Abhilfe: Erst drei bis fünf Detailseiten planen und veröffentlichen, dann Pillar scharf stellen. Eine Pillar ohne Tiefe wirkt wie eine leere Hülle.

Checkliste: Habe ich ein sauberes Cluster gebaut

Pillar Page vorhanden, klarer Überblick, Kurzantwort und Inhaltsverzeichnis.

3–8 Detailseiten mit jeweils eigener, klarer Intention.

Eindeutige Keyword-Ziele, keine Kannibalisierung.

Konsistente URL-Logik (flach oder hierarchisch), Breadcrumbs aktiv.

Pillar → Detail und Detail ↔ Detail mit beschreibenden Ankern verlinkt.

Einheitliche Module und Schema je Seitentyp.

Aktualisierungsdatum und Quellen sichtbar, Entitäten konsistent.

Mini-To-do: In 60 Minuten ein erstes Cluster formieren

Thema wählen
Nimm ein Kern-Thema aus deiner Keyword-Map.
Liste bauen
Schreibe 5–7 Unterthemen auf. Markiere für jedes die Suchintention (informational, commercial, transactional, local).
Rollen zuweisen
Entscheide, was auf die Pillar gehört und welche Unterthemen eigene Detailseiten werden.
URL-Skizze
Lege sprechende URLs fest. Entscheide flache oder hierarchische Struktur und bleibe konsistent.
Linkplan
Notiere pro Detailseite: Link zurück zur Pillar und zwei kontextuelle Links zu Geschwisterseiten. Definiere die Ankertexte.
Blueprint anlegen
Erstelle für Pillar und eine Detailseite je ein Inhalts-Template: H1, Kurzantwort, Frage-Headings, Module, FAQ, CTA.
Umsetzung starten
Veröffentliche zuerst eine solide Pillar (1.500–2.500 Wörter) und zwei Detailseiten. Rüste interne Links nach. Plane die nächsten drei Detailseiten als Nächstes.

Ergebnis:
Du hast eine klare, nachvollziehbare Themenstruktur, die Autorität bündelt, Nutzern Orientierung gibt und Suchmaschinen ein eindeutiges Signal sendet. Das stärkt Rankings innerhalb des Themas und verbessert die Chance, in SERPs und KI-Antworten als zuverlässige Quelle zu erscheinen.

Kapitel 8:

8.2 Evergreen vs. Trend Content

Ziel dieses Abschnitts: Du verstehst den Unterschied zwischen Evergreen- und Trend-Content, erkennst, wann Nutzer Aktualität erwarten, und baust einen Plan, der stabile Grundreichweite mit saisonalen oder trendgetriebenen Spitzen kombiniert. Neue Begriffe erkläre ich bei der ersten Nennung. Am Ende findest du ein Mini-To-do.

Begriffsklärung

Evergreen Content

Dauerhaft nützliche Inhalte mit langem Lebenszyklus. Beispiel: „Was ist CRM.“, „SEO-Checkliste“, „Rechnungsnummer richtig aufbauen“. Evergreen-Inhalte benötigen nur gelegentliche Aktualisierungen.

Trend Content

Zeitgebundene, aktuelle Themen mit kurzer Halbwertszeit. Beispiel: „Die wichtigsten SEO-Änderungen im Oktober “, „Neue Funktionen in Tool X“, „Google Core Update zusammengefasst“.

Saisonaler Content

Regelmäßig wiederkehrende Trends, etwa „Black-Friday-SEO“, „Steuertipps zum Jahreswechsel“. Er kombiniert Planbarkeit mit Aktualitätsdruck.

QDF (Query Deserves Freshness)

Deutsch: „Diese Suche verdient Frische“. Manche Suchanfragen werden von Suchmaschinen bevorzugt mit aktuellen Ergebnissen bedient, weil sich Informationen häufig ändern. Beispiel: „bestes smartphone “.

Content Decay
Leistungsverlust eines Inhalts im Zeitverlauf, etwa sinkende Klickrate oder Positionen durch veraltete Beispiele, Daten oder Screenshots.
Temporal Intent
Die Zeiterwartung hinter einer Suchanfrage: Wollen Nutzer Grundwissen (zeitlos), die neueste Änderung (frisch) oder beides.

Warum beides wichtig ist
Planbare Basis
Evergreen-Seiten liefern dauerhaft organische Besuche, bauen Autorität auf und sind ideale „Pillar Pages“ in Themenclustern.
Reichweiten-Spitzen
Trend- und saisonaler Content bringt Aufmerksamkeitsspitzen, Links, Social-Reichweite und frische Signale, die auch Evergreens indirekt stärken.
Sichtbarkeit in KI-Antworten
Klar strukturierte Evergreen-Seiten sind zitierfähige Referenzen; aktuelle Zusammenfassungen werden eher aufgegriffen, wenn die Frage Aktualität verlangt.

So erkennst du die Temporal Intent einer Suche
SERP-Anzeichen
Tauchen Nachrichten-Karussell, Datumsangaben „vor X Tagen“, „Top Stories“ oder „ “ in vielen Titeln auf, dann ist Aktualität wichtig (QDF). Siehst du zeitlose Ratgeber, FAQ-Boxen und How-tos ohne Datumsschwerpunkt, dominiert Evergreen.
Keyword-Muster
„beste “, „neu“, „Update“, „heute“, „Preis aktuell“ signalisieren Trend.
„was ist“, „definition“, „checkliste“, „schritte“ signalisieren Evergreen.

Branchenzyklus
In schnelllebigen Feldern (SEO, Technik, Recht, Steuern) kippen mehr Begriffe in QDF; in grundlegenden Prozessen (Buchhaltung, Grundlagenwissen) dominiert Evergreen.

Strategie: Das „Dual-Track“-Modell

Track 1: Evergreen-Fundament
Pillar Pages und Detailseiten für Kernfragen deiner Zielgruppe. Ziel: klare Definitionen, Schrittfolgen, Tabellen, FAQ, interne Verlinkung im Cluster, Schema.org für Article/FAQPage/HowTo. Update-Kadenz: halbjährlich oder bei Bedarf.

Track 2: Aktualitäts- und Saisonspur
Kurzformate mit klarer Datumskennzeichnung, Bullet-Zusammenfassungen, Quellen und Verweisen auf deine Evergreens. Beispiele: „Monats-Update“, „Changelog zum Tool“, „Saison-Guide“. Update-Kadenz: monatlich, quartalsweise oder anlassbezogen.

Verknüpfung beider Tracks
Bidirigierte Links
Trendbeitrag verlinkt auf den passenden Evergreen für Grundlagen; Evergreen hat einen Kasten „Neu im Oktober “ mit Link zum Trendbeitrag.

Konsolidierung statt Streuung
Ähnliche Trendstücke nach einigen Monaten in eine „Jahreschronik“ zusammenführen und die Einzelartikel per 301 dorthin umleiten. So bündelst du Signale.

Ein URL-Prinzip
Evergreen ohne Datum in der URL (/crm-checkliste/). Trend mit Datum in der URL (/seo-update- -10/). So vermeidest du, dass Evergreen-Links jährlich veralten.

Update- vs. Neu-Publikation: Wann was

Evergreen aktualisieren, wenn

Zahlen, Preise, Screenshots, Gesetzesstände oder Tool-Menüs veraltet sind. Markiere „Zuletzt aktualisiert: Datum“. Kleine Änderungen im selben Dokument halten Links und Autorität.

Neu publizieren, wenn

Eine Entwicklung eigenständig ist und viele Suchanfragen auf „neu/ /Update“ zielen. Kennzeichne Zeitbezug im Titel, setze ein kurzes Fazit und verlinke hart auf den Evergreen.

Struktur nach Seitentyp

Evergreen-Seite

H1 klar, Kurzantwort, Inhaltsverzeichnis, definierte Module (Definition, Schritte, Kriterien, Tabelle, Beispiele, FAQ, CTA). Schema: Article (+ FAQPage/HowTo, wenn vorhanden). „Zuletzt aktualisiert“-Hinweis sichtbar.

Trend- oder Update-Seite

H1 mit Zeitbezug („Oktober : Das hat sich geändert“), Ein-Satz-Zusammenfassung, „Was ändert sich konkret.“ mit Bullets, „Impact“ mit Szenarien, „Was du jetzt tun solltest.“ plus Verweise auf den Evergreen. Quellenliste am Ende.

Saisonale Seite

Gleichbleibende URL ohne Jahreszahl, aber jährliches Inhalts-Update. Ergänze Meter-Abschnitt „Neu in “. So behält die Seite Autorität, bleibt aber aktuell.

Messung und Pflege

Kennzahlen

Evergreen: stabile Rankings, organische Einstiege, Zeit auf Seite, interne Linkklicks.

Trend: Spitzen in den ersten 7–30 Tagen, externe Verlinkungen, Social-Traffic, Newsletter-CTR.

Content-Decay-Check

Monatlich die Top-20-URLs prüfen: Fallen Positionen oder CTR deutlich, prüfe Aktualität und „Information Gain“.

Update-Log

Führe eine Tabelle: URL, letzter Update-Termin, nächster geplanter Termin, was aktualisiert wurde. So bleibt die Pflege skalierbar.

Typische Fehler und Gegenmaßnahmen

Everygreen mit Jahreszahl in der URL

Problem: Jährlich neue URL, Signalverlust. Abhilfe: Jahreszahl nur im Titel und im Text, nicht in der URL; jährlich Inhalte im selben Dokument aktualisieren.

Trend-Themen in Evergreens „hineinwuchern“ lassen

Problem: Grundseite wird unübersichtlich. Abhilfe: Kurzabschnitt mit „Neu“ und Link zum separaten Trendartikel.

Veraltete Screenshots und Preise

Problem: Glaubwürdigkeitsverlust, niedrigere CTR. Abhilfe: Screenshots halbjährlich prüfen, Preistabellen mit Datum versehen.

Zu viele kleine Trend-Posts

Problem: Signale zerfasern, Crawling-Aufwand steigt. Abhilfe: Monatliche Sammelposts oder Quartalsrückblicke; konsolidieren und umleiten.

Keine klare Datumsangabe

Problem: Nutzer zweifeln an Aktualität. Abhilfe: Sichtbares „Zuletzt aktualisiert“ bei Evergreen, Veröffentlichungsdatum bei Trend.

Checkliste: Habe ich Evergreen und Trend im Gleichgewicht

Evergreen-Cluster vorhanden, ohne Datumsangaben in URLs.

Trend- oder Saisonformate definiert, mit klaren Datums-/Jahresangaben im Titel.

Beidseitige Verlinkung: Trend → Evergreen, Evergreen → Trend-Kasten.
Update-Kadenz festgelegt; „Zuletzt aktualisiert“ sichtbar.
Konsolidierungsplan für alte Trends (Jahresrückblick + 301).
Messroutine für Decay und Peaks eingerichtet.

Mini-To-do: In 60 Minuten zu einer Dual-Track-Planung

Inventur
Liste fünf Evergreen-Themen und fünf mögliche Trend-/Saison-Themen aus deiner Keyword-Map.
URL-Strategie
Lege fest: Evergreen-URLs ohne Jahreszahl, Trend-URLs mit Monat/Jahr. Schreibe zwei Beispiel-URLs auf.
Linkbrücken
Formuliere je Evergreen einen Ein-Satz-„Neu“-Kasten mit Link-Platzhalter zum künftigen Trendpost.
Redaktionsrhythmus
Plane pro Monat: ein Evergreen-Update oder -Neustück und ein Trend-/Saisonstück. Trage „Zuletzt aktualisiert“ als Pflichtfeld ein.
Messpunkte
Definiere für Evergreen zwei Kennzahlen (Position, CTR) und für Trend zwei Kennzahlen (Besuche in 14 Tagen, externe Verweise). Notiere Ausgangswerte.
Start
Wähle ein Evergreen-Thema, schreibe die Kurzantwort und das Inhaltsverzeichnis. Lege parallel eine Trend-Notiz an („Was wäre die nächste Aktualität.“).

Ergebnis:
Du kombinierst ein langlebiges Fundament mit planbaren Aktualitätsspitzen. So baust du Autorität auf, nutzt Chancen in zeitkritischen SERPs und bleibst gleichzeitig eine verlässliche, zitierfähige Quelle für Suchmaschinen und KI-Antwortsysteme.

Kapitel 8:

8.3 FAQ-Abschnitte und Fragenformate

Ziel dieses Abschnitts: Du lernst, wie du wirkungsvolle FAQ-Abschnitte planst, echte Nutzerfragen findest, klare Antworten schreibst und sie so platzierst und auszeichnest, dass sie sowohl Lesern als auch Suchmaschinen und KI-Antwortsystemen helfen. Neue Begriffe werden beim ersten Auftreten erklärt. Am Ende gibt es ein Mini-To-do.

Begriffsklärung

FAQ

FAQ steht für Frequently Asked Questions, also häufig gestellte Fragen. Ein FAQ-Abschnitt fasst kurze Frage-Antwort-Paare zusammen, die typische Einwände oder Detailfragen klären.

People Also Ask (PAA)

Ein SERP-Element, in dem Suchmaschinen verwandte Fragen zu einer Anfrage zeigen. PAA-Fragen sind wertvolle Inspirationsquellen für dein FAQ.

Antwortspanne

Der empfohlene Umfang einer einzelnen Antwort im FAQ-Kontext. Praxisnah sind 40–120 Wörter: kurz genug zum Überfliegen, lang genug für eine vollständige, zitierfähige Aussage.

Entitäten

Eindeutig identifizierbare Dinge wie Marken, Modelle, Orte, Personen. Einheitliche Schreibweise hilft Maschinen, Zusammenhänge zu erkennen.

Warum FAQ-Abschnitte so gut funktionieren

Sie schließen Lücken, ohne den Haupttext aufzublähen.

Sie passen zum Frage-Stil moderner Suche („wie“, „was“, „warum“) und zu PAA.
Sie liefern klare, kurz zitierbare Antworten für Rich Results und KI-Antworten.
Sie reduzieren Supportaufwand, indem sie Standardfragen proaktiv beantworten.

So findest du echte Fragen

SERP-Beobachtung
Notiere PAA-Fragen zu deinem Hauptkeyword und klicke 2–3 Ebenen tief in weitere PAA-Fragen.
Autocomplete
Tippe dein Thema plus Fragewörter („wie“, „was“, „warum“, „kosten“, „dauer“, „beste“, „vs“). Sammle die Vorschläge.
Search Console
Prüfe Suchanfragen pro Seite. Fragen mit „wie/was/warum/wie viel/wann/wo“ sind ideale FAQ-Kandidaten.
Kundennähe
Sammle Fragen aus Support, Vertrieb, E-Mail-Antworten, Chat-Logs. Diese Formulierungen sind besonders authentisch.
Wettbewerbsvergleich
Welche Fragen beantworten die Top-3-Ergebnisse gut oder schlecht. Lücken notieren.

Fragen priorisieren: die 7-Kategorien-Formel

Was ist.
Definitionen, Abgrenzungen, Grundbegriffe.
Wie geht.
Schritte, Checklisten, „so machst du“.
Kosten/Preise.
„Was kostet...“, „Womit muss ich rechnen.“
Dauer/Timing.
„Wie lange dauert...“, „Wann ist der beste Zeitpunkt.“

Vergleich/Alternativen.
„X vs. Y", „Welche Alternative passt zu..."
Risiken/Fehler.
„Häufige Fehler", „Worauf achten."
Recht/Datenschutz.
Nur klar und belegbar, ohne Rechtsberatung zu ersetzen.

Antworten schreiben: der 7-Punkte-Stil

Kurz und vollständig

40–120 Wörter. Die Kernaussage in den ersten 1–2 Sätzen.

Eine Aussage pro Antwort

Keine Nebenthemen aufmachen. Verweise stattdessen intern.

Konkrete Fakten

Zahlen, Bereiche, Beispiele, Einheiten. Besser „unter 2,5 Sekunden LCP" als „schnell".

Klarer Kontext

Nenne die relevanten Entitäten und Bedingungen („mobil", „Österreich", „WordPress").

Wenn-dann-Hinweis

„Wenn du X brauchst, wähle Y; sonst Z." Hilft bei Entscheidungen.

Nächster Schritt

Am Ende ein kurzer Verweis auf den passenden Abschnitt („Details in der Preistabelle oben").

Natürliche Sprache

Frage exakt wiedergeben oder leicht glätten. Keine Keyword-Ketten.

Struktur und Platzierung im Inhalt

Auf Ratgeber- und Vergleichsseiten

FAQ am Ende als abschließende Klärung, 3–7 Fragen. Die wichtigsten 1–2 Fragen dürfen auch im Fließtext beantwortet sein und im FAQ nur zusammengefasst werden.

Auf Produkt- und Angebotsseiten
FAQ direkt unter Preise/Leistungsabschnitt: Einwände (Laufzeit, Kündigung, Migration, Datenschutz) kurz beantworten.
Auf Kategorieseiten (Shop/Wissen)
Ein kleines FAQ unterhalb der Liste klärt Filter, Versand, Rückgabe oder thematische Abgrenzungen.
Verlinkung
Jede FAQ-Antwort kann auf einen relevanten Absatz der Seite oder eine Detailseite verweisen. Das stärkt interne Verbindungen ohne Linklisten.

Auszeichnung für Maschinen

FAQPage-Markup
Ein FAQ-Block lässt sich mit Schema.org als FAQPage auszeichnen. Wichtig: Nur echte Frage-Antwort-Paare markieren, die auf der Seite sichtbar sind. Keine Werbung in Antworten. Markup dient der Berechtigung für Rich Results; die Ausgabe ist nicht garantiert.
Konsistenz
Alle Fakten im Markup müssen im sichtbaren Text stehen. Entitäten stets einheitlich schreiben.
Validierung
Nach dem Einbau prüfen und bei Warnungen nachbessern. Änderungen dokumentieren.

Beispiel-Fragenformate

Was ist [Begriff] und wo liegt der Unterschied zu [Begriff 2].
Wie lange dauert [Vorgang] realistisch und wovon hängt es ab.
Was kostet [Produkt/Service] im Monat und welche Faktoren treiben den Preis.
Welche Fehler passieren bei [Thema] am häufigsten und wie vermeide ich sie.
[Tool A] vs. [Tool B]: Für wen ist welche Option besser.

Wie gehe ich bei [Aufgabe] in 5 Schritten vor.
Wie sicher ist [Lösung] in Bezug auf [Datenschutz/Compliance] in [Land/Region].

Qualitätsregeln und Fallen

Kein Pseudo-FAQ

Keine generischen Platzhalter („Frage 1“, „Antwort 1“). Nur reale, nützliche Fragen.

Keine Widersprüche

Preise, Laufzeiten, Bedingungen müssen mit der Preistabelle und dem Produkttext übereinstimmen.

Kein „Wolken“-Text

Vermeide vage Redewendungen. Jede Antwort braucht eine klare Aussage.

Aktualität pflegen

Datum „Zuletzt aktualisiert“ auf der Seite sichtbar; FAQs bei Preis-/Funktionswechsel prüfen.

Nicht überfrachten

3–7 Fragen pro Seite reichen oft. Tiefe Detailfragen gehören auf eine Unterseite.

Messung: wirkt dein FAQ

Search Console

Neue Long-Tail-Fragen als Impressionen/Klicks. CTR-Veränderung der Seite.

Engagement (GA4)

Scroll-Events bis FAQ, Klicks auf interne Links in Antworten, Reduktion von Support-Anfragen zu Standardthemen.

Qualitatives Feedback

Vertrieb/Support: „Welche Frage fehlt noch.“ Regelmäßig einholen.
Mini-Workflows: vom Rohmaterial zum FAQ

Rohsammlung

Sammle 15–30 Fragen aus PAA, Autocomplete, Search Console, Support.

Gruppieren

Clustere die Fragen nach den 7 Kategorien (Was ist, Wie geht, Kosten, Dauer, Vergleich, Fehler, Recht).

Auswählen

Wähle 5–7 Fragen mit hoher Relevanz, Suchnähe und Einwand-Potenzial.

Schreiben

Formuliere Antworten im 7-Punkte-Stil. Jede Antwort endet mit einem optionalen „Weiterlesen“-Verweis.

Einbinden

FAQ am passenden Ort der Seite platzieren. Interne Links setzen. Markup hinzufügen.

Validieren und messen

Rich-Result-Check, danach 2–4 Wochen beobachten: CTR, neue Queries, Interaktionen.

Mini-To-do: In 60 Minuten zu einem wirksamen FAQ-Block

Quelle öffnen
Nimm eine bestehende Ratgeber-, Vergleichs- oder Produktseite mit Traffic.
Fragen sammeln
Notiere 10 reale Fragen: 4 aus PAA/Autocomplete, 3 aus Search Console, 3 aus Support/Vertrieb.
Auswahl treffen
Wähle 5 Fragen, die Einwände klären und Suchnähe haben (Kosten, Dauer, „vs", Fehler, „wie").
Antworten schreiben
Pro Frage 40–120 Wörter, klare Aussage zuerst, ggf. Zahl/Spanne nennen, am Ende ein kurzer interner Verweis.
Platzierung
FAQ unterhalb des Hauptinhalts einfügen. Bei Produktseiten direkt unter Preise/Leistungen.
Auszeichnung
FAQPage-Markup hinzufügen. Prüfen, dass alle Antworten sichtbar auf der Seite stehen.
Kontrolle und Follow-up
Nach Veröffentlichung CTR und neue Queries beobachten; aus Support-Feedback eine weitere Frage nachpflegen.

Ergebnis:
Dein FAQ-Block beantwortet echte Nutzerfragen kurz, klar und konsistent, stärkt interne Wege, erhöht die Chance auf Rich- und KI-Ergebnisse und reduziert wiederkehrende Rückfragen – ohne deinen Haupttext zu überladen.

Kapitel 8:

8.4 Content-Vorlagen für Artikel, Produkte und Landingpages

Ziel dieses Abschnitts: Du erhältst praxiserprobte, „copy-bare“ Vorlagen für vier häufige Seitentypen: Ratgeberartikel, Vergleichsartikel, Produkt-/Angebotsseiten und Lead-/Service-Landingpages (inkl. lokal). Jede Vorlage ist so aufgebaut, dass sie Suchintention trifft, Above-the-Fold klar bleibt, interne Verlinkung trägt und Schema.org sauber integrierbar ist. Am Ende gibt es ein Mini-To-do.

Begriffsklärung

Vorlage (Template)

Vorgegebene Struktur mit festen Modulen (Kurzantwort, Tabelle, FAQ usw.), in die du nur Inhalte einsetzt. Ziel: gleichbleibende Qualität und schnellere Produktion.

Module

Wiederkehrende Bausteine wie „Kurzantwort“, „Kriterienliste“, „Schrittfolge“, „Vergleichstabelle“, „FAQ“, „Case-Box“.

Seitentyp

Inhaltliches Muster passend zur Suchintention: Ratgeber (informational), Vergleich (commercial investigation), Produkt/Angebot (transactional), Landingpage/Service (transactional oder local).

Allgemeine Regeln für alle Vorlagen

Above the Fold

H1 klar, 2–4 Sätze Kurzantwort bzw. Nutzenversprechen, ein fokussierter CTA, kleines Trust-Element. Kein Slider, kein Autoplay-Video.

Headings
Eine H1. H2/H3 ideal im Frageformat. Keine Level-Sprünge.
Interne Links
Kontextuelle Anker. Pro Seite mindestens: 1× Link zum Pillar/Themenleitfaden, 1–3× zu Detail/„Weiterführend“, 1× zum passenden Conversion-Ziel.
Schema.org
JSON-LD passend zum Seitentyp: Article (+FAQPage/HowTo), Product (+Offer), LocalBusiness für lokale Landingpages, FAQPage nur bei echten Q&A.
Medien
Größtes Bild (meist Hero) optimiert ausliefern (WebP/AVIF, srcset/sizes). Bild-Alt-Texte kurz, kontextbezogen; dekoratives Bild alt="".
E-E-A-T
Autorbox/Organisation, „Zuletzt aktualisiert“, Quellen/Methodik (bei Vergleichen), Impressum/Kontakt.

Vorlage A: Ratgeberartikel (Informational)

Ziel-Intent: „Was ist...“, „Wie geht...“, „Checkliste...“.
SEO-Basics
Title: [Thema] einfach erklärt: [Kernnutzen/Ergebnis]
Meta: In [X] Minuten verstehen: [Ergebnis], [3 Kernfragen] mit Beispielen.
URL: /[thema]-einfach-erklaert/ (ohne Jahreszahl)
Struktur
H1: [Thema] einfach erklärt
Kurzantwort (2–4 Sätze): Kernaussage + Ergebnis
Inhaltsverzeichnis (Sprungmarken)
H2: Was ist [Thema]. Definition + Abgrenzung (80–120 Wörter)
H2: Warum ist [Thema] wichtig. 3–5 Bullet-Vorteile
H2: So gehst du vor: [n] Schritte
– H3 Schritt 1: [Name] – 2–4 Sätze klarer Auftrag

- H3 Schritt 2: ...
H2: Häufige Fehler und wie du sie vermeidest (3–5 Bullets)
H2: Beispiel/mini-Case oder Mini-Rechenweg
H2: FAQ (3 Fragen à 40–120 Wörter)
CTA: „Checkliste laden“ oder „Weiter zum Vergleich [Thema]“
Autor/Quellen/Zuletzt aktualisiert
Schema
"@type": "Article" (+ "FAQPage" wenn FAQ real vorhanden). Optional "HowTo", wenn echte Schrittfolge mit Tools/Time.

Vorlage B: Vergleichsartikel (Commercial Investigation)
Ziel-Intent: „beste...“, „Vergleich“, „für [Zielgruppe] “.
SEO-Basics
Title: Beste [Produktkategorie] : Vergleich für [Zielgruppe]
Meta: Testsieger nach [Kriterien]; Tabelle, Szenario-Empfehlungen, Preise.
URL: /[kategorie]-vergleich/
Struktur
H1: [Kategorie] Vergleich
Kurzantwort: 2–3 Sätze mit Top-Empfehlung nach Szenario
Hinweis „So testen wir“ (Methodik/Kriterien mit Gewichtung, 3–6 Bullet-Kriterien)
H2: Vergleichstabelle (5–10 Anbieter, Spalten = Kriterien; unter der Tabelle 2–3 Erklärsätze)
H2: Empfehlungen nach Szenarien
- H3 Für Einsteiger: [Tool] – kurz warum
- H3 Für wachsende Teams: ...
H2: Alternativen und „X vs. Y“ (kurz; interne Links zu Detailtests)
H2: FAQ (Preise, Laufzeit, Migration)
CTA: „Individuelle Empfehlung erhalten“ oder „Demo buchen“
Quellen/Methodik-Box, „Zuletzt aktualisiert“
Schema
"@type": "Article" (+ "FAQPage" möglich). Tabelle semantisch als <table> auszeichnen; keine fiktiven Sterne im Markup.

Vorlage C: Produkt-/Angebotsseite (Transactional)
Ziel-Intent: „Preis“, „kaufen“, „Demo“, „Angebot anfordern“.
SEO-Basics
Title: [Produkt/Service]: [Kernnutzen] für [Zielgruppe]
Meta: Funktionen, Preisrahmen, Case-Beweis, Demo/Angebot schnell anfragen.
URL: /[produkt-oder-service]/
Struktur
H1: Nutzenversprechen („[Ergebnis] in [Zeit/Prozent]“)
Nutzen-Bullets (3 Punkte, greifbare Vorteile)
Primärer CTA: „Demo anfragen“ / „Angebot erhalten“; daneben kleines Trust-Element (Score/Logos)
H2: Funktionen im Überblick (3–6 Feature-Blöcke mit Mini-Beweis: Zahl/Screenshot)
H2: Preise/Optionen (kompakte Tabelle; Hinweis auf „ab“-Preise, wenn individuell)
H2: Case-Miniatur (2–4 Zeilen: Ausgangslage → Maßnahme → Ergebnis)
H2: Integration/Kompatibilität (Logos, 1–2 Sätze je Bereich)
H2: FAQ Einwände (Laufzeit, Kündigung, Support, Datenschutz)
Sekundärer CTA: „Funktionsübersicht als PDF“
Kontakt/Vertrauen: Adresse, Antwortzeit, DSGVO-Hinweis
Schema
"@type": "Product" mit "Offer" (price, priceCurrency, availability, url) nur, wenn Werte sichtbar sind. Sonst "Service" oder "WebPage" + "Organization". FAQPage nur bei echten FAQ.

Vorlage D: Lead-/Service-Landingpage (inkl. lokal)
Ziel-Intent: „[Leistung] in [Ort]“, „Termin“, „Beratung“.
SEO-Basics
Title: [Leistung] in [Stadt/Region]: [Spezialisierung/Nutzen]
Meta: Leistungen, Kostenrahmen, Termin in [x] Tagen. Adresse/ Öffnungszeiten.

URL: /[leistung]-[stadt]/ (lokal), sonst /[leistung]-landing/
Struktur
H1: [Leistung] in [Ort] – Spezialisierung/USP in einem Satz
Mini-Faktenzeile: Öffnungszeiten, Telefon klickbar, Reaktionszeit
Primär-CTA: „Termin buchen“ / „Jetzt anrufen“
H2: Leistungen im Überblick (3–6 Bullet-Blöcke; klare Abgrenzung)
H2: Ablauf in 3 Schritten (Kontakt → Analyse → Umsetzung)
H2: Preise/Kostenrahmen (Spanne + „Was beeinflusst den Preis.“)
H2: Bewertungen/Trust (Score mit Quelle, 1–2 echte Zitate, Logos)
H2: Standort/Karte/Anfahrt (kurz, Karte nicht riesig; NAP-Daten konsistent)
H2: FAQ (Häufige Einwände)
Sekundärer CTA: „Rückruf vereinbaren“
Recht/Datenschutz: kurze Hinweise bei Formular/Telefon
Schema
"Lokal": "LocalBusiness" (name, address, telephone, openingHours, geo, sameAs) + "FAQPage" bei echten FAQ. Nicht-lokal: "Service" oder "WebPage" + "Organization".

Textbausteine zum direkten Einsetzen

Kurzantwort (Ratgeber)

„In diesem Leitfaden erfährst du in [Zeit] die Grundlagen von [Thema] und setzt [Ergebnis] in [n] Schritten um: [Schritt 1], [Schritt 2], [Schritt 3]. Die wichtigsten Fehler und eine Checkliste findest du unten.“

Szenario-Empfehlung (Vergleich)

„Für [Zielgruppe] mit [Anforderung] ist [Tool] die beste Wahl, weil [Kriterium A] und [Kriterium B]. Wenn du [Sonderfall], prüfe [Alternative] wegen [Begründung].“

Nutzen-Bullets (Produkt)

„Spart durchschnittlich [x] Prozent Zeit pro Woche.
Transparente Kosten: ab [€] pro [Zeiteinheit].
Schneller Start: live in [x] Tagen – ohne Bindung.“

Ablauf (Landingpage)

„**Schritt 1:** Kostenloses Erstgespräch (15 Minuten). Wir klären Ziel, Budget, Timing.

Schritt 2: Konzept & Angebot in 48 Stunden.

Schritt 3: Umsetzung & Übergabe. Fester Ansprechpartner, klare Milestones."

FAQ-Antwort (allgemein, 60–100 Wörter)

„Die Kosten für [Leistung] liegen typischerweise zwischen [A] und [B] Euro, abhängig von [Faktoren]. Für kleine [Zielgruppe] startet unser Paket bei [Preis]. Wenn du [Sonderfall], empfehlen wir [Option]. Details und Beispiele findest du oben im Abschnitt ‚Preise'."

Interne-Link-Satz

„Eine ausführliche Entscheidungshilfe mit Kriterien und Tabelle findest du im [Vergleich zu Thema X]."

Qualitäts- und Prüfcheck pro Vorlage

Ratgeber

Kurzantwort vorhanden, Modul-Mix (Definition, Schritte, Fehler, Beispiel, FAQ), mindestens 2 kontextuelle interne Links, Article/FAQ-Schema korrekt.

Vergleich

Kriterien transparent, Tabelle semantisch, Szenario-Empfehlungen klar, Methodik/Datum sichtbar, keine fingierten Bewertungen.

Produkt

Klares Nutzenversprechen, Preise sichtbar oder sauber als „ab" deklariert, Case-Beleg, Einwände im FAQ, Product/Offer-Schema nur bei sichtbaren Werten.

Landingpage

NAP konsistent, Karte dezent, Telefon/Termin klickbar, LocalBusiness-Schema gepflegt, Trust direkt beim CTA.

Häufige Fehler und schnelle Korrektur

Zu lange Einleitungen

Kürzen; Kurzantwort nach H1 zwingend.

Tabelle als Bild

Immer echte <table> verwenden; sonst unlesbar für Maschinen.

FAQ ohne echte Fragen

Nur reale Q&A, sonst Markup weglassen.

Unscharfe CTAs

CTA benennt den nächsten Schritt und Erwartung („Antwort in 24 Stunden").

Kein Aktualisierungsdatum

„Zuletzt aktualisiert" sichtbar; besonders bei Vergleichen/Preisen.

Mini-To-do: In 60 Minuten eine Seite mit Vorlage neu aufsetzen

Seitentyp wählen (Ratgeber, Vergleich, Produkt, Landingpage).
SEO-Basics schreiben (Title, Meta, URL).
Above-the-Fold einsetzen (H1, Kurzantwort/Nutzen, CTA, kleines Trust-Element).
Module der jeweiligen Vorlage füllen (Tabelle/Schritte/Preise/FAQ).
Interne Links setzen (Pillar, Geschwister, Angebot).
Schema JSON-LD hinzufügen (passender Typ), „Zuletzt aktualisiert" ergänzen.
Medien prüfen (Hero-Bild optimieren, Alt-Texte), veröffentlichen und in 14 Tagen CTR/Engagement prüfen.
Ergebnis: Du produzierst konsistent strukturierte Seiten, die Intention treffen, schnell verstanden und sauber ausgezeichnet werden – beste Voraussetzungen für stabile Rankings, höhere CTR und bessere Chancen auf Zitation in KI-Antwortsystemen.

In Kapitel 8 hast du einen skalierbaren Content-Bauplan geschaffen, der Themenautorität sichtbar macht und Produktion beschleunigt. Mit Themenclustern und Silo-Strukturen bündelst du Relevanz: Eine Pillar-Seite ordnet das Thema, Detailseiten liefern Tiefe; konsistente URLs, Breadcrumbs und kontextuelle interne Links verhindern Kannibalisierung und führen Nutzer sicher zur passenden Antwort. Du kombinierst Evergreen-Content (zeitloses Fundament, regelmäßige Pflege) mit Trend- und Saison-Stücken (Aktualitätsspitzen, klare Datumskennzeichnung). Beides verlinkt bidirektional und wird bei Bedarf konsolidiert, damit Signale nicht zerfasern. Du setzt gezielte FAQ-Abschnitte ein: echte, kurz beantwortete Nutzerfragen am passenden Platz, sauber ausgezeichnet (FAQPage), um Lücken zu schließen, Long-Tail-Anfragen abzufangen und KI-Zitierfähigkeit zu erhöhen. Schließlich nutzt du praxiserprobte Vorlagen für Ratgeber, Vergleiche, Produkt/Angebot und Landingpages: Above-the-Fold klar, Module statt Wortwand, saubere Schema-Typen, interne Wegführung und „Zuletzt aktualisiert“. Ergebnis: planbare Produktion, starke thematische Autorität, höhere CTR und bessere Chancen auf Rich Results und KI-Erwähnungen.

Abkürzungen und Begriffe aus Kapitel 8

Themencluster: Gruppe zusammengehöriger Seiten zu einem Schwerpunkt (Pillar + Detailseiten).

Pillar Page: zentrale Überblicksseite eines Clusters mit Wegführung zu Detailinhalten.

Silo-Struktur: hierarchische, thematisch konsistente Ordnung über URL, Navigation und interne Links.

Kannibalisierung: mehrere Seiten zielen auf dasselbe Keyword und konkurrieren.

Evergreen Content: dauerhaft nützliche Inhalte mit langem Lebenszyklus.

Trend Content: zeitgebundene, aktuelle Inhalte mit kurzer Halbwertszeit.
Saisonaler Content: regelmäßig wiederkehrende Trends (z. B. Black Friday).
QDF (Query Deserves Freshness): Suchanfrage, die bevorzugt frische Ergebnisse verlangt.
Temporal Intent: Zeiterwartung hinter einer Suche (zeitlos vs. aktuell).
Content Decay: Leistungsverlust eines Inhalts durch Veralten.
FAQ (Frequently Asked Questions): kurz beantwortete, häufige Fragen im passenden Seitenkontext.
PAA (People Also Ask): SERP-Fragenbox; Quelle für echte Nutzerfragen.
Entitäten: eindeutig identifizierbare Dinge (Marken, Orte, Modelle) mit konsistenter Schreibweise.
Vorlage/Template: wiederverwendbare Seitenstruktur mit definierten Modulen.
Schema.org/JSON-LD: strukturierte Daten zur eindeutigen Maschineninterpretation (z. B. Article, FAQPage, HowTo, Product, LocalBusiness).

Lies jetzt Kapitel 9. Dort richtest du deinen Prüf- und Verbesserungszyklus ein: Search-Console-Analysen für CTR und Queries, GA4-Events für Engagement/Scrolltiefe, Überwachung der Core Web Vitals sowie leichte A/B-Tests. Ziel ist ein wiederholbarer 12-Wochen-Rhythmus aus Hypothese, Änderung und Bewertung, der Rankings, KI-Sichtbarkeit und Conversions stabil steigert.

KAPITEL 9:

Linkaufbau richtig machen

Kapitel 9:

9.1 Was ist heute noch „guter Backlink"

Ziel dieses Abschnitts: Du verstehst, welche Links heute wirklich helfen, wie du Qualität erkennst und wie du auf sichere, skalierbare Weise zu Verlinkungen kommst. Neue Begriffe erkläre ich beim ersten Auftreten. Am Ende findest du ein Mini-To-do.

Begriffsklärung

Backlink

Ein Backlink ist ein eingehender Link von einer fremden Website zu deiner Seite. Er wirkt wie eine Empfehlung. Anzahl allein genügt nicht – Qualität entscheidet.

Autorität (Domain- und Seitenautorität)

Unabhängige Metriken von SEO-Tools, die auf Linkprofil und Sichtbarkeit basieren. Nützlich zum Vergleich, aber kein offizieller Google-Wert. Behandle sie als Indikatoren, nicht als Ziel.

Relevanz

Inhaltliche Nähe von verlinkender und verlinkter Seite. Ein Link aus einem thematisch passenden Artikel ist wertvoller als ein zufälliger Branchenfremder.

Ankertext

Der klickbare Text eines Links. Beschreibende, natürliche Anker („CRM-Vergleich ") sind hilfreicher als „hier". Überoptimierte, keywordgestopfte Anker wirken unnatürlich.

Platzierung

Wo der Link steht. Ein Link im redaktionellen Haupttext ist in der Regel wertvoller als einer im Footer, in Kommentarspalten oder in automatisch generierten Listen.

Follow/Nofollow/UGC/Sponsored

Link-Attribute. Follow (standard) gibt Signale weiter. nofollow, ugc (User Generated Content) und sponsored schränken die Signalweitergabe ein. Markiere bezahlte oder incentivierte Links korrekt mit sponsored oder nofollow.

Linkfarm/Private Blog Network (PBN)

Künstlich aufgebaute Link-Netzwerke ohne echten Mehrwert. Kurzfristig wirkungsvoll, langfristig riskant.

Was einen guten Backlink heute ausmacht

Thematische Passung

Die verlinkende Seite behandelt dasselbe oder ein eng verwandtes Thema. Der Link ist für Leser plausibel. Ein Beitrag über CRM verlinkt auf deinen CRM-Vergleich, nicht auf ein irrelevantes Produkt.

Redaktioneller Kontext

Der Link steht im Fließtext eines redaktionellen Artikels, am besten umgeben von Sätzen, die erklären, warum die Zielseite nützlich ist. Kontext schafft Vertrauen.

Echte, sichtbare Reichweite

Die verlinkende Seite hat organischen Traffic, wird selbst verlinkt und erscheint für relevante Suchanfragen. Reine Metriken ohne echte Besucher sind ein Warnsignal.

Sauberes Umfeld

Die Seite wirkt gepflegt, hat Impressum/Kontakt, klare Autorenangaben und keine offensichtlichen Casino/Pharma-Ausreißer. Ein sauberer Nachbarschaftseffekt zählt.

Natürlichkeit der Ankertexte

Deskriptiv, aber nicht erzwungen. Mischung aus Marken-, URL-, Themen- und Long-Tail-Ankern ist normal. Eine auffällige Häufung harter Money-Keywords wirkt unnatürlich.

Technisch intakt

Die verlinkende Seite und die Link-URL sind erreichbar (200-Status), nicht per 302/307 weitergeleitet, und die Zielseite ist indexierbar. Ein schöner Link auf eine noindex-Seite hilft nicht.

Nachhaltigkeit
Der Link bleibt bestehen (keine automatischen Löschungen nach wenigen Wochen) und wird nicht von hunderten ausgehenden Links verwässert.
Was keinen nachhaltigen Wert hat
Bezahlte Gastbeiträge ohne Kennzeichnung, Linktausch-Ringe, PBNs, massenhaft Profile-/Kommentarlinks, Sitewide-Links in Footer/Sidebar, Presseaussendungen mit Linkanker-Spam. Diese Taktiken sind riskant und bringen selten stabile Rankings.

Sichere Wege zu guten Links (praxisnah)

A) Informationsvorsprung erzeugen

Daten, die andere gern zitieren: kleine Branchenumfragen, Preisindizes, Mini-Studien, Checklisten, Vergleichstabellen, Rechenhilfen. Je klarer dein Information Gain, desto häufiger wirst du verlinkt.

B) Linkwürdige Formate bauen

Vergleichstabellen mit klarer Methodik, How-to mit Schrittfolge, FAQ-Quellen, Templates, öffentliche Tools (Rechner), Stadt- oder Branchenverzeichnisse mit echtem Nutzen. Ergänze transparente Methodik und „Zuletzt aktualisiert“.

C) Digital PR statt Linkkauf

Stories mit Nachrichtenwert: „Studie zeigt…“, „Datenauswertung zu…“, „Ranking von…“. Kontakt zu Fachmedien, Verbänden, Newsletter-Herausgebern. Biete ein Zitat, eine Grafik, eine Tabelle an. Immer faktenbasiert, kurz und nutzwertig.

D) Partnerschaften und Hinweise

Case-Studys mit Kunden, Lieferanten, Verbänden. Gemeinsame Webinare, Whitepaper, Checklisten. Bitte um Verlinkung im Kontext der Zusammenarbeit, nicht als „nackten“ Linkblock.

E) Content-Refresh-Outreach

Finde veraltete Artikel zu deinem Thema. Biete aktualisierte Zahlen, neue Screenshots, klare Zusammenfassungen an.

Frage höflich, ob deine aktualisierte Ressource als Quelle ergänzt werden kann.

F) Broken-Link-Recovery

Suche in themennahen Artikeln nach kaputten Links. Schlage deine passende Ressource als Ersatz vor. Hilf dem Herausgeber, schnell zu korrigieren (exakte Stelle und Ersatzlink nennen).

G) Lokale Signale

Für lokale Anbieter: Einträge in seriösen Branchenverzeichnissen, lokale Medien, Sponsoring von Veranstaltungen, Kooperationen mit Schulen/Initiativen. NAP-Daten konsistent, LocalBusiness-Markup pflegen.

Qualitätsprüfung vor dem Outreach(Schnellcheck einer potenziellen Quelle)

- Ist die Seite indexiert und hat sie Sichtbarkeit zu deinem Thema.
- Wirkt das Umfeld seriös (Impressum, Autor, Quellen).
- Steht dein Link sinnvoll im Fließtext, nicht in einem allgemeinen Linkfriedhof.
- Passt der Ankertext natürlich.
- Hat die Seite nicht massenhaft ausgehende, themenfremde Links.

Messung und Pflege des Linkprofils (Messpunkte)

- Anzahl neuer verweisender Domains pro Quartal (nicht nur Links).
- Sichtbarkeit/Traffic der verweisenden Seiten.
- Rankings der Ziel-Cluster nach Linkzugang.
- Crawl-Fehler: 404/410 an verlinkten Zielen vermeiden.

Pflege

- Zielseiten stabil halten, keine unnötigen URL-Änderungen. Bei Änderungen 301-Weiterleitung setzen.
- Redirect-Ketten vermeiden (direkt auf die finale Seite zeigen lassen).
- Einmal pro Quartal Linkprofil prüfen: toxische Muster (Spam) erkennen und keine weiteren Beziehungen dorthin aufbauen.

Häufige Fehler und schnelle Korrekturen

Gastsartikel mit hartem Money-Anchor

Korrigiere den Anker auf eine natürlichere Formulierung oder Marken-/URL-Anchor.

Links auf schwache oder irrelevante Ziele

Führe externe Links auf deine stärksten, thematisch saubersten Ressourcen (Pillar/Detail mit Information Gain) zusammen.

Verwaiste Linkziele durch Relaunch

Setze 301 von alten auf neue URLs; informiere wichtige Linkgeber, wenn sich Pfade ändern.

Nur Tool-Metriken statt Menschenblick

Neben Zahlen immer SERP- und Seitenqualität prüfen.

Zu viel Fokus auf „Follow“

Auch nofollow/UGC-Links können Reichweite und indirekte Signale (Klicks, Erwähnungen) bringen. Priorisiere Follow im Mix, aber jage nicht blind hinter Attributen her.

Checkliste: Ist das ein „guter“ Backlink-Kandidat

Thematisch passend zum Zielthema.
Redaktioneller Kontext im Haupttext, kein Linkfriedhof.
Sichtbare, echte Reichweite der Quelle.
Natürlich formulierter Ankertext.
Sauberes Umfeld, Impressum/Autor vorhanden.
Technisch intakt, Zielseite indexierbar, keine Redirect-Ketten.
Nachhaltig (bleibt bestehen, nicht massenhaft Sitewide).

Mini-To-do: In 60 Minuten drei hochwertige Link-Chancen identifizieren

Zielseite wählen
Eine starke Ressource in deinem Cluster (Vergleich, Studie, Leitfaden).
Veraltete Quellen finden
Suche nach Artikeln mit alten Jahreszahlen zu deinem Thema. Notiere drei passende Seiten, die von deinem Update profitieren würden.
Broken Links prüfen
Überfliege zwei themennahe Top-Artikel und checke offensichtliche, nicht erreichbare Quellen. Dokumentiere Stelle und Ersatzvorschlag.
Kontaktliste anlegen
Pro Seite Name, E-Mail/Kontaktformular, kurzer Pitch-Satz: warum deine Ressource Mehrwert bietet, welche Stelle du vorschlägst.
Outreach senden
Eine präzise, höfliche Nachricht je Seite: Kontext, Nutzen in einem Satz, exakte Verlinkungsstelle, kein Druck, kein Geldangebot.

Ergebnis:
Du baust ein natürliches, themenrelevantes Linkprofil auf, das Autorität im richtigen Cluster stärkt, langfristig stabil bleibt und ohne Risiko für Penalties auskommt.

Kapitel 9:

9.2 Gastbeiträge & HARO (Help a Reporter Out)

Ziel dieses Abschnitts: Du lernst, wie du mit hochwertigen Gastbeiträgen und PR-Responses über HARO/Connectively redaktionelle Erwähnungen und Backlinks gewinnst – sicher, skalierbar und E-E-A-T-fördernd. Neue Begriffe werden beim ersten Auftreten erklärt. Am Ende gibt es ein Mini-To-do.

Begriffsklärung

Gastbeitrag

Ein redaktioneller Artikel, den du für eine fremde, thematisch passende Website schreibst. Typisch mit Autorenbio/Byline und einem oder wenigen, natürlich platzierten Links.

Byline/Autorenbio

Kurzer Abschnitt unter dem Artikel mit Name, Funktion, Organisation, Foto und Link zur Autoren- oder Unternehmensseite.

Redaktionsrichtlinien (Editorial Guidelines)

Vorgaben der Ziel-Website zu Länge, Ton, Belegen, Bildrechten, Linkpolitik und Format.

HARO / Connectively

Marktplatz für Journalist:innen und Expert:innen: Reporter stellen Fragen, du lieferst kurze, zitierfähige Antworten mit Belegen. Ziel: Erwähnung/Quote, oft mit Link.

Pitch

Die kurze Idee- oder Nutzenargumentation, warum dein Beitrag oder dein Statement für das Medium relevant ist.

Exklusiv/Embargo

„Exklusiv" heißt: Inhalt nur für dieses Medium. „Embargo": Veröffentlichung erst ab einem vereinbarten Zeitpunkt.

Warum das funktioniert

Themenautorität

Gastbeiträge und Presse-Zitate liefern kontextstarke Erwähnungen aus redaktionellen Quellen. Das stärkt deine E-E-A-T (Experience, Expertise, Authoritativeness, Trustworthiness).

Signalbündelung

Ein einzelner, gut platzierter Link in einem thematisch relevanten Umfeld wiegt mehr als viele schwache Links. Zitate aus Medien tragen oft weitere natürliche Erwähnungen nach sich.

KI-Sichtbarkeit

Klare Autorenprofile, konsistente Entitäten (Name, Firma, Profile) und zitierfähige, präzise Aussagen erhöhen die Chance, in KI-Antworten als Quelle genannt zu werden.

Gastbeiträge: der sichere 6-Schritte-Workflow

1.**Zielseiten identifizieren**

– Themenschnitt: gleichen oder angrenzenden Schwerpunkt wie deine Cluster.

– Redaktionell: klar erkennbare Autorenschaft, Impressum, Quellenangaben.

– Publikum: echte Reichweite (organischer Traffic, Newsletter, Social-Resonanz).

– Linkpolitik: maximal 1–2 natürliche Links im Fließtext + Bio-Link, keine „Linkfarmen“.

2.**Themenvorschläge entwickeln**

– Lücke oder Update? Finde Artikel, die veraltet sind oder ein Unterthema nur anreißen.

– Bringe Information Gain: Daten, Mini-Studie, Vergleichstabelle, Schrittfolge, Case.

– Formate anbieten: „How-to mit 5 Schritten“, „Vergleichstabelle“, „Mini-Case mit Kennzahl“.

3.**Pitch schreiben (kurz, präzise)**

Betreff: Präzises Thema + konkreter Nutzen

Mailkörper in 6–8 Sätzen:
- 1 Satz: Warum jetzt (Trend, Datenlücke).
- 1–2 Sätze: Wer du bist (Expertise, Beleg).
- 3 Bullet-Outlines: H2-Struktur des Beitrags.
- 1 Satz: Exklusivität/Timing, Wortumfang, Übernahme von Grafiken.
- 1 Satz: Bio + Headshot + zwei Referenzlinks.

4.**Beitrag liefern**
- Struktur nach den Vorlagen aus Kapitel 8: Kurzantwort, Frage-Headings, Module, FAQ.
- Belege: Zahlen/Quellen klar kennzeichnen; Bilder mit Nutzungsrechten.
- Links sparsam, natürlich, kontextuell (ein Pillar, eine relevante Detailseite).
- Autorenbio inkl. einheitlicher Entitäten (Name, Funktion, Organisation, sameAs-Profile).

5.**Veröffentlichung begleiten**
- Finales Lektorat zügig, Korrekturen freundlich und konkret.
- Nach Livegang: intern verlinken (eigener Blog/News), Social-Teaser, Newsletter-Hinweis.
- Monitoring: URL sichern, 301-Risiken im Blick behalten.

6.**Pflege**
- Einmal jährlich prüfen: Ist der Beitrag noch aktuell. Biete proaktiv Updates an (neue Daten, Tabelle).

HARO/Connectively: der 6-Schritte-Workflow zur schnellen Quote

1.Einrichtung
- Themenkategorien abonnieren, die genau zu deiner Expertise passen.
- Boilerplates vorbereiten: 80-Wörter-Bio, 1-Satz-Elevator-Pitch, 2–3 Standard-Zahlen/Belege, Headshot-Link, offizielle Profile.

2.Auswahl der Queries
- Relevanz: Du kannst in 10–20 Minuten eine präzise, zitierfähige Antwort liefern.
- Publikationsqualität: echtes Medium, klares Thema, keine anonymen Massen-Blogs.
- Frist: Antworten möglichst binnen 1–3 Stunden – Geschwindigkeit zählt.

3.**Antwortstruktur (150–220 Wörter)**
- 1 Satz These/Antwortkern, der auch allein stehen kann.
- 2–3 Bullet-Belege (Zahl, Beispiel, Minischritt).
- 1 Satz „Wenn-dann"-Abgrenzung.
- 1 Satz Autorzeile: Name, Rolle, Organisation + 1 Beleglink (kein Sales-Pitch).
- Optional: Freigabe von Zitatkürzung („Sie dürfen kürzen, solange Sinn erhalten bleibt.").

4.**Beweise beilegen**
- Zahlen mit Quelle/Jahr, Mini-Datensatz oder Case-Outcome.
- Kein generisches BlaBla: Reporter lieben klare, überprüfbare Aussagen.

5.**Nachfassen**
- Wenn du Feedback bekommst: schnell reagieren, Headshot liefern, Name/Funktion gegenprüfen.
- Nach Veröffentlichung: bedanken, Fehler höflich korrigieren lassen (Name/Link/Unternehmensbezeichnung).

6.**Tracking**
- Liste der Pitches: Datum, Medium, Thema, Status, URL, Linkattribut, Zielseite.
- Metriken: neue verweisende Domains/Quartal, organischer Traffic der Quelle, Rankings der Ziel-Cluster.

Qualitätsregeln und Ethik

Kein Linkkauf, keine verdeckten Deals
Bezahlte Platzierungen müssen als „Sponsored" oder „Advertorial"

gekennzeichnet werden. Links ggf. „sponsored"/„nofollow".

Ein Thema, ein Ziel

Pitches fokussiert auf das Thema der Ziel-Publikation. Kein Recycling ohne echten Mehrwert.

Echte Autorenschaft

Dein Name gehört auf Stücke, die du verantwortest. Autorenseiten (Author Page) auf deiner Domain und auf dem Zielmedium mit konsistenten Daten stärken Entitäten.

Transparenz bei Daten

Quelle, Zeitraum, Stichprobengröße oder Methodik knapp nennen.

Häufige Fehler und schnelle Korrekturen

„Wir schreiben über alles"

Symptom: Streuung, niedrige Erfolgsquote.
Lösung: 1–2 Kernfelder definieren und dort Tiefe zeigen.

Ankertext-Zwang

Symptom: Überoptimierte Keyword-Anker.
Lösung: natürliche, deskriptive Anker; Marken-/URL-Mix akzeptieren.

Sales-Pitch statt Redaktion

Symptom: Ablehnung.
Lösung: Nutzen für die Leserschaft zuerst, Produkt nur kontextuell erwähnen.

Unklare Bildrechte

Symptom: Rückfragen/Entfernung.
Lösung: Nur lizenzsichere Grafiken, Quellen nennen, am besten Eigenmaterial.

Zu spät bei HARO

Symptom: Keine Antworten.
Lösung: Benachrichtigungen eng stellen, 2–3 mal täglich kurz prüfen, Boilerplate nutzen.

Templates zum direkten Einsatz

Pitch-Mail Gastbeitrag (Kurz)

Betreff: Daten-Update zu [Thema]: neuer Vergleich mit [x] Praxisbeispielen
Hallo [Name],
ich bin [Name], [Rolle] bei [Organisation]. Uns sind im Bereich [Thema] drei Aktualisierungen aufgefallen, die eure Leser direkt betreffen:
- [Punkt 1 in einem Satz]
- [Punkt 2]
- [Punkt 3]

Vorschlag für einen 1.200-Wörter-Beitrag:
H2 „[Kernfrage]“ – Kurzantwort + Tabelle
H2 „[Kriterium A–C]“ – je 2 Absätze mit Zahlen
H2 „So setzt du es um“ – 5 Schritte + Mini-Case
Ich liefere Grafiken (lizenzfrei), Quellen und Autorenbio mit Headshot. Exklusiv binnen 10 Tagen möglich.
Referenzen: [Gastbeitrag A], [Gastbeitrag B]
Viele Grüße, [Name] – [Rolle], [Website]

HARO/Connectively-Antwort (Kurz)

Hallo [Name],
Kernaussage: [1 präziser Satz mit Zahl/Schwelle].
Belege:
- Datapoint: [Zahl, Quelle, Jahr].
- Mini-Case: [Ausgangslage → Ergebnis in x %/Tagen].
- Schritt: [konkrete Maßnahme in 1 Satz].

Wenn [Sonderfall], dann [Alternative mit Begründung].
Zitatquelle: [Name], [Rolle], [Organisation] – [Link zur Autorenseite].
Headshot: [Link]
Gern kürzen unter Beibehalt des Sinns.

Checkliste: Habe ich „saubere" Gastbeiträge/PR-Zitate

Zielseite redaktionell, thematisch passend, echte Reichweite.
Pitch mit Information Gain, klare H2-Outlines, kein Sales-Ton.
Beitrag strukturiert (Kurzantwort, Fragen-Headings, Module, Quellen).
Links sparsam und kontextuell; Bio/Author Page konsistent.
HARO-Antwort in < 220 Wörtern, zitierfähige Zahl/Belege enthalten.
Tracking geführt (Quelle, Attribut, Ziel-Cluster, Wirkung).
Kennzeichnungen/Linkattribute korrekt (sponsored/nofollow, falls bezahlt).

Mini-To-do: In 60 Minuten zwei Chancen live anstoßen

Inventur
Wähle eine starke Ressource aus deinem Cluster (Vergleich oder Leitfaden) als Linkziel.
Zielseiten finden (15 Min.)
Suche zwei themennahe, redaktionelle Websites mit aktueller Berichterstattung und klaren Guidelines.
Pitch bauen (15 Min.)
Schreibe 1 Betreff + 6–8 Sätze + 3 H2-Outlines, füge zwei Referenzen hinzu.
HARO-Boilerplate (10 Min.)
80-Wörter-Bio, 1-Satz-Elevator-Pitch, 2 Zahlen/Quellen, Headshot-Link, Autorenseite.
Eine aktuelle Query beantworten (10 Min.)
Wähle eine passende Anfrage, antworte nach obigem Schema in 150–220 Wörtern.
Tracking anlegen (10 Min.)
Tabelle: Medium, Pitch-Datum, Status, URL, Attribut, Zielseite, Follow-up-Datum.

Ergebnis:
Du kombinierst zwei hochwertige Akquise-Wege – einen gezielten Gastbeitrag mit Information Gain und eine schnelle, belegte PR-Antwort. So entstehen natürliche Erwähnungen und Backlinks aus relevanten Quellen, die Themenautorität, Rankings und KI-Zitierfähigkeit nachhaltig stärken.

Kapitel 9:

9.3 Verzeichnisse & lokale Backlinks

Ziel dieses Abschnitts: Du lernst, wie du mit seriösen Branchenverzeichnissen und lokalen Erwähnungen vertrauenswürdige Signale aufbaust, die besonders für regionale Suchanfragen („in der Nähe“, Stadt + Leistung) wirken. Neue Begriffe werden beim ersten Auftreten erklärt. Am Ende findest du ein Mini-To-do.

Begriffsklärung

NAP-Daten

NAP steht für Name, Address, Phone. Gemeint sind deine Stammdaten: Unternehmensname, Anschrift, Telefonnummer. Sie müssen überall identisch geschrieben sein, um Verwechslungen zu vermeiden.

Citation

Eine Citation ist eine Erwähnung deiner NAP-Daten im Web, mit oder ohne Link. Auch ohne Link kann eine saubere, konsistente Citation lokale Relevanz stärken.

Direktorium/Branchenverzeichnis

Eine thematische oder regionale Website, die Unternehmen auflistet, etwa „Handwerker in Wien“ oder „Ärzteverzeichnis“. Gute Verzeichnisse prüfen Einträge und haben echte Nutzer.

Local Pack

Das Karten-Element in der Suche mit drei lokalen Ergebnissen. Konsistente NAP-Daten, Bewertungen und lokale Erwähnungen wirken darauf positiv.

Kategorie-Konsistenz

Wähle die passende Kategorie wie „Zahnarzt“ statt „Gesundheitsdienste“, Einheitlichkeit erleichtert die Zuordnung.

Warum Verzeichnisse und lokale Backlinks wichtig sind

Vertrauensanker

Saubere, übereinstimmende NAP-Daten über viele Quellen hinweg signalisieren: Dieses Unternehmen existiert wirklich, ist auffindbar und kontaktierbar.

Auffindbarkeit

Viele Nutzer starten direkt in Verzeichnissen oder Karten-Apps. Ein vollständiger, aktueller Eintrag liefert zusätzliche Zugänge und Anrufe.

Entitäten-Klarheit

Gleiche Schreibweise von Namen, Kategorien und Öffnungszeiten hilft Suchmaschinen und KI-Systemen, deine Marke als eindeutige lokale Entität zu verstehen.

Backlink-Chancen

Einige Verzeichnisse und lokale Medien erlauben einen dofollow-Link, viele setzen nofollow. Beides ist in Ordnung; wichtiger ist Relevanz und Sichtbarkeit.

Qualitätskriterien für gute Verzeichnisse

Thematische oder regionale Passung

Branchen- oder Stadtbezug muss klar sein. Ein „Alles-und-nichts"-Verzeichnis ohne Fokus bringt wenig.

Moderation und echte Nutzung

Gibt es redaktionelle Pflege, echte Bewertungen, aktualisierte Einträge. Totes Linkfriedhofs-Design meiden.

Unternehmensprofil-Tiefe

Möglichkeit, Beschreibung, Kategorien, Öffnungszeiten, Bilder, Website, Social-Profile, Leistungen, Preisspannen zu hinterlegen.

Klare Richtlinien

Transparente Bedingungen, Impressum, Kontakt. Vermeide Verzeichnisse ohne Verantwortliche.

Indexierbarkeit
Öffentlich zugängliche, indexierte Profilseiten sind besser als „nur intern sichtbare“ Einträge.

NAP-Perfektion: so schreibst du überall gleich

Name
Exakt dieselbe Schreibweise. Keine wechselnden Zusätze („GmbH“ mal mit, mal ohne). Entscheide dich und bleibe konsistent.

Adresse
Straßenformat identisch halten (z. B. „Hauptstraße 12“ statt einmal „Hauptstr. 12“ und einmal „Haupt Straße 12“). Einheitliche Postleitzahl, Ort, Land.

Telefon
Immer dieselbe Schreibweise inklusive Landesvorwahl (z. B. +43 1 ...). Keine wechselnden Nummern ohne Weiterleitung.

Öffnungszeiten
Gleiche Zeiten auf Website, Verzeichnissen und Karten. Feiertagsregeln pflegen.

Kategorie
Primärkategorie überall gleich, Sekundärkategorien passend und sparsam wählen.

Kurzbeschreibung
Ein bis zwei Sätze zu Leistung, Spezialisierung und Ort. Klar, ohne Marketingfloskeln.

Medien
Logo, 1–3 Bilder (Team, Räumlichkeiten, Arbeit), maximal komprimiert und seriös.

Schritt-für-Schritt: lokales Fundament aufbauen

Stammdaten festziehen
Lege die exakte NAP-Schreibweise und Primär-/Sekundärkategorien fest. Dokumentiere sie in einer kleinen Tabelle (wird später für jeden Eintrag kopiert).

Google-Unternehmensprofil

Vollständig ausfüllen: Name, Kategorie, Adresse/Abdeckung, Öffnungszeiten, Leistungen, Produkte/Angebote, FAQ, Bilder, kurze Updates. Einheitliche Schreibweise zu NAP. Bewertungen aktiv anstoßen, sachlich beantworten.

Kernverzeichnisse

Beginne mit wenigen, starken Quellen pro Land/Branche (z. B. Wirtschaftskammer, Stadtportal, große Branchenplattformen, Verbände). Trage vollständige Profile ein, lade Logo/Bilder hoch, prüfe Bestätigungs-E-Mails.

Nischen- und Stadtverzeichnisse

Spezialisierte Portale (z. B. „Ärzte“, „Architekten“, „Steuerberater“) und Stadt-/Bezirksverzeichnisse. Prüfe Sichtbarkeit in der Suche, bevor du Zeit investierst.

Lokale Medien und Partner

Firmenverzeichnisse von Zeitungen, Sponsoringseiten von Vereinen, Schul- oder Unipartnerschaften, Kammer- und Verbandsseiten. Hier entstehen oft die wertvollsten lokalen Links.

Konsistenz prüfen

Nach jeder Registrierung Profil-URL und Daten in deiner Tabelle speichern. Abweichungen korrigieren lassen (Kontaktformular, Support).

Lokale Backlinks jenseits von Verzeichnissen

Presse und Berichte

Kurze, faktenreiche Meldungen an lokale Redaktionen, z. B. Neueröffnung, Zertifizierung, Charity-Aktion, Veranstaltung. Immer mit Zitat, einem Foto und Link zur passenden Landingpage.

Events und Vorträge

Meetups, Infoabende, Workshops. Veranstalterseiten und Eventkalender verlinken häufig auf Speaker und Gastgeber.

Sponsoring

Vereine, Kultur, Schulen. Bitte um Nennung mit Link auf deiner lokalen Landingpage.

Kooperationen
Wechselseitige Empfehlung mit angrenzenden Dienstleistern. Kein plumper Linktausch; setze Kontext: „Partner für [Leistung] in [Stadt]".
Fallstudien
Mini-Cases mit lokalen Kunden. Viele Unternehmen verlinken gern auf veröffentlichte Success Stories.

Typische Fehler und schnelle Korrekturen

Uneinheitliche NAP
Symptom: „Hauptstr. 12" vs. „Hauptstraße 12".
Lösung: Ein Standard, überall anpassen, Abweichungen melden.
Falsche Kategorie
Symptom: Allgemeine Rubrik statt passender Branche.
Lösung: Primärkategorie korrigieren, Sekundärkategorien sparsam.
Halbfertige Profile
Symptom: Nur Name/Adresse, ohne Bilder/Öffnungszeiten. Lösung: Profile vollständig pflegen, kurze, klare Beschreibung einfügen.
Billig-Verzeichnisse
Symptom: Massenhafte ausgehende Links, kein Impressum. Lösung: Eintrag löschen lassen oder ignorieren; fokussiere auf seriöse Quellen.
„Tote" Telefonnummern
Symptom: Geänderte Nummern, die nirgendwo aktualisiert wurden.
Lösung: Sofort konsistent umstellen; Weiterleitungen einrichten.
Keine lokale Landingpage
Symptom: Verzeichnisse verlinken auf die Startseite, Nutzer finden Infos nicht.
Lösung: Pro Standort/Leistung eine klare, lokale Landingpage mit NAP, Karte, Öffnungszeiten, FAQ.

Lokale Landingpage: was dort stehen muss

NAP-Daten sichtbar

Name, Adresse, Telefon klickbar, Öffnungszeiten, Karte klein eingebunden.

Leistung und Spezialisierung

Klarer H1 und 2–3 Bullet-Nutzen für die Region.

Bewertungen/Trust

Auszug echter Kundenstimmen, Bewertungs-Score mit Quelle.

FAQ

Drei häufige Fragen (Termin, Preise, Dauer).

Schema.org

LocalBusiness-Markup mit name, address, telephone, openingHours, geo, sameAs.

Interne Links

Von der Standortseite auf relevante Leistungen verlinken; vom Leistungstext wieder zurück auf die Standortseite.

Messung und Pflege

Kennzahlen

Anrufe/Klicks aus Verzeichnissen und Karten, Sichtbarkeit bei Stadt+Leistung, Anzahl verweisender Domains mit lokalem Bezug, Karten-Rankings im Umkreis.

Pflegezyklus

Einmal pro Quartal Profil-Liste durchgehen, Öffnungszeiten (Feiertage) und Bilder aktualisieren. Bei Umzug/Nummernwechsel zuerst NAP-Tabelle ändern, dann alle Profile.

Bewertungen

Aktiv um Bewertungen bitten (nach Abschluss eines Auftrags), sachlich antworten, Musterfragen vermeiden. Sichtbare Reaktionsbereitschaft stärkt Vertrauen.

Checkliste: Habe ich lokale Basics im Griff

Einheitliche NAP-Schreibweise dokumentiert und überall umgesetzt.
Primärkategorie überall gleich, Sekundärkategorien passend.
Kernverzeichnisse gepflegt (vollständige Profile, Bilder, Öffnungszeiten).
Lokale Landingpage pro Standort vorhanden und verlinkt.
Mindestens drei lokale Erwähnungen jenseits von Verzeichnissen (Presse, Event, Sponsoring, Partner).
LocalBusiness-Schema auf der Standortseite gesetzt.
Quartalsweise Datenpflege eingeplant.

Mini-To-do: In 60 Minuten zu drei stabilen lokalen Signalen

NAP-Standard festlegen (10 Min.)
Schreibe die exakte Schreibweise von Name, Adresse, Telefon, Öffnungszeiten und Primärkategorie in eine Tabelle.
Lokale Landingpage prüfen (15 Min.)
Ist alles vorhanden: NAP, Karte, Öffnungszeiten, kurze Leistungserklärung, Bewertungen, FAQ, LocalBusiness-Schema. Fehlendes ergänzen.
Drei Profile anlegen/aktualisieren (25 Min.)
Eine starke Branchenplattform, ein Stadtportal, ein Verbands- oder Kammerverzeichnis. Daten identisch eintragen, Bilder hochladen, Profil-URLs speichern.
Eine lokale Erwähnung anstoßen (10 Min.)
Kurze Mail an eine lokale Redaktion oder einen Veranstalter mit einem konkreten, kleinen Thema (Termin, Mini-Event, Zertifikat) und Link auf deine Standortseite.

Ergebnis:
Du setzt schnelle, saubere Grundlagen für lokale Sichtbarkeit. Konsistente NAP-Daten, gepflegte Verzeichnisseinträge, eine klare Standortseite und erste lokale Erwähnungen liefern stabile Signale für Local Pack, organische Rankings und KI-Antwortsysteme mit Ortsbezug.

Kapitel 9:

9.4 Toxische Links vermeiden (Disavow Strategie)

Ziel dieses Abschnitts: Du lernst, was toxische Links sind, wann ein Disavow sinnvoll ist, wie du Risiken erkennst und wie du eine saubere, minimalinvasive Disavow-Strategie umsetzt. Neue Begriffe werden beim ersten Auftreten erklärt. Am Ende findest du ein Mini-To-do.

Begriffsklärung

Toxische Links

Eingehende Links von Quellen schlechter Qualität oder mit manipulativen Mustern, die das Vertrauen in deine Website mindern können. Beispiele: Linkfarmen, gehackte Seiten, massenhafte Footer-Sitewide-Links, Spam-Kommentare, irrelevante Verzeichnisse ohne Moderation.

Manual Action

Eine manuelle Maßnahme einer Suchmaschine wegen Verstößen gegen Richtlinien. Sie kann Rankings stark beeinträchtigen, bis die Ursachen behoben sind.

Algorithmische Bewertung

Automatische, fortlaufende Einschätzung der Linkqualität. Einzelne schlechte Links führen nicht automatisch zu einer Strafe, viele unnatürliche Muster können jedoch Signale dämpfen.

Disavow

Eine Datei, mit der du Suchmaschinen mitteilst, bestimmte Links oder Domains für die Bewertung zu ignorieren. Sie wird in einem Webmaster-Tool hochgeladen. Nur für fortgeschrittene Fälle und mit Bedacht einsetzen.

Sitewide-Link

Ein Link, der auf allen Seiten einer Domain erscheint, etwa im Footer oder in der Sidebar. In Massen und ohne Relevanz wirkt dies unnatürlich.

Warum Zurückhaltung wichtig ist
Moderne Algorithmen ignorieren viel offensichtlichen Spam automatisch. Ein überhasteter Disavow kann nützliche Signale versehentlich entwerten. Grundregel: Nur dann disavowen, wenn du ein klares Risiko siehst, besonders bei manueller Maßnahme, erkennbar unnatürlichen Mustern oder massiven negativen SEO-Aktionen.

Risikomuster für toxische Links

Relevanzlos und massenhaft
Viele Links aus themenfremden Domains, oft mit identischen, keywordgestopften Ankern.

Linknetzwerke
Serien von Domains mit ähnlichem Layout, gleichen IP-Bereichen, dünnem Content und gegenseitigen Verlinkungen.

Gehackte oder schadcodebelastete Seiten
Links aus kompromittierten Foren, Profilen oder versteckten Seiten.

Automatisierte Kommentare und Forenprofile
Unzusammenhängende Beiträge mit hartem Money-Anchor, oft in Alt-Threads.

Bezahlte, nicht gekennzeichnete Placements
„Gastbeiträge" oder Verzeichniseinträge, die erkennbar Linkverkauf betreiben, oft Sitewide, ohne redaktionellen Kontext.

Fuß- und Sidebar-Linkblöcke
Globale Blogrolls, Partnerlisten mit Dutzenden ausgehenden Links ohne Erklärung.

Sicheres Vorgehen in vier Stufen

Stufe 1: Inventur und Klassifizierung

Ziel: Überblick über verweisende Domains.

Vorgehen: Sammle eine Liste verweisender Domains aus deinen Tools. Markiere pro Domain: Thema passend oder nicht, Linktyp (redaktionell, Kommentar, Verzeichnis, Sitewide), Ankertext-Muster, Sichtbarkeit der Quelle, offensichtliche Risiken.

Bewertung: Unkritisch: redaktionelle, thematisch passende Quellen mit organischer Sichtbarkeit.

Prüfen: schwache Verzeichnisse, alte Forenprofile, einzelne irrelevante Erwähnungen.

Kritisch: Linknetzwerke, gehackte Seiten, massenhaft sitewide, manipulative Money-Anchor.

Stufe 2: Bereinigen statt disavowen

Ziel: Erst echte Reparatur versuchen.

Vorgehen: Kontakt aufnehmen und um Entfernung oder Attribut-Anpassung bitten, etwa auf nofollow oder sponsored. Bei eigenen alten Aktionen: Links kennzeichnen oder löschen lassen. Kommentar- und Forenspam per Account löschen, wenn möglich.

Hinweis: Dokumentiere deine Kontaktversuche kurz: Datum, Domain, Ergebnis.

Stufe 3: Disavow nur für klare Risiken

Ziel: Problematische Muster neutralisieren, wenn Entfernung nicht möglich ist.

Vorgehen: Disavow auf Domain-Ebene bevorzugen, nicht einzelne URLs, weil Spam oft breit gestreut ist.

Prinzipien:Minimalinvasiv: nur eindeutig problematische Domains.

Begründet: Jede Domain in deiner Liste hat eine kurze Notiz, warum.

Konsistent: Einmal pro Quartal prüfen und nur bei Bedarf ergänzen.

Stufe 4: Nachsorge und Monitoring

Ziel: Stabilisierung und Prävention.
Vorgehen: Nach Upload einige Wochen beobachten: Sichtbarkeit, Crawling-Fehler, neue verweisende Domains. Baue parallel hochwertige, thematisch passende Links auf, damit das Profil insgesamt gesünder wird.

Häufige Fehler und schnelle Korrekturen

Disavow als Erstreaktion
Fehler: Du entwertest versehentlich gute Links.
Besser: erst prüfen, entfernen, kennzeichnen.
URL statt Domain disavowen
Fehler: Du erwischst nicht alle Spam-Varianten.
Besser: domain: nutzen, wenn das Muster domainweit ist.
Zu breite Disavow-Liste
Fehler: Du nimmst halbe Branchenlandschaften heraus.
Besser: nur klar problematische Domains.
Keine Dokumentation
Fehler: Später ist unklar, warum du etwas entwertet hast.
Besser: knappe Gründe protokollieren.
Vergessen, hochwertige Links zu bauen
Fehler: Nur defensive Maßnahmen.
Besser: Parallel Digital-PR, Partnerschaften, Cases, Verzeichnisse mit Qualität.

Checkliste: Brauche ich einen Disavow

Liegt eine manuelle Maßnahme wegen unnatürlicher Links vor.
Gibt es ein klares, wiederkehrendes Muster toxischer Domains.
Wurden Entfernungsversuche dokumentiert und sind gescheitert.
Sind betroffene Links nicht redaktionell, nicht thematisch, häufig sitewide oder aus Netzwerken.
Habe ich eine minimale, begründete Domainliste erstellt.

Mini-To-do: In 60 Minuten zur risikoarmen Disavow-Entscheidung

Stichprobe ziehen
Liste die 100 neuesten verweisenden Domains. Markiere Relevanz, Linktyp, Anker-Muster.
Top-Risiken identifizieren
Wähle maximal 10 klar problematische Domains mit Begründung.
Entfernen versuchen
Suche Kontaktmöglichkeiten, bitte höflich um Entfernung oder nofollow. Notiere Ergebnis.
Disavow-Datei entwerfen
Erstelle eine minimalistische Datei mit domain:-Einträgen und Kommentaren. Prüfe Syntax.
Upload und Notiz
Lade die Datei hoch. Notiere Datum, Umfang, Gründe.
Monitoring anlegen
Trage einen Termin in 4 Wochen ein, um Sichtbarkeit, neue verweisende Domains und eventuelle Nachrichten in Webmaster-Tools zu prüfen.

Ergebnis:
Du setzt Disavow gezielt und sparsam ein, nur dort, wo echte Risiken bestehen, und kombinierst es mit sauberer Entfernung sowie aktivem Aufbau hochwertiger Links. So bleibt dein Linkprofil gesund und belastbar gegenüber manuellen Maßnahmen und algorithmischen Bewertungen.

In Kapitel 9 hast du gelernt, wie du ein robustes, risikoarmes Linkprofil aufbaust und pflegst. „Gute“ Backlinks sind thematisch passend, redaktionell im Fließtext platziert, kommen von Seiten mit echter Reichweite und sauberem Umfeld und nutzen natürliche Ankertexte. Du setzt auf Information Gain (Daten, Tabellen, Tools, Cases) und Digital PR statt Linkkauf. Gastbeiträge funktionieren, wenn sie Lücken schließen, belegte Mehrwerte liefern und sparsam, kontextuell auf deine besten Ressourcen verlinken; HARO/Connectively bringt schnelle, zitierfähige Erwähnungen, wenn du präzise, belegte Antworten lieferst. Für lokale Sichtbarkeit sind konsistente NAP-Daten, solide Branchen- und Stadtverzeichnisse, lokale Medien/Events und eigene Standort-Landingpages zentral. Toxische Links behandelst du mit Zurückhaltung: erst prüfen und entfernen/kennzeichnen, nur bei klaren Risikomustern disavowen – minimal, begründet und dokumentiert. Ergebnis: Ein natürlich wachsendes Linknetz, das Themenautorität und E-E-A-T stärkt, lokal wie überregional wirkt und zugleich sicher gegenüber manuellen Maßnahmen bleibt.

Abkürzungen und Begriffe aus Kapitel 9

Backlink: externer Link auf deine Website, wirkt wie Empfehlung.
Autorität: toolbasierte Vergleichsmetriken für Domains/Seiten; Indikatoren, keine offiziellen Werte.
Ankertext: sichtbarer Linktext; natürlich und beschreibend formulieren.
PBN (Private Blog Network): künstliches Linknetzwerk; riskant.
HARO/Connectively: Marktplatz für Presseanfragen; kurze, belegte Expertenantworten führen zu Erwähnungen/Links.
Byline/Autorenbio: Kurzprofil unter Gastbeiträgen mit Link. **Citation:** Erwähnung deiner NAP-Daten mit oder ohne Link.
NAP: Name, Address, Phone; überall identisch schreiben.
Local Pack: Karten-Ergebnis mit drei lokalen Treffern.
Manual Action: manuelle Maßnahme wegen Richtlinienverstößen.

Disavow: Datei, mit der problematische Links/Domains für die Bewertung ignoriert werden.
Sitewide-Link: Link in Footer/Sidebar auf allen Seiten einer Domain.
E-E-A-T: Experience, Expertise, Authoritativeness, Trustworthiness.
Gain liefern: Daten, Vergleichstabellen, Cases, Tools.
Gastbeiträge: klare Outlines, Belege, 1–2 kontextuelle Links, konsistente Autorenbio.
HARO: schnelle, präzise 150–220-Wörter-Statements mit Quellen.

Lies jetzt Kapitel 10. Dort richtest du eine schlanke Überwachungs- und Verbesserungsroutine ein (Search Console, GA4, Core Web Vitals, Linkprofil), definierst klare Wochenziele und arbeitest in 12-Wochen-Sprints messbar an Rankings, KI-Sichtbarkeit und Conversions.

KAPITEL 10:

E-E-A-T und Markenreputation

Kapitel 10:

10.1 Expertise zeigen (Autorenprofile, Zertifikate, Quellen)

Ziel dieses Abschnitts: Du baust sichtbare und überprüfbare Expertise auf, damit Nutzer, Suchmaschinen und KI-Systeme deine Inhalte als glaubwürdig einstufen. Neue Begriffe werden beim ersten Auftreten erklärt. Am Ende findest du ein Mini-To-do.

Begriffsklärung

E-E-A-T

Experience, Expertise, Authoritativeness, Trustworthiness. Zusammengefasst: praktische Erfahrung, fachliche Kompetenz, anerkannte Autorität und Vertrauenswürdigkeit. Du machst E-E-A-T sichtbar, prüfbar und konsistent.

YMYL

„Your Money or Your Life" – Themen mit Auswirkungen auf Geld, Gesundheit, Sicherheit oder Recht. Für YMYL gelten höhere Qualitätsansprüche (z. B. fachliche Prüfung, klare Haftungsausschlüsse).

Byline

Autorenzeile am Artikelanfang oder -ende: Name, Rolle, Organisation. Verlinkt zur Autorenprofilseite.

Autorenprofilseite

Eigenständige Seite mit Foto, Kurzvita, Qualifikationen, Zertifikaten, relevanten Projekten, Kontakt und Links zu professionellen Profilen. Sie vernetzt alle Artikel der Person.

Fachliche Prüfung

Kennzeichnung „Fachlich geprüft von …" mit Datum, wenn eine unabhängige qualifizierte Person den Inhalt geprüft hat.

Warum Expertise sichtbar sein muss

Vertrauen
Nutzer entscheiden in Sekunden, ob sie dir glauben. Sichtbare Qualifikation, echte Referenzen und überprüfbare Quellen senken Zweifel.
Maschinenverständnis
Klare Entitäten (Person, Organisation), konsistente Namen und Profile, strukturierte Daten und Quellenangaben helfen Suchmaschinen und KI, deine Inhalte korrekt einzuordnen und zu zitieren.
Haftung und Transparenz
Gerade in YMYL-Themen brauchst du Haftungsausschlüsse, Aktualisierungsdaten und fachliche Prüfungen, um Risiken zu vermeiden.

Die Bausteine: so zeigst du Expertise richtig

1-**Autorenprofilseiten, die überzeugen**
Inhalt
- Foto in guter Qualität, Klarname (einheitliche Schreibweise).
- Kurzvita in 60–120 Wörtern: Spezialisierung, relevante Jahre Erfahrung, Branchen.
- Qualifikationen: Studienabschlüsse, Zertifikate, relevante Kurse.
- Ausgewählte Referenzen: 3–6 Projekte, Vorträge, Publikationen, Pressezitate.
- Kontaktmöglichkeit oder neutrale Kontaktadresse.
- Verlinkung zu professionellen Profilen: LinkedIn, ResearchGate/ORCID (falls wissenschaftlich), Berufsverbände.

Technik
- Eigene, indexierbare URL (z. B. /autor/mohammad-balaei/).
- Einheitliche Entität: Schema.org Person mit name, jobTitle, worksFor, sameAs, image.
- Alle Artikel der Person auflisten (interne Verlinkung).

2-**Byline und Autorbox in jedem Artikel**

- Am Anfang klar: „Von [Name], [Rolle], [Organisation]".
- Am Ende eine kurze Autorbox: 2–3 Sätze zur Relevanz der Person für das Thema.
- Bei YMYL zusätzlich „Fachlich geprüft von [Name], [Qualifikation], am [Datum]".

3-**Zertifikate und Mitgliedschaften transparent machen**
- Nur relevante Nachweise nennen (z. B. Google Ads/Analytics, anerkannte Branchenzertifikate, Kammer- oder Verbandszugehörigkeit).
- Auf einer zentralen „Zertifikate & Mitgliedschaften"-Seite pflegen, mit Gültigkeitsdaten und Verifizierungslinks.
- In passenden Artikeln kurz einblenden („Zertifiziert in ..., gültig bis ...").

4-**Quellen, Belege und Methodik standardisieren**
- Primärquellen bevorzugen: offizielle Dokumentationen, Studien, Gesetzestexte, Herstellerangaben.
- Jede Kernaussage mit Risiko, Zahl oder Vergleich belegen.
- Eine kurze Methodik-Box bei Vergleichen oder Studien: Zeitraum, Datenbasis, Kriterien.
- Sichtbares Aktualisierungsdatum („Zuletzt aktualisiert: ...") und Änderungslog bei wichtigen Seiten.

5-**Redaktionsrichtlinien und Korrekturpolitik veröffentlichen**
- Kurze Seite „Redaktionsleitlinien": Quellenpriorität, Prüfprozesse, Umgang mit Interessenkonflikten, Korrekturablauf.
- „So aktualisieren wir Inhalte": Kriterien, Zeitraster, Verantwortliche.
- Kontakt für Korrekturhinweise („Fehler gefunden.").

6-**Organisation als verlässliche Entität zeigen**
- Vollständiges Impressum, Kontakt, Team-/Über-uns-Seite mit Rollen.
- Schema.org Organization mit name, url, logo, sameAs, foundingDate.
- Konsistente NAP-Daten (Name, Adresse, Telefon) und rechtliche Seiten (Datenschutz, AGB).

7-**Fachliche Prüfung sinnvoll einsetzen**
- Bei YMYL: Reviewer nennen, Qualifikation kurz beschreiben, Datum der Prüfung.
- Reviewer-Profile ebenfalls als Person-Entität anlegen und verlinken.
- Überarbeiteten Inhalt mit „Fachlich geprüft am ...“ kennzeichnen.

8-**Konsistenz in Namen und Profilen**
- Immer dieselbe Schreibweise für Namen, Abschlüsse, Zertifikate, Unternehmensnamen.
- Einheitliche Kurzbeschreibung in Autorenbox, Profilseite und Social-Profilen.

9-**Strukturierte Daten für Expertise**
- Article: author, datePublished, dateModified, headline, mainEntityOfPage, image.
- Person: name, jobTitle, sameAs, worksFor, image, knowsAbout/knowsLanguage (falls sinnvoll).
- reviewedBy (bei fachlicher Prüfung), citations (bei Studien), Organization (Publisher).
- LocalBusiness/Organization auf den Kontakt-/Über-Seiten konsistent halten.

10-**Spezialfall: Produktvergleiche und Tests**
- Offenlegen, wie bewertet wurde (Kriterien und Gewichtung).
- Keine fingierten Sterne; wenn externe Bewertungen zitiert werden, Quelle klar nennen.
- Interessenkonflikte transparent machen (z. B. Affiliate-Hinweis, Sponsoring, Teststellung).

Qualitätsregeln und Fallen

Keine Schein-Expertise

Keine erfundenen Zertifikate oder überzogenen Titel. Was du behauptest, muss belegbar sein.

Nicht zu viele Logos ohne Kontext

Wenige, relevante Logos mit kurzer Erklärung wirken stärker als

lange, unkommentierte Logo-Wände.
Veraltete Profile vermeiden
Profilseiten halbjährlich prüfen. Abgelaufene Zertifikate entfernen oder mit neuem Datum versehen.
Inhalts- und Autoren-Mismatch
Wer schreibt, sollte fachlich passen. Allgemeine „Redaktion"-Bylines in Fachartikeln nur, wenn der Reviewer klar benannt ist.

Checkliste: Ist meine Expertise sichtbar und prüfbar

Autorenprofile: Foto, Kurzvita, Qualifikationen, Referenzen, sameAs-Links.
Byline in jedem Artikel, Autorbox am Ende, bei YMYL mit Reviewer und Datum.
Zertifikate zentral gelistet, verifizierbar, mit Gültigkeit.
Quellen sauber: Primärquellen, Methodik-Box, Aktualisierungsdatum.
Redaktionsleitlinien und Korrekturpolitik veröffentlicht.
Organization-/Person-Markup korrekt und konsistent.
Namen, Rollen, NAP-Daten überall gleich geschrieben.

Mini-To-do: In 60 Minuten die Expertise sichtbar machen

Eine Autorenprofilseite anlegen oder aktualisieren
Foto, 80–120 Wörter Kurzvita, 3 Qualifikationen, 3 Referenzen, Links zu professionellen Profilen. Schema.org Person ergänzen.
Drei Top-Seiten prüfen
Byline ergänzen, Autorbox einfügen, „Zuletzt aktualisiert"-Datum und Quellenliste nachrüsten. Bei YMYL: Reviewer benennen.
Zertifikate-Seite erstellen
Relevante Nachweise mit Gültigkeitsdaten und Verifikationslinks eintragen. Von Autor- und Über-uns-Seite verlinken.
Redaktionsleitlinien veröffentlichen
Kurze Seite zu Quellen, Prüfung, Korrekturen und Interessenkonflikten anlegen und im Footer verlinken.
Strukturierte Daten testen
Auf einer Beispielseite Article + Person + Organization prüfen und eventuelle Fehler korrigieren.

Ergebnis:
Deine Expertise ist nicht nur behauptet, sondern sichtbar, vernetzt und überprüfbar. Das erhöht Vertrauen, verbessert Zitationschancen in SERPs und KI-Antworten und erfüllt die Erwartungen an Inhalte – besonders in sensiblen YMYL-Bereichen.

Kapitel 10:

10.2 Autorität aufbauen durch Veröffentlichungen und Erwähnungen

Ziel dieses Abschnitts: Du lernst, wie du systematisch fachliche Autorität aufbaust – über Veröffentlichungen auf eigenen und fremden Plattformen sowie über gezielte Erwähnungen in Medien, Fachportalen, Podcasts und Verzeichnissen. Neue Begriffe werden beim ersten Auftreten erklärt. Am Ende findest du ein Mini-To-do.

Begriffsklärung

Autorität (Authoritativeness)
Wie glaubwürdig und maßgeblich du in einem Thema wahrgenommen wirst – von Menschen und Suchmaschinen. Autorität entsteht, wenn andere relevante Quellen dich zitieren, verlinken oder um deine Meinung bitten.

Erwähnung (Mention)
Eine Nennung deiner Marke, deines Namens oder Produkts – mit oder ohne Link. Auch verlinkungslose Erwähnungen sind ein Signal, wenn sie auf seriösen, thematisch passenden Seiten stattfinden.

Co-Citation / Co-Occurrence
Wenn dein Name/Marke häufig in der Nähe anderer anerkannter Quellen zum gleichen Thema genannt wird. Das stärkt thematische Einordnung und Autorität.

Topical Authority
Tiefe und Breite deiner Inhalte in einem Themenbereich. Je lückenloser und aktueller du ein Thema abdeckst, desto eher wirst du als Referenz wahrgenommen.

Digital PR
Presse- und Öffentlichkeitsarbeit mit digitalen Mitteln: datenbasierte Inhalte, Experten-Statements, Gastbeiträge, die Medien und Communities freiwillig aufgreifen.

Warum Veröffentlichungen und Erwähnungen wirken

Signal an Menschen

Ein Beitrag in einem angesehenen Medium, ein Vortrag oder ein zitierter Datensatz zeigt: Andere halten deine Arbeit für relevant.

Signal an Maschinen

Zitierende, thematisch nahe Domains, konsistente Personen- und Organisationsdaten (Entitäten) und regelmäßige Erwähnungen helfen Suchmaschinen, dich als verlässliche Quelle zu erkennen.

Flywheel-Effekt

Je öfter du zitiert wirst, desto häufiger wirst du für weitere Beiträge angefragt. Sichtbarkeit erzeugt weitere Sichtbarkeit.

Drei Säulen für Autorität

Säule 1: Eigenes Publizieren (Owned Media)

Ziel: Topical Authority aufbauen und „Entity Home" stärken.

Themenlandkarte schließen

Baue Themencluster mit einer starken Leitseite (Pillar) und vollständigen Detailseiten. Aktualisiere sichtbar („Zuletzt aktualisiert"), halte Quellen und Methodik transparent.

Leuchtturm-Inhalte

Einmal pro Quartal ein Stück mit hohem Information Gain: Studie, Datenauswertung, Preisindex, Benchmark, Tool/Calculator, umfassender Leitfaden. Diese Inhalte sind besonders zitierfähig.

Autoren- und Organisationsseiten

Saubere Autorenprofile (Foto, Kurzvita, Qualifikationen, sameAs-Links) und eine „Über uns"-Seite mit Organisation als Entität. Beide dienen als verlässliche Referenz für Medien.

Formate diversifizieren

Artikel, Whitepaper, Checklisten, Präsentationen, Videos, Webinare, Open-Source-Snippets oder Datensets. Unterschiedliche Formate erhöhen die Chance auf Erwähnungen.

Säule 2: Publizieren auf Fremdplattformen (Earned/Shared Media)

Ziel: Reichweite und Referenzen in thematisch passenden Umfeldern.

Gastbeiträge mit Mehrwert

Reiche präzise Pitches ein (Lücke + Nutzen + Outline). Liefere belegte Inhalte (Daten, Tabellen, Cases). Verlinke sparsam und kontextuell auf deine beste Ressource. Baue eine konsistente Autorenbio.

Fachportale, Branchenblogs, Verbände

Suche redaktionell betreute Plattformen mit echter Leserschaft. Biete Updates, Methodenstücke, „So haben wir gemessen"-Beiträge, Jahresrückblicke.

Podcasts, Webinare, Panels

Kurz, pointiert, mit einem starken Take-away und einer Ressource zum Nachlesen. Veranstalter verlinken oft auf Guest Notes und Profile.

Konferenzen und Meetups

Reiche Talks mit konkreten Ergebnissen ein („+38 Prozent in 6 Wochen durch X"). Slides und Recaps erzeugen wieder Erwähnungen und Links.

Säule 3: Erwähnungen gezielt auslösen (Digital PR & Community)

Ziel: Regelmäßige, natürliche Mentions aus relevanten Quellen.

Daten- und Trend-Statements

Reagiere schnell auf branchenspezifische Ereignisse mit 150–220 Wörtern Kernthese + Zahl + Mini-Case.

Periodische Formate

Monats- oder Quartals-Updates, „State of..."-Reports, Preisindizes.

Community-Engagement

Antworten in Fachforen, LinkedIn-Analysen, Github/CodePen-Beispiele, offene Templates. Keine Werbung, sondern nachvollziehbares Know-how.

Partner und Kunden

Co-Branding von Cases, gemeinsame Webinare, Gastabsätze in Newslettern. Bitte um Nennung mit Link im Kontext, nicht als Linkliste.

So baust du eine Veröffentlichungs-Pipeline

Schritt 1: Beweisthema festlegen

Wähle ein Kernthema, in dem du in den nächsten 6–12 Monaten „die" Anlaufstelle sein willst.

Schritt 2: Quartals-Leuchtturm planen

Definiere ein Stück mit hohem Information Gain (Studie, Benchmark, Tool). Lege Datum, Datenquelle, Methodik, Visualisierung fest.

Schritt 3: Ableitungen erstellen

Aus dem Leuchtturm entstehen 5–8 Ableitungen: 2 Blogartikel (Methodik, Ergebnisse), 1 Gastbeitrag (How-to), 1 Webinar, 1 Podcast-Pitch, 2–3 Social-Threads mit Kerncharts.

Schritt 4: Outreach-Liste pflegen

Baue eine Tabelle mit 50 Kontakten: Fachmedien, Verbände, Newsletter, Podcaster, Community-Moderatoren. Für jeden Eintrag: Schwerpunkt, Formatpräferenzen, Kontaktweg.

Schritt 5: Takt halten

Pro Monat mindestens 1 fremde Veröffentlichung oder Erwähnung anstoßen (Gastbeitrag, Statement, Webinar). Pro Woche 1–2 kurze Community-Beiträge aus den Leuchtturm-Daten.

Schritt 6: Entitäten konsistent halten

Name, Rolle, Unternehmensname, Kurzvita, Profil-Links überall gleich. sameAs-Verweise auf Autoren- und Organisationsseiten pflegen.

Qualitätsregeln und Ethik

Belege vor Behauptung

Zahlen, Quellen, Screenshots, Methodik. Ohne Beleg keine starke These.

Neutralität bei Vergleichen

Interessen offenlegen (Affiliate, Sponsoring, Teststellung). Bei Tests Kriterien und Gewichtung zeigen.

Keine Scheinautorität

Kein Logo-„Zoo“ ohne Kontext. Wenige, relevante Referenzen mit kurzer Erklärung sind stärker.

Leser zuerst

Pitch und Inhalt beantworten, was das jeweilige Publikum wirklich wissen will – nicht, was du promoten willst.

Messung: wirkt deine Autoritätsarbeit

Frühindikatoren

Neue Erwähnungen/Monat, neue verweisende Domains/Quartal, Einladungen zu Talks/Podcasts, Antworten auf Pitches.

Mittel-/Langfristig

Anstieg der markenbezogenen Suchanfragen, Wachstum der Sichtbarkeit im Themencluster, höhere durchschnittliche Positionen für konkurrenzstarke Keywords.

Entitäts-Signale

Konsistente Knowledge-Graph-Signale: gleiche Schreibweise, häufige Byline-Auftritte, vernetzte Profile, wiederkehrende Co-Citations mit anerkannten Quellen.

Typische Fehler und schnelle Korrekturen

Zerstreute Themen

Symptom: Viele Inhalte, keine Tiefe.

Lösung: Ein Kernthema priorisieren, Roadmap 6–12 Monate.

Nur „Owned Media“

Symptom: Kaum Fremderwähnungen.

Lösung: Monatlich einen Pitch & eine Expertenantwort einplanen.

Daten ohne Methodik

Symptom: Misstrauen, geringe Zitierfreude.

Lösung: Kurz die Datenerhebung offenlegen.

Unklare Entitäten

Symptom: Abweichende Namensschreibweisen, mehrere Rollenbeschreibungen.

Lösung: Ein Styleguide für Namen/Titel/Links.

Einmal-Effekte
Symptom: Ein großer Hit, danach Funkstille.
Lösung: Wiederkehrende Reihen (Monatsindex, Quartalsreport), feste Veröffentlichungstermine.

Checkliste: Baue ich echte Autorität auf

Ein Kernthema mit Roadmap für 6–12 Monate.
Pro Quartal ein Leuchtturm-Inhalt mit Information Gain.
Pro Monat mindestens eine Veröffentlichung/Erwähnung auf einer Fremdplattform.
Autoren- und Organisationsprofile konsistent und als Entitäten ausgezeichnet.
Outreach-Liste gepflegt, Pitches präzise und datengestützt.
Ableitungen aus Leuchttürmen (Artikel, Charts, Webinar, Podcast).
Messung aktiv: Erwähnungen, verweisende Domains, Marken-Suchen, Cluster-Sichtbarkeit.

Mini-To-do: In 60 Minuten den Autoritäts-Flywheel starten

Kernthema definieren (10 Min.)
Schreibe ein Satz: „Wir werden zur Referenz für [Thema] für [Zielgruppe] in [Region/Branche]."
Leuchtturm skizzieren (15 Min.)
Wähle ein Qx/ -Stück mit Information Gain (z. B. Branchen-Preisindex, 500er-Umfrage, Tool-Benchmark). Notiere Datengrundlage, drei Kernfragen, eine Visualisierungsidee.
Ableitungen planen (10 Min.)
Liste 6 Formate auf: 2 Blogposts, 1 Gastbeitrag, 1 Webinar, 1 Podcast-Pitch, 1 Social-Thread mit 3 Charts.
Outreach-Mini-Liste (10 Min.)
Trage fünf passende Medien/Newsletter/Podcasts ein. Für jeden: Ansprechpartner, Format, warum dein Stück passt.
Entitäten prüfen (10 Min.)
Stimme Namen/Bylines/LinkedIn/Autorenseite/Organization-Seite ab. Ergänze sameAs-Links.
Ersten Kontakt senden (5 Min.)
Schicke einen präzisen Pitch mit 3-Bullet-Outline und einem Datensnippet.

Ergebnis:
Du verknüpfst eigenes Publizieren mit gezielten Fremdveröffentlichungen und wiederkehrenden Erwähnungen. So entsteht ein belastbares Autoritätsprofil, das Menschen überzeugt, von Medien aufgegriffen wird und Suchmaschinen klare, konsistente Signale liefert.

Kapitel 10:

10.3 Trust Signale (Transparenz, Kundenstimmen, Sicherheit)

Ziel dieses Abschnitts: Du baust sichtbare Vertrauenssignale auf, die Zweifel abbauen, Conversion-Hürden senken und sowohl Suchmaschinen als auch KI-Systemen klare Qualitätsindikatoren liefern. Neue Begriffe werden beim ersten Auftreten erklärt. Am Ende gibt es ein Mini-To-do.

Begriffsklärung

Trust-Signal
Ein überprüfbares Zeichen für Zuverlässigkeit, Kompetenz und Sicherheit, das Nutzer und Maschinen wahrnehmen können. Beispiele: echte Kundenstimmen, klare Anbieterangaben, Sicherheits- und Datenschutzhinweise, nachvollziehbare Preise.

Transparenz
Offenlegung relevanter Informationen wie Anbieteridentität, Kontaktwege, Preise, Bedingungen, Methodik und Interessenkonflikte. Transparenz reduziert Unsicherheit.

Social Proof
Sozialer Beleg für Qualität, etwa Bewertungen, Referenzen, Fallstudien, Auszeichnungen. Social Proof wirkt, wenn Quelle, Zahl und Kontext erkennbar sind.

Compliance
Einhaltung von Regeln, Standards oder Gesetzen. Beispiele: Datenschutz (DSGVO), Barrierefreiheit, Branchenrichtlinien, Zertifizierungen.

Sicherheitsnachweis
Konkrete technische und organisatorische Maßnahmen, die Nutzerdaten und Transaktionen schützen. Beispiele: HTTPS, 2-Faktor-Authentifizierung, Audit, Statusseite.

Warum Trust-Signale Rankings und Conversions stärken

Weniger Friktion

Klare Anbieterinfos, nachvollziehbare Preise und eindeutige CTAs verringern Abbrüche.

Bessere Nutzersignale

Wer Vertrauen hat, bleibt, interagiert und fragt an. Das verbessert Engagement-Metriken und indirekt die SEO-Ergebnisse.

Maschinenverständnis

Saubere Entitäten (Organization, LocalBusiness), strukturierte Bewertungen, klare Policies und konsistente NAP-Daten erleichtern die korrekte Einordnung und Zitierung durch Suchmaschinen und KI-Antwortsysteme.

Die sechs Säulen starker Trust-Signale

1-**Identität und Erreichbarkeit**

Elemente

Impressum, vollständige Kontaktseite mit Adresse, Telefon, E-Mail, Öffnungszeiten, Team- und Über-uns-Seite mit Rollen. Für lokale Anbieter konsistente NAP-Daten (Name, Address, Phone) auf allen Profilen.

Umsetzung

Kontaktwege klickbar (tel:, mailto:), Antwortzeiten nennen, kurzer Hinweis zur bevorzugten Kontaktart. Organization- und ggf. LocalBusiness-Markup sauber pflegen.

2-**Transparente Inhalte und Methodik**

Elemente

Aktualisierungsdatum, Quellenliste, Methodik-Box bei Vergleichen oder Studien, Offenlegung von Interessenkonflikten (Affiliate, Sponsoring, Teststellungen). Preise mit Bedingungen und Ausnahmen.

Umsetzung

Oben Kurzantwort, im Artikel sichtbare Kriterien und Bewertungsskalen. Bei Preisen Spannen und Beispielrechnungen. Eigene Richtlinienseite zu Redaktion und Korrekturen verlinken.

3-**Kundenstimmen und Fallstudien**

Elemente

Bewertungsscore mit Quelle, kurze echte Zitate, Mini-Cases mit Ausgangslage, Maßnahme, Ergebnis und Zahl. Branchenlogos nur mit Kontext.

Umsetzung

Trust-Blöcke in der Nähe kritischer Entscheidungen platzieren (CTA, Preis, Formular). Bei lokalen Anbietern auf Standortseite zeigen. Keine fiktiven Sterne im Markup; echte Bewertungen verlinken.

4-**Sicherheit und Datenschutz**

Elemente

HTTPS erkennbar, Sicherheitsbadge nur bei echter Relevanz, kurze Erklärung zu Datenverarbeitung, DSGVO-Hinweise, Cookie-Dialog dezent und konform. Für Produkte: Login-Sicherheit, Verschlüsselung, Backups, Statusseite mit Verfügbarkeit.

Umsetzung

Sicherheitsabschnitt unter Formularen und Checkout. Datenschutz kurz in Klartext zusammenfassen und zur vollständigen Policy verlinken. Status- oder Changelog-Seite pflegen.

5-**Service- und Kaufklarheit**

Elemente

Leistungsumfang, Reaktions- und Lieferzeiten, Rückgabe- oder Storno-Regeln, SLA bei B2B, Onboarding-Ablauf, Support-Kanäle.

Umsetzung

FAQ mit Einwänden direkt bei Preisen und Formularen. Klare CTA-Begleittexte: was passiert nach Klick, in welchem Zeitfenster kommt die Antwort.

6-**Entitäten und Auszeichnungen**

Elemente
Zertifikate, Mitgliedschaften, Auszeichnungen, Konferenzauftritte, Presseerwähnungen. sameAs-Links zu offiziellen Profilen.
Umsetzung
Zentrale Seite „Zertifikate und Mitgliedschaften" mit Gültigkeitsdaten. In relevanten Seiten kurz anreißen und verlinken. Person- und Organization-Markup konsistent halten.

Platzierung im Layout

Above the Fold
Kompakte Trust-Zeile: Bewertungs-Score mit Quelle oder Kundenlogos mit kurzem Kontext. Kein Logowald ohne Erklärung.
Neben Preis und CTA
Ein Satz Sicherheits- oder Datenschutzhinweis, ein Mini-Case oder ein Verweis auf Rückgaberegeln.
Im Footer
Verlässliche Sektion mit Impressum, Datenschutz, AGB, Zertifikate, Redaktionsleitlinien. Footer ist Ergänzung, nicht Ersatz für sichtbare Trust-Blöcke.
In Produkt- und Landingpage-Modulen
Case-Boxen, Bewertungen und FAQ direkt in den Entscheidungsmodulen integrieren.

Strukturierte Daten für Trust

Organization
name, url, logo, sameAs. Für lokale Anbieter LocalBusiness mit address, telephone, openingHours. Entitätskonsistenz ist zentral.
Article
author, datePublished, dateModified, citations bei Studien. Keine erfundenen Rating-Snippets.
Product/Service
Nur dann Offers oder AggregateRating auszeichnen, wenn Werte real und sichtbar sind. Widersprüche vermeiden.

FAQPage
Echte, sichtbare Frage-Antwort-Paare, keine Werbung in Antworten.

Häufige Fehler und schnelle Korrekturen

Vage Vertrauenssiegel
Allgemeine Grafiken ohne Quelle schwächen Vertrauen. Besser: konkrete, prüfbare Angaben und verlinkte Nachweise.

Fingierte Bewertungen
Gefährlich und leicht erkennbar. Nur echte Quellen mit Link oder klarer Herkunft nutzen.

Transparenz hinter Paywalls
Wichtige Infos wie Preise, Rückgaberegeln, Methodik dürfen nicht versteckt sein. Sichtbar zusammenfassen und ins Detail verlinken.

Datenschutz nur juristisch
Nur juristischer Text wirkt kalt. Ergänze einen Klartext-Abschnitt: wozu Daten genutzt werden, Aufbewahrung, Abmeldung.

Überladene Logo-Wände
Wenige, relevante Logos mit einzeiligem Kontext sind wirksamer als zwanzig generische Markenbilder.

Checkliste: Sind meine Trust-Signale sichtbar und prüfbar

Impressum, Kontakt, Teamseiten vorhanden und leicht erreichbar.
Klickbare Telefon- und E-Mail-Links, Antwortzeiten genannt.
Aktualisierungsdatum, Quellenliste, Methodik-Box .
Bewertungs-Score + Quelle, 1–2 Zitate, 1 Mini-Case nahe CTA/Preis.
Sicherheits- und Datenschutzhinweis bei Formularen, HTTPS und Statusseite erkennbar.
Preise, Bedingungen, Rückgabe/Storno erklärt, FAQ bei Einwänden.
Organization/LocalBusiness und Person-Entitäten konsistent ausgezeichnet.
Zertifikate und Mitgliedschaften mit Gültigkeit & Verifikationslinks.

Mini-To-do: In 60 Minuten sichtbaren Trust nachrüsten

Kritische Seite wählen
Produkt-, Preis- oder Kontaktseite mit viel Traffic.

Trust-Blöcke ergänzen
Neben dem primären CTA eine kurze Trust-Zeile platzieren: Bewertungs-Score mit Quelle oder ein Mini-Case in zwei Zeilen.

Transparenz sichtbar machen
Aktualisierungsdatum setzen, drei Hauptquellen verlinken, Methodik-Box bei Vergleichen ergänzen.

Sicherheit klarmachen
Unter Formularen kurze Datenschutz- und Sicherheitsnotiz einfügen, HTTPS prüfen, Status- oder Sicherheitsseite verlinken.

Kontakt und Identität stärken
Kontaktweg klickbar, Antwortzeit nennen, kurzer Team-/Über-uns-Link.

Entitäten prüfen
Organization/LocalBusiness-JSON-LD kontrollieren, fehlende sameAs-Links ergänzen.

Ergebnis:
Deine Seiten zeigen nachvollziehbar, wer du bist, wie du arbeitest, wie sicher Daten behandelt werden und was andere über dich sagen. Das baut Hürden ab, verbessert Nutzersignale und erhöht die Chance auf bessere Rankings und verlässliche Erwähnungen in KI-Antworten.

Kapitel 10:

10.4 Wie KI E-E-A-T interpretiert

Ziel dieses Abschnitts: Du verstehst, wie KI-gestützte Such- und Antwortsysteme Signale für Experience, Expertise, Authoritativeness und Trustworthiness (E-E-A-T) lesen, gewichten und zusammenführen – und wie du deine Inhalte so bereitstellst, dass sie als verlässliche Quelle ausgewählt und korrekt zitiert werden. Neue Begriffe werden beim ersten Auftreten erklärt. Am Ende gibt es ein Mini-To-do.

Begriffsklärung

E-E-A-T

Experience, Expertise, Authoritativeness, Trustworthiness. Kurz: praktische Erfahrung, fachliche Kompetenz, anerkannte Autorität und Vertrauenswürdigkeit. Sichtbar und prüfbar gemachte E-E-A-T-Signale helfen Menschen und Maschinen, Qualität einzuordnen.

Provenienz

Nachvollziehbare Herkunft einer Aussage oder eines Mediums (Wer hat es erstellt, wann, unter welchen Bedingungen, mit welchen Quellen).

Konsistenz der Entitäten

Gleiche, eindeutig verknüpfte Angaben zu Personen, Marken, Orten und Produkten über Website, Profile und Markup hinweg. Maschinen nutzen diese „Gleichschreibung“, um Identitäten sicher zu erkennen.

Consensus-Signal

Wenn mehrere voneinander unabhängige, vertrauenswürdige Quellen zu einer Frage dasselbe oder sehr Ähnliches sagen, werten KI-Systeme dies als Bestätigung.

Wie KI E-E-A-T typischerweise ableitet

Autor und Organisation als Entitäten

Maschinen prüfen, ob Autor und Herausgeber als verlässliche „Knoten“ im Netz existieren: eigene Profilseiten, einheitliche Namen, verknüpfte offizielle Profile, konsistente Angaben. Strukturierte Daten (Person, Organization) und klare Byline erhöhen die Erkennbarkeit.

Quellenlage und Belegkette

KI-Systeme bevorzugen Antworten mit überprüfbaren Primärquellen und klaren Verweisen. Inhalte mit Methodik-Box, Zitaten, Datumsangaben und nachvollziehbaren Belegen sind leichter zu prüfen und zu zitieren.

Inhaltliche Tiefe und Information Gain

Tiefe, konkrete Details, Zahlen, Tabellen, Schritt-für-Schritt-Anleitungen, Gegenüberstellungen und Beispiele sind starke Fachsignale. Reine Oberflächentexte ohne neue Substanz fallen ab.

Konsistenz über Zeit und Kanäle

Gleiche Fakten, Begriffe und Schreibweisen auf Website, Autorenprofil, Produktseiten, Social-Profilen und in strukturieren Daten. Widersprüche mindern Vertrauen.

Aktualität und Änderungslog

Sichtbare „Zuletzt aktualisiert“-Angaben, Versionshinweise und Korrekturen zeigen Pflege und Verantwortungsbewusstsein. Bei zeitkritischen Themen ist Frische ein Teil des Vertrauens.

Externe Bestätigung

Erwähnungen und Links aus relevanten, eigenständig starken Quellen (Fachmedien, Verbände, Konferenzen), strukturierte Bewertungen mit Quelle, echte Kundenfälle. KI-Systeme nutzen solche Referenzen als Autoritäts-Proxy.

Nutzer- und Qualitätssignale

Stabile Nutzersignale, Barrierefreiheit und klarer Datenschutz vermitteln indirekt Vertrauen.

Konkrete Umsetzung: E-E-A-T maschinenlesbar machen

Autorenschaft sichtbar und verknüpft

Byline am Anfang, Autorbox am Ende; eigene Autorenseite mit Kurzvita, Qualifikationen, Referenzen und sameAs-Links (LinkedIn, Verbände, Publikationen). Person-Markup mit name, jobTitle, worksFor, sameAs, image.

Organisation als „Entity Home"

Über-uns, Kontakt, Impressum, klare NAP-Daten (Name, Address, Phone), Organization-Markup mit name, url, logo, sameAs und einheitlicher Schreibweise. Für lokale Anbieter zusätzlich LocalBusiness-Markup.

Quellen und Methodik standardisieren

Jede riskante Zahl/Behauptung belegen. Primärquellen bevorzugen. Bei Vergleichen: Kriterien, Gewichtung, Zeitraum und Datengrundlage kurz offenlegen. Eigene Richtlinienseite „Redaktion & Korrekturen" verlinken.

Provenienz von Medien sichern

Bilder mit Alt-Text und Bildunterschrift, Urheber klar benennen; bei Charts Datengrundlage im Text nennen. Für wichtige Assets Metadaten (IPTC) mit Urheber und Quelle pflegen.

Strukturierte Daten passend setzen

Article mit author, datePublished, dateModified, headline; FAQPage nur bei echten Fragen; HowTo bei echten Schrittfolgen; Product/Offer nur, wenn Preise sichtbar sind. Keine „Phantomdaten", alles muss im sichtbaren Text stehen.

Konsistenz der Entitäten pflegen

Namen, Rollen, Produktbezeichnungen, Orte immer gleich schreiben. sameAs-Verknüpfungen nutzen. Abkürzungen einmal definieren und danach konsistent verwenden.

Transparenz in sensiblen Bereichen

Bei YMYL-Themen fachliche Prüfung kenntlich machen (reviewedBy mit Datum), Haftungsausschluss kurz erklären, auf Richtlinien verweisen.

Aktualität sichtbar
„Zuletzt aktualisiert" mit Datum; bei größeren Änderungen kurzer Änderungsblock („Neu: Preise angepasst, Screenshots aktualisiert").

Typische Fehler und wie du sie vermeidest

Versteckte Autorenschaft
„Team" oder „Redaktion" ohne Person. Besser: namentliche Autorinnen und Autoren mit Profilseiten.

Schein-Siegel ohne Quelle
Grafische Badges ohne nachprüfbare Herkunft schwächen Vertrauen. Besser: echte Zertifikate mit Verifikationslink.

Unklare Belege
Externe Zahlen ohne Quelle oder Jahr. Besser: Primärquelle nennen, Datum angeben, Kontext in einem Satz erklären.

Inkonsistente Entitäten
Mehrere Schreibweisen von Namen, wechselnde Unternehmensbezeichnungen, unterschiedliche Logos. Besser: Styleguide und einmalige Pflege aller Vorkommen.

Strukturdaten ohne Inhalt
FAQ- oder Rating-Markup ohne sichtbare Fragen/Bewertungen. Besser: Markup nur für real vorhandene, sichtbare Elemente.

Qualitätsregeln für KI-taugliche Inhalte

Kurzantwort plus Tiefe
Die Hauptfrage in 2–4 Sätzen direkt beantworten, danach Module mit Belegen. So können Antworten zitiert werden, ohne Kontext zu verlieren.

Zahlen und Tabellen bevorzugen
Daten sind für Maschinen leichter prüfbar als vage Formulierungen. Tabellen, Kriterienlisten, Schrittfolgen strukturiert auszeichnen.

Eindeutige Seitenziele
Eine Absicht pro Seite, klare Headings, interne Links zum nächsten

sinnvollen Schritt. Keine kannibalisierenden Doppelthemen.

Korrekturen sichtbar

Fehler offen berichtigen, Änderungen datieren. Das stärkt Vertrauen längerfristig mehr als perfekte Makellosigkeit vorzutäuschen.

Checkliste: Ist mein E-E-A-T für KI erkennbar

Autor und Organisation als Entitäten ausgezeichnet und verlinkt.

Byline und Autorbox vorhanden; bei YMYL fachlich geprüft mit Datum.

Quellen genannt, Primärquellen bevorzugt, Methodik kurz erklärt.

„Zuletzt aktualisiert" sichtbar, Änderungsnotizen bei größeren Updates.

Konsistente Namen, Produkte, Orte, sameAs-Links gepflegt.

Passende strukturierte Daten (Article, FAQPage, HowTo, Product/Service, Organization/LocalBusiness).

Verlässliche Trust-Signale: Impressum, Kontakt, Datenschutz, echte Bewertungen/Cases in CTA-Nähe.

Mini-To-do: In 60 Minuten E-E-A-T für eine Top-Seite schärfen

Autorenschaft nachrüsten
Byline und Autorbox ergänzen, Autorenseite verlinken. Person-Markup prüfen.

Belege konsolidieren
Für jede Zahl/Behauptung eine Primärquelle einfügen; Methodik-Kasten mit Zeitraum und Kriterien hinzufügen.

Aktualität sichtbar machen
„Zuletzt aktualisiert" setzen; bei relevanten Änderungen zwei Stichpunkte ins Änderungslog.

Organisation klarmachen
Kontakt- und Über-uns-Link prominent, Organization-Markup mit sameAs prüfen.

Strukturierte Daten prüfen
Article (+ ggf. FAQPage/HowTo) validieren; alles im sichtbaren Inhalt vorhanden.

Entitäten konsistent ziehen
Namen, Produkte, Orte vereinheitlichen; sameAs-Links auf Autor- und Orga-Seiten ergänzen.

Ergebnis:
Deine Seite liefert nicht nur korrekte Antworten, sondern macht Herkunft, Verantwortliche, Quellen und Aktualität transparent und maschinenlesbar. Damit steigt die Chance, in KI-Antwortsystemen ausgewählt, korrekt wiedergegeben und als Quelle genannt zu werden.

In Kapitel 10 hast du gelernt, E-E-A-T systematisch sichtbar und maschinenlesbar zu machen. Du zeigst Expertise mit klaren Autorenprofilen, Byline, Qualifikationen, nachvollziehbaren Quellen und Methodik. Autorität entsteht durch Veröffentlichungen auf eigenen und externen Plattformen, wiederkehrende Leuchtturm-Inhalte mit Information Gain und gezielte Erwähnungen in Medien, Fachportalen, Podcasts und Communities. Vertrauenssignale senkst du nicht auf Dekorationsniveau, sondern belegst sie: echte Kundenstimmen, Mini-Cases, Sicherheits- und Datenschutzangaben, transparente Preise, klare Policies und konsistente Entitäten für Personen und Organisation. Du verstehst zudem, wie KI E-E-A-T interpretiert: konsistente Autor- und Organisationsdaten, Primärquellen, aktualisierte Inhalte, strukturierte Daten und externe Bestätigungen führen dazu, dass Systeme deine Seiten als verlässliche Quelle auswählen und korrekt zitieren. Ergebnis: mehr Glaubwürdigkeit für Menschen, stärkere Signale für Suchmaschinen und bessere Chancen, in KI-Antworten präsent zu sein.

Abkürzungen und Begriffe aus Kapitel 10

E-E-A-T: Experience, Expertise, Authoritativeness, Trustworthiness; Qualitätsrahmen für Inhalte.

YMYL: Your Money or Your Life; Themen mit hohen Qualitäts- und Sorgfaltsanforderungen.

Byline: Autorenzeile am Anfang oder Ende eines Artikels mit Link zur Profilseite.

Autorenprofilseite: dedizierte Seite mit Vita, Qualifikationen, Referenzen, sameAs-Links.

Digital PR: daten- und nutzwertgetriebene Öffentlichkeitsarbeit für Erwähnungen und Links.

Social Proof: Bewertungen, Referenzen, Cases.

Nachvollziehbare Herkunft von Aussagen oder Medien.

Entitäten: eindeutig identifizierbare Personen, Organisationen, Orte, Produkte; konsistent ausgezeichnet.
Schema.org/JSON-LD: strukturierte Daten zur maschinenlesbaren Auszeichnung von Inhalten.
Topical Authority: thematische Autorität durch Tiefe und Breite eines Themenclusters.
Co-Citation/Co-Occurrence: häufige gemeinsame Nennung mit anerkannten Quellen als Autoritätssignal.

Lies jetzt Kapitel 11. Dort richtest du einen schlanken Mess- und Verbesserungszyklus ein (Search Console, GA4, Core Web Vitals, Linkprofil) und arbeitest in klaren 12-Wochen-Sprints an Rankings, KI-Sichtbarkeit und Conversions.

KAPITEL 11:

Wie KI-Suchmaschinen „lesen“

Kapitel 11:

11.1 Strukturierte Texte, Fragen & Antworten

Ziel dieses Abschnitts: Du lernst, Inhalte so zu strukturieren, dass sie schnell verstanden, leicht aktualisiert und sauber gemessen werden. Der Fokus liegt auf klaren Textbausteinen (Module), fragebasierten Überschriften und prägnanten Q&A-Abschnitten, die sowohl Suchintention als auch Reporting-Routinen unterstützen. Am Ende gibt es ein Mini-To-do.

Begriffsklärung

Modul

Ein wiederverwendbarer Inhaltsbaustein mit klarer Aufgabe, z. B. Kurzantwort, Schrittfolge, Kriterienliste, Vergleichstabelle, Mini-Case, FAQ. Module sind die kleinste Einheit für Planung, Produktion und Messung.

Frageformat-Heading

Überschrift im Frage-Stil (H2/H3), die exakt eine Nutzerfrage abbildet. Beispiel: „Was kostet [Leistung] im Monat.“

Kurzantwort

2–4 Sätze direkt unter der H1, die die Hauptfrage lösen. Sie verbessert Nutzersignale, Zitierfähigkeit und die Vergleichbarkeit im Reporting.

Q&A-Block (FAQ)

Ein Abschnitt aus 3–7 echten Frage-Antwort-Paaren à 40–120 Wörter, die Einwände und Details klären.

Primary Outcome

Der messbare Hauptnutzen eines Moduls oder Abschnitts (z. B. höhere CTR, mehr Klicks auf Tabelle, mehr Leads).

Warum strukturierte Texte und Q&A für Monitoring entscheidend sind

Planbarkeit

Wenn Seiten aus wiederkehrenden Modulen bestehen, kannst du Verbesserungen gezielt planen: „Wir optimieren diese Woche die Kurzantworten aller Vergleichsseiten.“

Messbarkeit

Module lassen sich mit Events verknüpfen (z. B. Klick auf „Vergleichstabelle öffnen“, „FAQ aufklappen“). So siehst du, welche Bausteine wirken.

Wartbarkeit

Frage-Headings und Q&A trennen Aufgaben: Neue Trends fügst du als neue Frage hinzu, ohne die ganze Seite umzubauen.

Zitierfähigkeit

Klar formulierte Fragen mit kurzen, vollständigen Antworten erhöhen die Chance auf SERP- und KI-Zitate.

Das Grundgerüst: „Frage führt, Modul löst“

Kurzantwort am Anfang

Direkt unter der H1 fasst du in 2–4 Sätzen das Ergebnis zusammen. Für Monitoring notierst du Datum und Version.

Inhaltsverzeichnis mit Frage-Headings

Erzeuge Sprungmarken aus echten Nutzerfragen. Jede H2/H3 beantwortet genau ein Thema.

Module statt Wortwand

Wähle pro Frage das passende Modul:

- „Wie gehe ich vor.“ → Schrittfolge (How-to)
- „Was ist wichtig.“ → Kriterienliste
- „Welche Option ist die beste.“ → Vergleichstabelle + Szenario-Empfehlungen
- „Was kostet es.“ → Preistabelle/Spannen
- „Gibt es Beispiele.“ → Mini-Case
- „Was fragen andere.“ → Q&A-Block

Q&A-Block am Ende
Nimm 3–7 Fragen, die in Support, Search Console oder PAA häufig sind. Eine Antwort = eine Aussage, 40–120 Wörter, optional ein „Weiterlesen“-Link.
Nächster Schritt sichtbar
Jeder größere Abschnitt endet mit einem Satz „Was du jetzt tun solltest“ und einem relevanten internen Link oder CTA.

Standards für Frage-Headings und Antworten

Frage-Headings

Klar, spezifisch, ohne Floskeln. Beispiele:
- „Was ist [Begriff] und wie unterscheidet er sich von [Begriff 2].“
- „Wie lange dauert [Vorgang] in der Praxis.“
- „Welche Kriterien entscheiden bei [Thema].“
- „[Tool A] vs. [Tool B]: Für wen ist welche Option besser.“

Antworten

- Kernaussage in Satz 1–2.
- Konkrete Fakten/Zahlen, keine vagen Formulierungen.
- Wenn-dann-Hinweis zur Einordnung.
- Optional ein interner Link zum vertiefenden Abschnitt.
- Einheitliche Terminologie (Entitäten konsistent schreiben).

Instrumentierung: Inhalte messbar machen

Event-Konzept

Verknüpfe Module mit Events in deinem Analytics-Tool:
- toc_click: Klick auf Inhaltsverzeichnis
- faq_open: Aufklappen einer Frage
- table_view: Scroll oder Klick auf Vergleichstabelle
- cta_primary_click: Klick auf primären CTA
- section_50_scroll: 50-Prozent-Scrolltiefe in einem Abschnitt

Naming-Konvention

Nutze ein konsistentes Schema: event_name + page_type + topic. Beispiel: faq_open_article_crm-preise.

Zieldefinition
Lege pro Seite 1–2 Primary Outcomes fest, z. B. „cta_primary_click“ und „table_view“. So wird klar, ob Struktur-Updates wirken.
Reporting-Snippets (was du pro Seite notierst)
Meta
URL, Seitentyp, Thema, Datum, Version, Primary Outcomes.
Module
Liste der Module in Reihenfolge (Kurzantwort, Kriterienliste, Tabelle, FAQ), jeweils mit einem Ziel-Event.
Fragenliste
Alle H2/H3-Fragen und alle FAQ-Fragen im Klartext.
Hypothesen
Kleine Notizen: „FAQ-Frage zu ‚Kosten‘ ergänzen → mehr cta_primary_click.“ „Kurzantwort schärfen → längere Engagement-Zeit.“
Ergebnis-Log
2–4 Wochen nach Update kurze Werte: CTR, cta_primary_click, faq_open, Scroll 50 Prozent. Entscheidung: beibehalten oder nächste Variante testen.

Qualitätsregeln und häufige Fehler

Regeln
- Eine Frage pro Heading, keine Mischthemen.
- Antworten kurz, vollständig, mit Zahl/Beispiel.
- Einheitliche Begriffe und Schreibweisen (Entitäten).
- Module klar trennen, nicht verschachteln.
- Jeder Abschnitt hat einen „Nächster Schritt“.

Fehler
- Vage Headings („Weitere Infos“) → umformulieren.
- FAQ als Sammelbecken für alles → nur echte, häufige Fragen.
- Zu lange Antworten ohne Zahl/Beleg → kürzen und konkretisieren.
- Keine Events → Wirkung bleibt unsichtbar.

Beispiel: Mini-Blueprint für eine Vergleichsseite

H1

„[Kategorie] Vergleich : Empfehlung nach Szenarien“

Kurzantwort

2–3 Sätze Ergebnis + für wen welche Option passt.

Inhaltsverzeichnis

H2-Fragen: „Welche Kriterien sind entscheidend.“ „Was kostet es in der Praxis.“ „[Tool A] vs. [Tool B].“

Module

- Kriterienliste (5 Punkte, kurz begründet)
- Vergleichstabelle (5–10 Anbieter, 6 Spalten)
- Szenario-Empfehlungen (3 H3-Abschnitte)
- Preisspannen (Tabelle)
- FAQ (3–5 echte Fragen)

Events

toc_click, table_view, cta_primary_click, faq_open.

Checkliste: Ist meine Seite strukturiert und messbar

Kurzantwort direkt unter H1 vorhanden.
Frage-Headings als H2/H3, je Heading eine Kernfrage.
Passende Module je Frage (Liste, Tabelle, Schrittfolge, Case).
Q&A-Block mit 3–7 echten Fragen, 40–120 Wörter je Antwort.
„Nächster Schritt“ am Ende der großen Abschnitte.
Events für ToC, Tabelle, FAQ, CTA implementiert.
Primary Outcomes pro Seite definiert und im Reporting notiert.
Terminologie und Entitäten konsistent.

Mini-To-do: In 60 Minuten eine Top-Seite strukturell und messbar schärfen

Kurzantwort prüfen
Formuliere sie neu in 2–4 Sätzen mit Ergebnis vorweg.
Frage-Headings einsetzen
Wandle 3–5 Abschnittsüberschriften in klare Fragen um.
Module ordnen
Ersetze Textwände durch ein passendes Modul (z. B. Preistabelle, Schrittfolge).
Q&A ergänzen
Füge 3 häufige echte Fragen mit je 60–100 Wörtern hinzu und verlinke intern.
Events setzen
Erstelle Events für toc_click, faq_open, table_view, cta_primary_click.
Reporting-Zettel anlegen
Notiere Primary Outcomes, Hypothese, Datum/Version. In 14 Tagen Werte vergleichen.

Ergebnis:
Deine Inhalte sind klar gegliedert, fragegeführt und mit Events verdrahtet. Du kannst Verbesserungen gezielt planen, testen und bewerten – die Basis für verlässliche 12-Wochen-Sprints und stetig stärkere Rankings, Conversions und KI-Zitierfähigkeit.

Kapitel 11:

11.2 Absatzlogik für AI Overviews und Featured Snippets

Ziel dieses Abschnitts: Du lernst, Absätze so zu schreiben, dass sie sowohl als prägnante Einzelantworten für Featured Snippets (kurze Auszüge in der Suchergebnisliste) als auch für KI-Überblicke (AI Overviews) taugen – ohne an fachlicher Tiefe zu verlieren. Neue Begriffe werden beim ersten Auftreten erklärt. Am Ende gibt es ein Mini-To-do.

Begriffsklärung

Featured Snippet
Ein hervorgehobener Auszug aus einer Seite, der eine Suchfrage direkt in der Ergebnisseite beantwortet. Formen: Absatz-Snippet (2–4 Sätze), Listen-Snippet (Aufzählung oder nummerierte Schritte), Tabellen-Snippet (kompakte Vergleichstabelle).

AI Overview
Eine KI-generierte Kurzantwort oberhalb oder innerhalb der Ergebnisse, die mehrere Quellen zusammenfasst. Seiten, die klar strukturierte, zitierfähige Absätze und Daten liefern, werden eher herangezogen und verlinkt.

Lead-Satz
Der erste Satz eines Absatzes, der die Kernaussage in einer verständlichen, eigenständigen Form bringt.

Information Gain
Zusätzlicher, überprüfbarer Erkenntniswert gegenüber bestehenden Treffern: klare Definitionen, Schwellenwerte, Beispiele, Mini-Berechnungen, aktualisierte Zahlen.

Warum „Absatzlogik“ entscheidend ist

Maschinen extrahieren bevorzugt kurze, in sich geschlossene Textstücke, die eine Frage direkt beantworten.

Menschen scannen ähnlich: Ein starker Lead-Satz entscheidet, ob weitergelesen wird. Klare Abschnitte mit sauberer Semantik erhöhen die Chance auf Auszüge in Snippets und zuverlässige Zitation in KI-Überblicken.

Die 5-Satz-Formel für snippetfähige Absätze

Satz 1: Antwortsatz

Beantworte die Frage in einem vollständigen, eigenständigen Satz. Greife die wichtigsten Begriffe der Frage natürlich auf.

Satz 2: Definition oder Rahmen

Setze die Antwort in Kontext: Definition, Geltungsbereich, Einschränkung oder Voraussetzung.

Satz 3: Zahl oder Schwelle

Nenne eine prüfbare Zahl, Spanne, Regel, Formel oder ein Beispiel mit Einheit. Das erhöht Information Gain.

Satz 4: Wenn-dann-Abgrenzung

Zeige die wichtigste Alternative oder Ausnahme in einem Halbsatz mit Wenn-dann-Logik.

Satz 5: Nächster Schritt

Weise knapp auf den nächsten sinnvollen Schritt hin (intern verlinkbar).

Beispiel :

„Eine Meta-Description ist eine kurze Seitenzusammenfassung, die in der Suche unter dem Titel erscheinen kann. Sie soll Suchintention und Nutzen in 150–160 Zeichen prägnant wiedergeben. Beschreibe Ergebnis und Zielgruppe, vermeide Keyword-Stopfen. Wenn die Suchmaschine einen besseren Auszug findet, kann sie die Description überschreiben. Formuliere für wichtige Seiten Varianten und teste die Klickrate.“

Formate, die überdurchschnittlich oft als Snippet erscheinen

Absatz mit 2–4 Sätzen
Ideal für „was ist“, „warum“, „woran erkenne ich“. Nutze die 5-Satz-Formel oder die Kurzversion mit Sätzen 1–3.
Nummerierte Liste (How-to)
„So gehst du vor“ mit 5–8 knappen Schritten, je Schritt maximal ein Satz. Jede Zeile kann als Listen-Snippet erscheinen.
Aufzählungsliste (Kriterien/Checkliste)
3–7 Punkte, jeweils ein Nutzen oder Entscheidungskriterium. Kein Fließsatz, sondern telegraphisch und präzise.
Kleine Tabelle
2–6 Zeilen, 3–5 Spalten. Klare Spaltenüberschriften, keine Zier-HTML. Tabellen sind snippetfähig und sehr KI-freundlich.
FAQ-Antwort (40–120 Wörter)
Eine Frage, eine Antwort. Kernaussage zuerst, dann eine Zahl/Spanne oder Beispiel, optional ein interner Verweis.

Technische und semantische Anforderungen

Eine Frage pro Abschnitt
Setze für jede zentrale Frage eine eigene H2/H3 im Frageformat. Unter die Überschrift gehört genau ein Absatz oder das passende Modul (Liste, Tabelle).
Semantisches HTML
Nutze <p> für Absätze, <ol>/<ul> für Schritte/Kriterien, <table> für Vergleiche, <figure>/<figcaption> für Abbildungen. Keine Listen als manuell gesetzte Zeilenumbrüche.
Sprungmarken
Verlinke Inhaltsverzeichnis-Punkte auf die Frage-Headings. Das erleichtert Sprungziele und Zitation.
Kurzantwort unter H1
Eine 2–4-Satz-Kurzantwort am Seitenanfang erhöht die Chance, als „Direktlösung“ extrahiert zu werden.
Kennzahlen und Einheiten
Zahlen ohne Einheit sind schwach. Schreibe Prozent, Sekunden,

Euro, Monatsangaben aus und runde angemessen.

Entitäten konsistent

Marken, Modelle, Orte, Personen immer gleich schreiben. Einheitliche Begriffe helfen, dass KI dich korrekt zuordnet.

Fehler, die Snippets verhindern

Vage Einstiege

Absätze beginnen mit Füllwörtern, bevor die Antwort kommt. Besser: Antwort zuerst.

Zu lange Schachtelsätze

Ein Gedanke pro Satz. 12–20 Wörter pro Satz als grobe Zielgröße, variieren für Rhythmus.

Listen als Fließtext

Statt Kommasätzen echte Listen mit <ol>/<ul> nutzen.

Überoptimierte Ankertexte

„Genau hier klicken für das beste Keyword“ wirkt unnatürlich. Besser: deskriptive, natürliche Anker.

Unscharfe Zahlen

„Viele, häufig, schnell“ sagt wenig aus. Besser: konkrete Spannen oder Schwellen.

Zusatzmodule, die AI Overviews bevorzugen

Definition-Box

Ein kurzer, fetter Satz mit klarer Definition direkt unter dem Heading. Darunter 1–2 Sätze Kontext.

Pro-und-Contra-Liste

Je 3–5 Punkte. KI greift diese Gegenüberstellungen gern auf.

Mini-Case

Zwei Sätze: Ausgangslage, Ergebnis mit Zahl. Erhöht die Zitationschance als Beleg.

Wenn-dann-Matrix

Kleine Tabelle mit Szenarien in Zeilen und Empfehlung in einer Spalte.

How-to mit Zeitangaben

Schritte mit Dauer oder Reihenfolgekennzahl (z. B. „5–10 Minuten“). Struktur hilft der KI bei der Sequenz.

Prüfroutine und Messung

Snippet-Kandidaten markieren

Kennzeichne auf jeder Seite 3–5 Abschnitte als „Snippet-Kandidat“ (Frage-Heading + Absatz/Liste/Tabelle).

Search Console prüfen

Fragen mit Impressionen ohne Klicks identifizieren; Überschrift und Absatz nach der 5-Satz-Formel schärfen.

A/B-Varianten dokumentieren

Datum, Version, Änderung am Lead-Satz oder Listenform. Nach 14–21 Tagen CTR und Position vergleichen.

Scroll- und Aufklapp-Events

Miss toc_click, faq_open, table_view. Höhere Interaktion deutet auf gute Struktur hin, auch wenn kein Snippet erscheint.

Checkliste: Ist mein Absatz snippet- und KI-tauglich

Frage-Heading im Klartext, eine Frage pro Abschnitt.
Lead-Satz beantwortet die Frage vollständig.
Eine Zahl/Spanne/Schwelle ist enthalten.
Wenn-dann-Abgrenzung oder Alternativen in einem Satz.
Nächster Schritt oder interner Link am Ende.
Semantisches HTML (p, ol/ul, table) korrekt eingesetzt.
Kurzantwort unter H1 vorhanden; 3–5 Snippet-Kandidaten markiert.
Entitäten konsistent, Einheiten ausgeschrieben.

Mini-To-do: In 60 Minuten drei Snippet-Kandidaten schärfen

Seite wählen
Nimm eine Ratgeber- oder Vergleichsseite mit vielen Impressionen und schwacher CTR.
Drei Fragen definieren
Formuliere drei H2 im Frageformat aus realen Suchanfragen oder PAA.
Absätze neu schreiben
Zu jeder Frage einen 2–5-Satz-Absatz nach der 5-Satz-Formel erstellen. Eine Zahl oder Spanne einbauen.
Ein Listen- und ein Tabellenmodul ergänzen
Für „Wie geht" eine nummerierte Liste, für „Vergleich" eine kleine Tabelle (max. 6 Zeilen).
Kurzantwort prüfen
Gleich zu Beginn 2–4 Sätze, die die Hauptfrage lösen.
Messen
Snippet-Kandidaten notieren, nach 14–21 Tagen CTR und neue Queries in der Search Console vergleichen.

Ergebnis:
Deine Seite bietet mehrere klar umrissene, zitierfähige Einheiten. Das erhöht die Wahrscheinlichkeit, als Featured Snippet gezogen oder in KI-Überblicken korrekt zitiert zu werden – und verbessert gleichzeitig Lesbarkeit und Konversion.

Kapitel 11:

11.3 Listen, Schrittfolgen und Tabellen für Machine Reading

Ziel dieses Abschnitts: Du lernst, wie du Listen, Schrittfolgen und Tabellen so strukturierst, dass Suchmaschinen, KI-Antwortsysteme und Screenreader sie zuverlässig verstehen, zitieren und wiederverwenden können – ohne Lesbarkeit für Menschen zu verlieren. Am Ende gibt es ein Mini-To-do.

Begriffsklärung

Semantisches HTML: Auszeichnung mit bedeutungstragenden Elementen (z. B. ol/ul/li, table/thead/tbody/tr/th/td, figure/figcaption). Maschinen erkennen dadurch Zweck und Beziehungen.

ItemList: Eine klar abgegrenzte Liste gleichartiger Einträge (z. B. Kriterien, Vorteile, Produkte). In HTML als ul/ol, optional in Schema.org als ItemList beschreibbar.

Schrittfolge (How-to): Eine Reihenfolge von Handlungen, häufig nummeriert. In HTML als ol, optional mit Schema.org/HowTo (Schritte, Werkzeuge, Dauer).

Tabellenstruktur: Tabellen mit thead/tbody, th als Kopfzellen mit scope-Attribut, eindeutige Spaltenüberschriften, konsistente Einheiten.

Warum diese Formate für KI essenziell sind

Extrahierbarkeit Klare Strukturen werden als Listen-/How-to-/Tabellen-Snippets angezeigt und in KI-Überblicken korrekt zitiert.

Vergleichbarkeit Einheitliche Tabellen erleichtern Bewertung, Parsing und Verknüpfung.

Barrierefreiheit Gute UX unterstützt indirekt das Ranking.

Grundregeln für Listen

Nutze ul für ungeordnete Reihen, ol für geordnete. Eine Zeile = ein Gedanke. Kein Fließtext, keine Schachtelsätze. Beginne mit dem wichtigsten Wort. Einheitliche Granularität. Max. 3–9 Punkte pro Liste; längere Listen gruppieren. Nutze kurze Labels mit Erklärung, wenn sinnvoll.

Beispiel (Kriterienliste, HTML-Auszug)

```
<h2>Entscheidende Kriterien</h2>
<ul>
<li>Datensicherheit: Verschlüsselung sowohl bei Speicherung als auch bei Übertragung, Hosting innerhalb der EU.</li>
<li>Bedienung: Intuitive Benutzeroberfläche, minimaler Schulungsaufwand.</li>
<li>Preisstruktur: Transparente monatliche Kosten, keine versteckten Gebühren oder Setup-Kosten.</li>
</ul>
```

Schema.org-Option (ItemList, optional)

```
<script type="application/ld+json">
{
"@context": "https://schema.org",
"@type": "ItemList",
"itemListElement": [
{"@type": "ListItem", "position": 1, "name": "Datensicherheit"},
{"@type": "ListItem", "position": 2, "name": "Bedienung"},
{"@type": "ListItem", "position": 3, "name": "Preisstruktur"}
]
}
</script>
```

Grundregeln für Schrittfolgen (How-to)

Nutze ol und benenne jeden Schritt mit einem klaren Imperativ. Ein Schritt = eine Aktion + ein messbares Ergebnis. Wenn nötig, ergänze Inputs („Tools“, „Material“) und Dauer pro Schritt. Vermeide verschachtelte Listen; Unterpunkte nur, wenn zwingend. Füge optional eine Gesamtzeit oder Aufwandsspanne hinzu.

Beispiel (How-to, HTML-Auszug)

```
<h2>Schritte zur Einrichtung</h2>
<ol>
<li>Konto erstellen und E-Mail bestätigen (ca. 2 Minuten).</li>
<li>Wichtige Basisdaten eingeben: Name, Adresse, Zeitzone (ca. 3 Minuten).</li>
<li>Den Startassistenten nutzen: Importoption auswählen und testen (ca. 5–10 Minuten).</li>
</ol>
```

Schema.org-Option (HowTo, optional)

```
{
"@context":"https://schema.org",
"@type":"HowTo",
"name":"Einrichtung in drei einfachen Schritten",
"totalTime":"PT15M",
"step":[
{"@type":"HowToStep", "name":"Konto erstellen", "text":"E-Mail bestätigen.", "timeRequired":"PT2M"},
{"@type":"HowToStep", "name":"Basisdaten eingeben", "text":"Name, Adresse, Zeitzone.", "timeRequired":"PT3M"},
{"@type":"HowToStep", "name":"Startassistent nutzen", "text":"Importoption testen.", "timeRequired":"PT10M"}
]
}
</script>
```

Grundregeln für Tabellen

Nutze table mit thead/tbody, th für Kopfzellen. Setze scope="col" bzw. scope="row" in th, damit Screenreader und Parser die Zuordnung verstehen. Spaltenüberschriften kurz, eindeutig, mit Einheit in der Überschrift („Preis (EUR/Monat)“). Einheit pro Spalte durchgängig; nicht mischen. Eine Zeile = eine Entität. Keine Zeilen mit Summen/Erklärtext vermischen. Optional figure/figcaption, um Zweck und Stand („Datenstand: Oktober “) zu dokumentieren.

Beispiel (Tabelle, HTML-Auszug)

```
<figure>
<figcaption>Preisübersicht – Datenstand: Okt. 2028</figcaption>
 <table>
  <thead>
   <tr>
    <th scope="col">Paket</th>
    <th scope="col">Inklusive Nutzer</th>
    <th scope="col">Preis (EUR/Monat)</th>
    <th scope="col">Kündigungsfrist</th>
   </tr>  </thead>
  <tbody>
   <tr>
    <th scope="row">Starter</th>
    <td>3</td>
    <td>19</td>
    <td>Monatlich</td>
   </tr>
   <tr>
    <th scope="row">Pro</th>
    <td>10</td>
    <td>49</td>
    <td>Monatlich</td>
   </tr>
  </tbody>  </table> </figure>
```

Datenkonsistenz und Einheiten
Schreibe Einheiten aus (EUR, %, s, ms).
Nutze konsistente Dezimaltrennzeichen (im Web meist Punkt) und Tausendertrennzeichen sparsam.
Runde nachvollziehbar (z. B. auf eine Nachkommastelle bei Preisen selten nötig).
Gib bei Zeitangaben realistische Spannen („5–10 Minuten“) an.
Beschriftungen, Kontexte, Anker
Setze über Listen/Tabellen eine Frage-Überschrift im Klartext.
Ergänze kurze Intro-/Fazit-Sätze („Das bedeutet: Paket Pro ist für Teams > 3 Personen günstiger ab Monat 4.“).
Erzeuge Sprungmarken (#kriterien, #preise), damit Abschnitte gezielt verlinkt/zitiert werden können.

Barrierefreiheit und Performance

Alternativtexte
Listen brauchen keine Alt-Texte, Tabellen keine Bilder. Wenn Charts genutzt werden, liefere eine Tabellenalternative oder Datenliste.
Tabellenbreite
Vermeide horizontales Scrollen auf Mobil. Kürze Texte, nutze Wrap, priorisiere Spalten, biete eine CSV-Download-Option an.
Lesereihenfolge
Auf Mobil: Kopfzeilen fixieren oder Tabellen in Kartenform umbrechen, ohne Semantik zu zerstören.
Kontrast und Touch-Ziele
Ausreichende Kontraste, Zeilenabstände, große Interaktionsflächen für aufklappbare FAQs oder Tabellen-Expander.

Strukturierte Daten: wo sie helfen

HowTo
Bei echten Schrittfolgen inklusive Zeit/Tools. Erhöht die Chance

auf How-to-Snippets.

FAQPage

Nur für echte Frage-Antwort-Paare. Nicht ganze Seiten willkürlich auszeichnen.

ItemList

Für „Listen der besten X“ sinnvoll; setze Positionsfelder, wenn Reihenfolge relevant ist.

Product/Offer

Nur dann, wenn Preise sichtbar sind und die Tabelle reale Angebotsdaten zeigt.

Messung: Events für Module

toc_click

Klick auf Inhaltsverzeichnis-Sprungmarken.

list_item_expand

Wenn Listenpunkte aufklappbar sind (selten nötig; besser flach halten).

howto_step_view

Scroll oder Klick bis Schritt X.

table_view / table_sort

Interaktion mit Tabelle (Sortierung, Spaltenwechsel).

cta_primary_click

Ob Listen/Tabellen zu Aktionen führen.

Häufige Fehler und Korrekturen

Listen als Fließtext

Korrigiere zu ul/ol; ein Gedanke pro li.

Mischformate in Tabellen

Nicht Zahlen und Sätze in einer Spalte mischen. Spalte „Hinweis“ separat anlegen.

Unklare Spaltenköpfe

„Preis“ ohne Einheit. Ergänze „Preis (EUR/Monat)“.

Fehlende scope-Attribute
Füge scope="col"/"row" hinzu; verbessert Screenreader und Parsing.
Pseudo-Listen per br
Kein
-„Bulleting“. Immer echte Listen nutzen.
Zu viele Punkte
Mehr als neun Punkte aufteilen oder priorisieren.

Checkliste: Sind meine Listen, Schritte, Tabellen maschinenfreundlich

Frage-Heading über jedem Modul, Sprungmarke vorhanden.
ul/ol korrekt eingesetzt; ein li = ein Gedanke; einheitliche Granularität.
How-to als ol mit klaren Imperativen, optional Zeiten/Tools; bei Bedarf HowTo-JSON-LD.
table mit thead/tbody, th + scope, eindeutige Spaltenüberschriften mit Einheiten.
Einheiten konsistent; Zahlen sauber formatiert.
figure/figcaption für Tabellenzweck und Datenstand.
Events für ToC, How-to- und Tabelleninteraktionen gesetzt.

Mini-To-do: In 60 Minuten eine Seite modular und maschinenlesbar machen

Drei Abschnitte auswählen
„Kriterien“, „Vorgehen“, „Preise“. Notiere ihre Hauptfrage.
Struktur einsetzen
„Kriterien“ als ul mit 5 Punkten, „Vorgehen“ als ol mit 3–6 klaren Imperativen inkl. Dauer, „Preise“ als table mit 3–5 Spalten und Einheiten.
Semantik und Markup
Füge thead/tbody, th + scope, figure/figcaption und Sprungmarken hinzu. Optional HowTo-/ItemList-JSON-LD setzen.
Konsistenz prüfen
Einheiten ausschreiben, Zahlen runden, Begriffe einheitlich schreiben.
Events aktivieren
toc_click, howto_step_view, table_view anlegen.
Kurztest mobil
Lesbar ohne Zoomen, keine horizontale Scroll-Hölle, Kopfzeilen verständlich.

Ergebnis:
Deine Listen, Schrittfolgen und Tabellen sind semantisch sauber, maschinenlesbar und für Menschen schnell erfassbar. Das erhöht die Chance auf Featured Snippets, stabile KI-Zitationen und verbessert zugleich Nutzersignale und Conversion.

Kapitel 11:

11.4 Semantische Verknüpfungen (Entity Mapping)

Ziel dieses Abschnitts: Du lernst, wie du die „Dinge hinter den Wörtern“ (Entitäten) sauber definierst, verknüpfst und konsistent benennst, damit Suchmaschinen und KI-Antwortsysteme deine Marke, Personen, Produkte und Themen eindeutig erkennen, zusammenführen und korrekt zitieren. Am Ende gibt es ein Mini-To-do.

Begriffsklärung

Entität

Eine eindeutig identifizierbare „Sache“ wie Person, Organisation, Ort, Produkt, Ereignis oder Begriff. Maschinen arbeiten lieber mit Entitäten als mit unscharfen Wörtern.

Entity Mapping

Der Prozess, alle wichtigen Entitäten deines Projekts zu erfassen, ihnen eine kanonische Schreibweise zu geben, sie mit externen Referenzen zu verbinden und intern konsistent zu benutzen.

Kanonischer Name

Die festgelegte, immer gleich verwendete Schreibweise einer Entität (zum Beispiel „Muster GmbH“ statt wechselnder Varianten).

Identifikator

Ein externer, stabiler Verweis auf eine Entität, zum Beispiel eine Wikidata-ID, ein Unternehmensregister-Eintrag, eine ISBN oder eine GND-Nummer. Diese Referenzen helfen, Verwechslungen zu vermeiden.

sameAs

Ein Feld in strukturierten Daten (Schema.org), mit dem du offizielle Profile und externe Referenzen einer Entität verknüpfst (zum Beispiel LinkedIn-Profil, Handelsregister, Wikidata).

Entity Home
Die zentrale Seite, auf der eine Entität „zu Hause“ ist. Sie beschreibt die Entität umfassend und verlinkt auf offizielle Profile. Beispiel: /ueber-uns/ für die Organisation, /autor/vorname-nachname/ für eine Person, /produkt/x/ für ein Produkt.

Warum Entity Mapping wichtig ist

Eindeutigkeit
Gleiche Wörter können Verschiedenes bedeuten. Eindeutige Entitäten vermeiden Fehlzuordnungen (zum Beispiel „Apple“ Firma vs. „apple“ Frucht).
Zusammenführung
Wenn dieselbe Entität auf Website, Social, Verzeichnissen und Medien konsistent benannt und verlinkt ist, erkennen Maschinen sie als ein und dieselbe Sache.
Zitierfähigkeit
AI Overviews und Wissensgraphen greifen bevorzugt auf klar definierte Entitäten mit Quellen, sameAs-Verknüpfungen und sauberem Markup zurück.
Interne Ordnung
Konsistente Entitäten machen Navigation, interne Verlinkung, Tagging und Reporting stabil und skalierbar.

Die fünf Bausteine eines sauberen Entity-Systems

1-**Inventur: Entitätenliste anlegen**
Erfasse die Kernentitäten deines Projekts:
- Personen: Gründer, Autorinnen, Fachexperten, Prüfer.
- Organisationen: Firma, Marken, Tochterfirmen, Partner.
- Orte: Standorte, Städte, Regionen.
- Produkte/Leistungen: Hauptprodukte, Servicepakete, Kursnamen.
- Fachbegriffe/Themen: die 10–30 Schlüsselbegriffe deiner Themencluster.

- Publikationen: Bücher, Whitepaper, Studien mit IDs (ISBN, DOI).
Spalte je Entität: Kanonischer Name, kurzer Beschreibungssatz, Typ, Entity Home (URL), externe Identifikatoren, sameAs-Links.

2-**Kanonische Schreibweisen und Short-Labels**

Lege pro Entität fest:
- Kanonischer Name (vollständig und mit Rechtsform, wo sinnvoll).
- Kurzform für Fließtext (zum Beispiel „Muster“).
- Abkürzung nur, wenn sie gängig ist – und definiere sie beim ersten Auftreten.
- Verbotene Varianten (Liste häufiger Tippfehler oder Alt-Namen).

Diese Regeln kommen in einen mini Styleguide.

3-**Entity Homes bauen**

Erstelle eine eigene, indexierbare Seite pro Kernentität:
- Person: Foto, Kurzvita, Qualifikationen, Publikationen, Kontakt, sameAs-Links. Schema.org Person.
- Organisation: Über uns, NAP-Daten, Team, Zertifikate, sameAs-Links. Schema.org Organization oder LocalBusiness.
- Produkt/Service: klare Beschreibung, Merkmale, Preise, FAQ, Referenzen. Schema.org Product oder Service.
- Standort: Adresse, Öffnungszeiten, Karte, Leistungen vor Ort. Schema.org LocalBusiness.
- Publikation: Metadaten, Zusammenfassung, ISBN/DOI, Kauf- oder Downloadlink. Schema.org Book/CreativeWork.

Jede Entity-Seite verlinkt sauber in Cluster und Navigation; verwandte Entitäten werden kontextuell erwähnt und verlinkt.

4-**Strukturierte Daten und sameAs konsequent**

- Nutze JSON-LD. Für Personen/Organisationen: name, url, image/logo, jobTitle, worksFor, sameAs.
- Für Produkte/Services: name, description, offers nur bei sichtbaren Preisen; brand, category, gtin/sku, wenn vorhanden.
- Für Orte/Standorte: address, telephone, openingHours, geo.

- Für Publikationen: author, datePublished, isbn/identifier, publisher.
- Ergänze sameAs zu offiziellen Profilen (LinkedIn, handelsregister.at, Wikidata, ResearchGate, Verbände).
- Verlinke von inhaltlichen Seiten auf das passende Entity Home (zum Beispiel Autorennamen in der Byline).

5-**Interne Verknüpfung und Taxonomie**

- Kategorien/Tags nicht frei wachsen lassen, sondern an Entitäten und Themencluster binden.
- Ein Thema pro Seite; von Begriffserklärungen („Was ist…“) auf die passenden Vergleichs-/How-to-Seiten verlinken.
- Breadcrumbs und interne Links so einsetzen, dass Entitäten sichtbar verknüpft sind (Person → Organisation, Produkt → Kategorie, Standort → Leistung).

Schritt-für-Schritt: Entity Mapping in der Praxis

Schritt 1: Tabelle aufsetzen

Spalten: Typ, Kanonischer Name, Kurzlabel, Entity-URL, Beschreibungssatz, sameAs-Links, externe IDs, interne Verweise (zum Beispiel „gehört zu Organisation X“).

Schritt 2: fünf wichtigste Entitäten fertigstellen

Baue zuerst Entity Homes für Organisation, Hauptprodukt, Hauptstandort, Leitautorin, Leitfaden-Pillar. Setze Schema.org + sameAs.

Schritt 3: Begriffsseiten anlegen

Für 10–20 Kernbegriffe je ein kurzes „Definition + Abgrenzung“-Modul mit internen Links zu Ratgeber, Vergleich, FAQ. Markiere als Article/FAQ, nicht als Person/Organization.

Schritt 4: Konsistenz durchsetzen

- Ersetze Varianten im Bestandstext durch den kanonischen Namen.
- Passe interne Links auf Entity Homes an.
- Ergänze Byline/Autorbox mit Link zur Person-Seite.
- Ziehe NAP-Daten auf allen Seiten gleich.

Schritt 5: Externe Profile angleichen
– Namen, Logos, Beschreibungen und Links auf Social, Branchenverzeichnissen und Partnerseiten vereinheitlichen.
– Wo möglich, externe Identifikatoren ergänzen (Wikidata-Eintrag, Verbandsprofil).
– Von externen Profilen zurück auf das Entity Home verlinken.
Schritt 6: Pflege und Erweiterung
– Quartalsweise prüfen: neue Produkte, neue Teammitglieder, neue Standorte.
– Änderungslog auf Entity Homes führen („Aktualisiert: Monat Jahr“).
– Bei Rebrandings nur einmal zentral ändern und von allen Stellen auf die neuen Entity Homes 301-weiterleiten.

Qualitätsregeln und typische Fehler

Regeln
– Ein Entity Home pro Entität, kein Duplikat.
– Kanonische Namen überall gleich.
– sameAs nur zu echten, offiziellen Profilen.
– Strukturdaten spiegeln immer den sichtbaren Inhalt.
– Interne Links beschreibend, nicht „hier klicken“.
Fehler
– Mehrere Schreibweisen für dieselbe Entität. Lösung: Styleguide, Suchen-Ersetzen, interne Linking-Korrektur.
– Markup ohne Inhalt (zum Beispiel Person-Schema, aber keine Autorenseite). Lösung: erst Inhalt, dann Markup.
– Fehlende Rücklinks von externen Profilen. Lösung: Profil pflegen, Link zum Entity Home ergänzen.
– Themen und Entitäten vermischen („Kategorie = Produktname + Stadt + Fragezeichen“). Lösung: saubere Trennung zwischen Thema (Cluster) und Entität (Objekt).

Messung: wirkt dein Entity-System

Frühindikatoren
- Einheitliche Darstellung von Namen in der Suche.
- Häufigere, korrekte Zitierung der Autorennamen.
- Weniger Fehl-Zuordnungen bei Marke/Standort.

Mittelfristig
- Stabilere Rankings für Marken- und Personenbegriffe.
- Höhere Trefferquote in KI-Antworten mit korrektem Quell-Link.
- Mehr Klicks auf Autor- und Über-uns-Seiten.

Langfristig
- Sichtbarkeit deiner Pillar-Themen steigt; interne Links transportieren Autorität spürbar.
- Konsistente Erwähnungen in Medien/Verzeichnissen mit identischen NAP- und Profil-Daten.

Checkliste: Habe ich Entitäten sauber gemappt

Entitätenliste vorhanden, mit kanonischen Namen und Kurzlabels.

Entity Homes für Organisation, Schlüsselpersonen, Hauptprodukte, Standorte.

JSON-LD für Person, Organization/LocalBusiness, Product/Service korrekt; sameAs gepflegt.

Konsistente NAP-Daten und einheitliche Schreibweisen auf allen Seiten.

Begriffserklärungen für Kernbegriffe mit internen Links zu Ratgeber/Vergleich.

Externe Profile angeglichen und auf Entity Homes zurückverlinkt.

Breadcrumbs, interne Links und Kategorien spiegeln Themencluster und Entitäten sauber.

Mini-To-do: In 60 Minuten die Entitäten scharfstellen

Liste anlegen
Trage zehn Kernentitäten ein: Organisation, zwei Personen, zwei Produkte/Leistungen, zwei Standorte, drei Kernbegriffe. Notiere für jede den kanonischen Namen und einen Satz Beschreibung.
Zwei Entity Homes erstellen
Baue je eine Seite für Organisation und Leitautorin. Ergänze Foto/Logo, Kurzvita, NAP-Daten, sameAs-Links, JSON-LD.
Konsistenzzug
Ersetze auf drei Top-Seiten abweichende Namensvarianten durch den kanonischen Namen. Verlinke Personennamen zur Autorenseite, Produktnamen zur Produktseite.
Externe Profile prüfen
Passe bei zwei Profilen (zum Beispiel LinkedIn und Branchenverzeichnis) Namen, Beschreibung, Logo und Link auf das Entity Home an.
Begriffsdefinition
Lege eine kurze „Was ist [Begriff]“-Seite an, verlinke auf Pillar und Vergleich, füge eine FAQ mit zwei Fragen hinzu.

Ergebnis:
Deine wichtigsten Personen, Produkte, Orte und Begriffe sind eindeutig, konsistent und maschinenlesbar verknüpft. Das verringert Fehlzuordnungen, stärkt Themenautorität und erhöht die Chance auf korrekte Zitation in SERPs und KI-Überblicken.

In Kapitel 11 hast du gelernt, Inhalte so zu strukturieren, dass Menschen schnell Antworten finden und Maschinen sie zuverlässig verstehen, messen und zitieren können. Du nutzt Module wie Kurzantwort, Listen, Schrittfolgen, Tabellen, Mini-Cases und FAQ-Blöcke; leitest Seiten mit fragebasierten Überschriften und einer Kurzantwort ein; markierst 3–5 Snippet-Kandidaten pro Seite und formulierst Absätze nach einer klaren 5-Satz-Logik, damit Featured Snippets und KI-Overviews deine Aussagen extrahieren können. Du zeichnest Listen, How-tos und Tabellen semantisch korrekt aus (ul/ol, ol/li, table mit thead/tbody/th/td, scope-Attribute) und ergänzt bei Bedarf passende Schema.org-Typen wie FAQPage, HowTo, ItemList, Article. Mit Events wie toc_click, faq_open, table_view und cta_primary_click verknüpfst du Module mit deinem Reporting und prüfst, welche Bausteine wirken. Schließlich baust du mit Entity Mapping eindeutige, konsistente Entitäten für Personen, Organisationen, Produkte, Orte und Begriffe auf, pflegst Entity Homes, sameAs-Verknüpfungen und konsistente NAP-Daten. Ergebnis: klar gegliederte, maschinenlesbare Seiten mit messbaren Modulen, höherer Chance auf Snippets und KI-Zitationen sowie stabiler Themenautorität.

Abkürzungen und Begriffe aus Kapitel 11

Modul: wiederverwendbarer Inhaltsbaustein (z. B. Kurzantwort, Tabelle, FAQ).

Frageformat-Heading: Überschrift als echte Nutzerfrage (H2/H3).

Kurzantwort: 2–4 Sätze direkt unter H1, die die Hauptfrage lösen.

Featured Snippet: hervorgehobener SERP-Auszug (Absatz, Liste, Tabelle).

AI Overview: KI-Überblick, der Antworten aus mehreren Quellen zusammenfasst.

Lead-Satz: erster, vollständiger Antwortsatz eines Absatzes.

Information Gain: zusätzlicher, prüfbarer Erkenntniswert (Zahl, Schwelle, Beispiel).
Semantisches HTML: bedeutungstragende Auszeichnung (p, ul/ol/li, table/thead/tbody/th/td).
ItemList/HowTo: Strukturtypen für Listen und Schrittfolgen; optional auch im Schema.org-Markup.
Entity Mapping: Erfassung und Konsistenz von Entitäten mit kanonischen Namen und sameAs-Links.
Entität: eindeutig identifizierbares „Ding“ (Person, Organisation, Ort, Produkt, Begriff).
Entity Home: zentrale Seite einer Entität (Autorenseite, Über-uns, Produktseite).
sameAs: Verknüpfung zu offiziellen Profilen/Referenzen in strukturierten Daten.
NAP: Name, Address, Phone; lokal konsistente Stammdaten.
Primary Outcome: das Hauptziel eines Moduls/Seite (z. B. CTA-Klick, Tabelleninteraktion).

Lies jetzt Kapitel 12. Dort setzt du ein leichtes, wiederholbares Operativsystem auf: Metriken pro Modul, wöchentliche Prüfzyklen, einfache A/B-Tests, ein 12-Wochen-Plan mit klaren Outcomes und ein Backlog, das dich Schritt für Schritt zu stabilen Rankings, KI-Sichtbarkeit und besseren Conversions führt.

KAPITEL 12:

Schema Markup und strukturelle Optimierung

Kapitel 12:

12.1 Article, FAQPage, HowTo & Product Schemas

Ziel dieses Abschnitts: Du lernst, wie du mit strukturierten Daten (Schema.org in JSON-LD) Suchmaschinen und KI-Systemen den Inhalt deiner Seite präzise erklärst. Wir gehen die vier häufigsten Typen für SEO Schritt für Schritt durch und zeigen, wo Fehler passieren. Am Ende gibt es ein Mini-To-do.

Begriffsklärung

Strukturierte Daten

Zusätzliche, maschinenlesbare Angaben im Code deiner Seite (meist als JSON-LD im <script>-Tag), die Inhalt, Autor, Preise oder Fragen eindeutig beschreiben. Sie verändern nicht den sichtbaren Text, helfen aber bei Verständnis, Snippets und KI-Zitation.

Schema.org

Das gemeinsame „Vokabular" (Eigenschaftsnamen wie author, offers, acceptedAnswer), mit dem du strukturierte Daten beschreibst. Viele Suchmaschinen verstehen Schema.org.

JSON-LD

Das bevorzugte Format für strukturierte Daten im Web: eine kompakte, gut wartbare Datenstruktur, die du in ein <script type="application/ld+json">-Element einfügst.

Wichtige Grundregeln für alle Schemas

Sichtbarkeit

Alles, was du in strukturierte Daten schreibst, muss inhaltlich auf der Seite sichtbar sein (Autorname, Preise, Fragen, Antworten, Datum). Keine „Phantomdaten".

Genau ein Zweck pro Seite

Wähle die passenden Typen zur Seitenaufgabe. Mische nicht

wahllos.
Beispiel: Ratgeberseite → Article (+ optional FAQPage). Produktseite → Product (+ ggf. FAQPage).

Konsistenz der Entitäten

Autor-, Organisations- und Produktnamen überall gleich schreiben und mit sameAs-Links auf offizielle Profile verknüpfen.

Aktualisierung

dateModified anpassen, wenn du Inhalte änderst. Preise und Verfügbarkeiten aktuell halten.

Validierung

Nach jedem Einbau testen (Rich-Results- und Schema-Validator). Warnungen prüfen und beheben.

Schema 1: Article (für Ratgeber, Vergleiche, News)

Einsatz
Für inhaltliche Seiten mit Autor und Veröffentlichungsdatum. Grundlage fast jeder Content-Seite.
Pflicht/empfohlen
headline, description, author, datePublished, dateModified, mainEntityOfPage, image, publisher (Organization).
Beispiel (JSON-LD, anpassen und kürzen wo nötig)

```
<script type="application/ld+json">
{
  "@context": "https://schema.org",
  "@type": "Article",
  "mainEntityOfPage": {
    "@type": "WebPage",
    "@id": "https://example.com/seo-checkliste/"
  },
  "headline": "SEO-Checkliste  : In 12 Schritten zur Seite 1",
  "description": "Praxisleitfaden mit Kurzantwort, Schrittfolge und Fehlerliste.",
  "image": [
    "https://example.com/img/seo-checkliste-hero.webp"
  ],
  "author": {
    "@type": "Person",
```

```
 "name": "test name",
 "url": "https://example.com/autor/test_name/",
 "sameAs": [
 "https://www.linkedin.com/in/ ..."
 ]
 },
 "publisher": {
 "@type": "Organization",
 "name": "Example GmbH",
 "logo": {
 "@type": "ImageObject",
 "url": "https://example.com/img/logo.png"
 }
 },
 "datePublished": " -10-01",
 "dateModified": " -10-12"
}
</script>
```

Häufige Fehler Article ohne author/publisher, inkonsistente Namen, fehlendes dateModified trotz sichtbarer „Zuletzt aktualisiert“-Angabe.

Schema 2: FAQPage (für echte Frage-Antwort-Blöcke)
Einsatz: Wenn auf der Seite 3–7 echte FAQs mit klaren Antworten stehen (sichtbar). Keine Werbung innerhalb der Antworten.
Pflicht/empfohlen: faq-Block im sichtbaren Text, pro Frage name (Frage), acceptedAnswer.text (Antwort).
Beispiel

```
<script type="application/ld+json">
{
 "@context": "https://schema.org",
 "@type": "FAQPage",
 "mainEntity": [
  {
   "@type": "Question",
   "name": "Was ist eine Meta-Description.",
   "acceptedAnswer": {
    "@type": "Answer",
```

```
"text": "Eine kurze Seitenzusammenfassung (150–160 Zeichen) unter dem Titel in der Suche. Sie erklärt Nutzen und Zielgruppe; Suchmaschinen dürfen sie überschreiben."
}
},
{
"@type": "Question",
"name": "Wie oft sollte ich Inhalte aktualisieren.",
"acceptedAnswer": {
"@type": "Answer",
"text": "Mindestens halbjährlich oder bei Änderungen an Preisen, Screenshots und Daten. Sichtbar mit 'Zuletzt aktualisiert' kennzeichnen."
}
}
]
}
</script>
```

Häufige Fehler Markup ohne sichtbaren FAQ-Text, zu lange Antworten, irrelevante Fragen, FAQPage auf Seiten ohne echten FAQ-Abschnitt.

Schema 3: HowTo (für echte Schrittfolgen)
Einsatz Wenn eine Seite eine klare Abfolge von Schritten enthält und die Reihenfolge wichtig ist. Bei reinen Listen verwende ItemList; bei „So geht's" mit Dauer/Tools ist HowTo ideal.
Pflicht/empfohlen name, step (HowToStep mit name und text). Optional: totalTime, tool, supply, image.

Beispiel

```
<script type="application/ld+json">
{
  "@context": "https://schema.org",
  "@type": "HowTo",
  "name": "Core Web Vitals prüfen in 3 Schritten",
  "totalTime": "PT15M",
  "step": [
    {
      "@type": "HowToStep",
      "name": "LCP identifizieren",
      "text": "Öffne PageSpeed Insights und notiere das größte Element."
    },
    {
```

```
"@type": "HowToStep",
 "name": "INP messen",
 "text": "Interaktionen im Bericht prüfen; hohe Werte verursachende Skripte notieren."
},
{
 "@type": "HowToStep",
 "name": "CLS-Quellen fixieren",
 "text": "Breite/Höhe für Bilder setzen, Platzhalter für späte Elemente einfügen."
}
]
}
</script>
```

Häufige Fehler: HowTo ohne echte Schritte, fehlende Reihenfolge, reine Marketingtexte. Keine HowTo-Auszeichnung, wenn die Seite nichts „anleitet“.

Schema 4: Product (für Produkt-/Angebotsseiten)

Einsatz: Wenn du ein konkretes Produkt/Service mit sichtbaren Angebotsdaten darstellst. Für Services kannst du auch „Service“ nutzen; Rich Results erwarten bei Product meist Offers.

Pflicht/empfohlen: name, description, brand (falls vorhanden), image, sku/gtin (falls vorhanden), offers (price, priceCurrency, availability, url, priceValidUntil optional). Nur auszeichnen, wenn die Werte sichtbar sind.

Beispiel

```
<script type="application/ld+json">
{
 "@context": "https://schema.org",
 "@type": "Product",
 "name": "SEO-Audit Paket",
 "description": "Technik-, Content- und UX-Audit mit Maßnahmenplan.",
 "image": "https://example.com/img/seo-audit.webp",
 "brand": {
  "@type": "Brand",
```

```
"name": "Example"
},
"sku": "AUD-SEO-001",
"offers": {
"@type": "Offer",
"price": "1490",
"priceCurrency": "EUR",
"availability": "https://schema.org/InStock",
"url": "https://example.com/leistungen/seo-audit/"
}
}
</script>
```

Häufige Fehler

Product/Offer ohne sichtbare Preise auf der Seite, falsche Währungen, nicht aktualisierte Werte, künstliche Bewertungen (AggregateRating) ohne echte, sichtbare Reviews.

Ergänzende Schemas, die oft dazugehören

Organization/LocalBusiness

Auf Über-uns/Kontakt/Standortseiten: name, url, logo, address, telephone, openingHours, sameAs. Wichtig für Trust und konsistente Entitäten.

BreadcrumbList

Für klare Navigation. Erhöht die Chance auf Breadcrumb-Snippets.

ItemList

Für „Top-X"-Listen oder Ergebnislisten (Positionen 1..n). Nur wenn die Liste wirklich im sichtbaren Text steht.

Best Practices für Einbau und Pflege

Technik

JSON-LD im <head> oder am Ende des <body> einbinden. Pro Seitentyp ein klarer Block; bei Kombinationen (Article + FAQPage) zwei Blöcke sind üblich.

Inhalt zuerst

Erst sichtbaren Inhalt sauber strukturieren (Frage-Headings, Schritte, Preise), dann Schema ergänzen. Markup spiegelt den Text, nicht umgekehrt.

Versionierung

dateModified pflegen, bei Preisänderungen price und ggf. priceValidUntil anpassen. Bei großen Änderungen eine kurze Änderungsnotiz im Text.

Entitäten verknüpfen

Person (Autor) und Organization (Publisher) mit sameAs-Links versehen. Einheitliche Schreibweisen nutzen.

Testen

Nach Deployment validieren. Wichtige Templates regelmäßig stichprobenartig prüfen.

Typische Fallen und schnelle Korrektur

Zu viel auf einmal

Nur die Schemas setzen, die zur Seite passen. Weglassen ist besser als falsche Auszeichnung.

Leere/erfundene Werte

Kein „AggregateRating“ ohne sichtbare Bewertungsquelle. Keine „Offers“ ohne echte Preise.

Uneinheitliche Namen

Autor/Organisation im Markup anders als im sichtbaren Text. Angleichen.

FAQ-Spam

Fragen, die nur Werbung enthalten oder nicht auf der Seite sichtbar sind, weglassen.

Checkliste: Habe ich die vier Kern-Schemas korrekt

Article

headline, author, publisher, datePublished, dateModified vorhanden und sichtbar.

FAQPage
Echte Fragen/Antworten im Text; name + acceptedAnswer.text gepflegt.
HowTo
Reale, nummerierte Schritte mit klaren Imperativen; optional Dauer/Tools; kein „HowTo“ ohne Anleitung.
Product
Sichtbare Preise/Angebote; offers korrekt (price, priceCurrency, availability, url); keine Fake-Bewertungen.
Konsistenz
Autor/Organization als Entitäten mit sameAs; Namen identisch im Text und Markup.
Validierung
Seite fehlerfrei im Rich-Result-Test; Warnungen dokumentiert und behoben.

Mini-To-do: In 60 Minuten sauberes Schema auf eine Seite bringen

Seitentyp wählen
Ratgeber, Produkt, Vergleich mit FAQ oder How-to.
Sichtbaren Inhalt prüfen
Gibt es Autor, Datum, FAQs, Schritte, Preise. Fehlendes zuerst ergänzen.
JSON-LD einsetzen
Den passenden Block (Article, FAQPage, HowTo oder Product) mit echten Seitenwerten ausfüllen und einfügen.
Entitäten verknüpfen
Author (Person) und Publisher (Organization/LocalBusiness) samt sameAs hinzufügen.
Validieren
Rich-Results- und Schema-Validator ausführen, Fehler beheben.
Dokumentieren
Datum, Version, Felder notieren. Bei künftigen Updates dateModified und betroffene Werte anpassen.

Ergebnis:
Deine Seiten sind für Maschinen eindeutig typisiert, sauber belegt und aktuell – die Voraussetzung für Rich Results, stabile KI-Zitationen und verlässliche, messbare Darstellung in der Suche.

Kapitel 12:

12.2 Datenpflege mit Google Tag Manager & Plugins

Ziel dieses Abschnitts: Du lernst, wie du Mess- und Metadaten sauber verwaltest, ohne Code-Chaos zu erzeugen: Events und Parameter über den Google Tag Manager (GTM), strukturierte Daten und technische Helfer über schlanke Plugins. Neue Begriffe werden beim ersten Auftreten erklärt. Am Ende gibt es ein Mini-To-do.

Begriffsklärung

Google Tag Manager (GTM)
Ein Container-System, mit dem du Mess- und Marketing-Tags (zum Beispiel GA4, Hotjar) zentral ausspielst, ohne den Quellcode der Website jedes Mal zu ändern. Du arbeitest mit Tags, Triggern und Variablen.

dataLayer
Ein JavaScript-Objekt/Array, das strukturierte Ereignisse und Kontextdaten enthält, aus denen GTM Events und Parameter liest.

GA4-Event
Ein benennbares Ereignis in Google Analytics 4, etwa faq_open oder table_view. Events können Parameter tragen (topic, page_type, position).

Consent Mode
Ein Modus, in dem Mess-Tags die Einwilligung der Nutzer respektieren. Zustände wie ad_storage oder analytics_storage werden vor dem Laden der Tags gesetzt.

Plugin
Erweiterung für dein CMS (zum Beispiel WordPress), die Aufgaben wie Schema.org-Markup, XML-Sitemaps, Caching oder Consent-Banner übernimmt.

Warum GTM und Plugins die Datenpflege vereinfachen

Trennung von Inhalt und Messung

Redakteure pflegen Inhalte; GTM verwaltet Messlogik. Das reduziert Risiken bei Releases.

Versionierung und Tests

GTM bietet Workspaces, Vorschau, Versionen und ein Änderungsprotokoll. Gute Plugins dokumentieren Einstellungen und lassen sich exportieren.

Skalierbarkeit

Einheitliche Event-Namen und Parameter funktionieren auf tausenden Seiten identisch. Plugins erzeugen wiederholbare, konsistente Ausgaben (zum Beispiel Article-JSON-LD).

Grundprinzip: „Inhalt im CMS, Messung im GTM, Struktur via Plugin“

Inhalte strukturieren (Kapitel 11)

Frage-Headings, Module (Listen, Schrittfolgen, Tabellen), FAQs, klare CTAs.

Messpunkte definieren

Pro Seitentyp 1–2 Primary Outcomes (zum Beispiel cta_primary_click, table_view) und 2–3 Unterstützungs-Events (toc_click, faq_open).

dataLayer nutzen

Bei Interaktionen pusht die Seite Events mit Parametern. GTM liest sie aus und sendet sie standardisiert an GA4 (und andere Tools).

Strukturierte Daten via Plugin

Schema.org-JSON-LD (Article, FAQPage, HowTo, Product) über ein zuverlässiges SEO-/Schema-Plugin ausspielen, damit Werte konsistent und wartbar bleiben.

Der schlanke GTM-Setup (Schritt für Schritt)

Schritt 1: Container einbinden

GTM-Code-Snippets in das Theme oder per „Header/Footer“-Plugin einsetzen. Prüfe die Vorschau (GTM-Preview) auf allen Seitentypen.

Schritt 2: Namenskonventionen festlegen

Eventnamen: lowercase_mit_underscore. Einheitliche Parameter: page_type, topic, entity, position, cta_type. Kurz dokumentieren im Sheet.

Schritt 3: dataLayer-Grundlage

Beim Seitenaufruf sollte ein dataLayer-Block existieren, zum Beispiel:

```
<script> window.dataLayer = window.dataLayer || []; window.dataLayer.push({ "event": "page_view", "page_type": "article", "topic": "seo-checkliste", "entity": "example-gmbh" }); </script>
```

Schritt 4: Interaktions-Events pushen

Beispiele (einmalig, klar benannt):

```
// Inhaltsverzeichnis dataLayer.push({"event":"toc_click","topic":"seo-checkliste"});
// FAQ aufklappen dataLayer.push({"event":"faq_open","topic":"seo-checkliste","question":"Was ist eine Meta-Description"});
// Tabelle sichtbar/benutzt dataLayer.push({"event":"table_view","topic":"crm-vergleich","table_id":"preise"});
// Primärer CTA
dataLayer.push({"event":"cta_primary_click","page_type":"product","cta_type":"demo"
});
```

Schritt 5: GTM-Variablen, Trigger, Tags

- Variablen: dataLayer-Variablen für topic, page_type, question, cta_type.
- Trigger: Ereignis je Eventnamen (faq_open, table_view, cta_primary_click).
- Tags: GA4-Event-Tag pro Eventtyp, Parameter klar zuordnen.

Schritt 6: Consent Mode integrieren

Consent-Status vor GTM-Ladezeit setzen und in GTM Consent-Einstellungen aktivieren, damit Tags nicht vor Freigabe feuern.

Schritt 7: Debug und Veröffentlichung

GTM-Preview testen, Version beschriften, dokumentieren, veröffentlichen.

Welche Plugins wofür (WordPress-Beispiele, übertragbar auf andere CMS)

SEO/Schema

– Rank Math oder Yoast SEO: Article-/FAQPage-/HowTo-/Product-Schema; Title/Meta; XML-Sitemap.
– Schema Pro/Merkle-Schema-Generator (falls sehr spezifisch).
Hinweis: Nur echte, sichtbare FAQs/How-tos markieren. Keine Phantomdaten.

Consent

– Ein CMP/Consent-Plugin, das den Consent Mode unterstützt. Cookies erst nach Einwilligung schreiben. Zustände an GTM übergeben.

Performance

– Caching/Minify nur mit Bedacht. GTM-Snippet nicht „verschlucken". Kritisches CSS inline, Lazy-Loading korrekt konfigurieren.

Analytics/Helper

– Plugin-freier GA4-Einbau bevorzugt (über GTM). Analytics-Plugins nur, wenn nötig, und ohne doppelte Messungen.

Formulare

– Form-Plugins mit Events verknüpfen (submit, error). Bei abgeschicktem Formular cta_primary_click oder form_submit in den dataLayer pushen.

So spielen GTM und Plugins zusammen

Schema: Plugin liefert strukturierte Daten anhand sichtbarer Inhalte. Du pflegst Autor, Datum, FAQs im CMS; das Plugin generiert JSON-LD automatisch.

Events: dataLayer-Pushes kommen aus kleinen Onclick-/Intersection-Observer-Skripten oder aus dem Frontend-Framework. GTM liest aus und sendet sie an GA4.

Consent: Consent-Plugin setzt Zustände; GTM respektiert sie (analytics_storage='granted' oder 'denied').

Governance: Änderungen an Messung im GTM (Workspaces, Freigabe). Änderungen an Struktur in Plugins (Export/Import der Settings, Changelogs).

Qualitätsregeln und typische Fehler

Regeln

- Eine Eventquelle, kein Parallel-Tracking über Plugins plus GTM.
- Eindeutige, sprechende Eventnamen; wenige, aber aussagekräftige Parameter.
- dataLayer vor GTM initialisieren.
- Schema nur für sichtbare Inhalte; Werte identisch zum Frontend.
- Consent zuerst, Tags danach.

Fehler

- Doppelte GA4-Tags (Plugin und GTM). Lösung: GA4 nur über GTM.
- Unklare Events („click_button“) ohne Kontext. Lösung: Benenne nach Zweck („cta_primary_click“).
- FAQ-Markup ohne echte FAQs. Lösung: Markup entfernen oder FAQs sichtbar machen.
- Caching bricht GTM-Preview. Lösung: Vorschaudomain whitelisten oder Caching für eingeloggte Admins deaktivieren.
- Consent ignoriert. Lösung: CMP anbinden, GTM-Consent aktivieren, Testfälle prüfen.

Erweiterungen für Fortgeschrittene

Server-seitiger GTM

Eigene Mess-Subdomain (zum Beispiel m.example.com) zur besseren Kontrolle über Latenz und Datentransfer.

Custom Dimensions/Parameters

In GA4 benutzerdefinierte Dimensionen für topic, page_type, entity anlegen und zuordnen. So kannst du Module und Cluster sauber reporten.

Measurement-Übersicht
Ein kleines „Tracking-Plan"-Dokument: Eventname, Beschreibung, Parameter, Trigger, Ziel. Hält Teams synchron.

Fehler-Events
Neben success-Events auch error- oder timeout-Events senden (zum Beispiel form_error). Das verbessert die Qualität deiner Conversion-Analyse.

Checkliste: Habe ich Messung und Struktur sauber getrennt

GTM eingebunden, dataLayer vor GTM initialisiert.
Einheitliche Namenskonventionen für Events und Parameter dokumentiert.
Primary Outcomes pro Seitentyp definiert und als Events angelegt.
Schema über Plugin ausgegeben, nur für sichtbare Inhalte, konsistent mit Text.
Consent Mode aktiv; GTM-Tags respektieren Einwilligungen.
Keine doppelte GA4-Implementierung; Test in GTM-Preview und GA4-DebugView bestanden.
Änderungen dokumentiert (GTM-Version, Plugin-Exports).

Mini-To-do: In 60 Minuten zu einem belastbaren Basis-Setup

Event-Namen und Parameter festlegen (10 Minuten)
Definiere: cta_primary_click, toc_click, faq_open, table_view. Parameter: page_type, topic, cta_type, question.
dataLayer einbauen (10 Minuten)
Initialer page_view-Push plus ein Beispiel-Event (faq_open). Prüfe die GTM-Preview.
GTM konfigurieren (15 Minuten)
Variablen für topic/page_type/cta_type, Trigger für jedes Event, GA4-Event-Tags mit Parametern.
Consent andocken (10 Minuten)
CMP/Consent-Plugin konfigurieren, Consent Mode aktivieren, in GTM prüfen, dass Tags erst nach Zustimmung feuern.
Schema-Plugin justieren (10 Minuten)
Article aktiviert, Autor/Publisher korrekt, dateModified pflegen; bei echter FAQ den FAQPage-Typ einschalten.
Schnelltest und Notiz (5 Minuten)
DebugView in GA4 prüfen; eine kurze Änderungsnotiz schreiben (Datum, Events, betroffene Templates).

Ergebnis:
Messung läuft einheitlich über GTM, strukturierte Daten kommen verlässlich aus dem CMS/Plugin, Consent wird respektiert. Du reduzierst Fehlerquellen, beschleunigst Änderungen und kannst Inhalte, Module und Sitemetriken sauber überwachen.

Kapitel 12:

12.3 Validierung mit Rich Results Test & Search Console

Ziel dieses Abschnitts: Du lernst, wie du strukturierte Daten und Snippet-Chancen korrekt prüfst, Fehler systematisch behebst und Verbesserungen messbar machst – mit dem Rich Results Test und der Google Search Console (GSC). Am Ende gibt es ein Mini-To-do.

Begriffsklärung

Rich Results Test

Ein Prüfwerkzeug von Google, das eine URL oder einen Codeausschnitt auf unterstützte Rich-Result-Typen überprüft (zum Beispiel FAQPage, HowTo, Product, Breadcrumb). Es zeigt gültige Felder, Warnungen und Fehler.

Search Console (GSC)

Googles zentrale Oberfläche für Website-Owner. Du siehst Indexierungsstatus, Leistungsdaten (Impressionen, Klicks, CTR, Position), Abdeckungsprobleme, Verbesserungsberichte für Rich Results und kannst einzelne URLs live prüfen.

URL-Prüfung

Ein GSC-Feature, um den Indexstatus, erkannte strukturierte Daten und die zuletzt gecrawlte Version einer konkreten URL zu sehen. Von hier stoßt du auch das erneute Crawlen an.

Enhancements (Verbesserungen)

Search-Console-Berichte für unterstützte Rich Results deiner Property, z. B. FAQ, HowTo, Breadcrumbs, Produkte. Sie zeigen gültige Elemente, Fehler, Warnungen und erlauben eine Validierung nach Fix.

Warum du beide Tools brauchst

Sofortcheck vs. Felddaten

Der Rich Results Test ist ideal für den schnellen Template- oder Page-Check, auch bevor die Seite indexiert ist. Die Search Console zeigt dir hingegen echte Felddaten über viele URLs, inklusive Impressionen deiner Rich-Result-Typen und Problemtrends.

Template-Sicherheit
Ein Schema-Fehler in einem Template dupliziert sich auf vielen Seiten. Mit beiden Tools erkennst du rasch, ob die Änderung überall gültig läuft.

Messbarkeit
Nur die Search Console zeigt, ob sich nach einem Fix Impressions, Klicks und CTR verbessern und ob Rich Results tatsächlich ausgespielt werden.

Arbeitsablauf in fünf Schritten

Schritt 1: Vorabprüfung mit Rich Results Test

- Lege die neue oder geänderte URL in den Rich Results Test.
- Prüfe, welche Rich-Result-Typen erkannt werden (Article, FAQPage, HowTo, Product, Breadcrumb).
- Notiere Fehler (müssen behoben werden) und Warnungen .
- Wenn du ohne veröffentlichte URL arbeitest, nutze den Code-Input und füge dein JSON-LD ein.

Schritt 2: Live-Check und Indexstatus in der Search Console

- Öffne die GSC und nutze die URL-Prüfung.
- Sieh dir an: „URL ist auf Google“, „Nicht im Index“, letzter Crawl, erkannte strukturierte Daten.
- Falls neu: Indexierung anfordern. Vorher Core-Fehler in Technik/robots.txt/noindex ausschließen.

Schritt 3: Verbesserungsberichte sichten

- Öffne in der GSC die Berichte unter „Verbesserungen“ (FAQ, HowTo, Produkte, Breadcrumbs, Sitelinks-Suchbox, Videos).
- Sortiere nach Fehlern und betroffenen Seiten.
- Klicke in einen Fehler, sieh dir Beispiel-URLs an, exportiere die Liste bei Bedarf zur Übergabe an Entwicklung/Redaktion.

Schritt 4: Fix, Re-Deploy, Validierung starten
- Behebe Fehler im Template oder auf der Seite: fehlende Pflichtfelder ergänzen, Werte an den sichtbaren Inhalt angleichen, ungültige Datentypen korrigieren.
- Deploye die Änderung.
- In der GSC im jeweiligen Verbesserungsbericht „Validierung starten“ klicken.
- Google crawlt die Beispiel- und ähnliche Seiten erneut und meldet den Validierungsstatus (einige Tage bis Wochen).

Schritt 5: Wirkung messen
- Im Leistungsbericht „Suchanfragen“ filtere auf betroffene Seiten und Zeiträume vor/nach dem Fix.
- Prüfe CTR- und Impressionsveränderungen.
- Bei FAQ/HowTo: Beobachte, ob die Anzahl gültiger Elemente steigt und ob Impressionen für den jeweiligen Rich-Result-Typ zunehmen.
- Dokumentiere Datum, Version und Effekte im Änderungslog.

Typische Fehlerbilder und schnelle Korrekturen

FAQPage ohne sichtbaren FAQ-Text
Problem: Markup, aber keine sichtbaren Q&A auf der Seite.
Lösung: Sichtbaren FAQ-Block mit echten, nützlichen Fragen und Antworten einfügen oder Markup entfernen.

Product mit Offers, aber keine sichtbaren Preise
Problem: Preis im Markup, nicht im Frontend.
Lösung: Preise sichtbar machen oder Offers entfernen. Währungen und Verfügbarkeiten korrekt setzen.

Article ohne author oder publisher
Problem: Unvollständige Mindestangaben.
Lösung: Byline im Text ergänzen; im Markup author und publisher mit konsistenten Namen und sameAs setzen.

HowTo ohne echte Schrittfolge
Problem: Werbung als HowTo markiert oder Reihenfolge fehlt.
Lösung: Reale Schritte als ol im Text darstellen, HowTo-JSON-LD

mit HowToStep füllen; sonst Markup weglassen.

Uneinheitliche Entitäten

Problem: Autor- oder Organisationsnamen im Text und Markup unterschiedlich.

Lösung: Namen und Links vereinheitlichen, sameAs-Profile hinzufügen.

Indexierung blockiert

Problem: noindex, falscher Canonical, disallow in robots.txt.

Lösung: Blockaden entfernen, URL-Prüfung durchführen, Indexierung anstoßen.

Warnungen zu optionalen Feldern

Beispiel: fehlende image bei Article, fehlende totalTime bei HowTo.

Lösung: Wo sinnvoll ergänzen; Warnungen sind nicht kritisch, aber Qualitätschancen.

Best Practices für stabile Validierung

Markup dem Inhalt nachschalten

Erst sichtbare Module sauber bauen (Frage-Headings, FAQ, Schritte, Preise), dann JSON-LD setzen. Keine Phantomdaten.

Einheitliche Templates

Nutze CMS- oder Theme-Templates, damit Article-, FAQ- oder Product-Markup konsistent ausgespielt wird. Vermeide pro Seite handgestrickte Variationen.

dateModified pflegen

Sichtbar im Text und identisch im Markup. Bei jedem substanziellen Update anpassen.

sameAs und Entitäten

Autor- und Organisationsseiten als Entity Homes pflegen und in Article/Person/Organization verlinken. Einheitliche Schreibweise in allen Systemen.

Validierungsrhythmus

Monatlich die Verbesserungsberichte prüfen. Bei großen Template-Updates gezielt stichprobenartig Rich Results Test ausführen.

Verknüpfung mit Performance-Analyse

Vorher-nachher-Vergleich

- Leistungsbericht: Zeitfenster 28 Tage vor und 28 Tage nach dem Fix.
- Filter auf Seiten oder Verzeichnisse, die das betroffene Markup nutzen.
- Metriken: CTR, Impressionen, Position. Bei Produkt/FAQ/HowTo auch die jeweiligen Verbesserungsberichte auf Trend prüfen.

Snippet-Kandidaten tracken

- Die in Kapitel 11 markierten Snippet-Kandidaten (Frage-Absätze, Listen, Tabellen) im Leistungsbericht nach Queries filtern.
- CTR-Sprünge nach Absatz- oder Listen-Optimierungen festhalten.

Fehlerbehebung mit Priorität

1. Blocker (Indexierung, noindex, Canonical-Fehler, robots.txt) zuerst beheben.
2. Pflichtfelder je Schema vor Warnungen korrigieren.
3. Template-Fehler vor Einzel-URL-Fixes lösen, um Zeit zu sparen.

Checkliste: Bin ich sauber validiert

Rich Results Test: Gewünschte Typen erkannt, keine Fehler/ Warnungen.
GSC URL-Prüfung: URL auf Google, Crawldaten, Indexierung ok.
Verbesserungsberichte: Fehler sinken, Validierung läuft/ abgeschlossen, gültige Elemente steigen.
Konsistenz: Autor-/Organisationsdaten sichtbar, Markup identisch, sameAs gepflegt, dateModified korrekt.
Messung: Vorher-nachher-Analyse im Leistungsbericht, Änderungen im Log notiert.

Mini-To-do: In 60 Minuten von Fehler zu gültig

Eine Problemklasse wählen
Öffne in der GSC den relevantesten Verbesserungsbericht (z. B. FAQ).
Beispiel-URL prüfen
Mit URL-Prüfung live checken, dann dieselbe URL im Rich Results Test öffnen. Fehler und Warnungen notieren.
Fix umsetzen
Sichtbaren Inhalt ergänzen oder Markup korrigieren. Pflichtfelder zuerst, Entitäten konsistent ziehen, dateModified aktualisieren.
Re-Check
URL erneut im Rich Results Test prüfen. Bei Erfolg deployen.
Validierung starten
Im Verbesserungsbericht „Validierung starten" klicken. Notiere Datum und betroffene Templates.
Wirkung messen
Nach 14–28 Tagen Leistungsbericht vergleichen: CTR/Impressionen auf den betroffenen Seiten; in den Verbesserungsberichten den Status prüfen.

Ergebnis:
Deine strukturierten Daten sind fehlerfrei, indexiert und messbar wirksam. Du nutzt Rich Results Test für schnelle Checks, die Search Console für Skalierung, Trendbeobachtung und Impact – die Grundlage für wiederholbare, sichere Schema-Updates und bessere Darstellung in SERPs und KI-Überblicken.

Kapitel 12:

12.4 AI-Snippets und Zero-Click Searches strategisch nutzen

Ziel dieses Abschnitts: Du lernst, wie du Suchanfragen ohne klassischen Klick (Zero-Click) und KI-Überblicke (AI-Snippets/AI Overviews) für Reichweite, Vertrauen und „On-SERP-Konversionen“ nutzt – und wo du stattdessen bewusst auf Klick-Optimierung setzt. Neue Begriffe werden beim ersten Auftreten erklärt. Am Ende gibt es ein Mini-To-do.

Begriffsklärung

Zero-Click Search

Eine Suche, bei der Nutzer die Antwort schon in der Suchergebnisseite (SERP) bekommen und nicht mehr klicken (z. B. Wetter, Definition, Uhrzeit, einfache Rechen-/Preisfragen, Local Pack mit Anruf).

AI-Snippet / AI Overview

Eine KI-generierte Kurzantwort in der SERP, die Inhalte mehrerer Quellen zusammenfasst und (oft) zitiert. Sichtbarkeit entsteht auch ohne Klick.

On-SERP-SEO

Alle Maßnahmen, die deine Darstellung direkt in der SERP verbessern: Titel/Description, Favicon/Site-Name, Sitelinks, FAQ/HowTo/Product-Rich Results, Local Pack, Bewertungs- und Preisangaben, Unternehmensprofil.

Assisted Conversion

Ein Kontakt oder Kauf, der nicht beim ersten Klick passiert, sondern über mehrere Berührungspunkte entsteht (z. B. SERP-Sichtkontakt heute, Marken-Suche/Klick nächste Woche).

Warum Zero-Click und AI-Snippets wichtig sind

Reichweite und Vertrauen
Viele Nutzer entscheiden in der SERP. Wer dort präzise, konsistent und markensichtbar ist, gewinnt Vertrauen – auch ohne sofortigen Klick.

Entitäten-Stärkung
Klar ausgezeichnete Autor-/Unternehmensdaten, strukturierte Inhalte und ein sauber gepflegtes Google-Unternehmensprofil erhöhen die Chance, als Quelle genannt zu werden.

Konversionsnähe
Mikrokonversionen wie Anruf, Route, Termin oder Produktverfügbarkeit passieren direkt in der SERP.

Strategie: „On-SERP gewinnen" vs. „auf Klick spielen".

On-SERP gewinnen (Zero-Click akzeptieren), wenn:
- Suchintention ein einfaches Faktum ist (Definition, Einheit, Rechner).
- Lokale Handlungen gewünscht sind (Anruf, Route, Öffnungszeiten).
- SERP Q&A-lastig ist (PAA, FAQ, AI-Overview) und dein Markenname sichtbar ist.

Auf Klick spielen, wenn
- Vergleich/Entscheidungstiefe nötig ist (Tabellen, Szenarien, Preise),
- ein Download, Lead oder Kauf das Ziel ist,
- du mit Mehrwert über die Kurzantwort hinaus punktest (Information Gain, Tools, Rechner, Cases).

Taktiken für AI-Snippets (Auswahl und Umsetzung)

Absatz- und Listenlogik konsequent nutzen
- Jede zentrale Frage als H2 formulieren, darunter 2–5 Sätze nach der 5-Satz-Formel (Antwort, Rahmen, Zahl/Schwelle, Wenn-dann, nächster Schritt).
- Für „Wie geht's" nummerierte Listen (5–8 Schritte), für „Was entscheidet" Checklisten (3–7 Punkte), für „Vergleich" kleine Tabellen (2–6 Zeilen, Einheiten in Kopfzeilen).

Zitierfähigkeit erhöhen
- Primärquellen, Zahlen, Datumsangaben, Mini-Cases mit Ergebniswerten nennen.
- „Zuletzt aktualisiert“ sichtbar; bei wesentlichen Änderungen kurzer Änderungsblock.

Entitäten und Markensichtbarkeit
- Byline und Autorenseite, Organization/LocalBusiness-Markup, sameAs-Links.
- Einheitliche Schreibweisen (Name, Produkt, Ort) im Text und im Markup.

Strukturierte Daten passend setzen
- Article (+FAQPage/HowTo bei echten Blöcken), Product/Offer nur bei sichtbaren Preisen.
- Keine Phantomdaten. Markup spiegelt den sichtbaren Inhalt.

SERP-Snippets schärfen
- Titel beantwortet die Frage oder benennt den Nutzen klar.
- Meta-Description mit Ergebnisversprechen und Differenzierung (wer, was, in welcher Spanne).
- Saubere Sitelinks durch klare Navigation und Breadcrumbs.

Visual- und Brand-Basics in der SERP
- Site-Name und Favicon prüfen, konsistente Logos in Organization-Markup.
- Für lokale Suchen: Google-Unternehmensprofil vollständig (Kategorien, Leistungen, Öffnungszeiten, Bilder, FAQ, Produkte/Services).

Taktiken für Zero-Click-Suchen (On-SERP-Konversionen)

Local Pack optimieren
- NAP-Konsistenz, Bewertungen aktiv einholen und beantworten, Produkte/Leistungen pflegen, Termin-/Anruf-Buttons aktivieren.
- Standort-Landingpages mit LocalBusiness-Schema, Karte, FAQ.

FAQ-Blöcke gezielt auf Entscheidungsstellen
- Auf Angebots-/Preisseiten ein kompaktes FAQ zu Einwänden (Kosten, Laufzeit, Datenschutz).

- FAQPage-Markup nur für echte Q&A.
Kurzantwort + „Weiterlesen“
- Bei Definitions-Suchen bewusst eine starke Kurzantwort geben und direkt danach einen Satz „Weiterführende Kriterien/Beispiele hier“, intern verlinkt.

Tools/Calculator als Magnet

- Mini-Rechner, Checklisten, Vorlagen. In der SERP wird die Definition abgegriffen, der tiefe Nutzen passiert auf deiner Seite.

Produkt-/Preisfragmente

- Product/Offer-Markup nur bei sichtbaren Werten. Klarer „Ab-Preis“ und nächster Schritt (Demo, Kontakt).

Messung: Sichtbarkeit und Impact ohne Klick bewerten

Search Console

- Impressions der betroffenen Seiten/Verzeichnisse beobachten, auch wenn Klicks stabil bleiben.
- Queries mit „was ist“, „wie“, „kosten“, Stadt+Leistung getrennt betrachten.
- CTR-Ziele nur dort, wo Klicks sinnvoll sind; sonst Impressions + Marken-Suchen als Frühindikator.

Google-Unternehmensprofil

- Anrufe, Wegbeschreibungen, Website-Klicks, Nachrichten. Veränderungen nach Profil-Updates tracken.

GA4

- Direkt- und Marke-Trafficanstieg als Folge von SERP-Sichtbarkeit, Assisted Conversions in der Attributionsübersicht.

Qualitätsregeln und typische Fehler

Regeln

- Eine Frage pro Abschnitt, ein Modul zur Lösung.
- Zahlen/Einheiten konkret, Quellen sichtbar.
- Entitäten konsistent (Autor, Organisation, Produkt, Ort).
- Markup nur für Sichtbares; dateModified pflegen.
- Local: NAP, Kategorie, Öffnungszeiten, Bilder aktuell.

Fehler
- „Snippet-Texte“ ohne Substanz → AI-Overview nimmt andere Quellen.
- FAQ-Spam ohne echte Fragen → Validierungsprobleme, Vertrauensverlust.
- Product-Markup ohne sichtbare Preise → Fehler/Warnungen, schlechte Nutzererfahrung.
- Inkonsistente Marken-/Autorennamen → geringere Zitierchance.
- Nur auf CTR starren → On-SERP-Konversionen werden übersehen.

Checkliste: Bin ich für AI-Snippets und Zero-Click gerüstet

Frage-Headings mit snippetfähigen Absätzen vorhanden.
Mindestens eine Liste und eine kleine Tabelle pro Kernseite.
Primärquellen, Zahlen, „Zuletzt aktualisiert“ sichtbar.
Article (+ ggf. FAQPage/HowTo/Product) korrekt ausgezeichnet.
Byline, Autorenseite, Organization/LocalBusiness mit sameAs gepflegt.
Titel/Meta klar differenziert; Site-Name/Favicon korrekt.
Google-Unternehmensprofil vollständig; Bewertungen aktiv.
Messung: Impressions, On-SERP-Aktionen (Anruf/Route), Assisted Conversions im Blick.

Mini-To-do: In 60 Minuten eine Seite für AI-/Zero-Click fit machen

Drei Snippet-Kandidaten auswählen
Drei H2 als Fragen formulieren und je einen 2–5-Satz-Absatz nach der 5-Satz-Formel schreiben.
Zwei Module ergänzen
Eine nummerierte Schrittfolge und eine Mini-Tabelle mit Einheiten (max. 5 Spalten).
Markup prüfen
Article aktiv; bei echten Q&A/How-to das passende Schema ergänzen; dateModified setzen.
SERP-Basics schärfen
Titel mit Nutzen/Frage, Description mit Ergebnisversprechen; Breadcrumbs sichtbar.
Local/On-SERP-Element
Falls lokal: Google-Unternehmensprofil aktualisieren (Öffnungszeiten, Leistungen, 2 neue Fotos).
Falls Produkt/Service: Preisspanne sichtbar machen und Product/Offer nur dann setzen.
Messpunkte notieren
GSC-Impressions, Local-Anrufe/Wegbeschreibungen oder GA4-Assists als Beobachtungsmetriken festhalten; Datum/Version dokumentieren.

Ergebnis:
Deine Inhalte liefern präzise, zitierfähige Antworten für KI-Überblicke und Featured Snippets, deine Marke ist in der SERP eindeutig erkennbar, und du nutzt Zero-Click-Suchen gezielt für Vertrauen, lokale Handlungen und spätere Conversions – während du bei tiefen Entscheidungsintentionen weiter auf starke Klick-Konversion setzt.

In Kapitel 12 hast du gelernt, Inhalte maschinenlesbar zu machen, sauber zu messen und die SERP direkt zu nutzen. Mit den Kern-Schemas Article, FAQPage, HowTo und Product beschreibst du Seiten eindeutig; Regel Nummer eins: nur Sichtbares auszeichnen, Entitäten konsistent halten und jede Änderung mit dateModified pflegen. Über den Google Tag Manager trennst du Messung von Inhalt, definierst einheitliche Events (z. B. cta_primary_click, faq_open, table_view) und lässt strukturierte Daten stabil über Plugins ausspielen. Rich Results Test und die Search Console nutzt du im Tandem: zuerst Seiten/Markup prüfen, dann in GSC indexieren, Fehler in den Verbesserungsberichten beheben, Validierung starten und Wirkung in CTR/Impressions messen. Für AI-Snippets und Zero-Click-Suchen schreibst du snippetfähige Absätze, Listen und kleine Tabellen, zeigst Quellen und Aktualität, stärkst Autor- und Organisationsentitäten und optimierst On-SERP-Elemente wie Titel/Description, Sitelinks und lokale Profile. Ergebnis: Deine Seiten sind technisch korrekt typisiert, die Messung ist sauber und du gewinnst Sichtbarkeit sowohl mit als auch ohne Klick.

Abkürzungen und Begriffe aus Kapitel 12

Schema.org: Vokabular für strukturierte Daten (JSON-LD) zur maschinenlesbaren Auszeichnung.

JSON-LD: bevorzugtes Format für strukturierte Daten im <script>-Tag.

Article/FAQPage/HowTo/Product: Kern-Schemas für Ratgeber, FAQs, Schrittfolgen und Produkt-/Service-Seiten.

GTM (Google Tag Manager): Container-System zum Verwalten von Mess-Tags, Triggern und Variablen.

dataLayer: Datenobjekt, über das Frontend-Events und -Parameter an GTM übergeben werden.

GA4-Event: Analytics-Ereignis mit Parametern (z. B. topic, page_type, cta_type).

Consent Mode: Messung im Einklang mit Einwilligungen der Nutzer.
Rich Results Test: Tool zum Prüfen von Markup auf unterstützte Rich Results.
Search Console (GSC): Plattform für Indexierung, Leistungsdaten und Verbesserungsberichte.
Enhancements: GSC-Berichte zu Rich-Result-Typen (FAQ, HowTo, Breadcrumb, Produkte).
AI-Snippet/AI Overview: KI-Kurzantwort in der SERP, die mehrere Quellen zusammenfasst.
Zero-Click Search: Suche mit Antwort in der SERP ohne nachfolgenden Klick.
On-SERP-SEO: Optimierung der Darstellung direkt in der SERP (Titel, Description, Sitelinks, Local Pack).
Entity/Entität: eindeutig identifizierbare Person/Organisation /Produkt/Ort; konsistent per sameAs verknüpfen.
dateModified: Änderungsdatum im Markup, das mit dem sichtbaren Update übereinstimmen muss.

Lies jetzt Kapitel 13. Dort setzt du alles in einen operativen 12-Wochen-Plan um: klare Wochenziele, Backlog nach Impact, feste Messpunkte je Modul und Routine-Checks in Search Console, GA4 und den Verbesserungsberichten. So erzeugst du planbar Rankings, KI-Sichtbarkeit und Conversions.

KAPITEL 13:

Brand as Entity (Die Marke als Such-Objekt)

Kapitel 13:

13.1 Warum Markenkonsistenz das neue SEO ist

Ziel dieses Abschnitts: Du verstehst, warum ein einheitlicher Auftritt deiner Marke – in Sprache, Daten, Design und Verlinkungen – heute direkten Einfluss auf Rankings, KI-Zitationen und Conversions hat. Neue Begriffe werden beim ersten Auftreten erklärt. Am Ende gibt es ein Mini-To-do.

Begriffsklärung

Markenkonsistenz

Gleiche, wiedererkennbare Darstellung einer Marke über alle Kanäle und Formate hinweg: Name, Logo, Farben, Tonalität, Nutzenversprechen, Kontakt- und Rechtstexte, Produktnamen, Preise, Öffnungszeiten.

Entität

Eindeutig identifizierbare „Sache“ wie Person, Organisation, Produkt oder Ort. Wenn deine Marke als Entität eindeutig verknüpft ist, erkennen Suchmaschinen und KI-Systeme sie sicher.

Styleguide

Dokument mit Regeln zu Namen, Schreibweisen, Tonalität, Design, Datenfeldern und Verlinkungen, damit alle Beteiligten gleich arbeiten.

Warum Konsistenz heute Rankings beeinflusst

Maschinen lesen Muster

Suchmaschinen und KI gleichen Informationen über viele Quellen ab. Stimmt dein Markenname, deine Adresse, deine Preise, dein Claim überall überein, entsteht ein klares, verlässliches Muster. Widersprüche kosten Vertrauen.

Entitäten statt Keywords

Moderne Systeme ordnen Inhalte Entitäten zu. Einheitliche Namen, sameAs-Verknüpfungen und wiederkehrende Botschaften erhöhen die Chance, korrekt zugeordnet und als Quelle in AI-Overviews genannt zu werden.

Bessere Nutzersignale

Konsistente Titel, Beschreibungen und CTAs senken Verwirrung und Abbrüche. Mehr Klarheit bedeutet bessere Engagement-Metriken und mehr Anfragen.

Schnellere Produktion

Wenn Sprache, Module und Datenstandards festgelegt sind, entstehen neue Seiten schneller und in gleichbleibender Qualität. Das schützt vor Kannibalisierung und vermeidet „jedes Mal neu erfinden".

Die fünf Ebenen der Markenkonsistenz

Name, Claim, Kurzbeschreibung

Ein kanonischer Markenname, ein kurzer Claim und eine 80–120-Wörter-Beschreibung, die in About, Autorenprofilen, Verzeichnissen und Social identisch erscheinen. Keine wechselnden Varianten.

Datenkonsistenz

Stammdaten (NAP: Name, Address, Phone), Öffnungszeiten, Preise, Produktnamen, SKU. Überall gleich geschrieben, identische Einheiten, gleiche Schreibweise. Änderungen zuerst im Master-Dokument, dann überall ausrollen.

Ton und Struktur

Ein definierter Ton (zum Beispiel klar, konkret, ohne Floskeln) und feste Inhaltsmodule: Kurzantwort, Schrittfolge, Kriterienliste, Tabelle, FAQ. Gleiche Headline-Logik und CTA-Formulierungen über alle Seiten hinweg.

Entitäten und Verknüpfungen

Author-, Organization-, Product- und LocalBusiness-Seiten als Entity Homes mit gleichen Namen, sameAs-Links zu offiziellen

Profilen, konsistentes Schema.org-Markup. Interne Links folgen den Themenclustern, nicht spontanen Launen.

Visuelle Konstanten

Logo, Farben, Typografie, Bildstil. Hero-Bereiche strukturell gleich, CTAs in gleicher Position, Trust-Elemente an wiederkehrenden Stellen. Auf Mobil dieselbe Lesereihenfolge.

Was inkonsistent wirkt und wie du es vermeidest

Mehrere Markennamen

Heute „Muster GmbH", morgen „Muster". Lege eine Hauptform fest und nutze Kurzform nur im Fließtext. In Markup und Verzeichnissen ausschließlich die kanonische Form.

Uneinheitliche Produktbezeichnungen

„Pro", „Professional", „Paket Pro" auf verschiedenen Seiten. Setze eine Produktnamenliste auf, nutze sie überall identisch, inklusive URL, Tabellen und Schema.

Abweichende NAP-Daten

Telefon mit oder ohne Landesvorwahl, Straße einmal abgekürzt, einmal ausgeschrieben. Lege feste Schreibweise fest, gleiche alle Profile an.

Tonalitätswechsel

Manchmal Du, manchmal Sie, mal locker, mal formal. Entscheide dich pro Marke und Zielgruppe und halte die Linie.

Uneinheitliche CTAs

„Jetzt starten", „Kostenlos testen", „Demo anfragen" ohne System. Definiere pro Seitentyp einen primären CTA und benutze ihn konsistent.

So setzt du Markenkonsistenz operativ um

Schritt 1: Mini-Styleguide erstellen

Zwei Seiten genügen: Markenname, Kurzbeschreibung, Claim, Zielgruppe, Ton, verbotene Wörter, CTA-Standards, NAP-Schreibweise, Produktnamenliste, Datums- und Einheitenformat, interne Linkprinzipien.

Schritt 2: Entity Homes vervollständigen

Über-uns, Autorenprofile, Produkt- und Standortseiten anlegen oder aktualisieren, Schema.org und sameAs pflegen, stets identische Schreibweisen.

Schritt 3: SERP-Basics angleichen

Titel- und Description-Muster pro Seitentyp definieren, Site-Name und Favicon prüfen, Breadcrumbs konsistent ausspielen, „Zuletzt aktualisiert" einheitlich.

Schritt 4: Externe Profile synchronisieren

Google-Unternehmensprofil, Branchenverzeichnisse, Social-Profile, Partnerseiten. Texte, Namen, Öffnungszeiten, Logos, Links auf das Entity Home angleichen.

Schritt 5: Inhalte modularisieren

Vorlagen aus Kapitel 8 nutzen. Gleiche Reihenfolge der Module, gleiche Heading-Formate, wiederkehrende FAQ-Struktur. Mess-Events pro Modul identisch benennen.

Schritt 6: Änderungslog führen

Ein kleines Changelog: Datum, was geändert, wo ausgerollt. So vermeidest du divergierende Informationen.

Messung: macht Konsistenz einen Unterschied

Markensuchen

Anteil der brandbezogenen Suchanfragen und CTR auf Brand-Keywords. Steigende Werte sind ein Frühindikator.

SERP-Darstellung

Konstante Site-Name-Anzeige, korrekte Autorenanzeige, stabile Breadcrumbs. Weniger Ausreißer bei Titeln/Descriptions.

Engagement

Niedrigere Absprungraten und höhere CTA-Klicks auf neuen Seiten, die dem Styleguide folgen.

KI-Zitationen

Häufigkeit korrekter Erwähnungen in AI-Overviews, konsistente Namensschreibung in Erwähnungen und Gastbeiträgen.

Häufige Einwände und Antworten

Verliere ich Flexibilität.

Nein. Konsistenz schafft Rahmen, in dem Kreativität schneller wird. Du entscheidest einmal, profitierst hunderte Male.

Ist das nicht „nur Branding“.

Brand ist heute ein technisches Signal. Konsistenz stabilisiert Entitäten und verbessert maschinelles Verständnis, das ist direkt SEO-wirksam.

Wir haben keine Zeit für Styleguides.

Eine sauber gepflegte Zwei-Seiten-Notiz spart ab Tag eins Produktionszeit und reduziert Fehler.

Checkliste: Habe ich Markenkonsistenz im Griff

Kanonischer Markenname, Claim und Kurzbeschreibung dokumentiert.

NAP-Daten, Öffnungszeiten und Produktnamen überall identisch.

Entity Homes für Organization, Autoren, Produkte, Standorte mit Schema und sameAs.

Titel/Description-Muster pro Seitentyp definiert und im CMS hinterlegt.

CTAs pro Seitentyp festgelegt und einheitlich platziert.

Visuelle Konstanten (Logo, Farben, Typo) und wiederkehrende Trust-Blöcke.

Änderungslog und Styleguide für Team und Partner zugänglich.

Mini-To-do: In 60 Minuten Konsistenz sichtbar machen

Namen und Kurzbeschreibung fixieren
Schreibe den kanonischen Markennamen, einen Claim und 100 Wörter Kurzbeschreibung. Lege Schreibweise der NAP-Daten fest.
Entity Homes prüfen
Über-uns- und eine Autoren-Seite öffnen: Namen, sameAs, Schema.org, NAP prüfen und vereinheitlichen.
Produktnamenliste erstellen
Liste aller Produkt- und Paketnamen mit genau einer Schreibweise. In zwei Top-Seiten ersetzen.
SERP-Grundlagen angleichen
Für eine Ratgeber- und eine Produktseite Titel- und Description-Muster anwenden, Breadcrumb prüfen, „Zuletzt aktualisiert" ergänzen.
Extern synchronisieren
Google-Unternehmensprofil und ein Branchenverzeichnis auf denselben Textstand bringen.

Ergebnis:
Deine Marke erscheint über alle Kontaktpunkte hinweg eindeutig und vertrauenswürdig. Suchmaschinen und KI-Systeme erkennen dich als stabile Entität, Nutzer verstehen dich schneller, und deine Seiten konvertieren konsistenter. Markenkonsistenz ist damit kein „Nice-to-have", sondern ein Kernhebel modernen SEO.

Kapitel 13:

13.2 Wikipedia, LinkedIn & Presse als Signalgeber

Ziel dieses Abschnitts: Du lernst, wie Wikipedia, LinkedIn und Presseberichte als starke Entitäts- und Vertrauenssignale wirken, welche Voraussetzungen realistisch sind und wie du sie sauber, regelkonform und messbar in deine SEO- und KI-Strategie einbindest. Neue Begriffe werden beim ersten Auftreten erklärt. Am Ende gibt es ein Mini-To-do.

Begriffsklärung

Entität
Eindeutig identifizierbare Person, Organisation, Produkt oder Ort. Klare Entitäten erleichtern Suchmaschinen und KI-Systemen die Zuordnung und Zitation.

Knowledge Graph
Der Wissensgraph verknüpft Entitäten über Eigenschaften und Quellen. Stabile, konsistente Referenzen (zum Beispiel Wikipedia, offizielle Register, große Medien) stärken deine Präsenz darin.

Notability (Relevanzkriterium)
Wikipedia verlangt für neue Artikel eine enzyklopädische Relevanz mit unabhängigen, reputablen Sekundärquellen. Selbstdarstellung, Werbung oder bezahlte Inhalte sind nicht zulässig.

Wikidata
Die strukturierte Datenbank hinter vielen Wikimedia-Projekten. Ein Wikidata-Eintrag (Q-ID) verknüpft Namen, Alias, Links und Eigenschaften einer Entität.

Co-Citation
Häufige gemeinsame Nennung deiner Marke neben anerkannten Quellen im selben Kontext. Das stärkt thematische und entitätsbezogene Signale.

Warum diese drei Signalgeber wirken

Wikipedia

Hohe redaktionelle Hürden und unabhängige Belege machen Wikipedia zu einer sehr starken Referenz. Ein neutraler, belegter Artikel oder auch nur ein sauberer Wikidata-Eintrag hilft Maschinen, deine Entität eindeutig zu erkennen.

LinkedIn

Standardisierte Profile für Personen und Organisationen liefern konsistente, verifizierbare Metadaten (Name, Rolle, Zeitraum, Standort). Einheitliche Schreibweisen und Backlinks auf das Entity Home erhöhen die Entitätsklarheit.

Presse

Unabhängige Berichte und Interviews sind starke E-E-A-T-Signale. Seriöse Medien liefern dauerhafte Erwähnungen, Backlinks und Co-Citations, die in Suche und KI-Antworten Vertrauen erzeugen.

Wikipedia und Wikidata: realistische Vorgehensweise

Vorbedingungen prüfen

Sammle unabhängige, reputabel veröffentlichte Sekundärquellen über dich oder deine Organisation: Fachmedien, Branchenberichte, Konferenzauftritte, glaubhafte Rezensionen, Preisverleihungen. Ohne mehrere belastbare Quellen sind Wikipedia-Artikel kaum haltbar.

Wikidata zuerst

Wenn ein Wikipedia-Artikel unrealistisch ist, beginne mit Wikidata:

- Einheitlicher Name, Kurzbeschreibung, offizieller Website-Link (Entity Home), Social-Profile als official website/identifiers, Gründungsjahr, Sitz.
- Verknüpfe vorhandene externe IDs, falls vorhanden (z. B. Firmenregister, ORCID bei Personen, ISBN/DOI für Publikationen).

Neutralität wahren

Wikipedia verlangt neutralen Ton, belegte Aussagen, keine Werbung. Offenlegung von Interessenkonflikten ist Pflicht. Eigene

Entwürfe sollten auf der Diskussionsseite transparent gemacht und durch unabhängige Freiwillige finalisiert werden.

Inhalte, die bestehen

Kurze, belegte Biografie oder Unternehmensgeschichte, Meilensteine mit Quellen, wichtige Publikationen, Auszeichnungen, Schlüsselprodukte. Keine Preislisten, keine Sales-Claims.

Alternativen, bis Relevanz erreicht ist

Branchenlexika mit Redaktion, Verbandsverzeichnisse, Universitäts- oder Konferenzseiten, Standardwerke. Diese Quellen bauen die Beleglage auf, die später Wikipedia-tauglich macht.

LinkedIn: Personen- und Organisationsprofile als Entitätshub

Organisation konsistent aufsetzen

- Kanonischer Name, Kurzbeschreibung in 80–120 Wörtern, Logo, Gründungsjahr, Branche, Standort, Website (Entity Home).
- Leistungen als Produktkarten oder Service-Beschreibungen.
- Einheitliche Bildsprache und Claim wie auf der Website.

Personenprofile harmonisieren

- Einheitliche Schreibweise des Namens, Rolle, Zeitraum, Ort.
- About-Abschnitt mit Spezialisierung, drei Schwerpunkten, nachprüfbaren Projekten.
- Verlinke auf die Autorenseite (Person-Entity Home) und relevante Veröffentlichungen.
- Projekte, Talks, Zertifikate mit Datum und Quelle eintragen.

Entitätsverknüpfung sichern

- Mitarbeitende korrekt der Organisation zuordnen.
- Kurz-URL, Unternehmenshandle und Domains angleichen.
- Ein Posting-Rhythmus mit Information Gain (Charts, Kurzcases, Links zu Primärquellen) fördert Erwähnungen und Co-Citations.

Presse- und Gastbeiträge spiegeln

- Presseerwähnungen, Talks, Whitepaper als Featured-Elemente oder Publications einpflegen.
- Auf konsistente Titel, Datumsangaben und Linkziele achten.

Presse: planbar zu belastbaren Erwähnungen

Material vorbereiten

– Medien-Kit: Kurzbeschreibung, Langbeschreibung, geprüfte Kennzahlen mit Quellen, Logo-Set, Pressekontakt, 2–3 geprüfte Bilder, Kurzvita der Schlüsselpersonen, Fact Sheet (Gründung, Standorte, Teamgröße, Kernkunden, Zertifizierungen).
– Drei Story-Angles mit Information Gain: Datenanalyse, Benchmark, Case mit Ergebniszahl.

Zielmedien und Formate auswählen

– Fachmedien, Branchen-Newsletter, lokale Wirtschaftspresse, Konferenzblogs, Verbandsportale.
– Passendes Format: Kurzstatement, Gastkolumne, Datengeschichte, Interview.

Pitch präzise halten

– Betreff mit Nutzenversprechen und Datenschnipsel.
– Drei Bullet-Punkte: Was ist neu, warum jetzt, welche Zahl belegt es.
– Eine Grafik oder Tabelle anbieten, alle Behauptungen belegbar.

Ethik und Kennzeichnung

– Bezahlte Inhalte als „Sponsored" kennzeichnen lassen; Links entsprechend als sponsored/nofollow akzeptieren.
– Kein Ghost-Branding: Autorennamen und Rollen korrekt nennen.

Nachsorge

– Erscheint der Beitrag, prüfen: korrekte Namensschreibweise, Link auf Entity Home, Datum.
– Fehler höflich korrigieren lassen. Artikel intern verlinken und in LinkedIn/Author Page dokumentieren.

Risiken und wie du sie vermeidest

Wikipedia-Selbstpromotion

Aggressives Erstellen eigener Artikel endet oft in Löschung. Baue zuerst unabhängige Belege auf, agiere transparent, akzeptiere Community-Entscheidungen.

Gekaufte Medienstücke
„Advertorials“ ohne Kennzeichnung schaden Reputation. Immer sauber kennzeichnen; inhaltlich echten Mehrwert liefern.
Inkonsistente Namensschreibweise
Unterschiedliche Schreibweisen bei LinkedIn, Website, Presse führen zu Entitätsbruch. Styleguide durchsetzen.
Mangelnde Quellen
Starke Claims ohne Primärquelle werden selten zitiert. Zahlen, Studien, Fallbeispiele mit prüfbarer Quelle liefern.

Messung: wirkt dein Entitätensetup

Marken- und Personensuchen
Anteil der brandbezogenen Queries, korrekt angezeigte Site-Name/Autoren. Zunahme deutet auf stärkere Entität hin.
Erwähnungen und verweisende Domains
Neue, thematisch passende Medienlinks pro Quartal; Co-Citations mit anerkannten Marken.
Wissensgraph-Signale
Häufigere korrekte Darstellung von Name, Logo, Kurzbeschreibung; stabile, konsistente Snippet-Darstellung.
LinkedIn-Indikatoren
Wachstum qualitativ passender Follower, Profilaufrufe nach Presseartikeln, Anfragen über LinkedIn.

Praktische Workflows

Schnellstart Wikidata
– Lege oder pflege den Eintrag: Name, Kurzbeschreibung, Webseite, Social-Profile, Sitz, Gründungsjahr, Schlüsselpersonen als verknüpfte Entitäten.
– Verweise auf offizielle Register oder seriöse Medienberichte.
LinkedIn-Harmonisierungsrunde
– Organisation: Datenfelder, Logo, Claim, Leistungen angleichen.

- Zwei wichtigste Personenprofile: Kurzvita, Featured-Publikationen, Projects mit Links.
- Einheitliche Schreibweise in Author-Bylines und Website-Autorenseiten.

Presse-Mini-Kampagne

- Wähle einen Leuchtturm-Inhalt mit Information Gain (z. B. Quartals-Index).
- Erstelle ein einseitiges Fact Sheet und eine Grafik.
- Sende drei gezielte Pitches an Fachmedien mit klarer Zahl und Nutzen.

Checkliste: Nutzen wir Wikipedia, LinkedIn und Presse als Signalgeber

Wikidata vorhanden, sauber gepflegt, mit Entity Home und offiziellen Profilen verknüpft.

Wikipedia realistisch bewertet; falls vorhanden, neutral, belegt, aktuell.

LinkedIn-Organisation konsistent, Personenprofile mit Autorenseite verknüpft.

Medien-Kit verfügbar; Pitches mit belegten Zahlen, klaren Angles.

Presseerwähnungen korrekt geschrieben, mit Link auf Entity Home, intern verlinkt.

Namens- und Produkt-Styleguide umgesetzt, sameAs-Links gepflegt.

Messroutinen für Erwähnungen, verweisende Domains, Marken-Queries und LinkedIn-Signale aktiv.

Mini-To-do: In 60 Minuten drei starke Entitätsimpulse setzen

Wikidata pflegen
Ergänze im Eintrag fehlende Felder: offizielle Website, Sitz, Gründungsjahr, Schlüsselperson, Social-Profile; prüfe Schreibweise und Alias.
LinkedIn harmonisieren
Aktualisiere die Organisationsseite (Kurzbeschreibung, Leistungen). Verknüpfe zwei Personenprofile mit ihrer Autorenseite und füge je zwei Featured-Publikationen hinzu.
Presse-Snippet versenden
Formuliere einen Pitch mit einer Kernzahl und zwei Belegen zu deinem Leuchtturm-Thema, füge eine einfache Grafik an und sende ihn an ein relevantes Fachmedium. Dokumentiere Datum, Empfänger, Winkel, Beleglinks.

Ergebnis:
Du schärfst deine Entität an drei zentralen Punkten zugleich. Maschinen finden konsistente, belegte Daten; Menschen sehen vertrauenswürdige Profile und seriöse Erwähnungen. Das erhöht die Chance auf korrekte Zuordnung im Wissensgraph, stabile KI-Zitationen und bessere SERP-Darstellung.

Kapitel 13:

13.3 Social Proof & Content-Ökosystem aufbauen

Ziel dieses Abschnitts: Du lernst, wie du Social Proof systematisch sammelst und ein Content-Ökosystem schaffst, das deine Belege sichtbar macht, Reichweite skaliert und KI- sowie Suchmaschinen klare, konsistente Signale liefert. Neue Begriffe werden beim ersten Auftreten erklärt. Am Ende gibt es ein Mini-To-do.

Begriffsklärung

Social Proof

Sozialer Beleg für Qualität: Bewertungen, Kundenstimmen, Fallstudien, Pressezitate, Auszeichnungen, Zertifikate, Nutzungszahlen. Wirkt, wenn Quelle, Datum und Kontext nachvollziehbar sind.

Content-Ökosystem

Ein vernetztes System aus Kanälen und Formaten (Website, Newsletter, LinkedIn/YouTube/Podcast, PR, Community), in dem Inhalte mehrfach verwertet, miteinander verlinkt und regelmäßig aktualisiert werden.

UGC (User Generated Content)

Von Nutzenden erstellte Inhalte wie Rezensionen, Kommentare, Forenbeiträge, Social-Posts. Mit Zustimmung nutzbar als Social Proof.

Distribution-Flywheel

Ein wiederholbarer Veröffentlichungs- und Verteilprozess, bei dem ein „Leuchtturm-Inhalt" viele Ableger erzeugt (Clips, Posts, Slides) und so organische Reichweite und Erwähnungen steigert.

Warum Social Proof heute doppelt zählt

Menschen entscheiden schneller

Klare, echte Belege senken Kaufhemmnisse und steigern

Conversion. Platzierst du Social Proof in der Nähe von Preisen/CTAs, steigen Abschlussraten messbar.

Maschinen interpretieren Belege

Strukturierte Bewertungen, konsistente Erwähnungen und verlinkte Cases liefern E-E-A-T-Signale. KI übernimmt gern präzise Zahlen und Zitate mit Quelle und Datum.

Die sechs Bausteine eines belastbaren Social-Proof-Systems

Bewertungsstrategie und Quellenmix

Kernquellen wählen: Google-Bewertungen (lokal), branchenspezifische Portale, Shop/Produkt-Reviews, G2/Capterra (Software), ProvenExpert/Trusted Shops (Handel/Dienstleistung).

Standardprozess: Nach erfolgreicher Leistung aktiv um Feedback bitten (Link/QR), Leitfragen geben, auf Antworten höflich reagieren. Keine Anreize, die Richtlinien verletzen.

Referenzen- und Case-Programm

Case-Format standardisieren: Ausgangslage → Maßnahme → Ergebnis (mit Zahl/Zeitraum) → Zitat → Medien (Screenshot/Grafik).

Freigaben schriftlich sichern (Name, Logo, Zitat, Zeitraum, wo sichtbar). Eine Case-Miniatur gehört auf die Angebots- und Preisseiten, die Vollversion in den Blog/Resources-Bereich.

Vertrauenssiegel, Zertifikate, Auszeichnungen

Nur echte, prüfbare Nachweise. Auf einer „Zertifikate & Auszeichnungen“-Seite mit Gültigkeitsdaten, verlinkter Quelle und kurzer Erklärung bündeln. Im Kontext knapp teasern (z. B. neben CTA „Zertifiziert: ..., gültig bis ...“).

Presse- und Expertenstimmen

Kurze, belegte Zitate mit Quelle, Titel, Datum verlinken. Eigene Leuchtturm-Inhalte (Studien, Benchmarks) als Zitatgrundlage nutzen. Presse-Logos nur mit Link zur Quelle verwenden.

Community und UGC

Eigene Community-Plattformen (LinkedIn-Gruppe, Slack/Discord) oder etablierte Foren nutzen. Leitfäden und Moderation aufsetzen. Mit Zustimmung Kundenzitate als „Stimme aus der Community“ auf Landingpages einbauen.

Sichtbarkeit im Layout

Above the Fold ein schlanker Trust-Streifen (Score + Quelle oder 1–2 Logos mit Kontext). In Entscheidungsmodulen (Preis/CTA) eine Mini-Case-Box oder 2–3 echte Kurzbewertungen. Footer: zentrale Links auf „Über uns“, „Zertifikate“, „Presse“.

Das Content-Ökosystem: vom Leuchtturm zur Serie

Leuchtturm-Inhalt pro Quartal

Beispiel: Branchenindex, Preisvergleich, 500er-Umfrage, Tool-Benchmark, großer Leitfaden. Enthält Zahlen, Methodik, klare Grafiken.

Ableitungen planen

Aus einem Leuchtturm ergeben sich 6–10 Ableger:

- Blog 1: Methodik erklärt
- Blog 2: Ergebnisse für Segment A
- LinkedIn: 3 Diagramme mit je einer Erkenntnis
- Newsletter: Kurzfassung mit CTA
- YouTube/Podcast: 10–15 Minuten Analyse
- Gastbeitrag: „Was bedeutet das für ...“
- Case-Add-on: Bei Kunde X führte Maßnahme Y zu Z Prozent

Verknüpfungen konsequent setzen

Jeder Ableger verlinkt auf den Leuchtturm und relevante Produkt-/Service-Seiten; Leuchtturm verlinkt zurück auf Cases/FAQ. Einheitliche UTM-Parameter nutzen, um Kanäle zu messen.

Formate, die KI und Snippets bevorzugen

Kurzantwort + Kennzahl

Zwei Sätze mit einer klaren Zahl und Zeitraum, sichtbares „Zuletzt aktualisiert“.

Listen/Schrittfolgen
Checklisten (3–7 Punkte) und How-tos (5–8 Schritte) mit Einheiten und, wenn sinnvoll, Dauer.
Tabellen
Kleine, semantisch saubere Tabellen mit Einheiten in den Kopfzellen (Kapitel 11.3).
FAQ-Module
Echte Fragen mit 40–120-Wörter-Antworten; FAQPage-Markup nur, wenn sichtbar.

Ethik, Recht und Qualität

Echtheit und Quellen
Keine fingierten Bewertungen oder „geliehenen" Logos. Jedes Zitat mit Name/Initiale, Rolle, Quelle und Datum. Bei sensiblen Branchen: Freigaben dokumentieren.
DSGVO und Einwilligung
Für Kundenlogos, Zitate, Fotos vor Veröffentlichung Zustimmung einholen; speichere die Zustimmung revisionssicher. Kein Dark Pattern beim Einholen von Reviews.
Transparenz bei Incentives
Wenn ein Anreiz für eine Bewertung gegeben wurde, Plattformregeln befolgen und kenntlich machen, wo vorgeschrieben.
Barrierefreiheit
Texte klar, ausreichender Kontrast, Bildunterschriften, Tabellen sauber ausgezeichnet; verbessert UX und maschinelles Verständnis.

Distribution-Flywheel in fünf Schritten

Quartalsthema definieren
Ein Kernthema mit hohem Information Gain und Anschlussfähigkeit für Presse/Community.
Produktion takten

Leuchtturm zuerst, dann Ableger in feste Slots (Woche 2, 3, 5, 7, 9). Redaktionskalender im Voraus füllen.

Social Proof einweben

Zu jedem Ableger mindestens ein Beleg: Zahl, Zitat, Mini-Case oder Zertifikatssnippet.

Kanäle routiniert bedienen

Website-Artikel → Newsletter → LinkedIn-Thread → kurzer Video-/Audio-Clip → PR-Pitch mit Grafik. Alles verweist auf den Leuchtturm.

Messen, nachschärfen

Pro Ableger ein Primary Outcome (z. B. cta_primary_click, table_view, newsletter_signup). Nach 14–21 Tagen Inhalte mit Schwäche nachschärfen.

Messpunkte und Reporting

Frühindikatoren

Neue Bewertungen/Monat, Zahl der verwertbaren Zitate, Newsletter-Abos, Social-Saves/Kommentare, verweisende Domains.

SERP/On-SERP

Impressions der Leuchtturm- und Ablegerseiten, steigende PAA-/Snippet-Präsenz, Google-Unternehmensprofil-Aktionen (Anruf/Route).

Conversion-Nähe

CTA-Klicks in Modulen mit Social Proof vs. ohne, Lead-Qualität nach Case-Konsum, Assisted Conversions über organisch/Brand.

Häufige Fehler und schnelle Korrekturen

Logo-Wand ohne Kontext

Ersetze durch 3–6 Logos mit je einer Zeile Kontext oder ein kurzes Kundenstatement mit Ergebniszahl.

Bewertungen ohne Quelle

Immer Plattform/Datum verlinken oder nennen; Initialen und Branche genügen, wenn volle Namen nicht erlaubt sind.

Cases ohne Zahl

Füge eine nachvollziehbare Kennzahl oder Zeitspanne hinzu; notfalls Bereich/Spanne („+18–24 Prozent in 90 Tagen").

Einmalige Peaks

Setze wiederkehrende Reihen (Monatsindex, Quartalsreport), nicht nur einzelne Stunts.

Ungleichgewicht der Kanäle

Ein Kanal zieht stark, andere gar nicht. Plane Ableger kanalgerecht (LinkedIn = Karussell/Thread, YouTube = 8–12 Minuten Erklärvideo).

Checkliste: Steht mein Social Proof und Ökosystem

Bewertungsquellen definiert, Prozess zum Einholen und Antworten aktiv.

Mindestens drei aktuelle Cases mit Zahl/Zitat, Freigaben dokumentiert.

„Zertifikate & Auszeichnungen"-Seite vorhanden, verlinkt, aktuell.

Presse-/Expertenzitate mit Quelle und Datum, sauber verlinkt.

Leuchtturm-Inhalt dieses Quartal geplant, Ablegertermine im Kalender.

Module mit Social Proof neben CTAs auf Produkt-/Preisseiten platziert.

Events für Messung gesetzt (cta_primary_click, table_view, faq_open).

SERP-/On-SERP-Basics konsistent (Titel/Description, Breadcrumbs, Organization/LocalBusiness).

Mini-To-do: In 60 Minuten Social Proof sichtbar machen

Case-Miniatur erstellen
Wähle eine Referenz. Schreibe vier Zeilen: Ausgangslage → Maßnahme → Ergebnis (Zahl/Zeitraum) → Zitat. Platziere sie neben dem Haupt-CTA einer Angebotsseite.
Bewertungsquelle verlinken
Binde den aktuellsten Bewertungs-Score mit Quelle und Datum ein; setze einen Link „Mehr Bewertungen".
Zertifikate konsolidieren
Lege eine Seite „Zertifikate & Auszeichnungen" an oder aktualisiere sie. Füge Gültigkeitsdaten und Verifikationslinks hinzu.
Ableger planen
Skizziere aus einem bestehenden Leitfaden zwei Ableger: LinkedIn-Thread mit drei Zahlen und ein Newsletter-Abschnitt mit einer Tabelle.
Events prüfen
Stelle sicher, dass cta_primary_click und table_view auf der Zielseite feuern; notiere Datum/Version.

Ergebnis:
Sichtbarer, belegter Social Proof stützt deine Aussagen genau dort, wo Nutzer entscheiden. Das vernetzte Content-Ökosystem sorgt dafür, dass deine Belege regelmäßig erneuert, breit verteilt und maschinenlesbar verknüpft werden – Grundlage für stabile Rankings, KI-Zitationen und planbare Conversions.

Kapitel 13:

13.4 So erkennst du, ob Google deine Marke als Entität indexiert

Ziel dieses Abschnitts: Du lernst, mit einfachen Tests zu prüfen, ob Google deine Marke, Personen und Produkte als eindeutige Entitäten „verstanden“ hat – und welche Signale darauf hindeuten, dass die Zuordnung stabil ist. Am Ende gibt es ein Mini-To-do.

Begriffsklärung

Entität

Eine eindeutig identifizierbare „Sache“ wie Organisation, Person, Produkt, Ort oder Begriff. Google verknüpft Entitäten in einem Wissensgraphen. Je eindeutiger deine Marke dort abgebildet ist, desto besser funktionieren Zuordnung, Snippets, AI-Overviews und Marken-SERP.

Entity Home

Die zentrale Seite, auf der eine Entität „zu Hause“ ist, etwa /ueber-uns/ für die Organisation, /autor/vorname-nachname/ für Personen oder /produkt/x/ für Produkte. Von hier aus verlinkst du auf offizielle Profile und führst strukturierte Daten.

Brand SERP

Die Ergebnisseite für deinen Markennamen. Sie zeigt, wie Google deine Marke derzeit versteht: Sitelinks, Knowledge Panel, Social-Profile, Presse, Bilder, Videos.

sameAs

Ein Feld in strukturierten Daten (Schema.org), mit dem du offizielle Profile und Referenzen verknüpfst. Es hilft bei der eindeutigen Identifikation.

Warum dieser Check wichtig ist

Korrekte Zuordnung

Nur wenn Google deine Marke als eindeutige Entität erkennt, werden Autorenangaben, Organisation, Produkte, Standorte, Social-Profile und Presseberichte konsistent zusammengeführt.

KI-Zitation

AI-Overviews greifen lieber auf sauber definierte Entitäten zu, die über Entity Homes, sameAs-Links und konsistente Daten abgesichert sind.

SERP-Kontrolle

Ein klarer Brand SERP mit Sitelinks, korrektem Site-Namen und Logo stärkt Vertrauen und Klickrate.

Die neun wichtigsten Indikatoren, dass Google deine Marke als Entität erfasst

Eindeutige Brand SERP

Suche nach deinem Markennamen. Hinweise auf Entitätsklarheit: konsistenter Site-Name, Sitelinks auf Kernbereiche, häufig deine eigene Domain auf Positionen 1–3, rechts oder oben eventuell ein Knowledge Panel bei bekannten Marken.

Knowledge Panel oder lokale Knowledge Card

Für Organisationen oder Standorte: eine Zusammenfassung mit Logo, Kurzbeschreibung, Adresse oder Social-Profilen. Bei lokalen Unternehmen kann das auch als prominente Kartenbox erscheinen. Fehlt ein Panel, ist das nicht automatisch negativ; die restlichen Signale zählen.

Einheitlicher Site-Name und Logo in der SERP

Der angezeigte Site-Name unter deinem Titel entspricht deiner kanonischen Schreibweise. Das Logo, das Google in der Suche verwendet, ist dasselbe wie im Organization-Markup.

Sitelinks zu deinen wichtigsten Bereichen

Unter dem Hauptergebnis erscheinen Kurzlinks auf zentrale Seiten wie Preise, Produkte, Über uns, Blog. Das zeigt Struktur- und Vertrauenssignale.

Social-Profile werden zusammengeführt

Offizielle Profile (LinkedIn, YouTube, X, Instagram) tauchen sichtbar und konsistent in der Marken-SERP oder im Panel auf. Schreibweisen, Logos und Links stimmen überein.

Personen-Entitäten sind verknüpft

Suchst du nach deinem Namen als Autorin oder Autor, erscheinen eine Autoren-Kurzbox, Bilder, Publikationen oder deine Autorenseite. In Artikel-SERPs wird dein Name korrekt angezeigt und mit deiner Autorenseite verknüpft.

Produkt- oder Serviceseiten haben kohärente Snippets

Für Produktnamen erscheinen konsistente Titel, strukturierte Preisangaben oder Breadcrumbs. Keine gemischten, widersprüchlichen Namen oder alte Markenbezüge.

Autocomplete und verwandte Suchen sind markenkohärent

Vervollständigungen wie „[Marke] preise", „[Marke] login", „[Marke] standort" deuten auf Nachfrage und stabile Zuordnung hin. Verwandte Suchen enthalten deine korrekte Schreibweise.

„Über dieses Ergebnis" liefert korrekte Herkunft

In der Google-SERP beim Dreipunkt-Menü neben deinem Ergebnis zeigt „Über dieses Ergebnis" deine Domain, Beschreibung und verwendete Quellen. Stimmen dort Name, Kategorie und Quelle, ist das ein Entitätssignal.

So prüfst du den Status systematisch

A) Brand-SERP-Audit

Suche in einem neutralen Browserfenster deinen Markennamen sowie Markename + Stadt, Markename + Produkt. Dokumentiere: Reihenfolge der Ergebnisse, Sitelinks, Site-Name, Logo, Social-Profile, Presse. Mache Screenshots als Baseline.

B) Entitäten-Check auf der eigenen Website

Öffne deine Über-uns-Seite und eine Autorenseite. Prüfe sichtbar: kanonischer Markenname, NAP-Daten, Kurzbeschreibung, sameAs-Links, „Zuletzt aktualisiert". Prüfe im Quelltext: Organization- bzw. Person-JSON-LD mit name, url, logo/image, sameAs.

C) Konsistenz externer Profile
Vergleiche Schreibweise, Kurzbeschreibung, Logo, Standort, Gründungsjahr in LinkedIn-Unternehmensprofil, Google-Unternehmensprofil, Branchenverzeichnissen und großen Social-Accounts. Alles muss identisch sein.
D) Search Console als Frühindikator
Im Leistungsbericht steigende Impressionen für Brand-Queries, hohe CTR auf deinen Markennamen und stabile Positionen sind gute Zeichen. Unter „Sitelinks-Suchbox“ oder „Logos“ (sofern verfügbar) erscheinen keine Fehler.
E) Personen- und Produkttests
Suche nach „Autorenvorname Nachname + Marke“ und „Produktname + Marke“. Erscheinen deine eigenen Seiten zuerst und konsistent, ist die Entität gut verknüpft. Achte auf einheitliche Produktnamen in Titeln, Breadcrumbs und Markup.

Typische Probleme und ihre Ursachen

Mehrdeutige oder generische Markennamen
Teilst du dir den Namen mit anderen Entitäten, erscheinen gemischte Ergebnisse. Abhilfe: konsistente Kurzbeschreibung, starke sameAs-Verknüpfungen, Presse/Verbandsprofile, Zusatzlabel in Titeln und H1 (Branche, Land), interne Links zum Entity Home.
Inkonsistente Schreibweisen
„Muster GmbH“ vs. „Muster“ vs. „MUSTR“. Abhilfe: Styleguide, Suchen-Ersetzen im Bestand, gleiche Schreibweise in Markup, Social, Verzeichnissen, E-Mail-Signaturen.
Fehlende oder schwache Entity Homes
Über-uns, Autorenseiten oder Produktseiten fehlen oder sind zu dünn. Abhilfe: klare Entity Homes mit Definition, Kurzbeschreibung, Referenzen, sameAs, strukturierten Daten, internen Links.
Markenwechsel oder Rebranding ohne 301

Alte URLs und Namen schweben im Index. Abhilfe: 301-Weiterleitungen, konsistente neue Namen, Update aller Profile, Pressehinweis.

Uneinheitliche NAP-Daten

Adresse oder Telefonnummer weichen ab. Abhilfe: NAP-Master führen, alle Verzeichnisse angleichen, LocalBusiness-Markup prüfen.

Schnellreparaturen, die oft schon reichen

Entity Home stärken: Kurzbeschreibung, NAP-Daten, Logo, Team, sameAs-Links und Organization-JSON-LD ergänzen. „Zuletzt aktualisiert" sichtbar machen.

Autorenseiten: Foto, Kurzvita, Qualifikationen, Referenzen, Links zu Profilen und Person-JSON-LD hinzufügen. Artikel-Bylines verlinken.

Produktnamen: Einheitliche Namen in H1, Titel, Breadcrumbs, Schema und URLs verwenden.

Social-Profile: Beschreibungen, Logos und Links mit Entity Home abstimmen, sameAs-Profilen anpassen.

Google-Unternehmensprofil: Kategorie, Leistungen, Öffnungszeiten, Bilder, FAQ und Beschreibung pflegen, NAP konsistent halten.

Checkliste: Erfasst Google meine Marke als Entität

Ein konsistenter Brand SERP zeigt deine Domain mit korrektem Site-Name, Logo und Sitelinks. Über-uns- und Autorenseiten sind klar ausgezeichnet, Social-Profile harmonisiert, Produktnamen konsistent integriert. Autocomplete bietet relevante Ergänzungen, „Über dieses Ergebnis" liefert korrekte Infos, und die Search Console zeigt positive Entwicklungen bei Brand-Queries. Lokale Kartenansichten sind mit identischen NAP-Daten stimmig.

Mini-To-do: In 60 Minuten zu klareren Entitätssignalen

Brand-SERP-Baseline
Suche deinen Markennamen, mache zwei Screenshots der Ergebnisse. Notiere Sitelinks, Site-Name, sichtbare Profile.
Entity Home prüfen
Auf der Über-uns-Seite Kurzbeschreibung, NAP, sameAs und Organization-JSON-LD ergänzen oder korrigieren. Datum „Zuletzt aktualisiert“ setzen.
Zwei Autorenseiten schärfen
Foto, Kurzvita, drei Referenzen, sameAs-Links einfügen. Person-JSON-LD prüfen. Bylines in zwei Top-Artikeln auf die Autorenseite verlinken.
Produktnamen vereinheitlichen
Lege eine verbindliche Liste der Produktnamen fest. Passe Titel, H1, Breadcrumbs und Schema auf einer Produktseite an.
Social-Profile angleichen
LinkedIn-Unternehmensseite und Google-Unternehmensprofil mit identischer Kurzbeschreibung, Logo und Link auf das Entity Home aktualisieren.

Ergebnis:
Nach diesen Schritten sind die zentralen Entitätssignale sichtbar und konsistent. In den nächsten Wochen solltest du stabilere Brand-SERPs, sauberere Snippets und öfter korrekte Zuordnungen in AI-Overviews beobachten.

In Kapitel 13 hast du gelernt, warum Markenkonsistenz heute ein zentraler SEO-Hebel ist: Einheitliche Namen, Daten, Struktur, Tonalität und visuelle Elemente stärken deine Entität in Suche und KI. Du nutzt Wikipedia/Wikidata, LinkedIn und Presse als starke, unabhängige Signalgeber, aber nur mit belegbaren Quellen, neutralem Ton und konsequenten sameAs-Verknüpfungen zu deinen Entity Homes. Social Proof wird zu einem System: echte Bewertungen, kurze Cases mit Ergebnissen, Zertifikate und Pressezitate platzierst du gezielt neben CTAs und verknüpfst sie in einem Content-Ökosystem aus Leuchttürmen und Ablegern. Schließlich prüfst du, ob Google deine Marke als Entität erfasst: Brand-SERP, Site-Name/Logo, Sitelinks, Social-Zusammenführung, Personen- und Produktkohärenz, Autocomplete sowie „Über dieses Ergebnis" dienen dir als Indikatoren; fehlende Klarheit behebst du mit sauberen Entity Homes, konsistenter NAP-Pflege und vereinheitlichten Produktnamen. Ergebnis: eine stabil erkannte Marke, höhere Zitier- und Snippet-Wahrscheinlichkeit und messbar bessere Konversionen durch Klarheit und Vertrauen.

Abkürzungen und Begriffe aus Kapitel 13

Markenkonsistenz: Einheitlicher Auftritt in Namen, Daten, Ton, Design und Verlinkung.

Entität: Eindeutig identifizierbare Person, Organisation, Produkt oder Ort; maschinenlesbar ausgezeichnet.

Entity Home: Zentrale Seite einer Entität (Über uns, Autor, Produkt, Standort) mit Markup und sameAs.

Knowledge Graph: Wissensnetz, in dem Suchmaschinen Entitäten und Beziehungen speichern.

Notability: Relevanzkriterium für Wikipedia-Artikel mit unabhängigen Sekundärquellen.

Wikidata: Strukturierte Datenbank hinter Wikipedia; liefert Q-IDs für Entitäten.

sameAs: Verknüpfung zu offiziellen Profilen oder Registern in Schema.org-Daten.
Brand SERP: Ergebnisseite zum Markennamen, spiegelt Googles Verständnis deiner Entität.
Social Proof: Bewertungen, Fallstudien, Zertifikate und Presse als belegte Vertrauenssignale.
Distribution-Flywheel: Leuchtturm-Inhalte systematisch in mehrere Formate und Kanäle ausrollen.
NAP: Name, Adresse, Telefonnummer – lokal konsistente Stammdaten.

Lies jetzt Kapitel 14. Dort überträgst du alles in einen operativen Fahrplan mit Wochenzielen, Backlog nach Impact, festen Messpunkten (GSC/GA4) und Routinen, die deine Marken- und Entitätssignale kontinuierlich stärken und Rankings, KI-Sichtbarkeit sowie Conversions planbar steigern.

TEIL 5

MESSEN, OPTIMIEREN & AUTOMATISIEREN

KAPITEL 14:

SEO-Analyse und Monitoring

Kapitel 14:

14.1 Google Analytics & Search Console effektiv nutzen

Ziel dieses Abschnitts: Du richtest die beiden Kernwerkzeuge für SEO ein, verstehst ihre Rollen und baust einen einfachen, wiederholbaren Reporting-Workflow auf. Neue Begriffe werden beim ersten Auftreten erklärt. Am Ende gibt es ein Mini-To-do.

Begriffsklärung

Google Analytics 4 (GA4)

Ein Analysewerkzeug für Nutzerverhalten auf deiner Website. Es misst Seitenaufrufe, Ereignisse, Conversions und Herkunftskanäle. Es zeigt, was Menschen auf deiner Seite tun.

Google Search Console (GSC)

Ein Werkzeug von Google für Website-Betreiber, das Sichtbarkeit in der Suche, Indexierung, Suchanfragen, Klicks, Positionen und technische Probleme zeigt. Es zeigt, wie Google deine Seite sieht.

Property

Eine Dateninstanz in GA4 oder GSC, die eine Website repräsentiert. Eine Domain hat in der Regel je eine GA4- und eine GSC-Property.

Event

Eine gemessene Interaktion in GA4, etwa toc_click, faq_open, table_view, cta_primary_click. Events haben oft Parameter wie page_type oder topic.

Query

Eine Suchanfrage, die Nutzer in Google eingegeben haben. In der GSC siehst du Queries, Impressionen, Klicks, CTR und Position.

Indexierung

Der Vorgang, bei dem Google Seiten aufnimmt und für die Suche verfügbar macht. Ohne Indexierung keine Rankings.

Rollenverteilung: Wofür du GA4 und GSC nutzt

GA4 beantwortet
Wer kommt auf die Seite, von wo, was tun sie dort, welche Module werden angeklickt, welche CTAs konvertieren.
GSC beantwortet
Wofür erscheinst du in der Suche, wie oft werden deine Seiten gesehen, wie viele Klicks und welche Positionen erzielst du, welche technischen oder Rich-Result-Probleme gibt es.

Einrichtung in kurzen Schritten

Search Console
Domain hinzufügen
Property-Typ Domain wählen und DNS-Eintrag verifizieren. So deckst du alle Subdomains und Protokolle ab.
Sitemaps einreichen
Die XML-Sitemap-URL deiner Website eintragen. Sie hilft Google, neue und geänderte Seiten zu finden.
Nutzerrechte
Mindestens eine Inhaber- und eine Nutzer-Rolle vergeben, um Abhängigkeiten zu vermeiden.
GA4
Property erstellen
In Analytics eine neue GA4-Property anlegen, Datenstream für Web hinzufügen.
Tag-Einbau
GA4 nur über den Google Tag Manager (GTM) einbinden, nicht zusätzlich per Plugin, um Doppelmessungen zu vermeiden.
Basis-Events
Die in Kapitel 12 vorgeschlagenen Events aktivieren: toc_click, faq_open, table_view, cta_primary_click.
Conversions definieren
Wichtige Events als Conversions markieren, zum Beispiel cta_primary_click oder form_submit.

Tägliche und wöchentliche Routinen

Täglich, in 5 Minuten

GSC Leistungsübersicht: Stimmt der Trend der Klicks und Impressionen.

GSC Indexabdeckung: Auffällige Fehler oder starke Schwankungen.

GA4 Realtime bei großen Änderungen: Funktioniert Tracking nach einem Deploy.

Wöchentlich, in 30–45 Minuten

GSC Suchanfragen

Filtern nach Seitenordnern oder Themengruppen. Vergleiche Wochen. Notiere Queries mit vielen Impressionen und niedriger CTR als Optimierungskandidaten.

GSC Seitenbericht

Welche Seiten haben Gewinn oder Verlust. Prüfe Titel, Description, Kurzantwort und Snippet-Kandidaten.

GSC Verbesserungen

Fehler in FAQ/HowTo/Product/Breadcrumb. Geplante Fixes eintragen.

GA4 Engagement

Event-Report: table_view, faq_open, toc_click. Erkenne Module, die gut funktionieren oder schwächeln.

GA4 Conversions

Welche Seiten und Themen bringen Conversions. Prüfe, ob CTAs sichtbar sind und Trust-Blöcke platziert sind.

Monatlich, in 60–90 Minuten

Themencluster-Review

GSC: Vergleiche Pillar- und Clusterseiten. Wo fehlen Detailseiten, wo sinken Positionen.

Snippet-Check

Seiten mit vielen Impressionen und CTR unter Erwartung sammeln. Absatz nach 5-Satz-Formel schärfen, Listen und Tabellen nachrüsten.

Technik und Schema
Verbesserungsberichte prüfen, Validierungen starten. Core Web Vitals stichprobenartig testen.
Mess-Plan aktualisieren
Neue Module oder CTAs erhalten eigene Events. Alte Events auf Relevanz prüfen.

Konkrete Arbeitsfragen und direkte Aktionen

Frage 1: Welche Queries bringen viele Impressionen, aber wenige Klicks.
Aktion
Titel und Meta-Description differenzieren, die passende H2-Frage und den Antwortabsatz schärfen, Sprungmarke setzen.
Frage 2: Welche Seiten erscheinen für transaktionale Suchintentionen, konvertieren aber schwach.
Aktion
CTA sichtbarer machen, Trust-Blöcke neben CTA, kurzes FAQ mit Einwänden, interne Links auf Preis/Angebot.
Frage 3: Welche Module werden genutzt.
Aktion
Bei geringer table_view den Tabellenkopf vereinfachen, Einheiten in die Spaltenköpfe, Mobilbreite prüfen. Bei geringer faq_open Überschriften klarer formulieren.
Frage 4: Welche Seiten sind nicht oder schlecht indexiert.
Aktion
GSC URL-Prüfung, Indexierung anfordern, internen Link setzen, Sitemap prüfen, noindex und Canonical kontrollieren.
Frage 5: Welche Rich-Result-Typen sind fehlerhaft.
Aktion
Fehlende Pflichtfelder ergänzen, dateModified pflegen, Markup nur für sichtbare Elemente.

Basismessung pro Seitentyp

Ratgeber/Leitfaden
Primary Outcomes: table_view, cta_primary_click
Sekundär: faq_open, toc_click
GSC-Ansicht: Queries mit „was ist", „wie", Snippet-Impressionen
Vergleich/Landingpage
Primary Outcomes: cta_primary_click
Sekundär: table_view
GSC-Ansicht: transaktionale Queries, Markenbegriffe
Standortseite
Primary Outcomes: Anrufklicks, Routen-Klicks
GSC-Ansicht: Stadt + Leistung, Local Pack Sichtbarkeit
Produkt/Service
Primary Outcomes: cta_primary_click, form_submit
GSC-Ansicht: Produktname, Preis-Queries, Rich-Result-Status Product

Fehlerbilder und schnelle Korrekturen

Hohe Impressionen, niedrige CTR
Snippets unklar. Lösung: Frage im Titel spiegeln, Nutzen im ersten Satz, Unterschied zu Mitbewerbern sichtbar machen, Strukturabsatz nach 5-Satz-Formel.
Klicks, aber keine Conversions
Seitenziel unklar oder Trust fehlt. Lösung: CTA präzisieren, Trust-Elemente neben CTA, Mini-Case, FAQ mit Einwänden.
Starker Rückgang einzelner Seiten
Technik oder Konkurrenz. Lösung: URL-Prüfung, Abdeckung, interne Links prüfen, Aktualisierung mit Zahl/Quelle, neue Fragen oder Modul ergänzen.
Viele Seiten ohne Index
Sitemap, interne Verlinkung, noindex. Lösung: Von Pillars aus verlinken, Sitemap prüfen, Fehler beseitigen, Indexierung anstoßen.
Rich-Result-Fehler häufen sich

Template betroffen. Lösung: Template fixen, Validierung starten, nach Deploy stichprobenartig testen.

Einfache Dashboards, die reichen

GSC

Leistung nach Seite und Query, Filter auf Verzeichnis. Vergleiche letzte 28 Tage mit vorherigen 28 Tagen.

Verbesserungsberichte mit Export der fehlerhaften URLs.

GA4

Event-Report mit topic und page_type. Conversion-Bericht mit Landingpage. Trichter: Seitenaufruf → table_view/faq_open → cta_primary_click.

Checkliste: Nutze ich GA4 und GSC effektiv

Beide Properties verifiziert, Sitemaps eingereicht.

GA4 nur über GTM eingebaut, keine Doppelmessung.

Events einheitlich benannt, Primary Outcomes je Seitentyp definiert.

Wöchentlicher GSC- und GA4-Review mit Notizen und Aufgaben.

Snippet-Kandidaten gepflegt, CTR-Optimierungen dokumentiert.

Verbesserungsberichte regelmäßig geprüft und Validierungen gestartet.

Indexierungsprobleme zeitnah über URL-Prüfung geklärt.

Kleine, feste Dashboards für Seiten, Queries, Events und Conversions.

Mini-To-do: In 60 Minuten vom Bauchgefühl zur Routine

GSC prüfen
Sitemap-Status, Abdeckung, Top-Queries mit niedriger CTR notieren.
GA4 prüfen
Sind Events table_view, faq_open, cta_primary_click eingehend. Fehlt etwas, im GTM ergänzen.
Eine Seite auswählen
Mit vielen Impressionen und niedriger CTR. Titel und ersten Absatz nachschärfen, Sprungmarke setzen.
Conversion-Bremse lösen
Auf derselben Seite CTA sichtbarer machen, Mini-Case neben CTA platzieren, ein kurzes FAQ mit zwei Einwänden ergänzen.
Dokumentieren
Notiere Datum, Änderungen und Hypothese. Setze einen Termin in 14 Tagen für den Vergleich von CTR, Events und Conversions.

Ergebnis:
Du nutzt GA4 und die Search Console nicht mehr reaktiv, sondern als wöchentliche Steuerzentrale. Du erkennst Chancen und Probleme schnell, setzt kleine, gezielte Änderungen um und misst ihre Wirkung sauber. So werden Rankings, CTR und Conversions planbar besser.

Kapitel 14:

14.2 Keyword-Tracking und SERP-Veränderungen

Ziel dieses Abschnitts: Du lernst, wie du Keywords sinnvoll auswählst, ihre Positionen und Sichtbarkeit beobachtest und SERP-Veränderungen (neue Blöcke, KI-Overviews, PAA, Videos, Local Pack) erkennst und in Maßnahmen übersetzt. Begriffe werden beim ersten Auftreten erklärt. Am Ende gibt es ein Mini-To-do.

Begriffsklärung

Keyword

Ein Suchbegriff oder eine Suchphrase, für die deine Seite gefunden werden soll. Es gibt Short-Tail (kurz, viel Volumen, unspezifisch) und Long-Tail (länger, weniger Volumen, klarere Absicht).

SERP

Search Engine Results Page, die Ergebnisseite einer Suche. Enthält organische Treffer und Module wie Anzeigen, AI-Overviews, People Also Ask (PAA), Videos, Bilder, Local Pack.

Ranking/Position

Deine durchschnittliche Platzierung für eine Suchanfrage. Position 1 ist der oberste organische Treffer unterhalb möglicher Anzeigen/Module.

Sichtbarkeit/Share of Voice

Zusammenfassung deiner Präsenz über viele Keywords. Statt einzelne Positionen anzustarren, beobachtest du den Gesamttrend.

Tracking-Set: Wenige, aber aussagekräftige Keywords

Kern-Set (10–20)

Leitbegriffe deiner Themencluster und Produktnamen. Ziel: Trends erkennen, nicht jeden Zuckungspixel messen.

Intent-Set (20–40)

Long-Tails mit klarer Absicht: „kosten“, „vergleich“, „in [Stadt]“, „wie“. Sie zeigen dir, ob du Entscheidungen gut abholst.

Chancen-Set (10–30)

Suchanfragen, für die du auf Position 6–20 liegst. Dort sind schnelle Sprünge möglich.

Brand-Set (5–10)

Markenbegriffe und Kombinationen („[Marke] preise“, „[Marke] login“). Sie zeigen Entitätsstärke und SERP-Kontrolle.

Hinweis: Ergänze das Set quartalsweise, lösche tote Keywords.

Wie du trackst – pragmatische Routine

Täglich ist übertrieben. Reicht: 1–2 mal pro Woche ein Blick, monatlich eine Auswertung.

Schritt 1: Baseline erfassen

Aktuelle Positionen, CTR, Impressionen für dein Set notieren. Screenshots wichtiger SERPs anlegen (Desktop/Mobil).

Schritt 2: SERP-Features mappen

Für jedes Kern-Keyword festhalten: Gibt es AI-Overview, PAA, Video- oder Bild-Karussell, Local Pack, Shopping, Sitelinks. So erkennst du, wo du „On-SERP“ punkten musst.

Schritt 3: Positionsfenster gruppieren

Top 1–3, 4–10, 11–20, 21–50. Maßnahmen unterscheiden sich je Fenster.

Schritt 4: Ursachen prüfen

Verluste? Prüfe: Seitenänderungen, stärkere Konkurrenz, Technik (Index, Canonical, Core Web Vitals), Linkprofil, Aktualität, Snippet-Qualität.

Schritt 5: Maßnahmen ableiten

Je nach SERP-Typ: Absatz nach 5-Satz-Formel schärfen, Liste/Tabelle ergänzen, FAQ-Block einbauen, lokal optimieren, Produktdaten auszeichnen, Video einbetten.

Wichtige SERP-Veränderungen und was du tust

AI-Overview erscheint neu

Maßnahme: Frage-Headings einsetzen, prägnante Antwortabsätze mit Zahl/Quelle, Article + ggf. FAQ/HowTo-Markup, Autor/Organization-Entitäten sichtbar. Ziel: als Quelle zitiert werden.

PAA-Box wächst

Maßnahme: Die exakt gezeigten Fragen als H2/H3 übernehmen, je 40–120 Wörter beantworten, FAQ-Block anlegen, FAQPage-Markup nur bei sichtbarem FAQ.

Video-Karussell taucht auf

Maßnahme: Ein kurzes Erklärvideo (2–6 Minuten) produzieren, Titel/Description spiegeln die Frage, Kapitelmarken setzen, Video auf der passenden Seite einbetten.

Bilder-Karussell

Maßnahme: Eigene, aussagekräftige Bilder mit Alt-Text und Bildunterschrift; WebP, korrekte Dimensionen; eine Bilder-Galerie anlegen, figure/figcaption nutzen.

Local Pack neu präsent

Maßnahme: Google-Unternehmensprofil schärfen (Kategorie, Leistungen, Öffnungszeiten, Bilder, Q&A), Standort-Landingpage mit LocalBusiness-Schema, NAP-Konsistenz, Bewertungen anstoßen.

Shopping/Produkt-Module

Maßnahme: Auf Produkt-/Service-Seiten Preise sichtbar machen, Product/Offer-Markup korrekt pflegen, Varianten sauber strukturieren, klare „Ab-Preise“ und CTA.

Sitelinks erscheinen

Maßnahme: Navigation und interne Verlinkung bestätigen. Wichtige Bereiche klar benennen, Breadcrumbs und ToC nutzen.

Positionsfenster: konkrete Hebel

Position 11–20

Ziel: auf Seite 1. Hebel: H2-Fragen und Snippet-Absätze schärfen, eine kleine Tabelle einbauen, interne Links von Pillar und thematischen Seiten erhöhen, Aktualisierungsblock mit Zahl/Quelle ergänzen.

Position 4–10

Ziel: in die Top 3. Hebel: Titel/Meta differenzieren, Above-the-Fold verbessern (H1 klar, Kurzantwort, CTA), Module performance-tauglich (Tabelle leichter, FAQ präziser), externe Belege (Zitat/Case), gezielte interne Links.

Top 1–3

Ziel: verteidigen. Hebel: Aktualität halten, Snippet-Tests (Lead-Satz variieren), ergänzende Formate (Video/FAQ), Ladezeit und Interaktion optimieren, ausgewählte hochwertige Erwähnungen/Backlinks.

Analyse mit GSC und deinen Events

GSC

Filtere im Leistungsbericht auf dein Keyword-Set (Regex oder CSV-Upload in Tools, wenn nötig). Beobachte Impressionen, CTR, Position. Vergleiche 28 Tage vs. 28 Tage.

Events (GA4)

Korrelation prüfen: Steigt table_view/faq_open auf Seiten, die bei „vergleich“ oder „kosten“ zulegen. Sinkt cta_primary_click trotz Rankgewinn, fehlt Trust oder ein klarer CTA.

Qualitätsregeln und häufige Fehler

Regeln

- Tracke wenige, aber strategische Keywords; erweitere nur quartalsweise.
- Prüfe Desktop und Mobil getrennt.
- Dokumentiere SERP-Features, nicht nur Positionen.
- Jede Änderung mit Datum und Hypothese notieren.

Fehler
- Keyword-Listen mit 1.000 Begriffen ohne Fokus. Besser: 50–100 kluge Vertreter.
- Nur auf Durchschnittsposition starren. Besser: Positionsfenster + CTR + SERP-Feature.
- Snippet-Optimierung ohne Seiteninhalt. Erst Antwortabsatz/Liste/Tabelle sauber bauen.
- Ignorierte Mobil-SERPs. Viele Features sind mobil anders.

Vorlagen, die helfen

Snippet-Notiz
Keyword, aktuelle Position, SERP-Features, Titel, Lead-Satz, To-do, Datum, Ergebnis nach 14 Tagen.
Interne-Link-Liste
Von welchen 5 Seiten verlinkst du mit deskriptivem Anker auf die Zielseite. Einmal im Monat prüfen.
SERP-Screenshot-Ordner
Pro Kern-Keyword je ein Desktop- und Mobil-Screenshot pro Monat. Veränderungen werden sichtbar.

Checkliste: Habe ich mein Tracking im Griff

Kern-, Intent-, Chancen- und Brand-Set definiert.
SERP-Features pro Kern-Keyword dokumentiert.
Positionsfenster gruppiert, Maßnahmen je Fenster klar.
Wöchentlicher Check, monatliche Auswertung mit Notizen.
Snippet-Absätze nach 5-Satz-Formel vorhanden; Liste/Tabelle/FAQ nach Bedarf ergänzt.
Lokale, Video- oder Produkt-Features reagieren entsprechende Inhalte/Markups.
Interne Links von Pillars und relevanten Seiten gesetzt.
Änderungslog mit Datum, Hypothese, Ergebnis geführt.

Mini-To-do: In 60 Minuten Tracking aufsetzen und nutzen

Keyword-Set definieren
5 Kern-, 10 Intent-, 10 Chancen-Keywords notieren.
SERP-Features mappen
Für die 5 Kern-Keywords Desktop/Mobil-Screenshots erstellen, Features notieren.
Snippet-Kandidat schärfen
Auf einer Zielseite Titel + ersten Absatz nach der 5-Satz-Formel überarbeiten; eine kleine Tabelle oder Liste ergänzen.
Interne Links setzen
Von zwei thematisch passenden Seiten mit beschreibendem Anker auf die Zielseite verlinken.
Notiz und Termin
Änderungen, Datum, Hypothese dokumentieren; Termin in 14 Tagen zum Vergleich von Position, CTR und Events.

Ergebnis:
Du misst nicht „alles irgendwie“, sondern beobachtest ein handliches, strategisches Set. Du erkennst relevante SERP-Veränderungen früh, setzt gezielte Inhalts- und Snippetmaßnahmen um und überprüfst deren Wirkung – die Grundlage für planbare Rankings und stabile On-SERP-Präsenz.

Kapitel 14:

14.3 Core Web Vitals auswerten und verbessern

Ziel dieses Abschnitts: Du lernst, die Core Web Vitals (CWV) korrekt zu lesen, Engpässe zu finden und mit wenigen, wirkungsvollen Maßnahmen zu beheben. Neue Begriffe werden beim ersten Auftreten erklärt. Am Ende gibt es ein Mini-To-do.

Begriffsklärung

Core Web Vitals (CWV)
Ein Set nutzerzentrierter Leistungskennzahlen, das Google für die Seitenerfahrung verwendet. Heute zentral: LCP, INP, CLS.

LCP (Largest Contentful Paint)
Zeit bis zum größten sichtbaren Inhalt im Viewport, meist Hero-Bild, großes H1 oder Video-Poster. Zielwerte: gut ≤ 2,5 s, verbesserungswürdig 2,5–4,0 s, schlecht > 4,0 s.

INP (Interaction to Next Paint)
Dauer zwischen Nutzerinteraktion (Klick, Tipp, Tastatur) und der nächsten visuellen Aktualisierung. Zielwerte: gut ≤ 200 ms, verbesserungswürdig 200–500 ms, schlecht > 500 ms.

CLS (Cumulative Layout Shift)
Summierter Layout-Versatz während der Nutzung. Zielwerte: gut ≤ 0,10, verbesserungswürdig 0,10–0,25, schlecht > 0,25.

Field- vs. Lab-Daten
Field-Daten stammen aus echten Nutzerbesuchen (CrUX, GSC-Bericht). Lab-Daten sind simulierte Messungen (Lighthouse, PageSpeed Insights) und helfen beim Debugging, ersetzen aber Feldwerte nicht.

CrUX (Chrome User Experience Report)
Anonymisierte Felddaten echter Nutzer. Grundlage für PageSpeed-Insights-Field-Tab und den Core-Web-Vitals-Bericht in der Search Console.

Warum CWV wichtig sind

Sie korrelieren mit wahrgenommener Geschwindigkeit, Interaktionsfreude und Stabilität. Gute CWV verbessern Nutzerzufriedenheit, Konversionen und können Rankingvorteile bringen, vor allem wenn mehrere Kandidaten ähnlich stark sind.

So liest du die Daten richtig

Start mit Felddaten

Öffne in der Search Console den Bericht „Core Web Vitals“. Sortiere nach URL-Gruppen mit „schlecht“ und „verbesserungswürdig“. Priorisiere Templates mit viel Traffic.

Lab zur Ursachenanalyse

Öffne repräsentative Seiten in PageSpeed Insights oder Lighthouse. Nutze das Diagnosepanel: blockierendes CSS/JS, Bildgrößen, Cache, Hauptthread-Zeit.

Muster statt Einzelfälle

Arbeite templatebasiert: Startseite, Kategorie, Ratgeber, Produkt, Blogartikel. Ein Fix am Template löst hunderte URLs.

Mobil zuerst

Mobilwerte sind oft schwächer und relevanter. Analysiere beide, behebe zuerst mobil.

Maßnahmen nach Metrik

A) LCP verbessern

Ziel: Das größte Element früh, komprimiert und priorisiert liefern.

Hebel

– LCP-Element finden

Mit Lighthouse „Largest Contentful Paint element“ identifizieren. Ist es ein Bild, Textblock oder Posterframe.

– Bilder optimieren

WebP/AVIF liefern, responsive sizes/srcset korrekt, keine 4K-Heroes für Mobil. Serverseitig zuschneiden.

Preload des LCP-Bildes mit as=“image“ und fetchpriority=“high“.

Kein Lazy-Loading für das LCP-Bild.
- Above-the-Fold-CSS
Critical CSS inline, restliches CSS async nachladen. Große Framework-CSS-Dateien splitten. Vermeide render-blockierendes CSS.
- Schriftarten
Preconnect zu Font-CDNs, Preload der 1–2 wichtigsten Fonts, font-display: swap. Variable Fonts sparsamer einsetzen.
- Server/Netz
TTFB senken: HTTP/2 oder HTTP/3, Server nah am Nutzer, CDN, sauberes Caching, Gzip/Brotli aktiv.
Schnelltest
Wenn LCP-Bildgröße halbiert und vorab geladen wird, fallen oft sofort 300–800 ms.

B) INP verbessern

Ziel: Hauptthread freihalten, Interaktionen schnell verarbeiten.
Hebel
- JavaScript-Budget
Unnötige Bibliotheken entfernen, Polyfills nur gezielt, Third-Party-Skripte auditieren. Code-Splitting: Nur das laden, was die Seite braucht.
- Hydration und Events
Bei Frameworks partielle/gestaffelte Hydration. Eventlistener entkoppeln, teure Handler entlasten (Debounce/Throttle).
- Hauptthread-Zeit
Lange Tasks > 50 ms mit Performance-Panel im DevTools finden. Schwergewichtige Berechnungen web worker auslagern.
- Interaktionsnähe
UI-Antworten früh rendern: Optimistic UI, visuelles Feedback binnen 100–150 ms, schwere Arbeit danach.
- Drittskripte
Tag-Manager-Ordnung, Consent-gesteuertes Laden, spätes Laden von Heatmaps/Chats, wenn der Nutzer interagiert.

Schnelltest
Wenn JS-Menge um 30–50 Prozent fällt und lange Tasks aufgeteilt werden, rutscht INP häufig unter 200 ms.

C) CLS reduzieren

Ziel: Keine überraschenden Verschiebungen.
Hebel
- Platzhalter
Immer Breite/Höhe für Bilder und iframes festlegen. Für Ads/Embeds feste Container mit Mindesthöhe nutzen.
- Webfonts
FOUT statt FOIT: font-display: swap. Fallback-Fonts mit passender Metrik (font-size-adjust) wählen, um Sprünge zu vermeiden.
- Späte Einblendungen
Newsletterbars, Consent-Banner, „Kaufen"-Leisten nicht oberhalb bestehender Inhalte einfügen; reservierten Platz nutzen oder als Overlay.
- Dynamische Inhalte
Skeletons mit fixer Höhe, Accordion-Animationen mit transform statt content push. Keine DOM-Injektionen vor dem ersten Render ohne Platzhalter.

Schnelltest

CLS unter 0,10 erreichst du oft allein durch Bild/iframe-Sizes und saubere Einblendelogik.

Querschnittsmaßnahmen

Caching und Kompression

Lange Cache-TTL für statische Assets, ETags korrekt, Brotli/Gzip aktiv, Conditional Requests vermeiden.

CDN und Edge

Statische Assets und Bilder vom CDN, georeduziert. Für dynamische Seiten Edge-Caching, wo möglich.

Priority Hints

fetchpriority="high" nur für LCP, „low" für Offscreen-Assets. rel="preload"/"preconnect" nur gezielt.

Lazy-Loading mit Augenmaß
loading="lazy" für Offscreen-Bilder, aber nie beim LCP. IntersectionObserver für untere Module.
Bilder richtig skalieren
Keine 2000 px breiten Bilder für 360 px Mobilansicht. sizes korrekt setzen; sonst lädt der Browser zu groß.
Video-Poster
Wenn der LCP ein Video-Poster ist: leichtes Posterbild vorladen, Autoplay vermeiden, Controls nachladen.
Mess- und Debug-Werkzeuge
Search Console
Bericht „Core Web Vitals" nach Mobil/Desktop und URL-Gruppen. Validation-Workflow nach Fix starten.
PageSpeed Insights
Field-Tab mit CrUX, Lab-Tab mit Lighthouse und Diagnosen. Teste repräsentative URLs je Template.
Lighthouse im Browser
Performance-Tab für lange Tasks, Coverage-Tab für ungenutztes CSS/JS.
Web-Vitals-Library
Kleines Script, das LCP/INP/CLS im Feld misst und an GA4 sendet. So siehst du echte Nutzerwerte je Seitentyp.

Typische Fehler und schnelle Korrekturen

Zu viel JavaScript
Symptom: hoher INP, lange Tasks. Fix: Bibliotheken entfernen, Code splitten, Third-Party nur bei Bedarf.
Falsches Lazy-Loading
Symptom: LCP steigt, weil Hero lazy ist. Fix: Hero niemals lazy laden, Preload + fetchpriority.
Keine Media-Dimensionen
Symptom: hohe CLS. Fix: width/height für Bilder/iframes setzen, Platzhalter für Ads/Embeds.

Render-blockierende CSS
Symptom: hoher LCP. Fix: Critical CSS inline, Rest async; große CSS-Dateien aufsplitten.
Schriften blockieren
Symptom: LCP/CLS schlechter. Fix: Preload Hauptfont, font-display: swap, metrisch ähnliche Fallbacks.
Plugins stapeln sich
Symptom: mehr JS/CSS als Inhalt. Fix: Audit, unnötige Plugins entfernen oder kombinieren, nur Site-weit nötige Ressourcen global laden.

Arbeitsablauf in vier Wochen

Woche 1: Analyse
GSC-CWV-Bericht sichten, Top-3 URL-Gruppen mit „schlecht“ wählen. Pro Gruppe eine Beispiel-URL in PageSpeed Insights prüfen, Engpass pro Metrik notieren.
Woche 2: LCP-Fixes
LCP-Bild optimieren, Preload + fetchpriority, Critical CSS, TTFB prüfen. Deploy, Feldmessung starten.
Woche 3: INP-Fixes
JS-Budget reduzieren, lange Tasks teilen, Third-Party verzögert laden, Interaktionsfeedback verbessern.
Woche 4: CLS-Fixes
Bild- und iframe-Dimensionen, Fonts, Einblendelogik. Danach Search-Console-Validierung starten.

Checkliste: Habe ich CWV im Griff

Felddaten statt nur Lab: GSC- und CrUX-Werte als Maßstab.
Pro Template eine repräsentative Beispiel-URL gemessen.
LCP-Bild optimiert, vorab geladen, kein Lazy, Critical CSS aktiv.
INP: Code geslimmt, lange Tasks < 50 ms, Third-Party verzögert.
CLS: width/height überall, keine späten Push-Elemente, Fonts mit swap.

Server/Netz: HTTP/2/3, CDN, Brotli, Cache-TTL gesetzt.
Priority Hints und Preload sparsam, aber gezielt.
Validierung in der Search Console gestartet, nach Deploy erneut gemessen.
Web-Vitals-Snippet sendet Feldwerte an GA4 je Seitentyp.

Mini-To-do: In 60 Minuten spürbar schneller

LCP-Quickwin
Finde das LCP-Element der Start- oder meistbesuchten Landingpage. Ersetze das Hero-Bild durch WebP/AVIF, setze sizes/srcset korrekt, füge rel="preload" und fetchpriority="high" hinzu. Entferne Lazy-Loading nur für dieses Bild.
CLS-Quickwin
Suche nach Bildern ohne width/height und iframes ohne festen Container. Ergänze feste Dimensionen oder Platzhalter.
INP-Quickwin
Entferne eine nicht kritische Third-Party (z. B. ungenutzte Chat- oder A/B-JS), aktiviere Defer/Async für nicht-kritische Skripte, teile einen langen Task in zwei kleinere auf.
Cache/Kompression
Aktiviere Brotli, setze Cache-TTL für Bilder/CSS/JS auf mindestens 7 Tage, prüfe HTTP/2.
Validieren
Teste die Seite in PageSpeed Insights erneut, dokumentiere LCP/INP/CLS. Starte in der Search Console die Validierung, wenn eine betroffene URL-Gruppe verbessert wurde.

Ergebnis:
Mit wenigen fokussierten Änderungen senkst du LCP oft um mehrere hundert Millisekunden, bringst INP unter 200 ms und reduzierst CLS unter 0,10. So verbessert sich die wahrgenommene Geschwindigkeit und Stabilität spürbar, und du legst die Basis für bessere Nutzersignale, Conversions und SERP-Stabilität.

Kapitel 14:

14.4 Content-Performance Dashboard aufbauen

Ziel dieses Abschnitts: Du richtest ein schlankes, belastbares Dashboard ein, das dir auf einen Blick zeigt, welche Inhalte wirken, welche Module ziehen (Tabelle, FAQ, CTA), welche Suchanfragen Chancen bieten und wo technische Bremsen sitzen. Neue Begriffe werden beim ersten Auftreten erklärt. Am Ende gibt es ein Mini-To-do.

Begriffsklärung

KPI

Key Performance Indicator. Eine Kennzahl, die direkt ein Ziel abbildet (zum Beispiel cta_primary_click pro 1.000 Impressionen).

Dimension

Ein Merkmal, nach dem du Daten aufteilst (zum Beispiel page_type, topic, Landingpage, Land).

Blending

Das Zuordnen von Kennzahlen aus verschiedenen Quellen (zum Beispiel Suchanfragen aus GSC mit Events aus GA4) über gemeinsame Schlüssel (URL, Datum).

Primary Outcome

Das Hauptziel eines Seitentyps oder Moduls (zum Beispiel Demo-Anfrage, Newsletter-Opt-in, Anrufklick).

Datenquellen, die ins Dashboard gehören

Google Search Console (GSC)

Leistung nach Seite und Query, CTR, Impressionen, Position; Verbesserungsberichte (FAQ/HowTo/Product/Breadcrumb), Indexierungsstatus für Stichproben.

Google Analytics 4 (GA4)

Events je Modul (toc_click, faq_open, table_view, cta_primary_click), Conversions, Landingpages, Kanäle, Gerätetyp.

Core Web Vitals (CWV)

Search-Console-CWV-Bericht je URL-Gruppe; optional Feldmessung via Web-Vitals-Snippet an GA4 (LCP, INP, CLS als Event-Parameter).

Link- und Verweisquellen

Neue verweisende Domains/Quartal (aus deinem SEO-Tool oder Export), um Content-Erfolge mit Erwähnungen zu korrelieren.

Struktur: die fünf Pflicht-Ansichten deines Dashboards

Executive-Übersicht (Monat, letzten 28 Tage)

- Organische Impressionen, Klicks, CTR, durchschnittliche Position (GSC).
- Conversions aus Organic (GA4) und Conversion-Rate.
- Top-5 Themencluster nach Klicks und Conversions.
- Warnfelder: Seiten mit starkem Rückgang, offene Rich-Result-Fehler.

Landingpages nach Seitentyp

- Dimension: page_type (article, comparison, product, location).
- KPIs: organische Klicks, CTR, Events/100 Sitzungen (table_view, faq_open), Primary Outcome-Rate, Bounce/Engagement-Zeit.
- Schnellfilter: Land, Gerät, Verzeichnis, Autor.

Snippet- und Query-Board

- Queries mit vielen Impressionen und CTR unter Erwartung.
- Pro Query: aktuelle Position, Snippet-Kandidat (Absatz/Liste/Tabelle) vorhanden ja/nein, Datumsfeld „Zuletzt aktualisiert".
- Maßnahmenfeld: „Titel/Lead-Satz schärfen", „Tabelle ergänzen", „FAQ nachrüsten".

Modul-Performance

- Ereignisse je Modul: table_view, faq_open, toc_click, cta_primary_click.

- Rate pro 100 Sitzungen und pro 1.000 organische Impressionen der Landingpage.
- Vergleich alt vs. neu (Versionierung): zeigt, ob ein Struktur-Update wirkt.

Technischer Gesundheitscheck

- CWV-Status je Template (Start, Kategorie, Ratgeber, Produkt) für Mobil.
- Indexierungsstatus (gecrawlt, indexiert, ausgeschlossen) nach Verzeichnis.
- Offene Fehler in Verbesserungsberichten (FAQ/HowTo/Product) mit Validierungsstatus.

Schlüsselkonzepte für sauberes Setup

Gemeinsame Schlüssel

- URL als verbindendes Feld zwischen GSC und GA4. Achte auf Kanonisierung und Parameterbereinigung.
- Datum auf Tagesebene für Zeitreihen.
- Seitentyp page_type, Thema topic und Entität entity als GA4-Parameter konsistent pflegen.

Normierte Raten

- Events pro 100 Sitzungen (Nutzung) und pro 1.000 Impressionen (SERP-Reichweite) zeigen zwei Perspektiven.
- Primary Outcome pro Landingpage-Sitzung ist dein Leitstern.

Versionierung

- Eine benutzerdefinierte Dimension version (zum Beispiel v1.1, v1.2) pro Seite/Template erlaubt Vorher-nachher-Vergleiche nach Content-Update.

Segmentierung

- Gerätetyp (mobil/desktop), Land/Region, Neu vs. Wiederkehrend, Kanal = Organic Only.

Visuals, die reichen

- Zeitreihen: Klicks, CTR, Conversions (28/90 Tage).
- Tabellen mit bedingter Formatierung: rote/grüne Abweichungen Woche-zu-Woche.

- Balkenvergleich alt vs. neu für Modul-Raten.
- Scatter „Position vs. CTR“ für Query-Chancen.

Operationalisierung: so baust du das Dashboard

Schritt 1: Daten anschließen

- GSC: Leistungsdaten nach Seite und Query.
- GA4: Ereignis- und Conversion-Reports mit Parametern page_type, topic, cta_type.
- Optional: CWV via GSC-Export und Feldwerte aus GA4-Events (LCP/INP/CLS).

Schritt 2: Berechnete Felder anlegen

- events_per_100_sessions = (Events / Sitzungen) * 100.
- cta_rate = (cta_primary_click / Sitzungen) * 100.
- impressions_per_page = GSC-Impressionen je Landingpage.
- events_per_1000_impressions = (Events / Impressionen) * 1.000.
- delta_week = aktueller Wert – Vorwoche.

Schritt 3: Mappings sichern

- URL-Bereinigung: Protokoll, www, Trailing Slash, Parameter entfernen/vereinheitlichen.
- Seitentyp-Zuordnung: Verzeichnisregeln (zum Beispiel /blog/ = article, /vergleiche/ = comparison).
- Topic und Entity aus deinem dataLayer in GA4 prüfen.

Schritt 4: Standardfilter definieren

- Datumsbereich: letzte 28 Tage, Vergleich mit vorherigen 28 Tagen.
- Gerät: mobil als Default. Kanal (Organic Only).

Schritt 5: Rollen und Ansichten

- Management: Executive-Übersicht und Cluster-Ranking.
- Redaktion: Landingpages, Snippet-Board, Modul-Performance.
- Technik: CWV, Indexierung, Verbesserungsfehler.

Schritt 6: Aufgabenableitung integrieren

- Jede Tabelle bekommt eine Spalte „Maßnahme“ und „Owner“.
- Ein Export/Sync zu deinem Task-Board (Titel, URL, Hypothese, Due-Date).

Beispiele für praktikable Entscheidungsregeln

- CTR < 2,5 Prozent bei Position 3–6 → Titel und Lead-Absatz nach 5-Satz-Formel überarbeiten, Tabelle/FAQ ergänzen.
- cta_rate < 1,0 Prozent auf Vergleichsseiten → Above the Fold prüfen, Trust-Block neben CTA, Mini-Case hinzufügen.
- table_view < 30/100 Sitzungen → Tabellenkopf vereinfachen, Einheiten in Spaltenköpfe, Mobilbreite fixen.
- FAQ-Fehler > 0 → Sichtbare Q&A prüfen, Markup nur für reale Inhalte, Validierung starten.
- LCP > 2,5 s auf Mobil (Feld) → LCP-Bild optimieren, Preload + fetchpriority, Critical CSS.

Qualitätssicherung und Governance

Datenhygiene

- Nur eine GA4-Quelle (kein Plugin-Paralleltracking).
- Konsistente Parameterbenennung (lowercase, underscores).
- Monatliche Stichprobe: stimmen URL-Mappings, Seitentypen, Entity-Labels.

Cadence

- Wöchentlich 30 Minuten Redaktionsrunde mit Dashboard.
- Monatlich 60–90 Minuten Sprint-Review: drei Gewinnerseiten, drei Problemseiten, zwei technische Fixes.

Dokumentation

- Ein einseitiger Tracking-Plan mit Eventnamen, Parametern, Zielen.
- Änderungslog mit Datum, Hypothese, betroffenen Seiten/Templates, Ergebnis nach 14–28 Tagen.

Häufige Fehler und schnelle Korrekturen

Fehler: zu viele KPIs, keine Entscheidungen

Korrektur: Pro Ansicht 3–5 Kennzahlen, jede mit einer klaren Handlungsregel.

Fehler: GSC- und GA4-URLs matchen nicht

Korrektur: URL-Normalisierung, Canonicals prüfen, Parameter strippen.
Fehler: Fokus nur auf Sessions, nicht auf Outcomes
Korrektur: Primary Outcomes je Seitentyp definieren und prominent anzeigen.
Fehler: Mobil ignoriert
Korrektur: Default-Filter auf mobil setzen; Desktop nur ergänzend betrachten.
Fehler: Events uneinheitlich
Korrektur: Namenskonvention durchsetzen, Alt-Events ausräumen, GTM-Workspace aufräumen.

Checkliste: Steht mein Content-Dashboard

Datenquellen GSC, GA4 (optional CWV-Feldwerte) verbunden.
Gemeinsamer Schlüssel URL bereinigt; Datum und Seitentyp verfügbar.
Fünf Pflicht-Ansichten vorhanden (Executive, Landingpages, Snippets, Module, Technik).
Berechnete Felder für Raten und Deltas angelegt.
Standardfilter gesetzt (28 Tage, mobil, Organic).
Handlungsregeln pro Kennzahl dokumentiert.
Export/Task-Verknüpfung aktiv; Owner und Due-Dates werden gesetzt.

Mini-To-do: In 60 Minuten eine erste, brauchbare Version

Quellen verbinden
GSC „Leistung nach Seite“, GA4 „Ereignisse und Conversions“ anschließen. URL-Feld in beiden Quellen vereinheitlichen.
Kernkacheln bauen
Zeitreihe Klicks/Impressionen/CTR, Tabelle Landingpages mit cta_rate und events_per_100_sessions, Query-Tabelle mit CTR und Position.
Modul-Block
Balkendiagramm für table_view, faq_open, cta_primary_click pro Seitentyp (article/comparison/product).
Technik-Block
Tabelle mit URL-Gruppen und CWV-Status aus der Search Console; Spalte „Maßnahme“ hinzufügen.
Filter setzen
Datumsbereich 28 Tage, Gerät mobil, Kanal Organic.
Aufgaben ableiten
Zwei Seiten mit niedriger CTR und eine mit niedriger cta_rate markieren; Maßnahmen, Owner, Termin notieren.

Ergebnis:
Du hast ein fokussiertes Dashboard, das wöchentlich Entscheidungen ermöglicht. Es verbindet Suchreichweite (GSC), Nutzung und Outcomes (GA4) sowie Technikstatus (CWV/Verbesserungen) und führt direkt zu konkreten Aufgaben. So wird Content-Steuerung messbar, wiederholbar und wirksam.

In Kapitel 14 hast du ein operatives Reporting-System aufgebaut, das Rankings, CTR, Conversions und Seitenerfahrung planbar verbessert. Du nutzt die Search Console für Sichtbarkeit, Indexierung und Rich-Result-Status und GA4 für Verhalten, Modulnutzung (table_view, faq_open) und Outcomes (cta_primary_click). Mit einem fokussierten Keyword-Set beobachtest du Positionsfenster und SERP-Features (AI-Overview, PAA, Video, Local Pack) und leitest konkrete Snippet- und Inhaltsmaßnahmen ab. Die Core Web Vitals (LCP, INP, CLS) bewertest du mit Felddaten zuerst, findest Engpässe per Lighthouse und löst sie templatebasiert (LCP-Bild priorisieren, JS-Budget senken, feste Medien-Dimensionen). Ein kompaktes Content-Dashboard bündelt GSC-, GA4- und CWV-Signale über gemeinsame Schlüssel (URL, Datum, Seitentyp) und liefert klare Handlungsregeln je KPI. Ergebnis: ein wöchentlicher Entscheidungsrhythmus mit messbaren Verbesserungen bei Rankings, Snippets, On-SERP-Präsenz, Ladezeit und Conversions.

Abkürzungen und Begriffe aus Kapitel 14

GA4: Google Analytics 4; misst Nutzung, Events und Conversions.
GSC: Google Search Console; zeigt Sichtbarkeit, Indexierung, Queries, Rich Results.
Event: gemessene Interaktion in GA4 (z. B. toc_click, faq_open, table_view, cta_primary_click).
CTR: Click-Through-Rate; Klicks geteilt durch Impressionen.
SERP: Search Engine Results Page; Ergebnisseite mit Modulen (AI-Overview, PAA, Video, Local Pack).
Core Web Vitals (CWV): nutzerzentrierte Leistungskennzahlen (LCP, INP, CLS).
LCP: Largest Contentful Paint; Zeit bis größtes sichtbares Element.
INP: Interaction to Next Paint; Reaktionszeit nach Interaktion.
CLS: Cumulative Layout Shift; Layout-Verschiebungen.

Field-/Lab-Daten: reale Nutzerdaten (CrUX/GSC) vs. simulierte Messungen (Lighthouse/PSI).
Primary Outcome: Hauptziel je Seitentyp (z. B. cta_primary_click).
Positionsfenster: Ranggruppen 1–3, 4–10, 11–20, 21–50 zur Maßnahmensteuerung.

Lies jetzt Kapitel 15. Dort setzt du dein Dashboard in konkrete Sprints um: klare Wochenziele, priorisierte Backlogs nach Impact, feste Review-Termine und Standard-Playbooks für Snippets, Module, CWV und Entitäten – damit du in 12 Wochen Sichtbarkeit, KI-Zitationen und Conversions spürbar steigerst.

KAPITEL 15:

Iteratives SEO: Was funktioniert wirklich?

Kapitel 15:

15.1 CTR-Optimierung durch Titeltests

Ziel dieses Abschnitts: Du lernst, wie du mit systematischen Titeltests die Click-Through-Rate (CTR) aus der Google-Suche erhöhst – ohne Clickbait. Wir definieren die wichtigsten Begriffe, zeigen schnelle Testmethoden mit der Search Console und geben erprobte Formeln und Qualitätsregeln. Am Ende gibt es ein Mini-To-do.

Begriffsklärung

CTR

Click-Through-Rate. Anteil der Klicks an den Impressionen in der Suche. Eine höhere CTR bei gleicher Position bedeutet mehr Traffic ohne neues Ranking.

Titel (SEO Title)

Der Seitentitel, den Suchmaschinen in der Regel als blaue Überschrift zeigen. Du steuerst ihn über den <title>-Tag oder CMS/SEO-Plugin-Felder.

Pixelbreite

Google schneidet zu lange Titel ab. Richtwert: ungefähr 50–60 Zeichen oder ca. 580–600 Pixel. Entscheidend ist die tatsächliche Breite (große Buchstaben, Zahlen und Sonderzeichen „kosten" mehr).

SERP-Intention

Absicht hinter einer Suchanfrage: informativ („was ist..."), transaktional („kaufen, buchen"), navigational (Marke), lokal („in [Stadt]"). Titel müssen diese Absicht spiegeln.

Warum Titeltests funktionieren

Der Titel ist der stärkste Hebel in der SERP: Kleine Anpassungen (Klarheit, Nutzen, Zahl) können die CTR deutlich steigern – auch ohne besseren Rang.

Test-Setup: pragmatisch mit der Search Console

Kandidaten wählen

Nimm 5–10 Seiten mit vielen Impressionen und unterdurchschnittlicher CTR in ihrer Positionsgruppe (z. B. Position 3–6, CTR < 2,5 Prozent).

Baseline sichern

Notiere pro Seite 28 Tage CTR, Impressionen, Position und die wichtigsten Queries. Erstelle Screenshots der SERP (mobil/desktop).

Variante schreiben

Pro Seite genau eine klare Änderung: Formulierung, Zahl, Klammerzusatz, Jahr, Zielgruppe, Ort. Keine Mehrfachänderungen, sonst ist der Effekt schwer messbar.

Ausrollen und warten

Titel ändern, „Zuletzt aktualisiert“ pflegen, Sitemap ping oder interne Links frisch setzen. Nach 14–21 Tagen mit der vorherigen Periode vergleichen (gleiche Wochentage).

Bewerten

Signifikant ist, was sich bei ähnlicher Position klar verbessert (z. B. +0,8–1,5 Prozentpunkte CTR oder mehr). Version dokumentieren (v1 → v1.1).

Sechs bewährte Titel-Formeln

1-**Ergebnis zuerst**

„Core Web Vitals verbessern: LCP unter 2,5 s in 5 Schritten“

2-**Frage spiegeln**

„Was ist INP. Definition, Zielwerte und schnelle Fixes “

3-**Zahl + Kriterium**

„SEO-Titel: 12 Formeln, die deine CTR erhöhen“

4-**Vergleich mit Szenario**

„Tool A vs. Tool B: Welche Option passt für Teams bis 10 Personen.“

5-**Region/Branchenspezifisch**

„Steuerberater in Wien: Preise, Leistungen, Termin in 24 Stunden"
6- **Jahr/Stand aktualisiert**
„Local SEO Checkliste : 18 Punkte für mehr Anrufe"

Zusatzbausteine, die oft CTR bringen

Klammern:„[Vorlage]", „[Checkliste]", „[Beispiel]", „[aktualisiert 10/]"

Konkrete Einheiten:„unter 200 ms", „in 14 Tagen", „ab 49 EUR/Monat"

Zielgruppe nennen:„für KMU", „für B2B SaaS", „für Einsteiger"

Ort oder Variante:„in Wien", „ohne Cookies", „ohne Programmierung"

Qualitätsregeln gegen Clickbait

Versprechen einlösen:Was im Titel steht, muss im Above-the-Fold (H1, Kurzantwort) erfüllt werden.

Intention treffen

Informationssuche: Erklärung + Zahl/Schwelle. Transaktion: Nutzen + nächste Handlung. Lokal: Leistung + Kontaktmöglichkeit.

Keine künstliche Dringlichkeit

Kein „nur heute", wenn es nicht real ist. Ehrlichkeit stärkt E-E-A-T und reduziert Absprünge.

Konsistente Begriffe

Produkte, Orte, Marken immer gleich schreiben; Titel, H1, Breadcrumb und Markup verwenden dieselbe Bezeichnung.

Technische Sorgfalt

Länge prüfen

Ziele rund 50–60 Zeichen. Wichtigstes an den Anfang. Vermeide unnötige Füllwörter.

Brand-Handling

Viele CMS hängen den Brand automatisch an. Entweder kurz halten („| Marke") oder Brand nur auf wichtigen Seiten anhängen. Marke ans Ende.

Duplikate vermeiden
Keine identischen oder fast identischen Titel über mehrere Seiten. Cluster sauber differenzieren.
Mehrsprachigkeit/Region
Zahlen- und Datumsformat lokal korrekt („10/ “, „EUR“). Umlaute und Sonderzeichen testen.

Test-Ideen je Positionsfenster

Position 11–20
Klarheit und Relevanz erhöhen: Frage spiegeln, konkrete Zahl/Einheit, Jahr. Zusätzlich eine Mini-Tabelle/FAQ auf der Seite platzieren.
Position 4–10
Differenzieren: unique selling point, Zielgruppe, Region, Klammerzusatz wie „[Checkliste]“. Lead-Absatz nach 5-Satz-Logik schärfen.
Top 1–3
Feinschliff: kleine Wortwechsel, Reihenfolge, aktualisiertes Jahr/Monat; A/B über Zeit (v1 vs. v1.1). Keine riskanten Experimente.

Arbeitsablauf für wiederholbare Titeltests

Kandidatenliste
GSC-Export „Seiten“ mit Filter auf viele Impressionen, niedrige CTR. 10 URLs auswählen.
Hypothese pro URL
„Frage spiegeln steigert CTR bei ‚was ist‘-Queries.“ „Zielgruppe nennen reduziert Streuverluste.“
Zwei Varianten planen
v1.1 = klare Änderung (z. B. Zahl/Jahr). v1.2 für den nächsten Zyklus bereithalten, falls v1.1 nicht greift.
Deploy + Markierung
Titel live setzen, Änderungslog mit Datum und Version. Optional Version in GA4 als Page-Parameter pflegen.

Vergleich nach 14–21 Tagen
CTR, Impressionen, Position vergleichen. Gleiches Positionsfenster vorausgesetzt.
Rollout
Gewinner-Titel in verwandten Seiten des Clusters adaptieren (nicht kopieren, sondern Muster übertragen).

Häufige Fehler und schnelle Korrektur

Zu viele Änderungen gleichzeitig
Ergebnis nicht zuordenbar. Lösung: Ein Hebel pro Runde.
Titel verspricht, Inhalt hält nicht
Absprungrate steigt. Lösung: H1/Kurzantwort an Titel angleichen, Modul ergänzen.
Pixel abgeschnitten
Kernbotschaft am Ende verloren. Lösung: Wichtiges nach vorn, Länge prüfen.
Gleiche Titel im Cluster
Kannibalisierung. Lösung: Szenarien/Zielgruppen/Orte trennen.
Nur Desktop geprüft
Mobil schneidet anders ab. Lösung: Mobil-SERPs immer kontrollieren.

Checkliste: Ist mein Titeltest belastbar

Seite hat viele Impressionen und niedrige CTR im stabilen Positionsfenster.
Eine klare Änderung am Titel (Formel/Hebel) – nicht drei.
Titel spiegelt Intention, enthält Zahl/Einheit oder Zielgruppe, wenn passend. Pixelbreite passt; Marke am Ende, wenn nötig.
H1 und Kurzantwort erfüllen das Versprechen.
Änderungslog mit Datum/Version vorhanden.
Vergleichszeitraum 14–21 Tage, gleiche Wochentage, Position stabil.
Gewinner-Muster auf Clusterseiten übertragen.

Mini-To-do: In 60 Minuten drei Titeltests starten

Kandidaten finden (10 Minuten)
In der Search Console drei Seiten mit vielen Impressionen und CTR < 2,5 Prozent bei Position 3–8 markieren.
Varianten schreiben (20 Minuten)
Pro Seite eine Variante nach unterschiedlichen Hebeln:
- Seite A: Frage spiegeln („Was ist…“) + Zahl
- Seite B: Ergebnis zuerst + Zielgruppe
- Seite C: Jahr/Stand + Klammerzusatz [Checkliste]

Live setzen (10 Minuten)
Titel in CMS/Plugin eintragen, „Zuletzt aktualisiert“ ergänzen, Sitemap prüfen.
SERP prüfen (10 Minuten)
Mobil und Desktop ansehen, Abschneidung vermeiden, Screenshots sichern.
Log und Termin (10 Minuten)
Datum, alte/neue Titel, Hypothese notieren. Termin in 14 Tagen zur Auswertung einstellen.

Ergebnis:
Mit kleinen, sauberen Titeltests hebst du die CTR messbar – oft ohne am Ranking zu drehen. Über Wochen entsteht ein Muster, das du auf ganze Themencluster überträgst und so nachhaltig mehr organischen Traffic gewinnst.

Kapitel 15:

15.2 Interne Linkoptimierung nach 90 Tagen

Ziel dieses Abschnitts: Du nutzt 90 Tage echte Daten (Search Console, Analytics) und bringst mit gezielten internen Links die richtigen Seiten über die Ziellinie: von Position 4–20 in die Top 3, von „sichtbar“ zu „geklickt“, von „geklickt“ zu „konvertiert“. Am Ende gibt es ein Mini-To-do.

Begriffsklärung

Interner Link
Ein Verweis von einer Seite deiner Domain auf eine andere Seite deiner Domain. Er steuert Aufmerksamkeit, Crawling und Autoritätsfluss.

Ankertext
Der klickbare Text eines Links. Er beschreibt idealerweise präzise das Ziel (Begriff, Szenario, Ort).

Crawl-Tiefe
Wie viele Klicks von der Startseite bis zu einer URL nötig sind. Flachere Tiefe = schnelleres Auffinden und häufigeres Crawlen.

Orphan Page
Seite ohne interne eingehende Links. Sie wird selten gefunden und schwach gewichtet.

Pillar/Cluster
Pillar = Leitartikel/Hauptseite zu einem Thema. Cluster = verknüpfte Unterseiten (How-to, Vergleich, FAQ, lokal).

Link-Equity
Vereinfacht: die „Stärke“, die über Links weitergegeben wird. Interne Links verteilen diese Stärke gezielt.

Warum genau nach 90 Tagen
Jetzt liegen genug Impressionen, CTR-Werte und Positionsdaten vor, um Chancen zu erkennen. Du optimierst nicht „blind“,

sondern dort, wo ein zusätzlicher Schubs am meisten bewirkt: Seiten mit vielen Impressionen, mittelguter Position und niedriger CTR oder Seiten mit hohem Conversion-Potenzial.

Der 90-Tage-Ablauf

Woche 1: Inventur und Ziele

Chancenliste bauen

Ziehe aus der Search Console alle Seiten mit Position 4–20 und signifikanten Impressionen der letzten 28–90 Tage. Markiere zusätzlich Seiten mit guter Conversion-Rate (Analytics).

Orphans und Tiefen prüfen

Notiere Seiten ohne eingehende interne Links sowie Seiten mit Crawl-Tiefe > 3. Diese Seiten benötigen Links aus „starken" Bereichen.

Pillar/Cluster prüfen

Für jedes Themencluster: Existiert ein klarer Pillar. Verlinken die Clusterseiten zurück zum Pillar und untereinander.

Woche 2–3: Quick Wins im Content

In-Content-Links oberhalb der Faltlinie

Auf 10 Top-Seiten je ein „Weiter zu: [konkretes Problem/Ort/Produkt]" in den ersten 2–3 Absätzen platzieren. Ankertext deskriptiv, keine generischen „hier klicken".

Inhaltsverzeichnis & „Nächster Schritt"

ToC-Sprungmarken zu Unterabschnitten und am Ende jedes Abschnitts ein „Nächster Schritt"-Link auf die passende Tiefe (Vergleich, Preise, lokaler Termin).

„Verwandte Inhalte"-Block kuratieren

Statt automatischer Zufallslisten: 3–5 kuratierte Links mit klaren Nutzen-Labels. Ein Link zum Pillar, zwei zu Clustern, einer zu einer Conversion-Seite.

Woche 4–6: Strukturelle Hebel

Pillar-Hub stärken

Im Pillar: Abschnitt „Themenüberblick" mit 6–12 tiefen Links (eine Zeile Kontext je Link). Im Cluster: sichtbar „Zurück zum Überblick".

Breadcrumbs und Kategorie-Intro
Breadcrumb-Navigation aktivieren und konsistent halten. Kategorie-Seiten mit kurzem Intro und 6–10 kuratierten Links zu den wichtigsten Unterseiten.
Standort/Produkt-Hubs
Für lokale oder Produkt-Themen: Index-Seite mit Tabelle (Ort/Variante), Links mit eindeutigen Ankern „[Leistung] in [Ort]“, Einheiten in Tabellenköpfen.
Woche 7–8: Qualität und Hygiene
Ankerregeln durchsetzen
Ein primärer, exakter Anker pro Zielseite reicht. Ergänze 2–4 semantische Varianten (Synonyme, Szenarien). Vermeide zwei unterschiedliche Ziele mit identischem Anker.
Fehlerquellen beseitigen
Keine internen Links auf 301/404/noindex. Weiterleitungsketten kürzen (max. 1 Hop). Keine Nofollow für interne Navigationslinks (Ausnahme: Filter-/Sortierduplikate).
Tiefe reduzieren
Bringe wichtigste Seiten auf Tiefe ≤ 2–3: von Start, Pillar, Kategorie, Best-Performer-Artikeln direkt verlinken.
Woche 9–12: Konsolidieren und messen
Linkpakete aus Best-Performern
Identifiziere 10 Seiten mit höchsten externen Verweisen/Traffic. Von dort je 2–4 kontextuelle Links auf deine Chancenliste setzen.
Events und Auswertung
Miss related_link_click oder toc_click. In der GSC: Positions- und CTR-Vergleich 28 Tage vor/nach Änderungen je Ziel-URL. In GA4: Anstieg der CTA-Rate auf Ziel-URLs.
Aufräumen & Dokumentieren
Führe eine einfache Map: Quelle → Ziel, Anker, Datum, Zweck. Nach 4 Wochen „greifen“ viele Links; behalte nur, was genutzt wird.

Best-Practice-Regeln (kurz und strikt)

Platzierung

Kontextuelle Links im Fließtext schlagen Footer/Sidebar. Früh im Text wirkt stärker als am Ende.

Relevanz

Jeder Link beantwortet eine plausible „Was als Nächstes"-Frage. Keine Sammellisten.

Dichte

Pro 500–700 Wörter 2–4 interne Links sind praxisnah. In Hubs mehr erlaubt, im Fließtext Maß halten.

Formulierung

Deskriptive, natürliche Anker („Kosten für SEO in Wien") statt „mehr erfahren".

Konsistenz

Pillar ⇔ Cluster ist beidseitig. Jede Clusterseite linkt mindestens 1× zum Pillar und 1–2× zu Geschwisterseiten.

Häufige Fehler und schnelle Korrektur

Automatische „Related Posts" ohne Kuratierung

Ersetze durch 3–5 handverlesene, themennahe Links mit Nutzenlabel.

Zielkonflikte bei Ankern

Zwei Seiten konkurrieren um denselben Anker. Entscheide die „Primary" und ändere die übrigen Ankertexte semantisch.

Tote Ziele

Interne Links zeigen auf 404/301-Ketten. Bereinige monatlich; Link direkt auf das finale Ziel.

Zu tiefe Konversionsseiten

Preis/Angebot liegt auf Tiefe 4+. Verlinke direkt aus Pillar, Top-Artikeln und der Startseite.

Linkwüste auf Kategorieseiten

Kürze lange Listen; führe „Top-Ratgeber", „Top-Vergleiche", „Beliebt in [Ort]" mit 6–12 kuratierten Zielen ein.

Messkonzept (minimal, aber wirksam)

Search Console

Für die Chancenliste je URL Position, CTR, Impressionen vergleichen (28 Tage vorher/nachher). Fokus: Sprünge von 4–10 → 1–3 und 11–20 → 4–10.

GA4

related_link_click, toc_click und cta_primary_click je Ziel-URL. Ziel: Mehr Module-Interaktion und höhere CTA-Rate nach Linkaufbau.

Links-Report (GSC)

„Interne Links“: Zahl der verlinkenden internen Seiten pro Ziel-URL sollte nach dem Sprint steigen (ohne inflationäre Sitewide-Links).

Checkliste: Sitzt deine interne Verlinkung nach 90 Tagen

Chancenliste (Position 4–20, viele Impressionen) vorhanden.

Jede Ziel-URL erhält Links aus: Pillar, 2–3 themennahen Artikeln, einer Kategorie/Hub, ggf. Startseite.

Ankertexte: 1 primär, 2–4 semantische Varianten; keine doppelten Anker für verschiedene Ziele.

Orphan Pages beseitigt, Crawl-Tiefe wichtiger Seiten ≤ 3.

Fehlerfreiheit: keine 404/301-Ketten/noindex-Ziele; keine internen Nofollows im Hauptpfad.

„Related“-Blöcke kuratiert; ToC und „Nächster Schritt“-Links aktiv.

Vorher-/Nachher-Messung in GSC/GA4 dokumentiert.

Mini-To-do: 60-Minuten-Sprint heute

Chancenliste: drei Ziel-URLs mit Position 4–15 und hoher Impression markieren.
Zwei starke Quellseiten wählen (viel Traffic oder externe Links).
Pro Ziel-URL zwei kontextuelle Links in den ersten 30–40 Prozent des Textes einfügen; Anker deskriptiv.
Im Pillar eine „Themenüberblick"-Box mit 6–8 kuratierten Links ergänzen, inklusive der drei Ziel-URLs.
Technischer Check: Ziel-URLs nicht noindex, keine Weiterleitungsketten, Tiefe ≤ 3.
Notiz anlegen: Datum, Quelle→Ziel, Anker, Hypothese. In 14–28 Tagen GSC-Position/CTR und GA4-CTA-Rate vergleichen.

Ergebnis:
Mit wenigen, sauberen internen Links hebst du genau die Seiten an, die dicht vor dem Durchbruch stehen, stärkst deine Themenstruktur und beschleunigst Crawling und Aktualisierung – messbar in Position, CTR und Conversions.

Kapitel 15:

15.3 Content-Refresh: Wie du alten Inhalt erneuerst

Ziel dieses Abschnitts: Du lernst, wie du bestehende Inhalte systematisch prüfst, priorisierst und so aktualisierst, dass sie wieder ranken, häufiger geklickt werden und besser konvertieren. Wir definieren die wichtigsten Begriffe, gehen einen klaren Refresh-Workflow durch und geben Text- und Strukturvorlagen. Am Ende gibt es ein Mini-To-do.

Begriffsklärung

Content-Refresh

Geplantes Update eines bestehenden Inhalts, bei dem Daten, Struktur, Beispiele, Snippet-Text und Module (Liste, Tabelle, FAQ) verbessert werden. Ziel ist eine messbare Steigerung von CTR, Position, Engagement und Conversions.

Substanzielles Update

Eine Änderung, die über kosmetische Korrekturen hinausgeht: neue Zahlen/Quellen, zusätzliche Abschnitte, überarbeitete Tabellen, FAQ-Erweiterung, klare Kurzantwort, interne Verlinkung. Solche Updates rechtfertigen ein neues dateModified.

Information Gain

Zusätzlicher, überprüfbarer Erkenntniswert gegenüber Konkurrenz und Vorversion: Zahlen, Schwellenwerte, Mini-Cases, Rechenbeispiele, aktualisierte Screenshots.

Kanonische Ziel-URL

Die eine URL, unter der ein Thema dauerhaft lebt. Veraltete Doppelungen leitet man sauber mittels 301 dorthin weiter.

Warum Refresh statt Neuschreiben

Autorität erhalten

Bestehende Seiten haben Historie, Backlinks und interne Links. Ein gezielter Refresh nutzt diese Stärke.

Schnellerer Impact

Ein Update wird oft schneller neu bewertet und gecrawlt als eine komplett neue Seite.

Weniger Kannibalisierung

Ein Refresh verhindert, dass mehrere ähnliche Seiten um dasselbe Keyword konkurrieren.

Refresh-Workflow in sechs Schritten

Kandidaten finden und priorisieren

Datenbasis: Search Console und Analytics der letzten 90 Tage.

Signale für Refresh-Bedarf:

- viele Impressionen, fallende CTR oder Position
- Position 4–15 mit Potenzial
- stabile Klicks, aber schwache Conversion
- veraltete Zahlen, Screenshots, Preisangaben
- hohe Absprungrate oder geringe Modul-Interaktion

Priorisierungsmatrix:

Impact hoch, Aufwand niedrig zuerst (z. B. Snippet schärfen, Kurzantwort ergänzen, Tabelle aktualisieren).

Absicht und Lücken prüfen

SERP-Check mobil/desktop: Welche Fragen, PAA-Boxen, AI-Overviews, Videos gibt es.

Gap-Analyse: Fehlen klare Frage-Headings, eine Kurzantwort, eine Tabelle oder ein Entscheidungs-FAQ.

Konkurrenz: Welche Zahl, Spanne oder Methode liefert die Konkurrenz, die dir fehlt.

Struktur und Snippet vorbereiten

Kurzantwort unter H1 in 2–4 Sätzen, die die Hauptfrage direkt lösen.

Frage-Headings (H2/H3) exakt formulieren; pro Frage ein passendes Modul (Liste, Schrittfolge, Tabelle).

Snippet-Absatz je Kernfrage nach der 5-Satz-Logik: Antwort, Rahmen, Zahl/Schwelle, Wenn-dann, nächster Schritt.

Inhalte substanziell aktualisieren

Zahlen und Quellen

- alle Jahreszahlen, Preise, Benchmarks auf Stand bringen; Primärquellen verlinken
- falls möglich eine Mini-Tabelle oder Grafik einfügen, Datenstand datieren

Module ergänzen

- kleine Vergleichstabelle mit Einheiten in Spaltenköpfen
- Entscheidungs-FAQ (3–5 echte Fragen à 60–100 Wörter)
- Schrittfolge mit realistischen Zeiten

Belege und E-E-A-T

- Autorbox, „Zuletzt aktualisiert“, Methodik-Kasten
- ein Mini-Case mit Ergebniszahl und Zeitraum

Technik und interne Links

Markup prüfen

- Article-JSON-LD, ggf. FAQPage/HowTo, dateModified anpassen
- Autor/Organization konsistent, sameAs gepflegt

Interne Verlinkung

- von Pillar und themennahen Seiten kontextuelle Links auf die refreshte URL
- innerhalb der Seite klare „Nächster Schritt“-Links auf Vergleich, Preise, Kontakt

Dubletten bereinigen

- veraltete oder schwache Doppelartikel mit 301 auf die aktualisierte Ziel-URL weiterleiten
- Ankertexte vereinheitlichen

Dokumentation und Messung

Änderungslog

- Datum, Version, Hypothese, wesentliche Änderungen (Snippet, Tabelle, FAQ, interne Links)
- Gründe für Update (veraltete Zahl X, fehlende Tabelle, schwache CTR)

Messfenster
- nach 14–28 Tagen CTR, Position, table_view, faq_open, cta_primary_click vergleichen
- Erfolgsmuster auf benachbarte Seiten übertragen

Text-Bausteine und Vorlagen

Kurzantwort (2–4 Sätze)
Satz 1: Kernergebnis in einem vollständigen Satz.
Satz 2: Rahmen/Definition.
Satz 3: Zahl oder Spanne.
Satz 4: Nächster Schritt oder Szenario-Hinweis.
FAQ-Antwort (60–100 Wörter)
Satz 1: klare Antwort.
Satz 2: Zahl/Schwelle/Beispiel.
Satz 3: Wenn-dann-Abgrenzung.
Satz 4: Weiterführender interner Link.
Tabellen-Kopf
Kurz, eindeutig, Einheit im Kopf: „Preis (EUR/Monat)", „Dauer (Minuten)", „Limit (GB)". th mit scope="col", Zeilenentität in th scope="row".
Methodik-Box
„Datenstand: Monat Jahr. Quellen: A, B. Kriterien: 1–3. Bei Änderungen aktualisieren wir Tabelle und Beispiele."
Qualitätsregeln für Refreshes
Inhalt vor Markup
Erst sichtbaren Text/Module erneuern, dann Schema anpassen.
Ein Thema, eine URL
Keine neuen, ähnlichen Seiten anlegen. Doppelungen per 301 konsolidieren.
Aktualität sichtbar
„Zuletzt aktualisiert" mit Datum. Bei größeren Sprüngen ein kurzer Änderungsblock.
Einheiten und Terminologie konsistent

Begriffe, Produktnamen, Orte einheitlich schreiben; Einheiten ausschreiben.

SERP-Intention spiegeln

Wenn die SERP Listen/How-to bevorzugt, liefere eine Schrittfolge; bei Vergleichen eine Tabelle.

Häufige Fehler und schnelle Korrekturen

Kosmetik statt Substanz

Nur ein Jahr im Titel austauschen bringt selten dauerhaften Effekt. Ergänze Zahl, Tabelle oder FAQ mit echten Antworten.

Phantom-Markup

FAQ/HowTo ausgezeichnet, aber nicht sichtbar. Immer sichtbaren Block nutzen.

Überlanges Intro

Komm binnen 2–3 Sätzen zur Kurzantwort. Lange Vorspänne schaden Snippets und Nutzer.

Veraltete Screenshots

Screens ersetzen oder mit Bildunterschrift „Stand: Monat Jahr“ versehen; Alt-Texte prüfen.

Unklare interne Links

„Hier klicken“ ersetzen durch deskriptive Anker mit Zielbegriff.

Refresh-Playbook nach Positionsfenstern

Position 11–20

Hebel: Kurzantwort ergänzen, Frage-Headings schärfen, kleine Tabelle, interne Links vom Pillar und 2–3 themennahen Seiten.

Position 4–10

Hebel: Titel-CTR-Test, Entscheidungs-FAQ, Above-the-Fold klarer (H1, Kurzantwort, Nutzenliste), E-E-A-T sichtbarer.

Position 1–3

Hebel: Aktualität halten, Mini-Case/Zahl ergänzen, Video oder Schrittfolge hinzufügen, Core Web Vitals stabilisieren.

Refresh-Kadenz und Planung

Quartalsweise Liste

- Top-20 URLs nach Klicks
- Top-20 nach Impressionen
- 10 Chancen-URLs (Pos. 6–20)

Slots

- Monat 1: 6 Refreshes mit hohem Impact/geringem Aufwand
- Monat 2: 4 tiefere Refreshes mit Tabellen/FAQ
- Monat 3: Konsolidierungen und interne Links

Messwerte, die zählen

CTR Ziel: +0,5 bis +1,5 Prozentpunkte bei stabiler Position.

Position

Ziel: Sprung ins nächsthöhere Fenster (11–20 → 4–10; 4–10 → 1–3).

Engagement:

table_view, faq_open, toc_click steigen um 10–30 Prozent.

Conversion

cta_primary_click oder form_submit steigt messbar; bei transaktionalen Seiten Priorität.

Checkliste: Ist dein Refresh wirklich ein Refresh

Kurzantwort unter H1 ergänzt oder geschärft.

Frage-Headings je Thema, pro Heading ein Modul (Liste/Schritte/Tabelle).

Zahlen, Quellen, Screens aktualisiert; Methodik-Box vorhanden.

Entscheidungs-FAQ mit 3–5 echten Fragen, 60–100 Wörter je Antwort.

Article-JSON-LD aktualisiert, ggf. FAQPage/HowTo; dateModified gesetzt.

Interne Links vom Pillar und 2–3 themennahen Seiten; „Nächster Schritt“-Links im Text.

Dubletten per 301 konsolidiert; Ankertexte vereinheitlicht.

Änderungslog geschrieben; Messfenster und Hypothese dokumentiert.

Mini-To-do: In 60 Minuten ein Zielstück refreshen

Seite wählen
Eine URL mit vielen Impressionen und Position 6–15.
Kurzantwort schreiben
2–4 Sätze direkt unter H1 nach der 5-Satz-Logik (mindestens eine Zahl/Spanne).
Zwei Module ergänzen
Eine kleine Tabelle mit Einheiten in den Spaltenköpfen und ein Entscheidungs-FAQ mit 3 Fragen.
Quellen und Screens
Zwei Zahlen und einen Screenshot mit „Stand: Monat Jahr" aktualisieren; Methodik-Box hinzufügen.
Interne Links
Ein Link aus dem Pillar und zwei Links aus themennahen Artikeln setzen; im Artikel am Ende „Nächster Schritt" auf Vergleich/Preise.
Markup und Log
Article-JSON-LD, ggf. FAQPage aktualisieren; dateModified setzen. Änderungslog schreiben, Termin in 14 Tagen für CTR/Position/Events eintragen.

Ergebnis:
Dein alter Inhalt wird wieder konkurrenzfähig, liefert klarere Antworten für Nutzer und KI, gewinnt Snippets und verbessert messbar CTR, Position und Conversion – ohne neue Seitenflut und mit maximaler Nutzung bestehender Autorität.

Kapitel 15:

15.4 A/B-Tests für Snippet und Call-to-Action

Ziel dieses Abschnitts: Du lernst, wie du mit einfachen, risikominimierten A/B-Tests Snippets in der SERP (Titel, Meta, Kurzantwort) und Call-to-Action-Elemente auf der Seite verbesserst. Du testest seriell, misst sauber in der Search Console und GA4 und überträgst gewonnene Muster auf ganze Themencluster. Am Ende gibt es ein Mini-To-do.

Begriffsklärung

A/B-Test

Vergleich zweier Varianten derselben Komponente, bei dem nur ein Hebel geändert wird. Für SERP-Snippets testest du zeitlich nacheinander (A dann B), für CTAs parallel auf der Seite oder per serverseitigem Split.

SERP-Snippet

Deine Darstellung in der Suche: Titel, Meta-Description und der erste sichtbare Absatz auf der Zielseite, den Google häufig als Auszug heranzieht.

CTA

Call to Action. Aufforderung zur nächsten Handlung, zum Beispiel Demo anfragen, Preis anfordern, Newsletter abonnieren, Termin buchen.

Konversionsziel

Messbarer Abschluss, etwa cta_primary_click, form_submit, telefon_anruf.

Warum Snippet- und CTA-Tests so wirksam sind

Sie greifen an den beiden Engstellen des Funnels an: Klick aus der SERP und Handlung auf der Seite. Schon kleine, disziplinierte

Änderungen steigern CTR oder Abschlussquoten deutlich, ohne neue Inhalte zu produzieren. Durch Serien-Tests baust du ein Musterarchiv auf, das du wiederverwenden kannst.

Testprinzipien, die immer gelten

Eine Änderung pro Test

Nur ein Hebel je Runde ändern, sonst ist der Effekt nicht zuordenbar.

Genug Basisvolumen

Teste Seiten mit mindestens einigen tausend Impressionen in 14 Tagen für Snippets bzw. mit genügend Sitzungen für CTAs. Sonst ist das Rauschen zu hoch.

Stabiler Zeitraumvergleich

Vergleiche 14 bis 21 Tage vor und nach dem Deploy, gleiche Wochentage, ähnliche Positionen. Große Ranking- oder Saisoneffekte markieren und Tests wiederholen.

Dokumentation

Titel alt neu, Kurzantwort alt neu, CTA alt neu, Datum, Hypothese, Ergebnis. Muster, die gewinnen, in eine Library übernehmen.

Teil A: A/B-Tests für Snippets

Was du testest

Titelvarianten, Meta-Description-Varianten, Kurzantwort direkt unter H1, Lead-Satz eines Abschnitts, Frageformulierung in H2.

Ablauf in fünf Schritten

1-**Kandidaten wählen**

Search Console filtern: Position 3 bis 8, CTR unter Erwartung im Vergleich zu Nachbarn. Pro Runde 3 bis 5 Seiten.

2-**Hypothese je Seite**

Beispiel: Frage spiegeln erhöht CTR bei was ist Queries. Zahl und Einheit im Titel steigern CTR bei vergleich und kosten. Aktualisiertes Jahr verbessert CTR bei Evergreen.

3-**Variante schreiben**

Nur ein Hebel ändern. Beispiele
Titel A Ergebnis zuerst. Titel B Frage spiegeln.Meta A Nutzenversprechen. Meta B Zahl plus Zielgruppe. Kurzantwort A neutral. Kurzantwort B mit Zahl und Wenn dann

Deploy und messen

Sichtbar dateModified pflegen. Nach 14 bis 21 Tagen CTR und Impressionen mit der Vorperiode vergleichen, Position im Blick behalten.

Gewinner übernehmen

Das Muster in verwandten Seiten adaptieren, aber nicht blind kopieren. In der Library festhalten.

Bewährte Snippet Hebel

Frage spiegeln: Was ist INP. Definition, Zielwerte, schnelle Fixes
Ergebnis voranstellen: LCP unter 2,5 s in 5 Schritten
Zahl und Einheit: 12 SEO Titel Formeln für mehr CTR
Jahr und Aktualität: SEO Checkliste Aktualisiert 10
Zielgruppe Region: Steuerberater in Wien Preise Leistungen Termin
Kurzantwort testen: Variante A allgemeiner Antwortsatz
Variante B Antwort mit Zahl Spanne und nächster Schritt

Messung für Snippets:

Search Console

CTR, Impressionen, Position je Seite und je Top Query. Idealer Effekt plus 0,5 bis plus 1,5 Prozentpunkte CTR bei stabiler Position.

SERP Screenshots

Vor und nach dem Test mobil und Desktop sichern. Abschneidung des Titels vermeiden.
Teil B: A/B-Tests für CTAs

Was du testest

CTA Text, Mikrocopy unter dem CTA, Platzierung Above the Fold vs. nach Tabelle, Layout Buttonbreite und Kontrast, Social Proof

Nähe, sekundärer CTA Alternative Handlung.

Ablauf in fünf Schritten

1-**Ziel definieren**

Ein Primary Outcome, zum Beispiel cta_primary_click oder form_submit. Sekundär: related_link_click, time_on_section.

2-**Variante planen**

Nur ein Hebel pro Test. Beispiele

Text Jetzt Demo vs. Demo in 15 Minuten

Mikrocopy Ohne Kreditkarte

Platzierung Direkt unter Kurzantwort vs. neben Preistabelle

Vertrauensbeleg Direkt neben CTA Mini Case oder Bewertungsstern mit Quelle

Sekundärer CTA Erst PDF anfordern vs. Termin buchen

3-**Split umsetzen**

Einfach und sauber

Serverseitig zufälliger Split A 50 Prozent B 50 Prozent. Alternativ clientseitig mit Feature Flag. Keine Dritttools nötig, wenn du sauber zählst. Consent beachten.

4-**Ereignisse messen**

GA4 Events mit Parametern

cta_primary_click page_type topic variant

form_submit variant

scroll_50 section

5-**Auswertung nach Signifikanznähe**

Vergleiche Raten pro 100 Sitzungen. Suche einen klaren Trend, keine Dezimalvorteile jagen. Gewinner ausrollen und in der Library notieren.

Bewährte CTA Hebel

Nähe zur Entscheidung

CTA direkt nach Preistabelle oder Vergleichstabelle.

Konkreter Nutzen
Statt Jetzt starten besser Angebot in 24 Stunden.
Risikoabbau
Ohne Kreditkarte, jederzeit kündbar, Antwort in 24 Stunden.
Social Proof daneben
Kundenstimme mit Zahl oder Bewertungsquelle und Datum rechts vom CTA.
Zweitweg für Zögerer
Sekundärer CTA Beispiel Vergleich als PDF, Kostenkalkulator.
UX Details
Großer Button, eindeutiger Kontrast, klarer Fokuszustand, kein Scrollen notwendig.

Fehler, die Tests entwerten

Mehrfachänderungen
Titel, Meta und Kurzantwort gleichzeitig ändern führt zu unklaren Ergebnissen. Nacheinander testen.
Zu wenig Daten
Tests abbrechen, bevor genug Impressionen oder Sitzungen vorliegen. Besser kleinere Zahl an Tests, aber mit Basis.
Unklare Events
CTA Klicks nicht unterscheidbar. Immer den Parameter variant mitschicken.
Saison und Kampagnen
Starker externer Traffic verfälscht. Markiere die Zeiträume, wiederhole Tests bei Bedarf.
Nicht übereinstimmende Versprechen
Titel kündigt X an, Seite liefert Y. Das hebt CTR, senkt aber Conversions und Vertrauen.
Governance und Library
Änderungslog
Pro Test Seite, Element, alte und neue Version, Datum, Hypothese, Ergebnis, Folgemaßnahme.

Musterbibliothek
Titelmuster Frage spiegeln, Zahl Einheit, Jahr Aktualität. Kurzantwortmuster mit Zahl und Wenn dann. CTA Muster Nutzen plus Risikoabbau plus Social Proof.
Cluster Rollout
Gewinnerpattern auf alle Seiten desselben Themenclusters ausrollen, Unterschiede je Intention respektieren.

Checkliste: Ist mein A/B-Test solide

Eine Änderung je Test, klar dokumentiert.
Genug Basisvolumen an Impressionen oder Sitzungen.
Zeitfenster vergleichbar, Position stabil.
Events mit variant gekennzeichnet.
Kurzantwort und H1 erfüllen Titelfersprechen.
Ergebnis nach 14 bis 21 Tagen bewertet, Gewinner dokumentiert.
Muster auf Clusterseiten übertragen, ohne Dubletten zu erzeugen.

Mini To do: In 60 Minuten einen Snippet und einen CTA Test starten

Snippet Kandidat wählen
Search Console öffnen und eine Seite mit Position 3 bis 8 und CTR unter 2,5 Prozent markieren. Hypothese notieren Frage im Titel spiegeln.
Variante schreiben
Neuen Titel mit Frage und Zahl formulieren und eine Kurzantwort mit Zahl und nächstem Schritt direkt unter H1 ergänzen. Deploy, dateModified setzen, SERP mobil prüfen.
CTA Hebel wählen
Auf derselben Seite CTA Text von Jetzt starten zu Demo in 15 Minuten ändern und eine Mikrocopy Ohne Kreditkarte ergänzen. Den CTA neben die Tabelle verschieben.
Messung aktivieren
GA4 Events cta_primary_click und table_view um den Parameter variant erweitern. Notiere Datum und Version.
Termin setzen
In 14 bis 21 Tagen CTR und cta rate vergleichen, Ergebnis dokumentieren. Bei Erfolg Muster auf zwei verwandte Seiten übertragen.

Ergebnis:
Mit disziplinierten, kleinen A/B Tests verbesserst du zuerst die Klickwahrscheinlichkeit in der SERP und dann die Abschlussrate auf der Seite. Du baust eine Bibliothek funktionierender Muster auf, die du auf ganze Cluster überträgst und so dauerhaft mehr organischen Traffic in reale Anfragen und Käufe verwandelst.

In Kapitel 15 hast du vier schnelle Hebel eingeführt, um bestehenden Traffic in mehr Klicks und Handlungen zu verwandeln. Erstens optimierst du die CTR mit disziplinierten Titeltests: eine Änderung pro Runde, klare Formeln (Frage spiegeln, Zahl und Einheit, Ergebnis zuerst, Jahr/Stand), 14–21 Tage vergleichen, Position stabil halten und Gewinner-Muster auf Clusterseiten übertragen. Zweitens hebst du Seiten im Positionsfenster 4–20 mit interner Verlinkung über die Ziellinie: Chancenliste aus der Search Console, kontextuelle Links früh im Text, kuratierte „Verwandte Inhalte“, Pillar↔Cluster-Verbindungen, Ankertexte konsistent und fehlerfreie Zielseiten. Drittens erneuerst du alte Inhalte gezielt statt neu zu schreiben: Kurzantwort unter H1, Frage-Headings, kleine Tabellen und Entscheidungs-FAQ, aktualisierte Zahlen/Quellen/Screens, sauberes Markup und interne Links, Dubletten per 301 konsolidieren. Viertens testest du Snippets und CTAs methodisch: Snippets seriell über Zeit (Titel, Meta, Kurzantwort), CTAs parallel per Split mit klaren Events; immer nur einen Hebel testen, Outcomes in GA4 und Sichtbarkeit in der GSC messen, Muster dokumentieren und skalieren. Ergebnis: planbare Zugewinne bei CTR, Position, Engagement und Conversion ohne große Content-Neuproduktion.

Abkürzungen und Begriffe aus Kapitel 15

CTR: Click-Through-Rate, Verhältnis von Klicks zu Impressionen in der Suche.

A/B-Test: Vergleich zweier Varianten eines Elements; bei Snippets zeitlich nacheinander, bei CTAs parallel.

CTA: Call to Action, die nächste Handlung (zum Beispiel Demo anfragen, Termin buchen).

GSC: Google Search Console; zeigt Queries, Impressionen, Klicks, Positionen, Indexierung und Rich-Result-Status.

GA4: Google Analytics 4; misst Seitenaufrufe, Ereignisse und Conversions.
Pillar/Cluster: Struktur aus Leitartikel (Pillar) und verknüpften Unterseiten (Cluster) zu einem Thema.
Ankertext: klickbarer Linktext; sollte das Ziel präzise beschreiben.
Kanonische Ziel-URL: die eine, dauerhafte URL pro Thema; Doppelungen leitet man per 301 weiter.
Information Gain: zusätzlicher, überprüfbarer Erkenntniswert (Zahl, Schwelle, Quelle, Mini-Case), der über Wettbewerber hinausgeht.

Lies jetzt Kapitel 16. Dort richtest du wiederholbare Prozesse, Templates und einfache Automatisierungen ein, damit Titeltests, interne Links, Refreshes und CTA-Experimente im Zwei-Wochen-Takt laufen, Teamaufgaben klar verteilt sind und Erfolge zuverlässig dokumentiert und ausgerollt werden.

KAPITEL 16:

Der 12-Wochen-Plan zum Top-Ranking

Kapitel 16:

Der 12-Wochen-Plan zum Top-Ranking

Woche 1: Technischer Audit in acht Schritten

Index- und Sitemap-Status
Search Console öffnen, Abdeckung prüfen, Fehler notieren. XML-Sitemaps testen und nur indexierbare, kanonische URLs listen. Dünne, doppelte oder Parameter-Seiten nicht einreichen.

robots.txt und Noindex
robots.txt auf versehentliche Sperren prüfen. Meta robots und X-Robots-Tag sichten. Wichtige Seiten müssen indexierbar sein, Störseiten (Suche, Filter-Duplikate) noindex.

Canonical und Duplikate
Kanonische URL je Template prüfen. Varianten mit Tracking-Parametern, Groß/Kleinschreibung, Trailing Slash vereinheitlichen. Produkt- und Kategorie-Dubletten identifizieren und konsolidieren.

Struktur und Navigation
Breadcrumbs aktivieren und konsistent. Themencluster erkennbar: Pillar-Seiten vorhanden, Cluster untergeordnet, interne Links beidseitig (Pillar ↔ Cluster). Orphan Pages aufspüren und verlinken.

Core Web Vitals Basis
GSC-CWV-Bericht für Mobil priorisieren. Pro Template eine Beispiel-URL in PageSpeed Insights testen. LCP-Element identifizieren, INP-Langläufer und CLS-Quellen notieren. Quickwins vormerken: LCP-Bild preload, width/height für Medien, JS-Budget reduzieren.

Sicherheit und Protokolle
SSL-Zertifikat gültig, http auf https per 301. Mixed Content vermeiden. HSTS aktivieren. Server liefert HTTP/2 oder HTTP/3, Brotli/Gzip an.

Markup und Metadaten
Article auf Ratgeber, Product/Offer nur bei sichtbaren Preisen, FAQPage nur bei echten Q&A, BreadcrumbList aktiv. Title- und Meta-Patterns je Seitentyp im CMS prüfen. Einheitlicher Site-Name und Logo.

Logik für Internationalisierung
Falls mehrsprachig: saubere Sprachordner oder Subdomains, hreflang mit self-referencing und x-default. Einheitliche Übersetzungen für Navigation und Entitäten.

Ergebnis Woche 1: Eine kurze Audit-Liste mit Blockern, Warnungen und Quickwins, gruppiert nach Template. Blocker zuerst lösen, Quickwins für Woche 2 einplanen.

Woche 2: Keyword-Setup und Mapping

Ziele und Themenrahmen
Notiere die drei wichtigsten Geschäftsziele. Leite daraus 4–6 Themencluster ab, die diese Ziele stützen.

Seed-Liste bauen
Sammle 30–60 Suchbegriffe aus Kundensprache, Servicetiteln, Produktnamen, Standortkombinationen und häufigen Fragen. Ergänze Wettbewerber- und Autocomplete-Ideen.

In Sets ordnen
Kern-Set 10–20 Leitbegriffe je Cluster.

Intent-Set 20–40 Long-Tails mit klarer Absicht (kosten, vergleich, wie, in [Stadt]).
Chancen-Set 10–30 Begriffe, bei denen du aktuell Position 6–20 erreichst.
Brand-Set 5–10 Marken- und Kombi-Begriffe.

Suchintention bestimmen

Pro Keyword eine Intention vergeben: informativ, transaktional, lokal, navigational. SERP prüfen, welche Module sichtbar sind (AI-Overview, PAA, Video, Bilder, Local Pack).

Keyword-zu-Seite Mapping

Jedes Keyword einer Zielseite zuordnen. Regeln: eine Hauptintention pro Seite, ein Hauptkeyword plus 2–4 semantische Varianten. Pillar für breite Begriffe, Clusterseiten für Unterfragen, Vergleichs- oder Preis-Keywords auf Landingpages.

Lücken und Kannibalisierung

Lücken: wichtige Keywords ohne passende Seite markieren. Kannibalisierung: mehrere Seiten zu demselben Keyword identifiziert. Entscheide eine kanonische Ziel-URL, verlinke dorthin, konsolidiere mittel- bis langfristig via 301.

Snippet- und Modulbedarf festlegen

Pro Zielseite definieren: H2-Fragen, ein snippetfähiger Absatz, mindestens eine Liste oder Tabelle, optional FAQ. Notiere Titel-Idee je Seite nach Kapitel 15.1.

Tracking koppeln

Events table_view, faq_open, cta_primary_click mit Parametern page_type, topic in GA4 vorhanden. In der Search Console ein Seitengruppenfilter je Cluster speichern. Screenshots der SERPs für 5 Kern-Keywords erstellen.

Häufige Fehler und schnelle Korrekturen

Zu viele Keywords ohne Fokus

Begrenze auf 50–100 sinnvolle Vertreter. Rest später.

Indexierbare Thin Pages

Kategorien ohne Text, Filterseiten. Entweder aufwerten oder noindex, aus der Sitemap entfernen.

Canonical falsch oder fehlend

Doppelte Paginierung, UTM-Varianten. Canonical auf saubere Ziel-URL setzen, interne Links entsprechend anpassen.

Intention ignoriert

Ratgeber auf transaktionales Keyword gerankt. Entweder Landingpage ergänzen oder den Ratgeber um klaren Entscheidungsblock und CTA erweitern.

Woche-3–4-Plan:

Schritt 1: Auswahl und Baseline (Tag 1)

- Wähle 6–10 Kernseiten (mindestens 1 je Seitentyp).
- Sichere Baselines: In der Search Console Klicks, CTR, Position; in GA4 Events (table_view, faq_open, cta_primary_click) und Conversion-Rate.
- Erstelle Mobil- und Desktop-Screenshots Above the Fold.

Schritt 2: Above the Fold schärfen (Tag 2–3)

- H1 klar, mit Zielbegriff.
- Kurzantwort ergänzen: 2–4 Sätze, ein konkreter Wert (Zahl/Spanne/Zeitraum).
- Primärer CTA sichtbar (Button-Breite, Kontrast, Text mit Nutzen).
- Trust-Streifen: Bewertung/Logo mit Quelle und Datum.

Schritt 3: Struktur und Module (Tag 3–6)

- Pro H2-Frage einen snippetfähigen Absatz nach der 5-Satz-Logik: Antwort, Rahmen, Zahl/Schwelle, Wenn-dann, nächster Schritt.
- Mindestens eine Liste (3–7 Punkte) und eine Mini-Tabelle (2–6 Zeilen, Einheiten in Spaltenköpfen).

- Bei How-to-Themen: nummerierte Schrittfolge (5–8 Schritte, Dauer je Schritt).
- „Nächster Schritt"-Box am Ende großer Abschnitte (intern auf Vergleich/Preise/Kontakt verlinken).

Schritt 4: Interne Verlinkung (Tag 5–6)
- Von Pillar zu allen Clusterseiten (beschreibende Anker) und zurück („Zur Übersicht").
- Auf Vergleich/Produktseiten aus relevanten Artikeln mindestens 2 kontextuelle Links früh im Text setzen.
- Breadcrumbs prüfen und konsistent halten.

Schritt 5: Markup und Metadaten (Tag 6–7)
- Article auf Ratgeber/Artikel; FAQPage nur bei sichtbarer Q&A; HowTo nur bei echten Schrittfolgen; Product/Offer nur bei sichtbaren Preisen; LocalBusiness auf Standortseiten.
- Title-Tag und Meta-Description schärfen (Kapitel 15.1-Formeln); Jahr/Stand wenn sinnvoll.
- dateModified pflegen; Autor/Organization mit sameAs konsistent.

Schritt 6: CWV-Quickwins (Tag 7–8)
- LCP-Bild identifizieren, als WebP/AVIF ausliefern, preload + fetchpriority=high, kein Lazy für LCP.
- width/height für Bilder/iframes setzen (CLS).
- JavaScript-Budget prüfen; nicht kritische Skripte defer/async; Third-Party nach Consent und spät laden (INP).

Schritt 7: Messung aktivieren (Tag 8)
- GA4-Events prüfen/ergänzen: cta_primary_click, table_view, faq_open, toc_click; Parameter page_type, topic, cta_type.
- In der GSC Seitengruppenfilter pro Cluster speichern.
- Änderungslog: Datum, Version, Hypothese.

Schritt 8: Review und Feinschliff (Tag 10–14)
- SERP mobil/desktop checken, Titelabschneidung vermeiden.
- Barrierefreiheit: Alternativtexte, ausreichender Kontrast, Fokuszustände, klare Linktexte.
- Einheitliche Begriffe/Einheiten prüfen (EUR/Monat, ms, %).

Seitentyp-Checklisten (kompakt)

Startseite
[ ] H1 mit Value-Claim
[ ] Kurzantwort (2–4 Sätze, Zahl/Ergebnis)
[ ] Primärer CTA sichtbar
[ ] Drei Schnell-Einstiege
[ ] Trust-Streifen mit Quelle
[ ] Interne Links auf Pillar/Produkt/Standort

Pillar
[ ] Inhaltsverzeichnis mit Sprungmarken
[ ] Je H2 ein snippetfähiger Absatz
[ ] Mindestens eine Liste und Mini-Tabelle
[ ] Links zu Clusterseiten und zurück
[ ] FAQ (3–5 Fragen)
[ ] Sekundärer CTA

Vergleich/Landingpage
[ ] Ergebniszusammenfassung oben
[ ] Vergleichstabelle (Einheiten in Kopfzellen)
[ ] CTA neben Tabelle
[ ] Entscheidungs-FAQ
[ ] Kurz-Case oder Zahl als Social Proof

Produkt/Service
[ ] H1 exakt = Produktname
[ ] Kurzantwort mit Nutzen + Zielgruppe
[ ] Feature→Nutzen-Liste
[ ] Preisspanne/Angebotslogik sichtbar
[ ] Micro-FAQ
[ ] Primärer CTA und Trust-Element
Standort
[ ] H1 = Leistung + Ort
[ ] NAP und Öffnungszeiten in der Nähe des CTA
[ ] Karte, Leistungen, 2–3 lokale Referenzen
[ ] Anruf-/Termin-CTA
[ ] LocalBusiness-Markup
Top-Artikel
[ ] Kurzantwort unter H1
[ ] Snippet-Absätze, Liste/Tabelle
[ ] „Nächster Schritt"-Box
[ ] Autorbox, dateModified
[ ] Interne Links zu Vergleich/Preise

Qualitätsregeln und häufige Fehler

Regeln
- Ein Thema, eine Hauptintention pro Seite.
- Sichtbare Inhalte zuerst, dann Markup.
- Zahlen/Einheiten konkret und konsistent.
- Entitäten (Autor, Organisation, Produkt, Ort) überall gleich benannt und verknüpft.

Fehler
- Lange Intros ohne Antwort → Kurzantwort sofort nach H1.
- Tabellen ohne Einheiten → Einheiten in Spaltenköpfe.
- FAQ-Markup ohne sichtbare FAQs → weglassen oder sichtbar machen.
- LCP-Bild lazy geladen → LCP fällt; Lazy entfernen, preload setzen.
- Generische CTAs → Text mit Nutzen und Risikoabbau („ohne Kreditkarte").

Messung und Erwartungswerte (14–28 Tage nach Deploy)
- CTR je Seite: +0,5 bis +1,5 Prozentpunkte bei stabiler Position.
- table_view, faq_open: +10–30 Prozent.
- cta_primary_click: +10–25 Prozent auf Vergleich/Produktseiten.
- Positionssprünge: 11–20 → 4–10 (bei zusätzlicher interner Verlinkung realistisch).

Arbeitsorganisation (leichtgewichtig)
- Verteile Owner je Seitentyp (Start/Pillar/Vergleich/Produkt/Standort/Artikel).
- Täglich 1–2 Seiten fertigstellen statt viele halb.
- Jede fertige Seite sofort im Änderungslog dokumentieren; GSC-URL-Prüfung anstoßen, wenn neu strukturiert.

Woche 5: System bauen, Vorlagen festziehen

A) Redaktionsplan aufsetzen (60 Minuten)

Spalten: Titel, Ziel-URL/Template, Cluster, Haupt-Query, Intention, Schema-Typ, Snippet-Kandidaten (Absatz/Liste/Tabelle), Autor, Lektor, DoD-Check, Veröffentlichungsdatum, Distribution (Newsletter/LinkedIn/Video), Messziel.

B) Backlog priorisieren (90 Minuten)

Quellen: Keyword-Map (Kap. 16.1/16.2), Chancen-Set (Position 6–20), Lücken, Fragen aus PAA/Support.

Priorisieren nach: Impact (Suchvolumen × Geschäftsrelevanz × SERP-Chancen) ÷ Aufwand.

Wähle 8–10 Themen für die nächsten 4 Wochen.

C) Content-Brief-Vorlage definieren (30 Minuten)

Pflichtfelder je Stück:

- Ziel und Zielgruppe in einem Satz
- Haupt-Query + 2–4 Varianten, Intention
- H1-Vorschlag, SEO-Titel-Vorschlag
- Kurzantwort (2–4 Sätze, eine Zahl/Spanne)
- Gliederung mit H2/H3 als Fragen
- Snippet-Kandidaten: 1 Absatz, 1 Liste, 1 Mini-Tabelle
- E-E-A-T: Autor, Quelle(n), Mini-Case/Beleg
- Interne Links (von/zu), externer Beleg
- CTA-Text + Platzierung
- Schema-Typ(e): Article (+ ggf. FAQPage/HowTo/Product)
- Messung: Primary Outcome, Events

D) Artikel-Baukasten fixieren (45 Minuten)

Oben: H1, Kurzantwort, primärer CTA.

Kern: H2-Fragen mit 5-Satz-Absätzen, 1 nummerierte Schrittfolge, 1 Mini-Tabelle (Einheiten in Kopfzellen).

Unten: Entscheidungs-FAQ (3–5 Fragen, 60–100 Wörter), „Nächster Schritt“-Box, Autorbox, „Zuletzt aktualisiert“.

E) Rollen und Rhythmus (30 Minuten)

- Autor schreibt nach Brief.
- Lektor prüft DoD, Fakten, Stil, Entitäten.
- SEO/Tech setzt Schema, interne Links, Events.
- Review-Slot: 2× pro Woche 30 Minuten Stand-up (Blocker, Live-Termine).

Feste Velocity: 2 Stück/Woche, mittwochs und freitags live.

F) DoD definieren (20 Minuten)

[ ] Kurzantwort unter H1 mit Zahl/Spanne
[ ] Mind. 1 snippetfähiger Absatz, 1 Liste, 1 Mini-Tabelle
[ ] FAQ (3–5) bei Eignung
[ ] Autorbox, Quelle(n), Mini-Case
[ ] Interne Links (Pillar ↔ Cluster), „Nächster Schritt“
[ ] Schema korrekt, dateModified gesetzt
[ ] Events: table_view, faq_open, cta_primary_click
[ ] Titel/Meta geprüft, SERP-Abschneidung ok
[ ] Barrierefreiheit: Alt-Texte, Kontrast, Fokus

Woche 6: Produktion, Qualität, Distribution

A) Zwei Stücke produzieren (je 1–2 Tage)

Ablauf pro Stück: Brief → Draft → Lektorat → SEO/Tech → Live → Distribution → Messziel notieren.

B) Qualitätssicherung (halber Tag)
- Faktencheck: Zahlen, Quellen, Screens „Stand: Monat Jahr".
- Terminologie: Produktnamen, Orte, Einheiten konsistent.
- Entitäten: Autor/Organization-Seiten verlinkt, sameAs gepflegt.
- CWV-Quickwins: LCP-Bild priorisiert, width/height für Medien.

C) Distribution-Flywheel (halber Tag)
- Website live → Newsletter-Snippet (80–120 Wörter, 1 Zahl, 1 Link).
- LinkedIn-Thread: 3 Kernaussagen, 1 Mini-Grafik/Tabelle, Link.
- Kurzes Video (2–4 Min) oder Audio-Snippet: Hauptfrage + Zahl.
- Optional PR-Pitch: 3 Bullet-Zahlen und eine Grafik an 1 Fachmedium.
- UTM-Parameter standardisiert; in GA4 als Kampagne prüfbar.

D) Messung und Retro (1 Stunde)
- Zielmetrik pro Stück festlegen: CTR-Ziel, table_view, cta_primary_click.
- Nach 14 Tagen: GSC/GA4 prüfen, Ergebnis und Learnings in Muster-Library eintragen.
- Backlog anpassen (gewonnene Muster skalieren, schwache Ideen parken).

Schreib- und Strukturregeln, die KI- und Snippet-Chancen erhöhen

Kurzantwort zuerst
2–4 Sätze, ein vollständiger Ergebnissatz, eine Zahl/Spanne, „wenn-dann" und nächster Schritt.

Frage-Headings
H2/H3 als reale Nutzerfragen. Jede Frage hat einen 5-Satz-Absatz, optional Liste/Tabelle darunter.

Listen und Tabellen
Listen 3–7 Punkte, präzise; Tabellen mit Einheiten im Kopf („EUR/Monat", „ms", „%"), th scope korrekt.

Belege sichtbar
Primärquelle verlinken, Mini-Case mit Zeitraum/Zahl, „Zuletzt aktualisiert" mit Datum.

Entitäten sauber
Autor- und Organisations-seiten verlinken; Schema Article (+FAQ/HowTo) spiegeln nur Sichtbares.

CTA klar
Ein Outcome pro Seite, CTA nah am Entscheidungsmodul (Tabelle/Preis). Mikrocopy Risikoabbau („ohne Kreditkarte", „Antwort in 24 h").

Typische Fehler und schnelle Korrekturen

Zu lange Intros: Sofort Kurzantwort setzen, altes Intro kürzen.
Phantom-Schema: Kein HowTo/FAQ-Markup ohne sichtbare Schritte/Fragen.
Unklare Tabellen: Einheiten fehlen. Spaltenköpfe mit Einheiten ergänzen, Zeilen in th scope="row".

Kannibalisierung
Neuen Artikel statt Refresh. Erst prüfen: existiert eine Ziel-URL. Sonst Gefahr von Konkurrenz im eigenen Haus.

Nur „Blog", keine Landingpages
Transaktionale Intentionen brauchen Vergleich/Preis-Seiten. Ergänzen und intern verlinken.

Arbeitsziel Woche 7–8

- 1 linkfähiger Leuchtturm-Inhalt live (Asset).
- 10–20 qualifizierte Outreach-Kontakte gepitcht, 3–5 Antworten, 1–3 Links platziert.
- 10–15 themenrelevante Verzeichnisse/Citations aktualisiert (bei lokalem Bezug).
- 1 Gastbeitrag oder Expertenstatement zugesagt.
- Dokumentation und interne Verteilung der eingehenden Autorität abgeschlossen.

Schritt 1: Linkfähiges Asset in 48 Stunden finalisieren

Wähle das stärkste Format für dein Thema:
- Datenseite/Index (Quartals- oder Jahreszahlen, mit Methodik und Tabelle)
- Vergleichstabelle mit klaren Kriterien und Einheiten
- Interaktiver Rechner/Checkliste (Download-Template)
- „Ultimate Guide“ mit Schrittfolge, FAQ, Mini-Cases

Muss-kriterien: eine Zahl oder Spanne, methodisch belegbar, klare Visualisierung (Tabelle/Diagramm), kurze Methodik-Box, „Zuletzt aktualisiert“, lizenzklare Grafik (mit Einbettungscode, wenn möglich).

Schritt 2: Quellen- und Kontaktliste kuratieren (2× 60 Minuten)

Prospecting-Regeln
- Themenschnitt: gleiche Zielgruppe oder Subthema wie dein Asset.
- Redaktioneller Kontext: Ratgeber, Datenartikel, Branchenblogs, Fachmedien, Verbände, Hochschulen, Communities.
- Ausschluss: Linkfarmen, Private Blog Networks, irrelevante Gastpost-Sammelstellen.

Kandidaten-Typen (je 5–10)
- Fachjournalisten, Newsletter-Autoren, Podcaster
- Betreiber fundierter „Ressourcen“- oder „Tools“-Seiten
- Universitäten/Institute mit themennahen Leselisten
- Branchenverbände, lokale Wirtschaftsportale
- Seriöse Verzeichnisse (bei lokalem Fokus)

Für jeden Kontakt notieren: Name, Medium, Link zur passenden Seite, warum dein Asset passt, gewünschter Hook (Zahl, Grafik, Tool).

Schritt 3: Outreach sauber, knapp, mit echtem Nutzen

Pitch-Struktur (max. 120–150 Wörter)
- Betreff: Zahl + Thema + Zielgruppe
- Einleitung: ein Satz, warum ihre Leser davon profitieren
- Kern: eine Zahl/Erkenntnis und 1–2 Zeilen Methodik
- Angebot: Grafik/CSV/Embed, kurzes Expertenstatement in 2 Sätzen
- Klarer Call-to-Action: „Wenn interessant, schicke ich die Grafik in hoher Auflösung.“
- Signatur: Name, Rolle, Entity-Home-Link

Varianten vorbereiten: datenfokussiert, praxisfokussiert, lokal fokussiert. Keine Massenmailings. Personalisierung: Zeige, dass du ihre letzte Veröffentlichung kennst (ein Satz, nicht schleimig).

Schritt 4: Gastbeitrag oder Expertenquote platzieren

Option A: Gastbeitrag
- Thema mit Information Gain (Zahl, Mini-Case, Tabelle).
- 800–1200 Wörter, klare Gliederung, 1 Tabelle, 1 Liste, 1 Grafik.
- 1–2 natürliche Links: einmal auf das Asset, einmal auf eine passende Produkt-/Vergleichsseite.

Option B: Expertenquote
- 2–3 Sätze zu einer aktuellen Frage, eine Zahl/Beobachtung, 1 konkreter Tipp.
- Link bitte auf Autorenseite (Person-Entity) oder Asset.

Schritt 5: Lokale Citations und Verzeichnisse (falls relevant)
- NAP-Konsistenz prüfen und überall angleichen (Website, Google-Unternehmensprofil, Branchenverzeichnisse).
- 10–15 hochwertige Einträge/Updates: Kategorie korrekt, Beschreibung 80–120 Wörter, Öffnungszeiten, Bilder, Link auf Standortseite.
- Einträge dokumentieren: URL, Zugang, Datum, Status.

Schritt 6: Ankertexte steuern, aber natürlich halten
- Primär beschreibend: „Leitfaden Core Web Vitals “ statt „Core Web Vitals“.
- Varianten nutzen: Szenario, Zielgruppe, Region.
- Keine Serien identischer exact matches. Mischung aus Brand, teilbeschreibend, generisch.

Schritt 7: Interne Verteilung der neuen Autorität
- Jeder neue externe Link sollte auf eine Seite zeigen, die intern gut weiterverteilt: Setze aus dem Asset 2–3 kontextuelle Links auf deine Kernziele (Vergleich, Produkt, Pillar).
- Aktualisiere den Pillar mit einem „Datenstand: Monat Jahr"-Hinweis und Link auf das Asset.
- Baue eine kleine „Zitiert in"-Leiste mit Quellenlogos (mit Link) auf dem Asset.

Schritt 8: Messung, Qualität und Ethik
Messpunkte (14–28 Tage)
- Neue verweisende Domains und deren thematische Passung.
- Organische Impressionen/Klicks auf Asset, Pillar und verlinkte Zielseiten.
- Rankingsprung deiner Chancenliste (Pos. 4–20 → 1–3/4–10).
- GA4: cta_primary_click auf den verlinkten Zielseiten.

Qualitätsregeln
- Kein Kauf von Links, keine verdeckten Gegenleistungen. Sponsored/Advertorial sauber kennzeichnen; nofollow/sponsored akzeptieren.
- Kein „Gastbeitrag gegen Link" auf Sammelstellen. Qualität vor Menge.
- Jede Behauptung im Asset belegbar; Methodik transparent.

Häufige Fehler und schnelle Korrektur
- Asset ohne Zahl/Mehrwert → Ergänze eine Tabelle oder eine kleine Stichprobe mit Datum.
- Massen-Outreach → 10–20 gezielte Pitches mit echtem Bezug sind besser als 200 generische.
- Toter Linkfluss → Asset verlinkt nicht intern weiter. Füge „Nächster Schritt"-Links zu Vergleich/Produkt ein.
- Überoptimierte Anker → Variation einführen, Brand- und natürliche Anker nutzen.
- Nur nofollow-Verzeichnisse → okay für Lokalität, aber parallel redaktionelle Quellen anstreben.

Checkliste: Steht dein Autoritäts-Sprint
[ ] Ein linkfähiges Asset live (Zahl, Methodik, Tabelle/Grafik, „Zuletzt aktualisiert")
[ ] 10–20 kuratierte Kontakte mit Hook und Begründung
[ ] Personalisierte Pitches versendet, keine Massenmails
[ ] 1 Gastbeitrag oder Expertenquote zugesagt
[ ] 10–15 lokale/thematische Citations aktualisiert (falls lokal)
[ ] Ankertexte variabel, natürlich
[ ] Asset verlinkt intern auf 2–3 Kernseiten
[ ] Messplan: neue Domains, GSC-Impressions/Klicks, GA4-Outcomes
[ ] Dokumentation: Quelle, Ziel, Anker, Datum, Status

Woche 9: Entitäten schärfen und konsolidieren
Entity Homes aufbauen oder erneuern
Organisation (/ueber-uns/)
- Sichtbar: kanonischer Markenname, Kurzbeschreibung (80–120 Wörter), NAP-Daten, Gründungsjahr, Standorte, Teamteaser, „Zuletzt aktualisiert".
- Schema: Organization (name, url, logo, sameAs, foundingDate, address, contactPoint).
- Interne Links: auf Produkt-, Standort-, Autoren- und Presse-Seiten.

Personen (/autor/name/)
- Sichtbar: Foto, Kurzvita (Spezialisierung), 3–5 Referenzen/Publikationen, Links zu Profilen.
- Schema: Person (name, image, jobTitle, worksFor, sameAs).
- Interne Links: alle Bylines verweisen hierher.

Produkte/Leistungen (/produkt/x/)
- Sichtbar: klare Bezeichnung, Nutzen für Zielgruppe, Spezifikationen, Preisspanne oder Angebotslogik, Mini-FAQ, „Zuletzt aktualisiert".
- Schema: Product (+Offer nur bei sichtbaren Preisen), Brand konsistent.

sameAs-Netz sauber ziehen
- Offizielle Profile auswählen: LinkedIn-Unternehmen/Person, Google-Unternehmensprofil, YouTube, X, Instagram, GitHub, Branchenverbände, Handelsregister, Wikidata (falls vorhanden).
- Einheitliche Schreibweisen, Logos und Kurzbeschreibungen angleichen.
- Alle Entity Homes mit denselben Profilen in gleicher Reihenfolge verlinken.

Marken- und Personen-Terminologie vereinheitlichen
- Styleguide prüfen: Markenname, Produktnamen, Schreibweise von Orten und Einheiten.
- Über Website und Profile hinweg konsistent verwenden; alte Varianten stilllegen oder umleiten.

Strukturierte Daten ergänzen oder korrigieren
- Organization, Person, Product/Service, Article, FAQPage/HowTo nur bei sichtbaren Inhalten.
- dateModified setzen; Byline und Publisher sichtbar und im Markup deckungsgleich.
- BreadcrumbList siteweit aktiv.

Externe Referenzen bündeln
- Presse- und Gastbeiträge auflisten, korrekte Namensschreibung prüfen, auf Entity Homes verlinken.
- Auf dem Asset/Über-uns eine kompakte „Zitiert in"-Leiste mit Quellenlinks einbauen.

Woche 10: KI-Zitierfähigkeit und On-SERP-Sichtbarkeit erhöhen

KI-Snippet-Tauglichkeit pro Kernseite
- H2 als Fragen formulieren.
- Direkt darunter ein 2–5-Satz-Absatz nach der 5-Satz-Logik: klare Antwort, Rahmen, Zahl/Schwelle, Wenn-dann, nächster Schritt.
- Mindestens eine Liste und eine Mini-Tabelle mit Einheiten; echte FAQ-Blöcke bei häufigen Fragen.

E-E-A-T sichtbar machen
- Autorbox mit Qualifikation, Quelle(n), Mini-Case mit Ergebniszahl.
- Methodik-Kasten für Daten/Tabellen (Datenstand, Quellen, Kriterien).
- Für Produkte: Nachweise, Zertifikate, Kundenstimmen mit Datum/Quelle.

Lokale und Marken-On-SERP-Elemente pflegen
- Google-Unternehmensprofil vollständig: Kategorie, Leistungen, Öffnungszeiten, Bilder, Q&A.
- Standortseiten mit LocalBusiness-Markup; NAP-Konsistenz prüfen.
- Site-Name, Logo, Favicon korrekt; Titel/Meta nach Suchintention schärfen.

Entitäts-Messung einführen
- Brand-SERP-Screenshots (mobil/desktop) als Baseline: Sitelinks, Site-Name/Logo, Social-Profile, Knowledge Card.
- Search Console: Marken-Queries, Personen-Queries, Produkt-Queries als Filter speichern.
- GA4: page_type=entity_home, topic=brand/person/product; Outcomes definieren (z. B. Kontaktklick).

Konsolidierung und Hygiene
- Doppelte Autoren/Produkte zusammenführen, veraltete Seiten via 301 auf das Entity Home.
- Interne Links standardisieren: ein primärer Anker je Zielentität, 2–3 semantische Varianten.

Qualitätsregeln für KI-SEO und Entitäten

Sichtbares vor Markup
Erst echten Inhalt bauen (Antwort, Liste, Tabelle, FAQ), dann Markup setzen.

Konsistenz schlägt Quantität

Wenige, klare Profile statt vieler halbgepflegter. Gleiche Namen, gleiche Logos, gleiche Kurzbeschreibungen.

Beleg statt Behauptung

Zahlen mit Quelle/Datum, Cases mit Zeitraum und Ergebniswert; vermeidet Austauschbarkeit.

Nur echtes FAQ/HowTo auszeichnen

Kein Phantom-Schema. KI und Rich-Results bestrafen Unstimmigkeiten.

Ein Thema, ein Home

Jede Entität hat genau eine kanonische Home-Seite. Alle internen und externen Hinweise führen dorthin.

Häufige Fehler und schnelle Korrektur

Inkonstante Schreibweisen

Symptom: gemischte Brand-SERPs, fehlende Zusammenführung von Social-Profilen.

Fix: Styleguide durchziehen, Entity Homes und sameAs angleichen, alte Varianten per 301 umleiten.

Phantom-Autorität

Autor wird genannt, aber ohne Autorenseite.

Fix: Person-Entity Home anlegen, Bylines verlinken, Person-Schema ergänzen.

Product-Schema ohne sichtbaren Preis

Warnungen/Fehler und Vertrauensverlust.

Fix: Preis sichtbar machen oder Offer entfernen.

FAQ-Markup ohne sichtbare Fragen

Kein Mehrwert, Validierungsprobleme.

Fix: echte FAQ-Sektion anlegen oder Markup streichen.

Zersplitterte Referenzen

Presse und Erwähnungen nicht verknüpft.

Fix: „Presse/Erwähnungen" zentral bündeln, auf Entity Home verlinken.

Messung: woran du Fortschritt erkennst (14–28 Tage)

Search Console

- Marken- und Personen-Queries: steigende Impressionen/CTR.
- Stabilere Snippets bei Produkt- und Pillar-Seiten, weniger Schwankungen im Site-Name/Logo.
- Verbesserungsberichte ohne Schema-Fehler.

Brand-SERP

- Sitelinks klar, Social-Profile und Logo konsistent, ggf. Knowledge Card.
- „Über dieses Ergebnis" zeigt korrekte Domainbeschreibung.

GA4

- Mehr Interaktionen auf Entity Homes (cta_primary_click auf Kontakt/Termin).
- Höhere table_view/faq_open-Raten auf Seiten mit KI-Snippet-Modulen.

Checkliste: Sitzt deine Entity-Optimierung

Organization-, Person- und Produkt-Homes vorhanden, sichtbar reich.

Schema.org sauber: Organization, Person, Product, Article (+FAQ/HowTo bei echten Blöcken), BreadcrumbList.

sameAs-Netz konsistent zu offiziellen Profilen und Registern.

H2-Fragen mit snippetfähigen Absätzen, mindestens eine Liste und eine Mini-Tabelle.

E-E-A-T sichtbar: Autorbox, Methodik, Mini-Case, „Zuletzt aktualisiert".

Google-Unternehmensprofil gepflegt; NAP konsistent; LocalBusiness auf Standortseiten.

Brand-SERP-Baseline erstellt; GSC-Filter für Brand/Person/Produkt gespeichert.

Dubletten konsolidiert; interne Ankertexte standardisiert.

Woche 11: Analyse und Feinschliff

Zahlenlage konsolidieren

- Dashboard öffnen (Kapitel 14.4): letzte 28 Tage vs. vorherige 28 Tage.
- Für Kernseiten und Cluster notieren: CTR, Position, organische Klicks, cta_primary_click, table_view, faq_open, Core Web Vitals Feldwerte.
- Chancenliste aktualisieren: Position 4–20 mit vielen Impressionen, niedrige CTR, gute Conversion-Nähe.

Gewinner-Muster identifizieren

- Titeltests: Welche Formeln haben CTR gesteigert (Frage spiegeln, Zahl/Einheit, Ergebnis zuerst, Jahr/Stand).
- Module: Welche Tabellen und Listen wurden genutzt (table_view, scroll, faq_open).
- CTAs: Welche Texte/Platzierungen performen (neben Tabelle, nach Kurzantwort, Mikrocopy).
- Interne Links: Welche Quellseiten heben Ziel-URLs spürbar.
- KI-Snippets: Für welche Fragen tauchen Snippets/AI-Overviews häufiger auf.

Feinschliff auf Top-Hebeln (Quickwins pro Seite, maximal 60 Minuten)

- Titel und Lead-Absatz minimal justieren, abgeschnittene Titel korrigieren.
- Eine Mini-Tabelle vereinfachen: Einheiten in die Spaltenköpfe, Spaltenzahl reduzieren.
- FAQ präzisieren: Doppelungen entfernen, eine Einwandsfrage ergänzen.
- CTA-Reibung senken: Mikrocopy ergänzen, Button-Kontrast erhöhen, Position an Entscheidungsmodul.
- Interner Link früh im Text ergänzen; Anker deskriptiv, kein „hier klicken".

Hygiene und Technik prüfen

- Search-Console-Verbesserungsberichte: offene Fehler validieren.
- URL-Kanonicals und noindex-Leichen bereinigen; Weiterleitungsketten kürzen.
- LCP-Bild preload und fetchpriority prüfen; width/height bei Above-the-Fold-Medien.
- Datenpflege: dateModified, Autorbox, Methodik-Box.

Retro kurz und konkret (45–60 Minuten)

- Drei Dinge, die wir skalieren.
- Zwei Dinge, die wir stoppen.
- Eine Hypothese für den nächsten Sprint.
- Owner je Maßnahme und Termin festlegen.

Woche 12: Sichtbarkeit skalieren

Playbooks finalisieren (je 1 Seite)

- Titeltest-Playbook: Auswahlkriterium, Schreibformeln, Messfenster, Rollout-Regel.
- Modul-Playbook: Liste, Schrittfolge, Tabelle mit Einheiten; DoD und Events.
- Interne Links-Playbook: Quellenwahl, Ankerregeln, Tiefe, Dokumentation.
- KI-Snippet-Playbook: 5-Satz-Absatz, H2-Fragen, FAQ-Kriterien, Markup-Regeln.

Rollout gewinnender Muster

- Pro Cluster 3–5 Seiten auswählen.
- Titelformel und Kurzantwort-Muster adaptieren, nicht kopieren.
- Je Seite ein zusätzliches Modul ergänzen (Liste oder Mini-Tabelle).
- Mindestens zwei kontextuelle interne Links aus starken Quellseiten setzen.

Cluster erweitern und Lücken schließen

- Aus der Keyword-Map zwei Lücken füllen: je eine neue Vergleichs-/Preis-Seite oder ein fehlender Unterartikel.
- Für lokale Unternehmen: eine neue Standortseite nach der Vorlage aus Kapitel 16.2.
- Für Produkte: eine Varianten-Tabelle oder ein Rechner als Linkable Asset.

Distribution verstetigen
- Zwei bestehende Leuchtturm-Stücke in drei Ableger verwandeln (Newsletter-Snippet, LinkedIn-Thread, 2–4-Minuten-Video).
- PR-Pitch für eine Zahl aus einem Asset an ein Fachmedium schicken.
- UTM-Schema sauber anwenden, Outcomes im Dashboard tracken.

Entitäten und On-SERP pflegen
- Organization/Person/Product-Homes auf Konsistenz prüfen; sameAs-Netz ergänzen.
- Google-Unternehmensprofil aktualisieren (Bilder, Leistungen, FAQ).
- Brand-SERP-Screenshots neu aufnehmen; Site-Name/Logo überprüfen.

Reporting und OKR-Teaser
- Kurzreport: Ziel vs. Ist für Klicks, CTR, Positionen, Conversions, CWV.
- Drei OKR-Vorschläge für die nächsten 12 Wochen:

CTR-Plus: Titeltests auf 30 Seiten, Ziel +1,0 Prozentpunkt CTR median.
Conversion-Plus: CTA-Playbook auf 15 Produkt/Preis-Seiten, Ziel +15 Prozent cta_primary_click.
Authority-Plus: zwei Assets, 8 neue verweisende Domains, 4 Gastbeiträge/Statements.

Qualitätsregeln für den Feinschliff
Weniger, aber wirkungsvoll: Pro Seite zwei Änderungen, die messbar sind, statt zehn Kleinigkeiten ohne Effekt.
Einheit vor Kür: Einheiten und Terminologie vereinheitlichen, bevor du neue Module erfindest.
Sichtbar vor Markup: Nur sichtbare Inhalte auszeichnen; keine Phantom-FAQ/HowTo.
Mobil zuerst:SERP und Above-the-Fold-Screens immer mobil prüfen.
Messung sichern: Jede Änderung mit Datum, Hypothese und Zielmetrik protokollieren; Vergleich nach 14–28 Tagen.

Häufige Stolpersteine und Abkürzungen

Zu breiter Rollout
Alles auf einmal ändern verwischt Effekte. Besser: Clusterweise in Batches zu fünf Seiten.
Doppelte Muster
Gleiche Titel auf mehreren Seiten erzeugen Kannibalisierung. Abwandeln, Szenarien/Zielgruppen trennen.
Vergessene interne Links
Neue Unterseiten ohne Eingangspfade bleiben unsichtbar. Pillar und zwei themennahe Artikel verlinken.
Ausbleibende Validierung
Schema-Fix ohne GSC-Validierung bleibt unbemerkt. Nach Deploy Validierung starten.
Nur Traffic, keine Outcomes
Dashboard auf Outcomes kalibrieren: cta_primary_click, form_submit, Anrufklicks, nicht nur Sessions.

Checkliste: Ist Woche 11–12 sauber erledigt

Kernzahlen verglichen (28 Tage vs. 28 Tage), Chancenliste aktualisiert.
Gewinner-Muster identifiziert und als Playbooks dokumentiert.
Pro Top-Seite zwei Quickwins live (Titel/Lead, Modul/FAQ, interner Link, CTA).
Offene Schema- und Index-Themen bereinigt und validiert.
Rollout der Muster auf 3–5 Seiten pro Cluster erfolgt.
Zwei Lücken geschlossen (neue Vergleich/Preis/Unterartikel oder Standort).
Distribution-Ableger produziert und mit UTM gemessen.
Entity Homes und Google-Unternehmensprofil aktualisiert.
Kurzreport erstellt, drei OKR-Vorschläge definiert.

In Kapitel 16 hast du einen 12-Wochen-Plan umgesetzt, der Technik, Inhalte, Autorität und KI-Sichtbarkeit systematisch verzahnt. In Woche 1–2 sorgst du mit technischem Audit, sauberer Indexierung, Schema, CWV-Quickwins und einem fokussierten Keyword-Mapping für ein stabiles Fundament. In Woche 3–4 bringst du Kernseiten in Form: klare Kurzantwort unter H1, snippetfähige Absätze, Listen/Tabellen, starke CTAs, korrektes Markup und messbare Events. In Woche 5–6 startest du eine kleine Content-Maschine mit Brief-Vorlagen, DoD-Checkliste, festen Rollen, Distribution-Flywheel und 2–4 Veröffentlichungen pro Woche. In Woche 7–8 baust du Autorität auf: linkfähiges Asset, gezieltes Outreach, seriöse Verzeichnisse, Gastbeiträge und eine saubere interne Verteilung auf deine Zielseiten. In Woche 9–10 stärkst du KI-SEO und Entitäten: robuste Entity Homes (Organization, Person, Product), konsistente sameAs-Netze, E-E-A-T-Blöcke und snippetfähige Module. In Woche 11–12 analysierst du Wirkungen im Dashboard, schärfst gezielt nach, dokumentierst Gewinner-Playbooks und rollst sie clusterweise aus, um Sichtbarkeit und Conversions zu skalieren.

Abkürzungen und Begriffe aus Kapitel 16

Technischer Audit: systematische Prüfung von Crawlbarkeit, Indexierung, Struktur, Performance, Sicherheit, Markup.
CWV: Core Web Vitals (LCP, INP, CLS) als nutzerzentrierte Leistungskennzahlen.
Keyword-Mapping: Zuordnung von Keywords zu Seiten nach Suchintention (informativ, transaktional, lokal, navigational).
Kernseiten: Start, Pillar, Vergleich/Landingpage, Produkt/Service, Standort, Top-Artikel.
Kurzantwort: 2–4 Sätze direkt unter H1, die die Hauptfrage präzise beantworten.
DoD (Definition of Done): verbindliche Qualitätskriterien vor Veröffentlichung.
Linkable Asset: natürlich zitierfähiger Inhalt (Daten, Benchmark, Tool, Leitfaden).
Entity Home: zentrale Seite einer Entität (Organization/Person/Product) mit sichtbarem Steckbrief und Schema.
sameAs: Verknüpfung zu offiziellen Profilen/Registern in strukturierten Daten.
Playbook: kurze, wiederholbare Anleitung mit Checkliste und Messpunkten für eine Maßnahme (z. B. Titeltest, Tabelle, interne Links).

Melde dich jetzt über diesen Link oder den QR-Code an und erhalte Zugang zu unserem **Online-Kurs**!

Am Ende erwarten dich **zahlreiche Vorlagen, darunter**:
SEO-Tools-Plugins,
Keyword-Recherche-Strategie-Vorlagen,
On-Page-Audit-Checklisten,
technische SEO-Audit-Templates,
Content-Briefs für KI-Snippets
und eine Beispiel-Roadmap für 12 Wochen.
Videos und Podcasts für jedes Kapitel

Starte jetzt durch!

https://www.balaeiacademy.com/4e49971a

Empfohlene, Weiterführende Literatur & Ressourcen

Bücher (vom Nutzer bereitgestellt und inhaltlich berücksichtigt)

- Coombe, Will: „3 Months to No.1 – The 2020 No-Nonsense SEO Playbook for Getting Your Website Found on Google".
- O'Dwyer, Silvia: „500 SEO Tips – Essential Strategies To Bulldoze Through Google's Rankings, Increase Traffic and Go Viral".
- The Guru: „Google SEO 2021 – Top Secrets".
- Zhuravskyi, Konstantin: „Online store SEO – A book for entrepreneurs, CEO and CMO. Not for techies".
- Farmer, Bob: „SEO 2022 – SEO Secrets For Ranking Quickly On The First Page Of Google".
- Kennedy, Allan; Godin, Gary: „SEO for Beginners 2020 – Learn Search Engine Optimization on Google using the Best Secrets and Strategies to Rank your Website...".
- Kent, Peter: „SEO For Dummies".
- Fleischner, Michael: „SEO Made Simple 2020 – Insider Secrets for Driving More Traffic to Your Website".
- „SEO Simplified – 10 Insider Secrets For Driving Traffic to Your Website (Includes Free SEO Checklist)".
- Jones, Caimin: „SEO Step-by-Step – The Complete Beginner's Guide to Getting...".
- Davidson, Matthew: „Step-By-Step SEO – The Complete Guide To Search Engine Success".
- Dib, Allan: „The 1-Page Marketing Plan – Get New Customers, Make More Money, And Stand Out From The Crowd".
- Sharma, Amen; Sharma, Paz; Sharma, Kavita: „The Google Checklist – Marketing Edition 2016: SEO, Web Design, Paid Advertising, Social Media, PR".
- Williams, Andy: „WordPress SEO – On-Page SEO for your WordPress Site".
- Odunayo, Enisan: „WordPress SEO Secrets – How to Rank Your Website Higher on Google".

Offizielle Google-Quellen (Grundlagen, Technik, Messung)

- Google Search Console
https://search.google.com/search-console
- Google Analytics 4
https://analytics.google.com/
- Google Tag Manager
https://tagmanager.google.com/
- PageSpeed Insights (inkl. CrUX-Felddaten)
https://pagespeed.web.dev/
- Core Web Vitals – Überblick
https://web.dev/vitals/
- LCP – Largest Contentful Paint
https://web.dev/lcp/
- INP – Interaction to Next Paint
https://web.dev/inp/
- CLS – Cumulative Layout Shift
https://web.dev/cls/
- Rich Results Test (Prüfung auf Rich-Ergebnisse)
https://search.google.com/test/rich-results
- Hilfe zu strukturierten Daten und Rich Results
https://developers.google.com/search/docs/appearance/structured-data
- Schema Markup Validator (reine Schema.org-Validierung)
https://validator.schema.org/
- Google Unternehmensprofil (lokale Sichtbarkeit)
https://www.google.com/business/

Entity-, KI- und Brand-SERP-Ressourcen

- Kalicube (Brand-SERP, Knowledge Graph, Entity-Management)
https://kalicube.com/

Keyword-, Wettbewerbs- und Linkanalyse

- Semrush
https://www.semrush.com/
- Ahrefs
https://ahrefs.com/
- AlsoAsked (People Also Ask-Fragen/Clustering)
https://alsoasked.com/

Technisches SEO & Crawling

- Screaming Frog SEO Spider
https://www.screamingfrog.co.uk/seo-spider/
- Sitebulb
https://sitebulb.com/

- JetOctopus
https://jetoctopus.com/
Reporting und Dashboards
- Looker Studio
https://lookerstudio.google.com/
- Whatagraph
https://whatagraph.com/
WordPress-Plugins (SEO, Schema, Performance)
- Rank Math SEO
https://rankmath.com/
- Yoast SEO
https://yoast.com/wordpress/plugins/seo/
- SEOPress
https://www.seopress.org/
- All in One SEO (AIOSEO)
https://aioseo.com/
- Schema Pro
https://wpschema.com/
- Schema & Structured Data for WP & AMP
https://wordpress.org/plugins/schema-and-structured-data-for-wp/
- WP Rocket
https://wp-rocket.me/
- Perfmatters
https://perfmatters.io/
- ShortPixel (Bildoptimierung)
https://shortpixel.com/
- LiteSpeed Cache
https://wordpress.org/plugins/litespeed-cache/
- FlyingPress
https://flyingpress.com/
Weitere hilfreiche Ressourcen (Allgemein)
- Google Autocomplete / SERP-Beobachtung
- Coombe, Will: „3 Months to No.1 – The 2020 No-Nonsense SEO Playbook for Getting Your Website Found on Google".
- O'Dwyer, Silvia: „500 SEO Tips – Essential Strategies To Bulldoze Through Google's Rankings, Increase Traffic and Go Viral".
- The Guru: „Google SEO 2021 – Top Secrets".
- Zhuravskyi, Konstantin: „Online store SEO – A book for entrepreneurs, CEO and CMO. Not for techies".
- Farmer, Bob: „SEO 2022 – SEO Secrets For Ranking Quickly On The First Page Of Google".

- Kennedy, Allan; Godin, Gary: „SEO for Beginners 2020 – Learn Search Engine Optimization on Google using the Best Secrets and Strategies to Rank your Website...“.
- Kent, Peter: „SEO For Dummies“.
- Fleischner, Michael: „SEO Made Simple 2020 – Insider Secrets for Driving More Traffic to Your Website“.
- „SEO Simplified – 10 Insider Secrets For Driving Traffic to Your Website (Includes Free SEO Checklist)“.
- Jones, Caimin: „SEO Step-by-Step – The Complete Beginner's Guide to Getting...“.
- Davidson, Matthew: „Step-By-Step SEO – The Complete Guide To Search Engine Success“.
- Dib, Allan: „The 1-Page Marketing Plan – Get New Customers, Make More Money, And Stand Out From The Crowd“.
- Sharma, Amen; Sharma, Paz; Sharma, Kavita: „The Google Checklist – Marketing Edition 2016: SEO, Web Design, Paid Advertising, Social Media, PR“.
- Williams, Andy: „WordPress SEO – On-Page SEO for your WordPress Site“.
- Odunayo, Enisan: „WordPress SEO Secrets – How to Rank Your Website Higher on Google“.

WEBSITE / APP / TOOLS EMPFEHLUNG

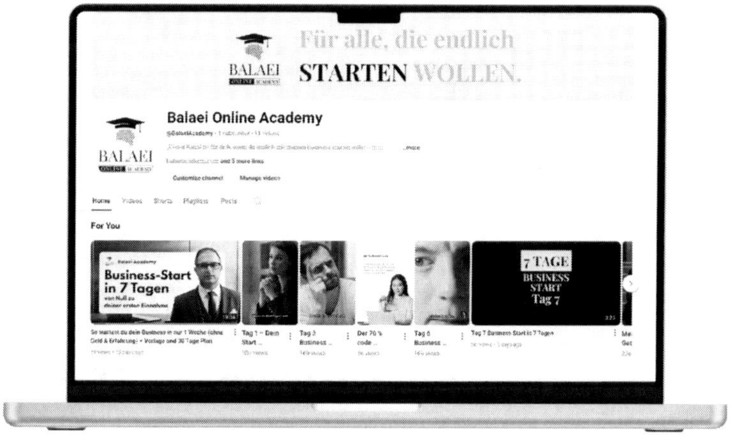

Balaei Academy Youtube Kanal

Bist du Perfektionist?
Hast du viele Ideen – aber du wartest immer noch auf den perfekten Moment, das perfekte Design oder den perfekten Plan?
Dann bist du hier genau richtig.
Bei Balaei Academy sprechen wir ehrlich über Perfektionismus, Aufschieben und die Angst, nicht gut genug zu sein.
Du bekommst einfache Schritte, klare Methoden und echte Motivation, um:
endlich dein Business zu starten,
kleine tägliche Schritte zu gehen,
und Perfektionismus hinter dir zu lassen.
Hier findest du:
Storytelling aus echten Erfahrungen (vom LuftBallons-Verkauf bis zur eigenen Agentur & Verlag),
praktische Tools wie 72-Stunden-Plan, 5-Minuten-Timer, Done-Liste,
Motivation, die dich ins Tun bringt – nicht ins Warten.
Perfekt kommt nie. Aber dein Start kann heute sein.
Abonniere Balaei Academy – und mach es jetzt.

Seite :
@BalaeiAcademy

WEBSITE / APP / TOOLS EMPFEHLUNG

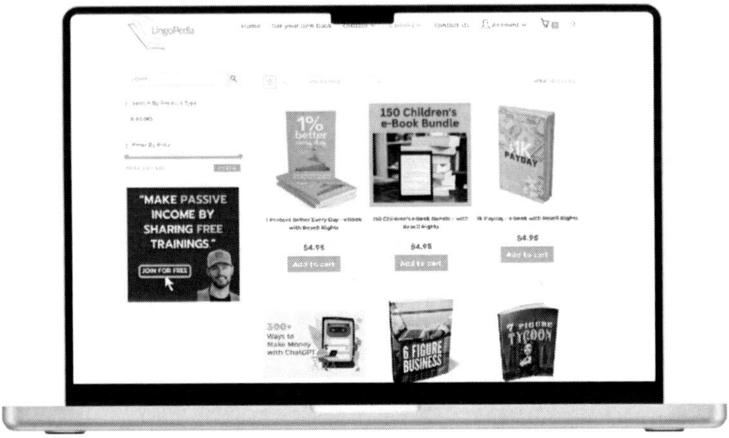

lingopediamagazin

LingoPedia Magazin – Dein Ort für Wissen, Lernen und neues Denken
Wir glauben: Wissen verändert Leben. Deshalb findest du bei uns nicht nur Artikel, sondern auch E-Books, Kurse und einen eigenen Verlag für neue Bücher.
E-Books: Klar, kompakt und sofort nutzbar. Für Menschen, die schnell verstehen und anwenden wollen.
Online-Kurse: Praktisch, strukturiert und auf Deutsch leicht erklärt. Damit Lernen einfach Spaß macht.
Verlag für neue Bücher: Viele Menschen haben Ideen, aber kein Zuhause für ihr Buch. Wir geben neuen Autor:innen eine Plattform, damit ihre Geschichten und ihr Wissen die Welt erreichen.
Ob du gerade dein erstes Business startest, Sprachen lernst oder einfach neue Perspektiven suchst – LingoPedia Magazin begleitet dich mit Inhalten, die dich weiterbringen.

Seite :
@BalaeiAcademy

ONLINE-KURS
ZU DIESEM BUCH

Titel: Google & KI Masterplan
Author: Balaei Academy

Melde dich jetzt über diesen Link oder den QR-Code an und erhalte Zugang zu unserem Online-Kurs!

Am Ende erwarten dich zahlreiche Vorlagen, darunter:
SEO-Tools-Plugins,
Keyword-Recherche-Strategie-Vorlagen,
On-Page-Audit-Checklisten,
technische SEO-Audit-Templates,
Content-Briefs für KI-Snippets
und eine Beispiel-Roadmap für 12 Wochen.
Videos und Podcasts für jedes Kapitel

Starte jetzt durch!

https://www.balaeiacademy.com/4e49971a

Kurs
@BalaeiAcademy

Made in United States
North Haven, CT
03 November 2026

21727481R00274